陇上学人文存

LONGSHANG XUEREN WENCUN

陇上学人文存

华 侃 卷

华 侃 著 看本加 编选

甘肃人民出版社

图书在版编目（C I P）数据

陇上学人文存. 华侃卷 / 范鹏，陈富荣总主编 ；华侃著 ；看本加编选. -- 兰州 ：甘肃人民出版社，2019.8
ISBN 978-7-226-05468-0

Ⅰ. ①陇… Ⅱ. ①范… ②陈… ③华… ④看… Ⅲ. ①社会科学－文集②藏语－教学研究－文集 Ⅳ. ①C53 ②H214.9-53

中国版本图书馆CIP数据核字(2019)第163391号

责任编辑：李依璇
封面设计：王林强

陇上学人文存·华侃卷
范鹏　王福生　陈富荣　总主编
华侃　著　看本加　编选
甘肃人民出版社出版发行
（730030　兰州市读者大道 568 号）
兰州新华印刷厂印刷
开本 890 毫米 × 1240 毫米　1/32　印张 10.875　插页 7　字数 275 千
2019 年 8 月第 1 版　2019 年 8 月第 1 次印刷
印数：1~1000
ISBN 978-7-226-05468-0　定价：60.00 元

《陇上学人文存》第二辑

《陇上学人文存》第六辑

总 序

陇者甘肃，历史悠久，文化醇厚。陇上学人，或生于斯长于斯的本地学者，或外来而其学术成就多产于甘肃者。学人是学术活动的主体，就《陇上学人文存》（以下简称《文存》）的选编范围而言，我们这里所说的学术主要指人文社会科学研究。《文存》精选中华人民共和国成立以来，甘肃人文社会科学领域成就卓著的专家学者的代表性著作，每人辑为一卷，或标时代之识，或为学问之精，或开风气之先，或补学科之白，均编者以为足以存当代而传后世之作。《文存》力求以此丛集荟萃的方式，全面立体地展示新中国为甘肃学术文化发展提供的良好环境和陇上学人不负新时代期望而为我国人文社会科学事业做出的新贡献，也力求呈现陇上学人所接续的先秦以来颇具地域特色的学根文脉。

陇原乃中华文明发祥地之一，人文学脉悠远隆盛，纯朴百姓崇文达理，文化氛围日渐浓厚，学术土壤积久而沃，在科学文化特别是人文学术领域的探索可远溯至伏羲时代，大地湾文化遗存、举世无双的甘肃彩陶、陇东早期周文化对农耕文明的贡献、秦先祖扫六合以统一中国，奠定了甘肃在中国文化史上始源性和奠基性的重要地位；汉唐盛世，甘肃作为中西交通的要道，内承中华主体文化熏陶，外接经中亚而来的异域文明，风云际会，相摩相荡，得天独厚而人才辈出，学术思想繁荣发达，为中华文明做出了重要贡献。

近代以来，甘肃相对于逐渐开放的东南沿海而言成为偏远之地，反而少受战乱影响，学术得以继续繁荣。抗日战争期间作为大后方，接纳了不少内地著名学府和学者，使陇上学术空前活跃。新中国成立之后，人文社会科学领域的专家学者更是为国家民族的新生而欢欣鼓舞，全力投入到祖国新的学术事业之中，取得了一大批重要的研究成果，涌现出众多知名专家，在历史、文献、文学、民族、考古、美学、宗教等领域的研究均居全国前列，影响广泛而深远。新中国成立之后，人文社会科学几次对当代学术具有重大影响的争鸣，不仅都有甘肃学者的声音，而且在美学三大学派（客观派、主观派、关系派）、史学“五朵金花”（史学在新中国成立之后重点研究的历史分期、土地制度史、农民战争史等五个方面的重点问题）等领域，陇上学人成为十分引人注目的代表性人物。改革开放以来，甘肃学者更是如鱼得水，继承并发扬了关陇学人既注重学理求索又崇尚经世致用的优良传统，形成了甘肃学者新的风范。宋代西北学者张载有言：“为天地立心，为生民立命，为往圣继绝学，为万世开太平”，此乃中华学人贯通古今、一脉相承的文化使命，其本质正是发源于陇原的《易》之生生不已的刚健精神，《文存》乃此一精神在现代陇上得到了大力弘扬与传承的最佳证明。

《文存》启动于中华人民共和国成立六十周年之际，在选择入编对象时，我们首先注重了两个代表性：一是代表性的学者，二是代表性的成果，欲以此构成一部个案式的甘肃当代学术史，亦以此传先贤学术命脉，为后进立治学标杆。此议为我甘肃省社会科学院首倡，随之得到政界主要领导、学界精英与社会各界广泛认同与政府大力支持，此宏愿因此而得以付诸实施。

为保证选编的权威性，编委会专门成立了由十几位省内人文社会科学领域著名学者组成的专家指导委员会，并通过召开专题会议研讨、发放推荐表格和学术机构、个人举荐等多种方式确定入选者。为使读者对作者的学术成就、治学特色和重要贡献有比较准确和全面的了解，在出版社选配业务精良的责任编辑的同时，编委会为每一卷配备了一位学术编辑，负责选编并撰写前言。由于我院已经完成《甘肃省志·社会科学志》（古代至1990年卷，1990至

2000 年卷）的编辑出版工作，为《文存》的选编提供了坚实的基础和基本依据，加之同行专家对这一时期甘肃人文社会科学发展的研究，使《文存》能够比较充分地反映同期内甘肃人文社会科学的基本状况。

我们的愿望是坚持十年，《文存》年出十卷，到 2019 年中华人民共和国成立七十周年之际达至百卷规模。若经努力此百卷终能完整问世，则从 1949 至 2009 年六十年间陇上学人以“人一之、我十之，人十之、我百之”的甘肃精神献身学术、追求真理的轨迹和脉络或可大体清晰。如此长卷宏图实为新中国六十年间甘肃人文社会科学全部成果的一个缩影，亦为此期间甘肃人文社会科学学术业绩的一次全面检阅，堪作后辈学者学习先贤的范本，是陇上学人献给祖国母亲的一份厚礼。此一理想若能实现，百卷巨著蔚为大观，《文存》和它所承载的学术精神必可存于当代，传之后世，陇上学人和学术亦可因此而无愧于我们所处的伟大时代，并有所报于生养我们的淳厚故土。

因我们眼界和学术水平的局限，选编过程中必定会出现未曾意料的问题，我们衷心期望读者能够及时教正，以使《文存》的后续选编工作日臻完善。

是为序。

2009 年 12 月 26 日

目　录

三、语言与藏族文化

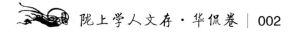

四、藏文论文

编选前言

——看本加

华侃（1934—），藏文名桑盖嘉措，略作桑盖，男，汉族，原籍江苏无锡，出生于苏州。在当地上小学，到高小时迁回无锡老家荡口镇，小学毕业后升入该镇学海中学。无锡城濒临太湖，荡口镇即在鹅湖之滨（现改为鹅湖镇），这是一个景色迷人、物产富饶的江南鱼米之乡。初中毕业那年，正值新中国建立，在无锡市内入读高中。1952 年夏参加全国第一届高等学校统一招生考试，幸运地被北京大学东方语言文学系录取，后因大学院系专业调整，该系部分专业并入中央民族学院（后更名为中央民族大学）语文系。他的专业是藏语，1956 年毕业后去甘肃青海等藏族农牧区参加全国少数民族语言普查，1957 年经组织分配到西北民族学院（现更名为西北民族大学）语文系从事教学。20 世纪 60 年代初期赴甘南夏河县牧区参加“社会主义教育”运动，也即“四清”，在一个生产队里的工作组做翻译。“社教”结束后，由于受到“文革”的干扰，西北民族学院的教学已不能正常进行，当时大部分教师被下放到甘南藏族自治州各县。华侃老师分到夏河县革委会保卫部拉卜楞寺工作组做翻译，主要组织部分上层僧人学习有关文件近两年之久。全国藏族地区的学校开始恢复藏语文教学，华侃老师被调到合作（甘南藏族自治州所在地）州师范教藏文。一年后西北民族学院恢复招生，

1973 年被调回兰州，此后数十年再未曾离开自己为之努力的藏语专业。1978 年任讲师，藏文教研组副组长，80 年代初任少数民族语文系（当时有藏语文和蒙语文两个专业）副主任兼蒙藏语文研究室主任，1978 年评为讲师，1987 年被评为副教授，同年荣获中共甘肃省委、甘肃省人民政府授予三十年教龄纪念奖章，1988 年被聘为硕士研究生指导教师，首次招收藏语言研究方向硕士研究生，其间 2006 年起兼任西北民族大学信息研究院应用语言学研究生指导教师，1989 年获国家教委、国家人事部、全国教育工会授予的全国优秀教师称号，1994 年被评为教授，同年获国务院特殊津贴，当年又获甘肃省第二届民族团结先进个人称号，作为模范个人参加了省第四次民族团结表彰大会，2006 年荣获甘肃省高等学校教学名师奖，同年获甘肃省语言文字工作者先进个人称号，2009 年退休后曾返聘四年，2013 年离开讲坛。

介绍华侃老师，我们可以对他如何走上学习藏语之路，到从事藏语文教学和研究进行回顾。当他高中毕业之时，新中国正处于一个翻天覆地、百端待举的时代，面临着一个崭新的建设高潮到来，迫切需要各方面的人才，他热切盼望参加高考继续升学，以便将来为国家建设好好工作。他选择了三个志愿：工科、理科和外语。那时候大学也不多，文理不分。至于选择外语，因为东南沿海地区历来对外语教学很重视，中学已学了六年英语，有了一定基础。何况 50 年代全国都在风靡地学习俄语，到处都在搞速成，想到将来在大学期间再过俄语关也是必然的事。所以他怀着一丝梦想，除西方语言外，再学一门东方语言该如何好啊！当时北京大学有一个东方语言文学系，云集了国内外知名的研究印度、日本、阿拉伯，包括国内藏、蒙古、维吾尔等一二十种语言文化方面的专家学者，都是中国当时最令人敬慕的大家，文科的志愿就这样选了北大东语系，最后幸运地被录取了，达到了他内心的冀望。1952 年是全国高校第一届统招，录取的新生并不多，《人民日报》专门增印了几个版面，公布了当年录取的全部新生名单。北大东语系新生仅百余名。可是不久接到的是中央民族学院的通知，由于 1952 年全国高校院系调整，国家商定将北大东语系在国内所招新生以及该系部分专业的教师合并到中央民族学院语文系。

中央民族学院是一所新型的高等学府，其前身是 1941 年在延安创建的民族学院。1951 年 5 月，由政务院（今国务院）通过文件正式成立。1952 年 10 月华侃老师就从江南水乡怀着一种异样的心情乘着北上的火车直往京城。这是一座既具有浓厚文化气息的令青年学子向往的古城，又是一座朝气蓬勃的新首都，心中感到无限兴奋，但也产生了一些落差，与原来想象中的名校大不相同。新建的中央民院地处西郊（当然今日早就不是郊了）。入校报到后，在一群青年学子内心或多或少产生了一些不稳定。有鉴于此，中央民族事务委员会（即今国家民族事务委员会）及学院领导很是重视，花了不少力气做思想教育工作，讲解党的民族工作的方针政策，指出民族工作的重要性，语重心长，耐心开导。当时中央民院有一个研究部，部内都是从别的大学合并过来的人类学家、社会学家、民族历史学家（这些学科在高校中大多已撤消或停办），他们都是在这些方面研究有素的专家。民委领导、学院的学者教授轮流给新生作专题报告，介绍国内各民族的文化、历史、语言、艺术以及宗教等概况，绝大多数学生开始打开了心扉，觉得不同的语言文化处处有宝藏，产生了浓厚的兴趣，值得为之探索追寻，应是深入学习研究的领域，开始乐意学习民族语言，何况国内各民族的语言本来就是东方文化里的朵朵奇葩，是同一门类，都属于语言文化的范畴。此后就填报志愿进行分班。当时中央民院语文系共有 10 多种民族语言专业，每个班中，蒙古、藏、维吾尔等有文字的语言，每个班学生在 15 名左右，南方云、贵、广西等地的没有文字的民族语言，每个班学生在 10 名以内，人数不多，很符合教学第二语言的认知规律。根据藏语方言差别较大的特点，分成拉萨话、安多话两个班，华侃老师被分到安多班，全班 14 人。对华侃老师来说，这是一个历史性的节点，他开始走上了学习藏语言文化的大道，一生与藏语文结下了不解之缘。

今天华侃老师回想起四年美好的大学生活，校园里的那些人和事仍然历历在目。虽然民族语言专业是新中国成立后高校首次这样大规模地招生，但学校早在一年多前就开始从多方面积极筹备，各语种都有自己的教研组，制定教学计划、培养方案，准备教材，限于那时条件多数是油印或打印的讲义。安多藏语班前后有四位语文老师，其中三名藏族，一位是旦巴嘉措教授（原籍四川阿坝州若尔盖县，曾长期在著名的拉卜楞寺议仓任秘书，1945 年前后在该寺青年喇嘛职业学校任教，精于藏文法、修辞及佛教哲学。后被兰州大学聘为副教授，当时他调到北京民族出版社任编审）。每逢周一、二，学校专程进城接到民院为安多藏语班授课，其他两名是会话课老师，另有一名是汉族周季文教授，专门为该班讲解藏语言文字的特点，结合课文中重点难点，分析其中语音、语法、构词规律，后来在藏语言教学、翻译、敦煌古藏文研究方面多有著作问世，四年内该班学生深感受益良多。两位年轻藏族老师都是甘南地区长大的，语言地道，也经过中央民院一定的语言理论培训，了解教学第二语言的一般规律，教学认真，很注意讲练结合，还为班上学生一一起了藏文名字。华侃老师到甘南藏区去时一直使用着自己的藏名。除多门专业课外，其他课程有语言学概论、语音学、语法比较、教育学和喇嘛教概论及四门政治课，老师有的是从北京大学请来的，如从法国才回来不久的高名凯先生、从英国回来的袁家骅先生等，他们带来了现代语言学的理论，在当时的条件下十分难能可贵。政治课老师大多是从中国人民大学研究生班毕业。很多课程没有现成教材，一般上课都是百余人的大教室，全凭记笔记及阅读参考书。老师们备课特别认真，几乎不看讲义，出口成章，有条有理，滔滔不绝，使那些刚迈入大学之门的年轻学生敬佩之心油然而生，留下了十分深刻的印象，也成为他们一生永远值得学习的楷模。

在学习藏语文的起步阶段，充满着好奇心，有一种新鲜感，后来逐步了解到藏语言文化的底蕴深厚，典籍宏富，在国内各民族中，除汉文外也很少见，学习中常遇到不少困难。汉藏两种语言都是历史悠久的语言，而且藏语的方言很复杂，语音结构不易掌握，有的发音汉语普通话中没有，就是华侃老师自幼操用的母语——吴方言，虽有一些类同的浊音，但学习中还常碰到障碍。加之藏语书面语与口语有不小差距，其文法体系比较古老，很多地方来自古印度梵文文法，现今的口语又不全按书面语语法规则来说，所以只能在老师的引导下细心观察，反复练习，多听多说，摸索前进。华侃老师常讲到他们当时想出了很多学习的办法，如每天要求至少讲 10 句藏语，同学间互换卡片以计数；继而又规定每周有一天必须使用藏语，不能讲汉语，还提倡与预科中来自安多地区的藏族学员交朋友。可惜的是当时中央民院只有少数来自甘青藏区的干训部学员，都是当地上层人士居多，预科的学员极少。中央民院还有一个优良传统，就是学习民族语言的班级要去民族地区实习。深入基层是一种难得的磨练，可以建立和培养民族感情，树立为兄弟民族服务的积极性和主动性，并且有更好学语言的环境，群众都是老师，可以学到生动的口头语言，以避免那种不能开口的哑巴状态。经过两年多的在校学习，语文系制定了周密的实习计划，又考虑到西北地区的气候，都由学校置备了必要的行装。离校前夕院领导跟实习队师生开座谈会，语重心长，谆谆教导，要求大家下去后认真虚心向藏族群众学习语言，克服各种困难，取得好成绩回校。实习地点定在甘肃甘南藏族自治州夏河县拉卜楞，以此为中心点，因为考虑到当地的藏语言文化在安多地区有一定代表性。为了能很好地适应气候和生活条件以及提高语言的交际能力，实习的第一阶段先到兰州西北民族学院，这里的语文系有藏文、蒙古文、维吾尔文三个专业，教师都是近年从西北大学、兰州大学合并过来的，其中藏语文专业也是教学安多语，藏汉族老师学养宏博，各有专长，由于当时高中毕业生不多，一度学制是三年。此外还有干训部，其中藏族班学员数量不少，都来自甘肃、青海藏区的基层干部和积极分子。校园内民族气氛十分浓厚，食堂里每周能多次吃到糌粑、酥油、奶茶，这是他们生平首次品尝到特有风味的藏餐。西北民院领导、语文系、干训部等单位对实习队十分重视和关心，召开座谈会帮助制定学习计划，听取大家的要求和汇报。在此期间，实习队全体学员听语文系的藏文课，同时又去听干训部用藏语讲授党史、民族政策等大课，下午分组参加他们的讨论，但只能听懂二三成。由于这里的学习环境很好，在两三个月的时间里藏语听说能力有不少提高，大大增强了学习藏语文的信心和决心。第二阶段是深入甘南藏区，当时去甘南的交通很不方便，道路崎岖逶迤，都是布满石子的土路，汽车虽可行驶，但无班车，实习队师生 10 余人包了一辆敞篷大卡车。第一天从兰州出发到临夏（旧称河州）约一百四十余公里，在颠簸不平的路上摇摇晃晃行驶了近一天才到。第二天清晨，又从临夏起程，约一百公里多，道路更窄，一边是悬崖石壁或黄土高山，一边是湍急的涧水，卡车行驶了大半天才抵达夏河县所在地拉卜楞，身上脸上已全是黄沙尘土。由于先行的带队老师已和当地政府联系妥当，安排住在黄正清(藏族,曾任甘南藏族自治州州长、甘肃省人民政府副省长等职)大宅后院的一间大房子内,华侃老师(当时负责实习队的财务工作)和两位老师另住一间小房。有一天,黄正清夫妇(夫人名策仁娜姆,曾任甘南州妇联主席、省妇联副主席等职)在后花园支起帐篷,亲切会见实习队师生,除表示欢迎外并请大家品尝新鲜手抓羊肉和面片。

拉卜楞寺为藏传佛教格鲁派六大寺院之一,建于公元 1709 年。寺院往东数里为县政府所在地,城镇因围寺而建,无城垣。该寺历史上有多位载入史册的高僧大德,也是著名的宗教哲学家、语言文学家,曾有许多重要著作问世。寺内存放着数万藏文木刻经典和印刷出来的各类典籍,几个经堂里累积数丈之高。这些专程来实习的青年学生,满怀好奇的心情被那种浓厚的文化气氛深深吸引住了。在当地政府重视和支持下,协助制定了具体的实习计划,将实习队员分散到藏族较多的机关或学校,如县政协办公室、法院、藏民小学等单位,吃住都在那里,以便有更多机会联系干部群众,多听多说,在自己的小本子上随时记下词句,晚上在微弱的电灯(当地只有一个很小的水电站)下或点着蜡烛整理白天记下的藏语材料,每两周老师轮流来辅导或译解。华侃老师同另外两名同学被分到县政协办公室,住在县政府西边一院子内,冬天气候很冷,只能用一火盆烧木炭取暖。政协办公室仅有一名藏族工作人员,名更登,年已 50,藏文较好。他平时事情不多,一些藏族僧人,常来办公室看看藏文报和一些学习材料。刚好华侃老师和其他两名同学抓紧这样的好机会向他们请教,得到很多帮助。县政协办公室旁是县政府粮食科,每天都有牧民群众赶着驮牛到县上购粮,由粮食科写个条子再盖上公章就可以去粮库买青稞和面粉。那些长着长毛的牦牛是实习学生第一次见到,也常走到牧民跟前攀谈几句。实习队才到拉卜楞没有几天，就引起了群众的热议，因为此前几乎从未有一群青年学生从数千里外的京城特意到那里学习藏语，能说简短但发音地道的安多话，就这样慢慢地与藏胞建立起了浓浓的感情，得到了群众的信任和帮助。甘南的冬季漫长而寒冷，零下20度以上是常事。春节来临之际，实习队师生集中起来住。政协的更登，以及在兰州西北民院干训部讲党史的那位老师旦正贡布（一度在语文系藏文组任藏语会话课讲师，他老家就在拉卜楞，"文革"期间民院停办回甘南任州文联主席，他父亲此时是夏河县法院院长），还有州政府畜牧处处长念智仓（拉寺活佛，50年代初曾在中央民族学院干训部学习过）等纷纷邀实习队师生过年吃饭，大家在热炕上盘腿而坐，热闹非凡，藏餐以羊肉为主，离不开手抓、包子、面片，还有各种油炸面食品，听主人讲述藏地过春节的习俗。春节过后又进入下一阶段的实习，男同学都分到远离县上数十里之外的几个乡，一个村子只住一个实习队员。华侃老师最初分到隆瓦乡（今唐尕囊乡），后又住进完尕滩的曲东等村，与藏族群众"三同"，即同吃、同住、同劳动，开口自然必讲藏语。在曲东村的日子里，华侃老师与一户"阿米"老大爷共睡一炕，白天在打粮的场院干些零活，晚饭后在摇曳的酥油灯下听"阿米"讲成语、谚语、简短的民间故事，并尽量记录下来，不懂的地方等老师来辅导时再解决。当时实习队规定，每月除给住户买大米、面粉和青稞（大麦的一种，糌粑的原材料）外，还送上藏胞喜爱的茯茶、红糖等。日常生活虽然有些单调，但朴实、宁静，几个月的实习生活，锻炼了大家的毅力，也赢得了群众的信任，彼此有了深厚的亲情，藏语的听说能力有了明显进步。

在甘南藏区实习近一年，大多是在半农半牧区"三同"，真是做到一竿子插到底，情感上生活上他们渐渐融入了藏族人民的生活，群众都是自己的老师，如同进入了一个大课堂。同时也深刻体会到，要是仅仅从书本上来学语言是远远不够的，只有在实际生活中才能掌握好生动地道的语言，而且还能记得牢。更重要的是他们在实践中经受了锻炼，也得到关爱，从而与藏族人民建立了深情厚谊，增强了责任感，终是想将来要为社会为民族做点有益的事。华侃老师常常感叹，长达十个多月的实习，留下的是一段难忘的记忆，对一个人未来的道路产生了重要影响。如同先前研究民族语言文化的学者向往去民族地区考察研究而不可得，但现今他们一代青年学子幸运地得到了。

在回到北京学校后，另一重要又宝贵的学习机会来临了。当时为了了解国内 50 多个少数民族语言的分布和使用情况，以及语系语族，乃之方言的差别，为需要创制文字或改革文字收集必要的资料，还有为鉴定民族成份提供依据，决定在全国范围内进行民族语言普查，由民委和中国科学院（改革开放后将其中哲学社会科学部独立为中国社会科学院）组织领导，开办了近 800 人的语言调查训练班，中央民院 10 多个语种的大部分教师以及应届毕业生全都参加了，又从民族地区抽调来不少青年学员，汇聚了当代中国研究民族语言的师资力量给培训班授课，这些专家都请自科学院语言所、民族所和北京大学，着重讲授语言调查的目的和要求、调查研究的理论和方法，学习国际音标、记音训练以及撰写调查报告等等（所讲授内容后来大多按专题汇编成《语言调查常识》，1956 年由中华书局出版，成为民族语言调查的首次经典著作）。训练班很重视理论实践结合，着力于记音审音分析能力的培养及归纳音位等一系列问题。那次全国范围的民族语言普查规模之大，人员之多，调查范围之广，任务之艰巨是空前的，在国外也绝无仅有，开一代研究民族语言之新风。藏语调查包括西藏、青海、四川、甘肃、云南五省区，还另列入了羌语、嘉绒语。华侃老师被编入第七工作队（藏语）甘青组，每一小组其中必有1~2名藏族成员。到达当地后，在政府和群众全力支持下，先后调查了天祝（华锐）、肃南（马蹄寺）、乐都瞿昙、化隆、循化、尖扎、同仁、泽库共9个点，其中化隆还增加了一个副点，每个主点记词3000多，副点记词900左右，也记录了少量句子。按通常的调查要求，在到达目的地后，第一步是物色理想的发音合作人，基本要求语音清晰，应是本地人，知识较丰富，机敏、认真和有耐心，还要交代清楚是记录口语语音。然后就按在京时已准备的词汇材料用国际音标记音。白天记音，晚上进行排比，如有疑问，翌日再与发音合作人核对，最后写出该点音位系统报告，同时简述当地的社会概况，然后在蜡纸上刻写油印。这一切都在当地解决，不留下任何后遗症。通过半年多的实地调查，华侃老师的足迹遍及河西走廊部分地区以及青海省东部藏区，基本明确了这些地方的藏语使用情况和语音特点，总的来说都属于安多方言，其内部差别不大，相互交流没有困难。但正如藏族谚语说的：一个教派一个高僧，一个山沟一种方言。在这片民族文化生态极其肥沃，语言资源非常丰富的土地上，华侃老师也识别了这些方言土语的特点，增加了词汇量，引起了极大的求知欲和研究兴趣。经过多个点的调查实践，基本掌握了语言调查的方法和过程，这是一个很大的收获。从而为后来他一生从事藏语文教学和研究打下了较好的基础，成为学术生涯中迈出的第一步，真是难能可贵的机会。至今虽然已过了60年，回想起那一阶段辗转各地的工作和生活，他觉得弥足珍贵，永远值得总结和珍惜。一些活跃在20世纪下半叶的民族语言研究工作者，很多就是从这次语言普查中锻炼培养出来的。1957年夏在炎热的京城，甘青组调查队员将所有调查到的语料进行了汇总。实践证明，五省区的这次调查成果丰硕，达到了预期的目标，为进一步研究藏语言提供了总的方向和资源，也为汉藏语研究作出了贡献。

经过四年的大学生活以及后来的语言调查，1957 年华侃老师接受组织分配来到西北民族学院，开始踏上教学岗位，其后 50 多年始终饱含着民族情结勤奋工作。那时的高等学校对教师有不少要求，其中一项就是刚毕业的大学生两年内还不允许直接上台讲课，平时听老教师授课，帮助批改学生作业，进行辅导，每年要订出自己的进修计划和阅读书目等等。由于西北民院语文系藏文专业同样是教学安多方言，与华侃老师在大学期间所学专业一致。加之当时教研组内的藏文教授、讲师人数虽不多，但在藏文文献、文法、翻译等方面阅历丰富，有深厚造诣。为了提高藏汉族中青年教师的语文水平，很重视业务能力的提高，由藏族老师给大家讲《巴协》《云使》《藏文文法》《敦煌古藏文文献》等名著，汉族老师讲古诗词和《古文观止》，而且常是利用星期日的时间，教学和工作紧张有序，生活十分充实。老教师渊博的学识，严谨的态度对刚出校门的青年教师来说启示深刻。早期民族地区极少有本民族的高中毕业生，掌握藏语文的更是寥寥无几，但民族地区又迫切需要懂藏语文的人才，所以 50 年代到 60 年代中期大多招收汉回民族的高中生，一度还招收初中毕业的三年制大专生。华侃老师当时先后给统招进来的绝大多数是甘青两省的高中毕业生开设藏语讲读、口语与书面语实习、藏语会话等课，除“文革”时期外一直到 80 年代初。由于华侃老师大学期间学习的是安多话，所以当他给其他民族的高中毕业生教学藏语，认真地回顾自身的经验教训以及实习时的体会心得，其中自然另有一种可选择的路径。在教学中他十分强调应先过好语音关，准确掌握读音规划，了解音节结构、声韵母的组合关系；对藏文 30 个字母，不仅要按顺序熟记，还应掌握它的发音部位和方法等等。外民族学习藏语要把口语放在首位，然后跟上书面语的学习。藏语的语法有它自己的体系，而且口语和书面语之间有一定距离，要重视掌握各类虚词和句型，对动词的复杂性更应注意；复合词中的准词素也要做到能举一反三，以扩大词汇量。上述这些问题对本民族中学生来讲已经自然养成习惯了，然而对于第二语言学习者来说却是不能忽视的。要求学生背诵的课文，他自己首先背下来。平时常鼓励学生多查阅单语、双语辞书，只要自己勤快，这些“老师”都能助你一臂之力。那些亲切的叮咛，常使学生深受启发，也是他长期从事教学中的周密细致之处。

大约在 1964 年，西北民院师生约二百人，在省上统一调配组织下先后赴甘南和青海藏区参加社教。华侃老师被分配到夏河县南部名叫尼玛隆公社的一个生产队，是纯牧区，远离县城百余公里。起初工作组分散住在贫苦牧民帐篷中同吃同住，华侃老师在组内主要做翻译，白天访贫问苦，宣传政策，晚上进行小结，并安排第二天的工作。当时由于诸多因素，经济形势不太好，生活十分艰苦。工作组后来另行支起帐篷开伙、住宿。秋去冬来，冬天的牧区呼呼的狂风刮个不停，能连续数日下鹅毛大雪，温度常在零下 20 度到 30 度间，帐篷四周及卧铺底下几乎全冻了。一日三餐有时两餐都是擀面条或揪面片，有时买些牛奶加进去，偶尔也能买到少许风干的牛肉，根本没有青菜。更棘手的是每天要去群众住的帐篷内讲解有关文件，进行社会主义教育，可是帐房门口都有凶猛的藏獒，工作组不得不在很远处呼唤户主出来看护。草原的夏天姗姗来迟，当青草才长出一点绿芽，就要从冬窝子迁往夏窝子。华侃老师跟着牧户骑着马，一边行进，一边帮助牧民赶羊群，每群都在二百只以上，羊沿着山坡乱奔乱跑，一会儿快，一会儿吃着草不走，华侃老师真有点手足无措。户主赶着数十头牛行进，牛背上驮满箱柜、家具什物、粮食及帐篷，当天到达目的地夏季草场已是暮色笼罩，赶紧卸下驮子架帐篷。牧区的夏天温度也较高，牧民们利用拣拾到的湿牛粪，再晒成片状的干牛粪，作为燃料生火熬茶。这种燃料是藏胞充满智慧就地取材的好主意，冬天还可用来生火取暖。夏天正是牛奶挤量最多的季节，华侃老师见到牧民家里有一种高四尺余的木桶用来打奶子取酥油，以及晒奶渣，喝一种很酸的达拉水，有时还能品尝到血肠等牧民特制的佳肴，还看到牧民如何剪羊毛，老奶奶如何织牛毛帐篷的帏子以及这些整套工具，可惜当时没有带照相机，不能一一拍照，成为一不小的遗憾。时至今日，他还时常告诉学生要注意记录这些即将消失的词语。近一年的社教，在实际生活中增多了阅历，学习到了很多牧业文化方面分类细微的特有语汇，其中饱含藏族的历史、文化、思维方式和生活经验等的积淀，深刻感受到劳动牧民热爱生活，勤劳纯朴。

60年代中后期，根据社会需要招收大专、中专藏汉语文各一个班，文化基础参差不齐，每班人数多少也不定。华侃老师通常在两周时间内一一记住班里学生姓名，来自何地等基本情况，甚至数十年后仍然不忘。因为他认为，要研究学情，对学生讲什么方言土语要有所了解，以便在教学中能有针对性举例讲解。这些看似小事，但对学生来讲印象深刻，也能慢慢学会对事物的判断分析能力。从中看到华侃老师一种不懈的追求探索，力求精刻细雕提高教学质量。数十年来他一直秉承这一做法，直到2010年以后从五省区统招来的藏语言专业学生更是如此，藏语言班民族成分有八九个之多，有时一个班内有汉、回、蒙古、苗、纳西、彝、白、门巴等族，华侃老师一一做了详细了解，并殷切地鼓励他们，要坚持人生的目标，下功夫刻苦学习，不辜负国家民族的期望。

1973年西北民族学院按中央文件复办招生，下放到甘南的教师先后陆续调回学院，立即要招生上课，时间十分紧急，华侃老师随同教研组教师争时间赶进度。由于以前积累的讲义课本已散失殆尽，不得不重起炉灶，编写教材，自己动手刻写油印。70 年代后期，改革开放新时代的到来，无疑是兴奋的、激动的。此后陆续有更多的藏族高中毕业生进入藏文专业学习。这新的一代有很好的藏文基础，较强的阅读写作能力。有鉴于此，华侃老师当时为了适应民族高校的发展和社会的新要求，培养掌握语言科学理论的人才，将现代语言学基本理论编写成藏文教材，直接用藏语授课，这在民族院校是较早的。这一教材的基本理论，是他在学习和吸收了民族语言学家马学良先生《语言学概论》的基础上写出来的，在讲授理论的同时，利用藏语方言土语的丰富资源，增加了 20 多个点的例证。初期仅是油印讲义，后经增删修订，由中央民大出版社出版，此书在全国藏区普及现代语言学理论知识方面也起到了积极作用。由于语言学理论发展迅速，新资料不断得到挖掘，新观点的提出，研究方法的改进，交叉学科的确立。华侃老师鼓励年轻教师很有必要切实下一番功夫编一册新时代藏文的语言学教程。80 年代初，华侃老师到中央民院听《吐蕃文献》课。当时是由学安多藏语时的同班同学陈践讲授,受益良多。可惜的是王尧先生是年在香港讲学,未能聆听教益。回西北民院后迅即在藏语系高年级开设此课。当年八月参加了在兰州召开的中国敦煌吐鲁番学会成立大会和首届学术讨论会，并递交了相关论文。该课程讲授了两回后，由本民族老师接任。时至今日，学院已建有研究古藏文方向的硕士点、博士点，并已有数十名研究生取得了学位。

80 年代后期，从培养高层次人才出发，他开始指导藏语语言学硕士学位研究生，这或许是高校藏语言文学专业首批建立这样的研究方向，常特别强调并指出前辈学者对藏语言文字研究的优良传统，璀璨的研究成果和浩瀚的文献名著，在中华民族的历史语言学中占有重要的一席之地。如拼音的藏文文字创始之早、藏文文法理论之悠久、梵藏双语对照词汇之编纂等都是少有的。可以看到历史上不少文人学者非常开放，善于从中原文化、南亚文化吸收有用的东西为己所用，使之本土化。同时，他又要求刻苦钻研现代语言学理论，以及新中国建立后藏语言研究方面的相关理论、方法和大量成果，他自己也是这样实践的。其间先后为藏语系及信息研究院硕士生开设课程有：普通语言学、汉藏语言概论、语言调查、社会语言学、现代语言学流派概论、中国翻译史，讲座有藏语语言学史概要、辞典学等。在与藏族学生交谈时，要求他们注意培养语言上的敏感性，随时记录下方言土语中有异样的读音、特殊的语汇和不常见的语法虚词，这些对语言研究都是有意义的。进行语言研究时应以语言学界通用的国际音标记音，若是用藏汉文等标音将会造成误导，失去了学术上的科学性、严谨性。

华侃老师在学习藏语和工作中常查阅有关语种的辞书，每每体会工具书的重要性，又深感辞书的缺乏，特别是藏语类的双语多语词典，从而对辞书产生了关注，想进一步了解藏语辞书的产生、发展、编纂体例、选词、注释、注音等方方面面的问题及各类辞书对普及和提高全社会的教育水平、传承文化的巨大作用。为此他同时把目光集中到研究藏文类辞书的发展变迁。最早在 50 年代后期就投入西北民院语文系藏文教研组编纂《藏汉词典》的工作，70 年代后期又增加很多词条重又修订了一次（均由甘肃民族出版社出版）。80 年代参加王沂暖教授、健白平措副教授主编的《藏汉佛学词典》（1987 年获甘肃省社会科学二等奖，1989 年获国家民委社科优秀奖），在此基础上，90 年代初又将该词典增订词条一万多再版（1993 年获国家民委社科二等奖）。在此期间由他主要负责编纂的《安多藏语口语词典》出版。关于藏语辞书研究的文章，有如《藏语辞书述略》（1990）、《四十多年来藏语双语辞书的发展》（1997）、《藏语双语辞书发展史略》（2003）、《对两部数学词典的翻译及专科词典编纂的几点看法》（2006）、《一部展示藏文化的百科辞典——东噶〈藏学大辞典〉评介》（2007）。其中，《一部展示藏文化的百科词典——东噶〈藏学大辞典〉评介》为当代著名藏族著名学者东噶赤烈先生积数十年研究资料编成，是一部共2400页多达百万字的皇皇巨著，出版后不仅在国内辞书学界得到好评，就是在国内外藏学家中也深得赞扬。21世纪前10年华侃老师曾多次参加上海、广州等地召开的双语辞典专业委员会学术讨论会，递交的论文大多是将藏族历史上颇具特色的众多辞书的亮点以及自己的研究心得报告给国内辞书学界，后又参加了《双语辞典学辞典》中关于藏汉双语方面的编写（待出版）。

藏语安多话是国内藏语一大方言，青海、甘肃、四川三省有七个藏族自治州和两个藏族自治县主要使用这一方言，在汉藏语言研究中的重要学术价值为语言学界所公认。华侃老师的学术生涯主要以安多藏语作为研究对象，着力于从语音、词汇等方面探索该方言的特点和内部规律，如牧区话、半农半牧区话和农区话的异同，这方面公开发表的文章较多。另外，又通过对几个地点的藏语语音的历史演变作为个案探讨了当今群众口语与藏文的对应关系，呈现出时空不同的特质，无论从纵横两方面进行比照，都可以找出其演变规律。这方面有如下三篇文章：《藏语天祝话的语音特点及与藏文的对应关系》（1992）、《松潘话的音系和语音的历史演变》（1997）、《藏语久治话的音位系统及其语音的历史演变》（2015）。2005年出版了《安多方言词汇》，共298页，约30万字。该书从安多方言内选择了有代表性的6个点：牧区话的四川红原、青海天峻，半农半牧区话的甘肃夏河、青海同仁，农区话的青海化隆、循化，每个点2121个词，用国际音标记音，整理了各点的音位系统，同时加上拉萨话共7个点，从语音词汇（包括如动词的时式）等方面作了比较。

在后面文存中选有该书的序言和词汇概述两部分。

20 世纪初，应邀参与中国社科院民族学与人类学研究所语言室黄行等负责的《中国少数民族语言语料库》课题，鉴于安多藏语的重要学术价值，该课题特要求选两个点：夏河甘加、天峻舟群，各记 3000 多词，2003 年完成寄京。

在翻译研究方面，华侃老师曾从汉译藏、梵译藏等作了不少探讨。如《汉语成语的藏译》（1979）一文，这是对《毛泽东选集》第四卷中的汉语成语通过译创借的手段译成藏文的研究，译者不拘泥于某种单一的死板的方法，考虑到上下文的不同语境，又注意汉藏两种语言文化的内涵。总的看来，很多成语的藏译文是能恰当地重显原文的含义。又如《藏译佛典中佛教词语的译创》（2000），以及后来作了补充与看本加用藏文合写的《梵译藏佛教词语译创的几个问题》（2002）两文，认为藏族历史上众多佛学家、翻译家、语文学家充分发 挥自己的睿智和才思采用音译或意译、音义合璧等方式将宗教文化方面的大量梵语词创造性地译创成藏语，充分显示出古代译家们梵藏语文水平之高，翻译技巧能力之强，而且这些词语千百年来仍在使用。同时又指出历史上宏伟的译经事业，客观上促使藏语词汇得到很大发展，其中复音词的增加尤为明显。

任何一个国家、民族研究语言文字都有自己的传统。华侃老师从自己数十年学习和研究藏语中，深刻认识到历史上藏语言研究发轫之早，学者之众多，典籍之宏富，前赴后继，如同川流不息的雅鲁藏布江永远后浪推前浪，绵延不断。这一光辉的发展历程中屡有发聋振聩的名著译作问世，还陆续有新的学科创建，给后人留下了大批精神产品。当 21 世纪来临之初，华侃老师同多名年轻教师着手研究，撰写了一本《藏语语言学史》，因为这不仅是藏文化遗产中极为重要的一方面，也是我们伟大祖国文化宝库中难得的一部分，值得为之继往开来发扬光大。2005 年列入教育部重点研究项目，并获得民族出版社同意出版。他们迎难而上，阅读大量文献资料潜心进行研究，几经寒暑数易其稿，2014 年定稿约四十五字，已送往该出版社，近期将可与读者见面。他们也认为书中自然难免会有不尽如人意之处，所以直抒胸怀将书名定为《史稿》，就是期待以后做修改补充，并盼来者更胜一筹。以下本文存收入了该书的前言部分。

华侃老师长期以来除主要着力于安多方言本体的研究外，又从应用语言学、文化语言学的角度，对藏语也做了探讨。如发表了《从语言规划谈民族共同语的建立》（2010）、《藏族地名的文化历史背景及其与语言学有关的问题》（2001）、《散论成语和谚语在汉藏英语中的趋同现象》（1997）、《成语中宗教文化性透视—以汉藏英语为例》（1997）、《颜色词“黑白红”在汉藏英语中词义文化性分析》（1999）等。应中国社科院民族研究所之约，经过调查收集资料写成《甘肃地区中学的语言教学问题》（1991）一文，以甘南和天祝两地藏语文教学情况，谈到新中国成立后经历了一段曲折的过程。党的十一届三中全会以来，自治州、县采取了一系列有力措施，在各级各类学校恢复并加强了藏语文教学，同时实行汉语文的双语教学，这是适应当今经济文化科学技术大发展时代的需要。（该文收入于《中国少数民族语言文字使用和发展问题》一书，中国藏学出版社，1997 年曾获吴玉章语言文字学优秀奖。）

我国是一个多民族的统一的国家，虽然在经济发展、语言文化、宗教信仰等方面不全相同，但自古以来各民族交往频繁，联系密切，相互依存，谁也离不开谁，共同建造了统一的伟大祖国。正是这种互助合作，你来我往，表现在语言文化方面也带来深刻影响，我中有你，你中有我。在语言中就有借用对方的词语为已所用，无论生活中的常用词或宗教等文化方面的语汇都屡见不鲜。这方面已发表的文章有《保安语中的藏语借词》（1992）、《土族语中的藏语借词》（1994）等，考察了借词的借入条件，大多是居住地接近，甚至生活在同一村内，生活习俗相同；有的宗教信仰相同，如上述后一文，也有宗教信仰不同，如上述前一文。研究借词的意义是多方面的，可以考察民族关系史或探寻借词的来源、不同的历史层次、借入的形式，还可以考证古音或词义的变迁等等，这些对于研究语言史都是有价值的。

从变动的时代，回顾了华侃老师的人生和有意义的片段。自20世纪50年代初，开始步入新型的民族高等学府，从对民族语言一无所知，到树立目标下定决心，真是千里之行始于足下，就这样一步步地日复一日年复一年，心无旁骛地学习藏语言。后来又深入安多藏区，通过“三同”进行语言实习，1956年毕业，随即参加了藏语调查，进一步在实践中学本领，在生活中磨练，为后来一辈子从事藏语文教学和研究在业务上奠定了基础。他数十年如一日，毫不怀疑自己的选择，深爱自己的工作，钟情于藏语言研究。这种情感的建立并非凭空而来，而是他长年累月亲历其境，与藏族农牧民一起生活，虚心向群众学习，且能与他们打成一片而形成的深厚感情；在学校里与藏族师生共同切磋学习，推心置腹相交而建立起来的。他铭记经历过的这一切，也不断砥砺自己，珍惜来之不易的现在和将来。

华侃老师在民族学院近六十年的教学生涯中，十分重视言教身教，倾满腔热情于青年学子身上，做到了浇水施肥作园丁。无论在哪一个教学时期，不论教学对象是中专、大专、本科或研究生，不管来自什么地区还是哪个民族，时时离不开加强民族团结的教育，他看成这是从事民族工作最根本的要求，要学好知识，先要学好做人。作为一名长期献身于大西北民族教育事业的南方人，在教书育人中做出了非凡的努力。后来，华侃老师于 1994 年荣获甘肃省第二届民族团结先进个人称号，作为模范个人参加了省民族团结表彰大会。

他一生热爱民族教育事业，默默地倾注自己的心血于教学中，有很强的敬业精神和责任感。根据不同的教学对象编写讲义，开设新课，更专注于课程内容上的时代性、科学性和系统性，理论和实践结合。2013 年告别讲坛后，仍保持活到老学到老的精神，每天还是坚持思考、阅读和写作，有时和青年教师一起交流，探讨学术上的诸多问题。他为人谦和热情，只要认为对青年学生有益的事终是欣然答应。他觉得这是理所应当的，是为师的准则。

在学术研究的道路上，同样体现出对民族语言的挚热感情，具有一种执着的潜沉的精神，为藏语言真切地呈现做了努力。他的研究著述不仅仅是其个人努力的结晶，也提供了不少新的思路和方法。华侃老师时常感叹：能有幸生活在这样的时代，走上学习藏语之路，而一生工作又在民族学院，在这个多民族团结友爱的大家庭中，周围的美好环境为自己提供了一个能从事专业的良好平台，这是永远应该爱护的。

在日常生活中他一贯严格要求自己，律人先律己，在物质生活方面几乎没有什么想法，纯朴至真，积极平和的修养，事迹多有感人之处，其学养和作为使我们常敬佩于心。

这里写下了值得回溯的一些往事，下面选编的是华侃老师不同时期的部分著述。他常说：其间有辛劳，有幸福；有付出，有收获。光阴飞逝一甲子，转眼双鬓染霜雪。藉此呈现出一位来自江南水乡东海之滨的年轻人，近 60 年孜孜不倦地投身于民族教育事业的辛勤劳动和心路历程。

一、藏语语音研究

安多藏语声母中的清浊音

——兼谈它与古藏语中强弱音字母的关系

国内藏语学者一般将藏语分为三大方言：1.“卫藏方言”，主要分布在西藏自治区；2.“康方言”，主要分布在四川、云南和西藏的昌都地区；3.“安多方言”，主要分布在青海甘肃等省①。安多藏语分布地区广，多半是牧区，也有一部分是半农半牧区及农业区。总的讲来，这一方言内部的差别较小，彼此交谈并不困难。它同其他藏语方言一样，都是从古代藏语演变发展来的，并在语言历史的发展过程中形成了自己的一些特点。

经过同卫藏方言和康方言作初步比较，我们可以觉察到安多藏语在语音上的基本特点是：声母分清浊，保留了较多的复辅音声母，韵母是单元音，辅音韵尾也较多。在音节结构上通常只有习惯调，而没有区别词义的那种声调。本文试图着重从下列两方面对安多藏语作一简单探讨：一是声母中清浊音组合的现状；二是从藏文传统的语言学著作中所谈到的强弱音字母，再来看现代语言中清浊音的渊源关系。

---

①国外一些藏语学家对藏语方言的分类有二分法，三分法，四分法和五分法，参看冯蒸：《国外西藏研究概况》，第125—129页；《语言学动态》，1979年第1期第8—9页。

一

在现代安多藏语[①]的音位系统中，塞音、塞擦音和擦音的送气与不送气，清与浊，都是自成系统互相对立的。即双唇塞音 p、ph、b，舌尖塞音 t、th、d，舌根塞音 k、kh、g，舌尖前塞擦音 ts、tsh、dz，舌面前塞擦音 tj、tjh、dj，舌尖后塞擦音 tsr、tsrh、dzr，舌尖前擦音 s、z，舌面前擦音 'x、xj 共八组，对应严格，都是独立的音位。再加上 m、n、ny、nj、s h、sl、1、sr、r、xh、G、h，合计辅音三十四个（此处半元音 W、y 及借词音位 f 暂没统计在内）其中可作词头复辅音声母的前置辅音有两个，即 n 和 h。这种前置辅音和基本辅音的配合有严整的组合规律。浊塞音 b、d、g，浊塞擦音 dz、dj、dzr，浊擦音 z、xj 不能在双音节词中单独作第一音节的声母。通常均同前置辅音 n 或 h（实际音值为舌根浊擦音，现在我们都归纳音位成 h，下同）配合成复辅音作声母。试比较：

[p-]pot-pa	བོད་བ	西藏人	pi-pi	པི་པི	哨子
[ph-] phan-pa	ཕན་པ	利益	pham	ཕམ་པ	失败
[h-]hba	ལྦ་བ	瘤	hba-wa	སྦལ་བ	癞虾蟆
[t-]tap	བཏབ	撒	tak	བཏགས	拴
[th-]thap	ཐབས	方法	thak	ཐག	距离
[d-] hdap	ལྡབ	倍	hdak	ལྡག	舔
[k-] ka	ཀ་བ	柱子	kọ	ཀོ་བ	皮革
[kh-]kha	ཁ	口	kho	ཁུ་བ	汤
[g-]hga	དགའ	欢喜	hgo	སྒོ	门

---

①文中所举安多藏语的例词，除需要时个别另注出的以外，均为夏河藏语的读音。

[ts-]tsa	བཙལ	找	tsonj	བཙོང	卖
[tsh-]tsha	ཚ་བ	热	tshonj	ཚོང	卖（命令式）
[dz-]hdza	རྫ་རི	高山	hdzonj	རྫོངས	塞入（命令式）
[tj-]tjə	བཅུ	十	tjanj	ཅི་ཡང	什么也
[tjh-]tjhə	ཆུ	水	tjhanj	ཆང	酒
[dj-]hdjə	ལྗི་བ	重的	hdjanj-khə	ལྗང་ཁུ	绿
[tsr-]tsra-ma	དྲ་མ	窗格	tsrak	བྲག	石岩
[tsr-]tsrha-wo	ཕྲ་བོ	细的	tsrhak-tok	ཕྲག་དོག	嫉妒
[dzr-]hdzra	སྒྲ	声音	hdzrak	བསྒྲགས	宣布
[s-]sa	ཟ	吃	sanj-ma	ཟངས་མ	红铜
[z-]hza-wa	བཟའ་བ	家眷	hzanj	བཟང	好的
[x-]xə	ཞུ	消化	xanj	ཞིང	田
[xj-]hxjə	བཞི	四	hxjanj	བཞེངས	起立（敬称）

鼻音 m、n、n y、nj，边音 l，半元音 w 和 y 都是属于浊音，能单独作第一音节的声母，也能同前置辅音 h 配合成复辅音声母。试比较：

[m-] ma	མ（ཨ་མ）	母亲	mar	མར	酥油
[hm-] hma	རྨ	疮	hmar-ro	དམར་པོ	红的
[n-] nanj	ནང	里面	nam	ནམ	何时
[hn-] hnanj	གནང་བ	赐给	hnam	གནམ	天
[ny-] nya	ཉ	鱼	nyer-nyi	ཉེར་གཉིས	二十二
[hny-] hnya	གཉའ	后脑脖	hnyer-wa	གཉེར་བ	管家
[nj-] nja	ང	我	njo	ངོ	脸
[hnj-] hnja	རྔ	鼓	hnjo	རྔོ་བ	炒
[l-] la	ལ	山坡	lo	ལོ	年
[hl-] hla	གླ	报酬	hlo	གློ་བ	肺

[W-]	wa	བལ	羊毛	war	བར	中间
[hw-]	hwa-wo	དཔའ་བོ	英雄	hwar	དཔར་བ	印刷
[y-]	yak	ཡག	美好	yar	ཡར	上面
[hy-]	hyak	གཡག	牦牛	hyar	གཡར	借

从上面这些例词的比较中，我们可以清楚地看到安多藏语中塞音、塞擦音、擦音清浊对立的现象。其中浊塞音 b、d、g，浊塞擦音 dz 、dj、dzr 还能同前置辅音 n 配合成复辅音作声母（实际音值是带有轻微的同部位鼻音，即成 mb-，nd-，ndz-……），浊擦音 z、xj 则不能同 n 相配合。例如（并试与带前置辅音 h 的复辅音进行比较①）：

[nb-]	nba	འབལ་བ	拔	nba	འབའ་བ	羊叫
[hb-]	hba-lap	ཆ་རླབས	波浪	hba	ལྦ་བ	瘤
[nd-]	ndonj	མདུང	矛	ndam	འདམ	泥
[ht-]	htonj	སྟོང	千	htam	གཏམ	话
[hd-]	hdonj-njo	སྡོང་པོ	树	hdam	བསྡམས	捆绑
[ng-]	ngo	མགོ	头	ngi	འགོས	传染
[hk-]	hko	རྐོ་བ	挖	hki	སྐས་ཀ	梯子
[hg-]	hgo	སྒོ	门	hgi	རྒས	老的
[ndz-]	ndzə-kə ②	མཛུག་གུ	指头			
	ndze-nat	མཛེ་ནད	麻疯病			
[hts-]	htsə-kə ③	རྩིབ་མ	肋骨	htse	རྩེ་བ	玩
[hdz-]	hdzə	རྫི་བ	拌，揉	hdze	རྫེ་བ	卷起

---

①在夏河藏语的口语中没有 hp 这一个复辅音声母，只存在于书面语读音中，它的文字来源是སྤ。

②③这个特殊符号的音值是舌根浊擦音，元音为央元音，这一音通常只出现在第二音节中。

[ndj–] ndjək འཇུག་པ 让 ndjok འཇོག་པ 放置
[htj–] htjək གཅིག 一 htjok གཅོག་པ 折断
[hdj–] hdjək རྒྱུག་པ 跑
hdjok–kə（同前页②③） སྒྲོག་གུ 纽扣
[ndzr–]ndzrək འགྲིག་པ 合适的 ndzrə འདྲི་བ 问
[htsr–]htsrək དཀྲུག་པ 搅拌 htsrə ཕྲི 初乳
[hdzr–]hdzrək སྒྲིག་པ 排列

清塞音 p、t、k，清塞擦音 ts、tsr、tj，清擦音 s、x 能同前置辅音 h 相配合成复辅音作声母。现试与同部位的浊音相比较①：

[ht–] htot སྟོད 上部 htak སྟག 老虎
[hd–] hdot སྡོད 坐，住（命令式）hdak ལྡག 舔
[hk–] hkam སྐམ 钳子 hkanj རྐང 骨髓
[hg–] hgam སྒམ 箱子 hganj རྒང 刺猬
[hts–] htsə རྩི་བ 算 htsop སློབ་པ 学，教
[hdz–] hdzə རྫི་བ 拌，揉 hdzop རྫོབ་པོ 脏乱
[htj–] htje ལྕེ 舌 htjər–ro སྐྱུར་པོ 酸的
[hdj–] hdje རྗེ་བ 交换 hdjər སྒྱུར་བ 转变
[htsr–] htsrək དཀྲུག་པ 搅拌 htsrə ཕྲི 初乳
[hdzr–]hdzrək སྒྲིག་པ 排列 hdzrət སྦྲུལ 蟒
[hs–] hsanj གསང་བ 秘密 hser གསེར 金子
[hz–] hzanj བཟང་བ 好的 hzer གཟེར་བ 痛
[hx–] hxok–kwa གཤོག་པ 翅膀
hxar གཤར་བ 依次前进
[hxj–] hxjok གཞོག་པ 削 hxjar བཞར་བ 剃

①夏河藏语中没有 hp– 这一复辅音，故 hp– 同 hb– 从略。

现试小结如下：1. 在安多藏语中，清塞音 p、t、k，清塞擦音 ts、tsr、tj，清擦音 s、x 都能单独作声母，或跟前置辅音 h 配合成复辅音作声母。清送气音一般都是单辅音作声母，但在双音节词的第二音节中，从文字来源看也有同前置鼻辅音配合成声母的情况（连读时近于第一音节的鼻音韵尾），如：

tsho	མཚོ	海	hdjam–tsho	རྒྱ་མཚོ	大海
tjham	འཆམ་པ	跳舞	tsron–tjham	ཟློ་འཆམ	歌舞
khar	མཁར	城	hdjam–khar	རྒྱ་མཁར	汉族聚居之城镇

2. 浊塞音 b、d、g，浊塞擦音 dz、dzr、dj 和浊擦音 z、xj 不能单独作声母，均带有轻微的舌根浊擦音作前置辅音配合成为复辅音。其中浊塞音及浊塞擦音还能同前置鼻辅音 n 配合。鼻音 m、n、ny、nj 及边音 l 既可单独作声母，又能同舌根浊擦音（现均归纳音位成 h）配合成复辅音作声母。

清浊声母同前置辅音的配合情况参看下表（打 × 号者表示不能配合）：

前置辅音	清浊	塞音	塞擦音	擦音	鼻音	边音
h	清	p、t、k	ts、tsr、tj	s、x	×	×
	浊	b、d、g	dz、dzr、dj	z、xj	m、n、ny、nj	l
n	清	×	×	×	×	×
	浊	b、d、g	dz、dzr、dj	×	×	×

二

藏族人民自古以来就广泛地使用着自己的语言，并相当早地制订了文字，保存有珍贵的文化，为我国各民族共同的文化作出了自己的贡献。按照传统的说法，认为藏文是在公元 7 世纪中叶吐蕃松赞干布的大臣图米桑菩札参照梵文的某一种字体创制的。由此看来，藏文已有一千三百多年历史了，是一种颇为悠久的拼音文字。我们从已发现和刊布的各种早期的重要文献及文物，如敦煌的古藏文历史文书写卷，南疆出土的木简，散见各地的金石铭刻等藏文书写法的特征来看，古藏文字母和现代藏文字母两者在形式上几乎没有太大变化。它有辅音字母三十个，元音符号四个。虽然古藏文的原始读音已无记载可考，但是根据国内外藏语学学者凭借古代的文献典籍（包括一些音译的资料）依靠对藏语现代诸方言的比较研究，又吸取了汉藏语系诸亲属语言比较研究的成果，我们可以发现在古藏语里塞音、塞擦音和擦音都有清浊音位的对立。

由于语言本身发展的不平衡，以致后来各方言又形成了自己的演变规律。在藏文古典语言学著作中也早有阐述。一般是依据发音器官各发音部位上作用的大小和紧促、松缓的程度将三十个藏文字母分成五类：（1）阳性字母（ཕོ་ཡིག）五个，即ཀ་ཅ་ཏ་པ་ཙ，发音时用力最强和最紧促；（2）中性字母（མ་ནིང་ཡི་གེ）五个，即ཁ་ཆ་ཐ་ཕ་ཚ，发音时用力强弱和松紧的程度适中；（3）阴性字母（མོ་ཡིག）十二个，即ག་ཇ་ད་བ་ཛ་ཝ་ཞ་ཟ་འ་ཡ་ཤ་ས，发音时用力稍弱和松缓；（4）极阴性字母（ཤིན་ཏུ་མོ་ཡིག）四个，即ང་ཉ་ན་མ，发音时用力较前者更弱和更松缓；（5）石女性字母（མོ་གཤམ་ཡི་གེ），即ར་ལ་ཧ，发音时用力最弱和最松缓[①]。现根据安多方言夏河藏语的发音，试作进一步的叙述如下，从中我们可以看到强弱音字母与现代语言中的清浊音密切相关。

第一类字母：ཀ་ཅ་ཏ་པ་ཙ属阳性字母，指的是古清音，现在仍保持清音，读成塞音和塞擦音 ka、tja、ta、pa、tsa。既可单独作声母，又可同前置辅音 h 配合成复辅音作声母。其前置辅音的来源是由文字中的上加字[②]和部分前加字[③]合并演变而成的。

第二类字母：ཁ་ཆ་ཐ་ཕ་ཚ属中性字母，指的是古清送气音，现在仍为清送气音，读成塞音和塞擦音吐气的 kha、tjha、tha、pha、tsha。能单独作声母。在双音节词的第二音节中，有藏文前加字མ和འ[④]演变成前置鼻辅音的现象，连读时成为前一音节的鼻音韵尾。

---

①参看《藏文文法根本颂色多氏大疏》（藏文）第 13 页及第 120—121 页。民族出版社，1957 年 5 月北京第一版。

又参看司都著《司都文法详解》（藏文）第 99—100 页，青海人民出版社出社：1937 年 8 月版。

传统的藏文语言学原著中 将 ཨ 列入无性（མཚན་མེད）。

②藏文中上加字（མགོ་ཅན་ཡི་གེ）有三个，即ར་ལ་ས。它跟哪些基字（མིང་གཞི相当于本文中所说的基本辅音）相配合有一定的规律。现在夏河藏语中一般均已合并成一个音素 h，即与阳性字母相拼时成前置辅音 h，与阴性字母ག་ཇ་ད་བ་ཛ相拼时带轻微的舌根浊擦音，现均归纳音位成 h。

③藏文中前加字（སྔོན་འཇུག）有五个，ག་ད་བ་མ་འ 它跟哪些基字配合有一定的规律。其中，ག་ད两前加字跟阳性字母相拼时，合并成前置辅音 h；跟阴性字母相拼时，发成舌根浊擦音，现均归纳音位成 h。前加字མ་འ两字同阴性字母相拼，即带轻微的前置鼻辅音。前加字བ在安多藏语中读音上大多已脱落。但在牧区话中还保留着一定的残余痕迹，发音时双唇略闭。传统的藏文语言学原著中，将五个前加字根据音势强弱又可分成阳性、中性、阴性和极阴性四类。因不在本文讨论范围内，故不再叙述。

④从字的结构上分析，前加字མ和འ可以同中性字母相拼。在安多藏语中，现在除牧区话还保留着这一类型的前置鼻辅或清化鼻音外，大部分地区前加字མ་འ与送气字母相配合，在第一音节出现时，已不再发音。

第三类字母ག་ཇ་ད་བ་ཛ་ཝ་ཞ་ཟ་འ་ཡ་ཤ་ས属阴性字母，指的是古浊音。这一类字母语音历史的演变情况不全相同，有的在一定条件下已经清化，但仍能看得出古浊音的痕迹。

现在仍保持浊音的有ཝ，口语中发音 Ga，能单独作声母。原辅音字母འ已消失它本来的摩擦作用，转化元音 a 了。བ和ཡ亦减弱了它原来的阻塞和摩擦，转化成半元音 wa 和 ya，能单独作声母，也能同前置辅音配合成复辅音作声母。

其余八个字母ག་ཇ་ད་ཛ་ཞ་ཟ་ཤ་ས，当它们单独作声母时均已清化，发成 ka、tja、ta、tsa、xa、sa、xha、sha，但是ག་ཇ་ད་ཛ还包括བ，这些古阴性字母至今仍保持古浊音的痕迹。即是当这些字母与前置辅音配合成复辅音作声母时，一律发成同部位的浊音。它的文字来源就是当带前加字ག་ད་བ་མ་འ或带上加字ར་ལ་ས时，就读成 hg-、hdj-、hd- 或 ng- 、ndj-、nd-，等等，限于篇幅不再一一列出。

另外，阴性字母ཞ་ཟ，在安多方言的一些牧区话仍读浊音。如玛曲及果洛等地的藏语例词：za—ma—za ཟ་མ་ཟ（吃饭），zok ཟོག（牛），xjoཞོ（酸奶）。但是在安多的大部分地区ཞ་ཟ两字已经清化，只有当带前加字ག或བ时才发成同部位的浊音。阴性字母ཤ་ས两字在单独作声母时，现发成清送气擦音；在文字上当同前加字ག或བ结合后，只读成清音不再送气。

第四类字母ང་ཉ་ན་མ，属极阴性字母，指的是次浊音，现均读成鼻音即 nja、nya、na、ma。能单独作声母，并可同前置辅音 h 结合成复辅音。它的文字来源是前加字或上加字同基字相拼后形成的。但是在安多方言中的有些地区，当ང་ཉ་ན་མ作基字并带有上加字ས时，均发生清化鼻音。试比较：

	སྔ（早）	སྨན（药）	སྣ（鼻子）
甘南西仓	n̥ja	m̥an	n̥a

甘南夏河 hnja hman hna

第五类字母ར་ལ་ཧ，属石女性字母，指的是古浊音。现ཧ读成清音即 ha，另两个读成 ra、la，均为浊音。边音 la 能单独作声母，并可同前置辅音 h 结合成复辅音作声母。它在文字上就是གླ་སླ་ཀླ་བཀླ་ཟླ。

古代汉语中的全浊声母在现代汉语里完全变成了清音声母，这是汉语语音史上有名的浊音清化现象。有意思的是在藏语语音历史演变的过程中，也存在着一种浊音声母清化的现象。以安多藏语来说，这主要是指阴性字母古全浊音单独作声母时是这样；极阴性字母古次浊音，在有些地区当与上加字ས配合时也有清化的迹象。当然，这种现象在藏语里也“并非所有的方言都发生这种变化。……原来浊音声母的痕迹现在只保留在声调的性质中”[①]。若是我们比较一下现代藏语的诸方言，就可以发现有些方言有声调，有些没有声调，音位也不全相同。可见语言的发展有它自已的内部规律。同藏文来作比较，原来声母中繁多的复辅音在安多藏语中通过合并已大为减少，文字中有的前加字在发音上已经脱落，读成单辅音了。这些现象往往同藏文中强弱音字母古清浊音有着密切的关系。

在卫藏方言的拉萨话中，现在一般认为浊音清化得较早，也比较彻底。古浊塞音、浊塞擦音和浊擦音全已消失，清浊对立的现象已不存在，声母中的复辅音和辅音韵尾都有很大简化。由于语音上的这种发展演变，同古藏语比较就自然产生了大量的同音词，以至发展出了区别词义的声调，并在音节上成为一种主要区别特征。古全浊音虽然已经消失，但浊音的系统还完整地反映在声调上[②]。另

---

①［美］李方桂．中国的语言和方言．民族译丛，1980（1）．
②胡坦藏语（拉萨话）的声调研究．民族语文，1980（1）．

一方面则又以增加复音词的手段来使同音词的现象得到平衡。在浊音清化得比较晚的康方言德格话中，至今浊塞音、浊塞擦音和浊擦音还能单独作声母，文字上多数的前加字和上加字的读音则已消失。同样，在清音浊化得不彻底的安多方言夏河话里，藏文中前加字和上加字的读音个别的已消失，多数归于合并趋于简化。文字中的古浊音阴性字བ་ག་ད（塞音）、ཇ་ཛ（塞擦音）、ཞ་ཟ（擦音），当带有前加字或上加字时，均有轻微的前置辅音 h 或 n。当这些原阴性字母不带任何前加字或上加字单独作声母时，则除བ作半元音 w 以外其余均已清化，演变成了相应的清塞音、清塞擦音及清擦音。

安多方言至今声母分清浊，还保留着较多的复辅音声母和七个辅音韵尾①。虽然也有不少同音词，而且可能由于事物的不断演进，日益复杂，思想概念趋向于精密的自然结果，现代藏语词汇也在向多音节发展。一般认为安多藏语现在并不见有在词的音节结构方面，通过声调高低或屈折来区别词义的现象，但是在语言中存在着一种“习惯调”。一般是清声母字读高调，浊声母字读低调，例如：

hko 55	རྐོ་བ	挖	tja 55	ཇ	茶	htot 55	སྟོད	上部
hgo 11	སྒོ	门	ndja 11	འཇའ	虹	hdot 11	སྡོད	坐

在双音节词中，前一音节仍然是“清高浊低”。后一音节不论其清浊，一般读成高调，但调值比清声母的要略低些，例如：

hkam 55 –bo 55	སྐམ་པོ	乾的
hgam 11–tjhonj 55	སྒམ་ཆུང	小箱

①它的文字来源是藏文中的后加字（རྗེས་འཇུག即ག་ང་ད་ན་བ་མ་འ་ར་ལ་ས་十个，构成不同的辅音韵尾。这些字母现在只有七个字起着辅音韵尾的作用，即闭塞音ག་ད་བ，鼻音ང་ན་མ舌尖后颤音ར。有些地区ལ和ད分别作后加字时在发音上有区别，有些地区已合而为一，可能因为这两字都是舌尖音的原因。在一些藏文原著中根据音势强弱，将十个后加字又分成阳性、中性、阴性三类。

htjak ^{55} –gam ^{11}	ལྕགས་སྒམ	铁箱
hdo ^{11}	རྡོ	石块
hdja–do	རྒྱ་རྡོ	秤砣

藏文历史悠久，保存有极为丰富的典籍文献。加之近年来又刊布出了不少用古代语言记录的藏文写本手卷、木简和金石铭刻。这些是我们研究藏语发展史的宝贵资料。由于它是一种拼音文字，较之象形文字来看，记录古代语言在语音上反映得要精确得多。所以，我们今天可以更有利地从出土文物及文献，从亲属语言和现代诸藏语方言的深入比较研究中，来考察藏语声母清浊音的变迁情况，并扩大其比较范围，进一步探讨藏语语音史的演变发展规律。

本文的描写只是一个初步尝试，以期引起更多的同志在这方面进行更全面的研究。

音标说明：

p、ph、b、m 是双唇音。h 用在辅音后边，表示它前边的辅音是送气音。下同。

f 是唇齿音。

ts、tsh、dz、s 、sh、z 是舌尖前塞擦音和擦音。

t、th、d、l、n 是舌尖音。本文中特殊符号 sh，它的音值是舌尖清擦边音。

tsr、tsrh、dzr、sr 这几个特殊符号的音值是舌尖后塞擦音和擦音。分别为清、送气、浊音。

r 是舌尖后颤音。

ti、thj、dj 这几个特殊符号的音值是舌面前塞擦音，分别为清、送气、浊音。

x、xj 这两个特殊符号的音值是舌面擦音，前者为清，后者为浊。

k、kh 是舌根塞音。g 这个特殊符号的音值为舌根浊塞音。G

这个特殊符号的音值为小舌浊擦音。

ny 这个特殊符号的音值是舌面鼻音。

nj 这个特殊符号的音值是舌根鼻音。

xh 这个特殊符号的音值是舌根清擦音送气。

h 是喉塞音。h 用在辅音前边,表示它是复辅音声母的前置辅音。

y 这个特殊符号的音值是舌面半元音。

w 是双唇半元音。元音符号全同国际音标。

限于印刷条件，将国际音标中的几个符号另作了特殊处理。并作了简单的音值说明。

（原载于《西北民族学院学报》1980 年第 1 期）

甘南夏河、玛曲藏语中复辅音声母比较

§0.1　我省甘南藏族自治州共辖七个县，其中玛曲是纯牧区，所使用的藏语比较一致，属牧区话；据1982年6月统计，全县近二万五千人，大多数为藏族牧民。夏河是半农半牧区，全县近十二万人,多数是藏族;所使用的藏语彼此有些差异。跟玛曲话比较，语音上的差别主要是表现在复辅音声母上。今以夏河九甲同玛曲曼尔玛两点的藏语材料对复辅音声母作一比较，从中大体能反映出整个安多藏语内部牧区话和半农半牧区话复辅音声母（以下均简称复辅音）的面貌。

§0.2　藏语安多方言语音上的重要特征概括起来就是：声母分清浊，声调无区别词义的作用，复辅音较多。然而，方言内部复辅音的分布情况并不一致，牧区话较丰富，半农半牧区话及农区话较少。在配合关系上，脉络清楚，各有规律可循。从历史上来看，浊音清化，复辅音由多到少，是藏语语音发展变化的一个总趋势。这一过程不但影响了韵母、声调的发展变化，而且在构形上也起着作用。所以，对复辅音的比较研究是探讨藏语语音的历史和藏语方言，乃至语法史，都是一个值得注意的课题。下面分三方面来谈：玛曲话（以下称牧区话）和夏河话（以下称半农半牧区话）复辅音的特征和配合关系；从现行藏文来考察跟复辅音的关系和在发展变化上的特点；从藏语复辅音的简化看在构形上产生的影响。

§1　牧区和半农半牧区话复辅音的特征和配合关系

§ 1.1　牧区话的声母系统中，复辅音数目多，配合形式纷繁，能作前置辅音的可归纳成五个，即双唇塞音 P，双唇擦音 ɸ（w），鼻音 m、n，喉擦音 h（ɣ）。每个前置辅音都跟固定的基本辅音相结合，由此构成二合复辅音共 69 个。

§ 1.1.1　清塞音前置辅音 P 能同清塞音 t、k，清塞擦音 ts、tʂ、tɕ 相结合。如：

表 1

基本 / 前置	t	k	ts	tʂ	tɕ
p	ptak	pkap	ptsək	ptʂak	ptɕat
汉义	拴（过）	遮盖（过）	栽种（过）	岩石	劈断（过）

§ 1.1.2 清擦音前置辅音 ɸ 能同清塞音 t、k，清塞擦音 ts、tʂ、tʂʻ、tɕ，清擦音 s、ɕ 相结合。如：

表 2

基本 / 前置	t	k	ts	tʂ	tʂʻ	tɕ	s	ɕ
ɸ	ɸti	ɸkəʐ	ɸtsi	ɸtʂən	ɸtʂʻaɣə	ɸtɕəʐ	ɸsonam	ɸɕəʐo
汉义	看（过）	寄（过）	算（过）	创建（过）	细的	搁置（过）	福气	下午

w 能同浊塞音 d、g，浊塞擦音由 dz、dʐ、dʑ，边音 l，浊擦音 z、ʑ 相结合。如：

表 3

基本 前置	d	g	dz	dʐ	dʑ	l	z	ʑ
w	wdoŋ	wgat	wdzi	wdʐək	wdʑək	wla	wzə	wʑə
汉义	打（过）	笑（过）	拌（过）	排列（过）	跑（过）	大腿	醉	四

§ 1.1.3　双唇鼻音 m 能同浊塞音 b、d、g，浊塞擦音 dz、dʐ、dʑ，清送气塞音 t‘、k‘，清送气塞擦音 ts‘、tʂ‘、tɕ‘，鼻音 n 、m、ŋ 相结合。如：

表 4

基本 前置	b	d	g	dz	dʐ	dʑ
m	mbə	mda	mgaʐa	mdzo	mdʐə	mdʑok
汉义	虫	箭	铁匠	犏牛	母牦牛	快

表 5

基本 前置	t‘	k‘	ts‘	tʂ‘	tɕ‘	n	ȵ	ŋ
m	mt‘ama	mk‘aʐ	mts‘on	mtʂ‘ək	mtɕ‘aŋk‘oŋ	mnama	mȵaŋ	mŋak
汉义	最后	城	颜料	搔痒	腋窝	媳妇	名字	派遣

§ 1.1.4　舌尖鼻音 n 能同浊塞音 d、g，浊塞擦音 dz、dʐ、dʑ，清送气塞音 t‘、k‘，清送气塞擦音 ts‘、tʂ‘、tɕ‘ 相结合，跟送气音结合时带清化（其发音部位实际上跟基本辅音的发音部位相一致）。如：

表 6

基本／前置	d	g	dz	dʐ	dʑ
n	ndap ma	ngo	ndzom	ndʐə	ndʑok
汉义	花瓣	传染	齐备	问	举起

表 7

基本／前置	tʻ	kʻ	tsʻ	tʂʻ	tɕʻ
n̥	n̥tʻoŋ	n̥kʻaʐ	n̥tsʻamdʐə	n̥tʂʻəkhwa	n̥tɕʻa
汉义	喝	锣	问候	战争	啃

§ 1.1.5　清喉擦音 h 能同清塞音 t、k，清塞擦音 ts、tʂ、tɕ，清擦音 s、ɕ，鼻音 m、n、ȵ、ŋ 相结合。同鼻音结合时明显地变成清化。如：

表 8

基本／前置	t	k	ts	tʂ	tɕ	s	ɕ
h	hta	hkəʐ	htsa	htʂən	htɕaŋ	hsəm	hɕohwa
汉义	看	寄	草	云	野驴	三	翅膀

表 9

基本／前置	m	n	ȵ	ŋ
h	hm̥an	hn̥əm	hȵ̥aŋ	hŋ̊a
汉义	药	嗅	心脏	早

浊舌根擦音 ɣ 能同浊塞音 d、g，浊塞擦音 dz、dʐ、dʑ，浊擦音 z、ʑ，鼻音 m、n、ȵ、ŋ，边音 l，半元音 j 相结合。如：

表 10

基本 前置	d	g	dz	dʐ	dʑ	z	ʑ
ɣ	ɣdəp	ɣ g a	ɣdzə	ɣdʐa	ɣdʑa	ɣzək	ɣʑə
汉　义	塌落	鞍子	拌	声音	汉人	豹子	弓

表 11

基本 前置	m	n	ȵ	ŋ	l	j
ɣ	ɣma	ɣnam	ɣȵi	ɣŋu	ɣlə	ɣjak
汉义	疮	天空	二	银子	歌	牦牛

§ 1.2　半农半牧区话中复辅音要少得多，较之牧区话结合形式上有了很大的简化。能作前置辅音的归纳起来只有鼻音 n 和擦音 h（ɣ）两个，结合关系上也是固定的。由此构成二合复辅音声母共 26 个。

§ 1.2.1　鼻音 n 能同浊塞音 b、d、g，浊塞擦音 dz、dʐ、dʑ 相结合（其发音部位实际上跟基本辅音的发音部位相一致）。如：

表 12

基本 前置	b	d	g	dz	dʐ	dʑ
n	nbəm	ndoŋ	ngo	ndzu	ndʐə	ndʑa
汉义	十万	矛	头	钻入	问	拜谒

§1.2.2　清擦音 h 能同清塞音 t、k，清塞擦音 ts、tʂ、tɕ，清擦音 s、ɕ 相结合。如：

表 13

基本 / 前置	t	k	ts	tʂ	tɕ	s	ɕ
h	hta	hka	htsa	htʂə	htɕe	hsəm	hɕokwa
汉义	马	渠	草	胶奶	舌	三	翅膀

浊擦音 ɣ 能同浊塞音 d、g，浊塞擦音 dz、dʐ、dʑ，浊擦音 z、ʑ 相结合。如：

表 14

基本 / 前置	d	g	dz	dʐ	dʑ	z	ʑ
ɣ	ɣdo	ɣgə	ɣdzə	ɣdʐək	ɣdʑak	ɣzək	ɣʑak
汉义	石头	九	放牧者	排列	饱	身体、个儿	放置（过）

浊擦音 ɣ 能同鼻音 m、n、ȵ、ŋ，边音 l，半元音 j 相结合。如：

表 15

基本 / 前置	m	n	ȵ	ŋ	l	j
ɣ	ɣme	ɣnak	ɣȵaŋwa	ɣŋa	ɣla	ɣjak
汉义	痣	脓	旧的	鼓	工资	牦牛

§1.3　复辅音在安多方言的语音中占有相当重要的位置。在声母系统里，单辅音声母各地一般都是三十余个，差别不大；复辅音的繁简程度则很不相同。牧区话的复辅音数目近于单辅音的一倍，

而半农半牧区话里只及单辅音数的三分之二。两种话复辅音数目总的比例大体是5：2，前置辅音的数目也是5：2。由此可见，半农半牧区话中的复辅音已有了很大简化。

§1.4 从结合关系上看，无论是牧区话或是半农半牧区话，它共同的规律表现出前置辅音同基本辅音之间相互制约和相互影响很强。前置辅音同基本辅音的清浊必定一致（诸如康方言及不属于安多方言靠近玛曲的迭部藏语也大致如此）；两地前置辅音 n、h 跟基本辅音的配合情况也基本一致，n 的发音部位受基本辅音的制约。

§1.5 结合关系上的不同点是，牧区话中做前置辅音的有塞音 p、鼻音 m、n 及擦音 ɸ、h 三类。由塞音前置辅音构成的复辅音最少，只能同基本辅音塞音、塞擦音相结合；在半农半牧区（包括农区）话中塞音前置辅音已脱落，从不出现在多音节词的第一音节中。鼻音前置辅音在牧区话中有 m 和 n 两个，结合能力相当强。m 能同浊塞音、浊塞擦音、清送气塞音、清送气塞擦音结合，还能同其他鼻音 n、ȵ、ŋ 相结合；n 出现在清送气音之前均成清化鼻音，在半农半牧区话中只有一个鼻音前置辅音 n，不能同送气音相结合，只有在多音节词的第二音节送气音声母中还能看到 n 的余留痕迹，而且往往变成前一音节的韵尾。牧区话中擦音前置辅音有 ɸ（w）及 h（ɣ）两个，结合关系比较纷繁。ɸ（w）能同塞音、塞擦音、擦音相结合，w 还能同边音 l 结合。前置辅音 ɸ（w）在半农半牧区（包括农区）话中全脱落。

§2 藏文跟复辅音的关系和在发展变化上的一些特点。

§2.1 从现行藏文可以看到古代藏语复辅音声母结构之繁数量之多远远超过现代藏语。而现代藏语各个方言在声母上的差别，主要表现在复辅音上，有些地区差别还相当悬殊。以安多方言各地的藏话跟藏文来比较，也有不同程度的简化。

§2.2 牧区话里的前置辅音P，一种是由藏文单根基字加前加字བ演变而来，如བཀ-，བཙ-，བཏ-，བཙ-；另一种是基字བ带下加字ར和基字ཀ带下加字ར或ཡ、同时又带前加字བ演变而来的，如བྲ、བཀྲ、བཀྱ（参看前面表1）。半农半牧区话里，这一类藏文前加字བ均不再发音。试比较：

藏文	玛曲	夏河	汉义
བྲང་ཁ	ptʂaŋ k'a	tʂaŋ k'a	胸
བྲེ	ptʂe	tʂe	升
བཀྲ་ཤིས	ptʂa ɕi	tʂa ɕi	吉祥

§2.3 牧区话里的前置辅音ɸ，从藏文上看大体有四种来源：一种是带上加字ར、ལ、ས的双层字，如རྐ、ལྐ、སྟ、རྩ等，同时又带前加字བ；又一种是三层字སྒྲ、སྐྲ，同时又带前加字བ，再一种是单根基字ཤ.ས加的前加字བ，如བཤ-，བས-；最后一种是，基字ཕ、བ（均为双唇音）带下加字ཡ或ར（参看前面表2）。在半农半牧区话里，这一类前加字བ一般都不再发音；ཕ.བ跟下加字ཡ或ར配合时也已压缩为单辅音。下面略举数例：

藏文	玛曲	夏河	汉义
བསྟད	ɸtat	htat	上鞍子（过）
བརྐོས	ɸkø	hki	挖，雕刻（过）
བརྩེགས	ɸtsak	htsak	叠（过）
བསམ	ɸsam	sam	想
ཕྱག་འཚལ	ɸɕak mts'a	ɕak nts'al	拜谒
བྱང	ɸɕaŋ	ɕaŋ	北
ཕྲག་དོག	ɸtʂ'ak tok	tʂ'ak tok	忌妒
བཤའ	ɸɕa	ɕa	宰、杀

ɸ的变体w只能同浊音相结合，总的来讲是由藏文前加字བ

演变来的。如单根基字加前加字 བ 的 བག-、བད-；双层字加前加字 བ 的 བརྡ、བལྡ、བསྔ、བརྫ、བརླ 等；三层字加前加字 བ 的 བསྒྲ-、བརྒྱ- 等，以及 བཞ-、བཟ- 等。（参看前面表 3 ）。这一类前加字 བ，在半农半牧区话里一般都不再发音，但不论是单根基字、双层或三层字前均带有一个前置辅音 ɣ。试比较：

藏文	玛曲	夏河	汉义
བདུན	wdən	ɣdən	七
བགད	wgat	ɣgat	笑（过）
བལྡགས	wdak	ɣdak	舐（过）
བརྗེད	wdʑet	ɣdʑet	忘记
བསྒྲུབས	wdʐəp	ɣdʐəp	办成（过）
བརླགས	wlak	ɣlak	毁坏（过）
བཞུར	wʑəʐ	ɣʑəʐ	流，淌
བཟུང	wzoŋ	ɣzoŋ	抓，拿（过）

§ 2.4　牧区话里的前置辅音 m，从藏文上看大体有四种来源：一种是单根基字带的前加字 མ；又一种是 མགྱ-、མགྲ-、མཁྱ-、མཁྲ-，再一种是 འབྱ-、འབྲ-、འཕྱ-，最后一种是由古字 མྱི、མྱིང、མྱེ（ མི་མིང་མེ ）等基字 མ 演变成的（参看前面表 4、表 5 ）。半农半牧区话里，上述的最后一种情况已简化为单辅音，在鼻音及送气音前的 མ 一般已不发音，其余均演变成 n。试比较：

藏文	玛曲	夏河	汉义
མཐིལ	mt‘i	t‘i	底，掌心
མདའ	mda	nda	箭
མཛུབ་གུ	mdzə ɣə	ndzə ɣə	指头
མཚེ་མ	mts‘e lə	ts‘e	双生子
མཁྲིས་པ	mtʂ‘i wa	tʂ‘i wa	胆

མཛོན་གཉེར	mdzon nez	ndzon nez	接待员
འབྱར	mdzaz	ndzaz	粘合（过）
འབྲུག	mdzək	ndzək	龙
འཕྲོག	mtş'ok	tş'ok	抢

§ 2.5　前置辅音 n，从藏文上看主要是由藏文前加字 འ 演变而来的。然而在牧区话里，除在单根基字 ག、ཇ、ད、ཛ 及 གྱ、གྲ、ད 带前加字 n 外，在 ཁ、ཆ、ཐ、ཕ、ཚ 之前则成清化鼻音（参看前面表 6、表 7）。前一种情况跟半农半牧区话是一致的（参看前面表 12），后一种情况在半农半牧区话里一般不再发音。试比较：

藏文	玛曲	夏河	汉义
འཁེལ	n̥k'i	k'i	捻（线）
འཆའ	n̥tç'a	tç'a	啃、咬
འཐག	n̥t'ak	t'ak	磨、研
འཕར	n̥p'az	p'az	提升
འཚིག	n̥ts'ək	ts'ək	烧焦

§ 2.6　前置辅音 h，从藏文上看主要是由前加字 ག、ད 和上加字 ར、ལ、ས 在读音上的合并而产生的。然而在牧区话里，当基字鼻音 ང、ཉ、ན、མ 跟上加字 ས 相拼时，使鼻音清化（参看前面表 8、表 9），夏河话里没有这一类情况。

h 的变体 ɣ 只能同浊音相结合，来源如上述（参看前面表 10）。半农半牧区话里除这一来源外，另有一种是前加字 བ 在读音上脱落后，其单根基字（都是阴性字母）在现代语音中均读浊音，并带有前置辅音 ɣ，如 བད–、བག–、བཞ–、བཟ– 等（参看前面 § 2.3 举例）。

§ 2.7　综上所述，我们可以看到安多藏语中复辅音跟藏文的一点关系和它的演变情况。

不论是牧区话或半农半牧区话，简化的趋向是共同的，但简化的方式稍有不同。牧区话中，上加字、前加字读音上完全脱落是很少的，只处于合并或弱化的过程中，这样就使复辅音结合方式上有了简化，复辅音的总数目比半农半牧区话还是多得多。半农半牧区话里的简化是脱落和合并两者兼有，脱落的比重似乎还相当大。如前加字 བ 在发音上的脱落（指本身读音已消失，但对基字读音的清浊还有影响），还有前加字 མ、འ 在鼻音基字或送气音基字前的脱落等。由于构成音素的脱落或合并，这样不仅使半农半牧区话中的复辅音在结合方式上有所简化，而且复辅音数目也大为减少了。

§ 3　藏语复辅音趋向简化后，在构形上产生的影响

§ 3.1　复辅音声母除了区别词汇意义外，有的还具有区分自动动词和使动动词的语法功能。牧区话中通过复辅音的不同来表示自动和使动的一部分动词，在半农半牧区话里往往只通过声母本身送气与否来表示。例如：

藏文	玛曲	夏河
自动 *ɦkhor 转动	n̥k‘oʐ	k‘oʐ
使动 *skor 使转	hkoʐ	hkoʐ
自动 *ɦthor 离散	n̥t‘oʐ	t‘oʐ
使动 *gtor 搞碎	htoʐ	htoʐ
自动 *ɦkhum 紧缩	n̥k‘əm	k‘əm
使动 *skum 收缩	hkəm	hkəm
自动 *ɦkhol 沸	n̥k‘u	k‘u
使动 *skol 熬、煮	hku	hku

§ 3.2　书面语上，动词的不同时态和命令式常通过词根本身的屈折变化来表示。由于原有前置辅音的脱落或合并，早期的形态标志有的消失了，有的简化了。使半农半牧区话中原有三个时态及

命令式的一部分动词，现只有两种语音形式，有的甚至只有一种语音形式。牧区话在不同时态上大多还保留着相异的语音形式。试比较：

	未来时	现在时	过去时	命令式	汉义
玛曲	hdʑək	hdʑək	wdʑək	hdʑək	跑（两种语音形式）
夏河	hdʑək	hdʑək	hdʑək	hdʑək	跑（一种语音形式）
玛曲	hkəʐ	hkəʐ	ɸkəʐ	hkəʐ	寄、捎（两种语音形式）
夏河	hkəʐ	hkəʐ	hkəʐ	hkəʐ	寄、捎（一种语音形式）
玛曲	htsak	htsak	ɸtsak	htsok	累、叠（三种语音形式）
夏河	htsak	htsak	htsak	htsak	累、叠（一种语音形式）
玛曲	hko	hko	ɸkø	hkø	挖、雕刻（三种语音形式）
夏河	hko	hko	hki	hki	挖、雕刻（两种语音形式）
玛曲	tsoŋ	tsoŋ	ptsoŋ	tsʻoŋ	卖（三种语音形式）
夏河	tsoŋ	tsoŋ	tsoŋ	tsʻoŋ	卖（两种语音形式）

（原载于西北民族学院学报（哲学社会科学版）1984 年第 4 期）

敦煌古藏文写卷《乘法九九表》的初步研究 *①

一、解 题

19世纪末敦煌藏经洞（现敦煌文物研究所编为第十七号窟）发现后，满贮古代文物及数万卷各种文字的遗书得以重见天日。20世纪初，被外人以探险、测量和考古等名义，多次深入吐鲁番、敦煌地区，巧立名目，强取豪夺，大量罕见的珍贵资料流散国外。其中法国人伯希和（Pelliot，1875—1945年）在公元1907年至1908年时劫走而现藏于巴黎国家图书馆东方手稿部的敦煌藏文写卷就达两千多卷，依照拉鲁女士（Marcelle Lalou，1890—1967年）所编的目录即有2200卷号左右。其中编号为Pelliot Tibetain Touen—houang 1256号写卷，除个别字行稍有模糊外，大部分均清晰可认，已收录在1978及1980两年在巴黎出版的由麦克唐纳夫人（A·Macdonald）和今枝由郎编辑并加注记的《敦煌吐蕃文书选集》影印本（单页集装）第一辑中。这是一篇用藏文音译汉字的材料，内容是乘法九九表，原文全是藏文，无标题，未署抄写人姓名。全文横书共八行，它的次序是从“九九八十一”开始，到“一一如一”终结，即从大数开始，小数结束，与我们现今汉族的惯用顺序恰巧相反，但与现在部分藏族地区民间的记法相同。

---

①本文为1983年中国敦煌吐鲁番学术讨论会（兰州）递交的论文。

P.T.1256 号卷子的历史年代，从藏文的书写法看，是当时敦煌流行的古藏文书法，苍古遒劲，无疑是属于吐蕃时期的手卷。根据文字形体及拼写法来推断，使用的藏文包括了一些不规范的拼写。从其手写体形式看，文字的笔法似乎还处于草楷混合体的阶段。“单垂符”和“双垂符”的书写也不规范。值得注意的是全文出现带 i 元音的韵母共 138 个（部分是单元音 i 做韵母，部分是元音 i 加不同的辅音韵尾），未发现在吐蕃较早期常出现的反元音 i。据此看来，这一手卷可能成于吐蕃中期或晚期，即 8 世纪中叶或更后一些。如果是这样，那么大体就跟吐蕃人统治沙州（即今敦煌）的时期相吻合。P.T.1256 号卷子所注的汉字读音，应该是当时陇右一带或沙州附近流行的方音，可以想象在古代交通极其不便居民交往不是很频繁的情况下，汉语也定然存在着复杂的方音。

本文我们先将藏文用转写符号拼出，然后在各个音节下注上汉字。全文总字数 208 个，出现不同的汉字 11 个。接着我们又进一步作了汉藏索引和藏汉索引。最后谈一点我们的看法。总的愿望只是为了给关心汉藏民族文化交流历史的同志提供一个史实，也是为了给研究汉藏语言的历史和进行汉藏语言比较的同好者们刊布一份材料。

二、藏汉对音

1	གྱིའུ་	གྱིའུ་	པ་	ཤིབ་	ཨྱིར་།	པར་	གྱིའུ་	ཚི་	ཤིམ་	ཞི་།
	gjiɦu	gjiɦu	pa	çib	?jir	par	gjiɦu	ts‘i	çim	ʑi
	九	九	八	十	一	八	九	七	十	二
	ཚིར་	གྱིའུ་	ལུག་	ཤིབ་	སམ།།	ལུག་	གྱིའུ་	འགུ་	ཤིབ་	ཟི།།
	ts‘ir	gjiɦu	lug	çib	sam	lug	gjiɦu	ɦgu	çib	zi
	七	九	六	十	三	六	九	五	十	四

འགུ་ གྱིའུ་ ཟིག་ མི་ （ཟི་ ཤིམ）འགུ། ཟི་ གྱིའུ་ སམ་
ɦgu gjiɦu zig mi （zi çim）ɦgu zi gjiɦu sam
五 九 四 十 五 四 九 三

2 ཞིབ་ ལུག་།། སམ་ གྱིའུ་ ཞི་ ཤིབ་ ཚིར་།
ʑib lug sam gjiɦu ʑi çib ts‘ir
十 六 三 九 二 十 七

ཞི་ གྱིའུ་ ཨྱི་ ཤིབ་ པར་།། ཨྱི་ གྱིའུ་ ཞི་ གྱིའུ་།།
ʑi gjiɦu ʔji çib par ʔji gjiɦu ʑi gjiɦu
二 九 一 十 八 一 九 如 九

པར་ པར་ ལུག་ ཤིབ་ ཟི་། ཚིར་ པར འགུ་ ཤིབ་ ལུག
par par lug çib zi ts‘ir par ɦgu çib lug
八 八 六 十 四 七 八 五 十 六

3 ལུག་ པར ཟི་ ཤིབ་ པར་།། འགུ་ པར ཟི་ ཤིབ་།
lug par zi çib par ɦgu par zi çib
六 八 四 十 八 五 八 四 十

ཟི་ པར་ སམ་ ཤིམ་ ཞི་། སམ་ པར་ ཞི་ ཤིབ་ ཟི་།
zi par sam çim ʑi sam par ʑi çib zi
四 八 三 十 二 三 八 二 十 四

ཞི་ པར་ ཨྱི་ ཤིབ་ ལུག་། ཨྱི་ པར་ ཞི་ པར་།།
ʑi par ʔji çib lug ʔji par ʑi par
二 八 一 十 六 一 八 如 八

4 ཚིར་ ཚིར་ ཟི་ ཤིབ་ གྱིའུ་། ལུག་ ཚིར་ ཟི་ ཤིམ་ ཞི་།
ts‘ir ts‘ir zi çib gjiɦu lug ts‘ir zi çim ʑi
七 七 四 十 九 六 七 四 十 二

འགུ་ ཚིར་ སམ་ ཤིམ་ འགུ། ཟི་ ཚིར་ ཞི་ ཤིབ་ པར་།
ɦgu ts‘ir sam çim ɦgu zi ts‘ir ʑi çib par

五 七 三 十 五

སམ་ ཚོར་ ཞི་ ཤིབ་ ཀྱིར་།

sam ts‘ir ʑi çib ?jir

三 七 二 十 一

5 ཀྱི་ ཚོར་ ཞི་ ཚོར་།།

?ji ts‘ir ʑi ts‘ir

一 七 如 七

འགུ་ ལུག་ སམ་ ཤིག་

ɦgu lug sam çig

五 六 三 十

སམ་ ལུག་ ཀྱི་ ཤིབ་ པར་།

sam lug ?ji çib par

三 六 一 十 八

6 ཀྱི་ ལུག་ ཞི་ ལུག་།།

?ji lug ʑi lug

一 六 如 六

ཟི་ འགུ་ ཞི་ ཤིབ་།

zi ɦgu ʑi çib

四 五 二 十

ཞི་ འགུ་ ཀྱི་ ཤིབ་།

ʑi ɦgu ?ji çib

二 五 一 十

7 ཟི་ ཟི་ ཀྱི་ ཤིབ་ ལུག་།

zi zi ?ji çib lug

四 四 一 十 六

ཞི་ ཟི་ ཞི་ པར་།

四 七 二 十 八

ཞི་ ཚོར་ ཀྱི་ ཤིབ་ ཟི་།

çi ts‘ir ?ji çib zi

二 七 一 十 四

ལུག་ ལུག་ སམ་ ཤིབ་ ལུག་།

lug lug sam çib lug

六 六 三 十 六

ཟི་ ལུག་ ཞི་ ཤིབ་ ཟི་།

zi lug ʑi çib zi

四 六 二 十 四

ཞི་ ལུག་ ཀྱི་ ཤིམ་ ཞི་།

ʑi lug ?ji çim ʑi

二 六 一 十 二

འགུ་ འགུ་ ཞི་ ཤིམ་ འགུ་།

ɦgu ɦgu ʑi çim ɦgu

五 五 二 十 五

སམ་ འགུ་ ཀྱི་ ཤིམ་ འགུ་།

sam ɦgu ?ji çim ɦgu

三 五 一 十 五

ཀྱི་ འགུ་ ཞི་ འགུ་།།

?ji ɦgu ʑi ɦgu

一 五 如 五

སམ་ ཟི་ ཀྱི་ ཤིམ་ ཞི་།

sam zi ?ji çim ʑi

三 四 一 十 二

ཀྱི་ ཟི་ ཞི་ ཟི་།།

ʑi　zi　ʑi　par
二　四　如　八
སམ་　སམ་　ཞི་　གྱིའུ།
sam　sam　ʑi　gjiɦu
三　三　如　九
8 ཨྱི་　སམ་　ཞི་　སམ།།
ʔji　sam　ʑi　sam
一　三　如　三
ཨྱི་　ཞི་　ཞི་　ཞི།
ʔji　ʑi　ʑi　ʑi
一　二　如　二

ʔji　zi　ʑi　zi
一　四　如　四
ཞི་　སམ་　ཞི་　ལུག།
ʑi　sam　ʑi　lug
二　三　如　六
ཞི་　ཞི་　ཞི་　ཟི།
ʑi　ʑi　ʑi　zi
二　二　如　四
ཨྱིར་　ཨྱིར་　ཞི་　ཨྱིར་།།
ʔjir　ʔjir　ʑi　ʔjir
一　一　如　一

三、汉藏索引

汉字	中古汉音		乘法九九表		其他材料			现代藏音		现代汉语	
	拟音	声、韵、呼、等	藏文转写	出现的行数、字数	藏文转写	出处		安多	卫藏	广州	北京
八	pät	帮黠开二	པ pa པར par	1，3。 1，6；2，12； 2，17；2，18； 2，23；3，2； 3，5；3，7； 3，11；3，16； 3，21；3，26； 3，28；4，20； 5，23；7，14	par	《大》	《金》	pa Paʐ	pa^{55} par^{55}	paːt꜀	꜀pa

续表

汉字	中古汉音		乘法九九表		其他材料			现代藏音		现代汉语	
	拟音	声、韵、呼、等	藏文转写	出现的行数、字数	藏文转写	出处		安多	卫藏	广州	北京
六	luk	来屋合三	ལུག lug	1，13；1，16； 2，2；2，19； 2，26；3，1 3，24；4，6； 5，5；5，6； 5，9；5，11； 5，15；5，20； 5，25；6，2； 6，4；7，5；7， 26。	lu g	《大》		lək	lu^{132}	luk	liou^{ɔ}
七	ts'iet	清质开三	ཚི ts'i ཚིར ts'ir	1，8。 1，11；2，7； 2，22；4，1； 4，2；4，7； 4,12；4，17； 4,22；4，27； 5，2；5，4.	ts'ir	《阿》		ts'ə ts'ər	ts'i^{55} ts'ir^{55}	tʃatɔ	ctɕ'i
四	si	心至开三	ཟི zi ཟིག zig	1,20；1，26； 2，21；3，3； 3，8；3，10； 3，19；4，3； 4，8；4，16； 4,30；5，14； 5,18；6，10； 7，1；7，2； 7，7；7，12； 7,16；7，18； 8，8。 1，23。	si		《大》 《金》 《阿》	sə s'ə	si^{13} si^{55}	ʃi^{ɔ}	sɿ^{ɔ}

续表

汉字	中古汉音		乘法九九表		其他材料		现代藏音		现代汉语	
	拟音	声、韵、呼、等	藏文转写	出现的行数、字数	藏文转写	出处	安多	卫藏	广州	北京
三	sâm	心谈 开一	སམ sam	1，15；1，28； 2，3；3，12； 3，15；4，13； 4，21；5，7； 5，12；5，19； 6，14；7，6； 7，19；7，20； 7，24；8，2； 8，4。	sam	《心》《大》 《阿》《金》	s‘am	sam^{55}	꜀ʃa: m	꜀sam
十	źiəp	禅缉 开三	ཤིབ ɕib ཤིམ ɕim ཤིག ɕig ཞིབ ʑib	1，4；1，14； 1，19；2，6； 2，11；2，20； 2，25；3，4； 3，9；3，18； 3，23；4，4； 4，19；4，24； 4，29；5，8； 5，17；5，22； 5，13；5，21； 6，13；6，22； 7，4。 1，9；3，13； 4，9；4，14； 5，27；6，8； 6，17；7，9； 5，13。 2，1。	ɕib ɕim	《大》《阿》 《大》	x‘əp x‘əm x‘ək ɕəp	ɕip^{51} ɕim^{51} ɕiʔ^{51} ɕip^{132}	sap꜄	ʂʅ

续表

汉字	中古汉音		乘法九九表		其他材料		现代藏音		现代汉语	
	拟音	声、韵、呼、等	藏文转写	出现的行数、字数	藏文转写	出处	安多	卫藏	广州	北京
如	ńiå	日鱼合三	ཞི ʑi	2，15；3，27；5，3；6，3；6，25；7，13；7，17；7，21；7，24；8，3；8，7；8，10；8，14；	ʑi ʑu ʑe	《心》《阿》 《金》《大》 《阿》《金》	ɕa ɕa ɕa	ɕi^{13} ɕu^{13} ɕe^{13}	ˌjy	ˌʐu
二	ńi	日至开三	ཞི ʑi	1，10；2，5；2，8；3，14；3，17；3，20；4，10；4，18；4，23；4，26；5，24；5，28；6，7；6，12；6，19；7，10；7，11；7，23；8，10；8，12。	ʑi ʑu ʑe	《心》《阿》《金》 《大》《阿》《金》	ɕə ɕə ɕe	ɕi^{13} ɕu^{13} ɕe^{13}	jiˍ	əᵓ
九	kiu	见有开三	གྱིའུ gjiɦu	1，1；1，2；1，7；1，12；1，17；1，22；1，27；2，4；2，9；2，14；2，16；4，5；7，22。	guɦu	《千》	ku		ᶜkau	ᶜtɕiou

续表

汉字	中古汉音		乘法九九表		其他材料		现代藏音		现代汉语	
	拟音	声、韵、呼、等	藏文转写	出现的行数、字数	藏文转写	出处	安多	卫藏	广州	北京
五	ŋo	疑老合一	འགུ ɦgu	1，18；1，21；1，25；2，24；3，6；4，11；4，15；5，10；6，5；6，6；6，9；6，11；6，15；6，18；6，20；6，24；6，26。	ɦgu ɦgo	《心》《大》《阿》	ŋgo ŋgə	ku^{13} ku^{13}	$^{c}ŋ$	^{c}u
一	$^{?}$iet (iet)	影质开三	ཨིར $^{?}$jir ཨི $^{?}$ji	1，5；4，25；8，13；8，14；8，16。 2，10；1，13；3，22；3，25；4，28；5，1；5，21；5，26；6，1；6，16；6，21；6，23；7，3；7，8；7，15；8，1；8，9。	$^{?}$ji je $^{?}$i $^{?}$ir	《心》《心》《金》《大》《金》	$^{?}$ə $^{?}$ər	$^{?}i^{55}$ $^{?}$i：^{55}	$jat_{ɔ}$	$_{c}i$

为了便于作语音比较，上表的排列次序基本上按汉语中古语的声、韵、调次序。

表的“中古汉音”一栏中，“拟音”是根据李荣的《切韵音系》；“声、韵、呼等”则参照丁声树的《古今字音对照手册》、中国科学院语言研究所的《方言调查字表》和北京大学中文系的《汉语方音字汇》等著作。

“其他材料一栏，转引罗常培的《唐五代西北方音》。“出处”中的《千》指《千字文》,《大》指《大乘中宗见解》,《阿》指《阿弥陀经》,《金》指《金刚经》。另外《心》指《般若波罗蜜多心经》，转引自中央民族学院副教授周季文的《藏译汉音的〈般若波罗蜜多心经〉校注》，载于《语言研究》(总第二期)。

“现代藏音”一栏,“安多”方言标的是甘南夏河音，由笔者记音；“卫藏”方言标的是西藏拉萨音，参考了中央民族学院于道泉教授主编的《藏汉拉萨口语词典》(民族出版社，1983年10月，北京)。

“现代汉音”一栏，转引自北京大学中文系的《汉语方音字汇》。

四、藏汉索引

གྱིའུ gjiɦu 九 1，1；1，2；1，7；1，12；1，17；1，22；1，27；2，4；2，9；2，14；2，16；4，5；7，22.

འགུ ɦgu 五 1，18；1，21；1，25；2，24；3，6；4，11；4，15；5，10；6，5；6，6；6，9；6，11；6，15；6，18；6，20；6，24；6，26.

པ pa 八 1，3.

པར par 八 1，6；2，12；2，18；2，23；3，2；3，5；3，7；3，11；3，16；3，21；3，26；3，28；4，20；5，23；7，14。

ཚ ts‘i 七 1，8。

ཚིར ts‘ir 七 1，11；2，17；2，22；4，1；4，2；4，7；4，12；4，17；4，22；4，27；5，2；5，4。

ཞི ʑi 如 2，15；3，27；5，3；6，3；6，25；7，13；7，17；7，21；7，24；8，3；8，7；8，10；8，14。

ཞིབ zib 十 2，1。

ཟི zi 四 1，20；1，26；2，21；3，3；3，8；3，10；3，19；4，3；4，8；4，16；4，30；5，14；5，18；6，10；7，1；7，2；7，7；7，12；7，16；7，18；8，8。

ཟིག zig 四 1，23。

ལུག lug 六 1，13；1，16；2，2；2，19；2，26；3，1；3，24；4，6；5，5；5，6；5，9；5，11；5，15；5，20；5，25；6，2；6，4；7，5；7，26。

ཤིག ɕig 十 5，13。

ཤིབ ɕib 十 1，4；1，14；1，19；2，6；2，11；2，20；2，25；3，4；3，9；3，18；3，23；4，4；4，19；4，24；4，29；5，8；5，17；5，22；5，13；5，21；6，13；6，22；7，4。

ཤིམ ɕim 十 1，9；3，13；4，9；4，14；5，27；6，8；6，17；7，9。

སམ sam 三 1，15；1，28；2，3；3，12；3，15；4，13；4，21；5，7；5，12；5，19；6，14；7，6；7，19；7，20；7，24；8，2；8，4。

འྱི ʔji 一 2，10；2，13；3，22；3，25；4，28；5，1；5，21；5，26；6，1；6，16；6，21；6，23；7，3；7，8；7，15；8，1；8，9。

འྱིར ʔjir 一 1，5；4，25；8，13；8，14；8，18。

以上不同的藏文音节共一十七个。

五、余 论

吐蕃人统治沙州期间，出于长期统治河西等广大地区的需要，很注意吸收该地区各民族的上层分子参加吐蕃军政机构。并加强了宗教势力，修建寺庙，雕塑佛像，绘制壁画，译写经卷，以推行和巩固其行政统治，这从客观上促进了大量的文化和经济的交流。当时吐蕃人为学习汉语，为从汉文翻译佛经，用藏文译注了不少相应的汉语的音和词义。敦煌遗书中就留下了这时期写的许多汉藏对照的字汇。如《斯坦因劫经录》中 $S1000_2$ 号卷子，有藏文十一行，是用藏文记录了汉语的音，共有 60 个词。S2736 号卷子，实际有三十五行，也是用藏文记录汉语词汇的音，共有词及短语 154 个。S4243 号卷子的背后有一首汉文诗，在一些字旁用汉文注了音。此外，敦煌手卷 PT.1263 号也是一篇藏汉词汇对照的材料。由此可见，P.T.1256 号《乘法九九表》手卷也是为此目的而准备的材料。从这个卷子可以看出，早在吐蕃时期乘法九九表已传入藏族中，这也从一个侧面反映出汉藏两个民族相互学习，思想文化交流之早和渊源之深。

从 8 世纪开始，吐蕃人深入内地，与唐人在经济、文化各方面有了广泛的接触，大大促进了民族之间的交往。中唐吐蕃时期正值我国历史上民族交流极为兴盛的阶段。这时西北地区各兄弟民族的文化得到广为传播，互相影响极深。我们可以设想，吐蕃人能把大量的文字精细地写在纸上，既要有社会现实需要的基础，又要有普遍的书写运用文字的能力。看来这也与当时的社会发展水平是相适应的。

敦煌遗书中，这些藏译汉音或藏译汉语的材料，对研究八九世纪的藏汉语言文字有重要参考价值。我们想了解古代人的语音，这些手卷也自然成了重要的凭籍。像 P.T.1256 号卷子应该说是接近当时汉语口语语音，估计这些对音材料能提供字音的实际或近于实际读法的依据。对研究当时西北地区汉语口语的语音能起到一些补充新资料的作用。全文字数虽不多，但从这十余个字，已看到它们有下列最明显的特点，古汉语中的 -p、-t、-k、-m 作韵尾的音节，在这一卷子中都能看到。

今后要建立起具有中国特色的语言学，汉语和少数民族语言的比较研究已势在必行。汉语有浩瀚的历史文献，例如对于古代汉语的构形，过去大家重视文献资料和方言资料，已取得了很大成绩，而我国少数民族语言有极其丰富的口语资料。藏文又是一种历史悠久的拼音文字，记录了漫长时代的文化、社会历史事件，它的语音形式可以反映出汉藏语较古的语言特点，可以提供有关古音的某些线索。所以，联系我国的民族语言研究汉语，二者兼顾，才能相得益彰。

（附）本文所用的藏文转写符号，按藏文字母顺序排列如下：辅音：K，K‘，g，ŋ，tɕ，tɕ‘，dʑ，ȵ；t，t‘，d，n；p，p‘，b，m；ts，ts‘，dz，w；ʑ，z，ɦ，j；r，l，ɕ，s；h，ʔ。

元音：a，i，u，e，o。

（原载于《西北民族学院学报》（哲学社会科学版）1985年第3期）

安多方言复辅音声母和辅音韵尾的演变情况

无论哪一个民族的语言，随着历史的发展都会出现古今的差别和在地域上的歧异。语音的演变头绪纷繁，涉及面广，但也并不是杂乱无章的，它有一定的方向。这里仅从历史演变的角度来讨论藏语安多方言[①]中复辅音声母和辅音韵尾简化的这两个问题。

一、安多方言复辅音声母的简化

从反映古代藏语语音面貌的书面语（藏文）来看，在藏文创制时期，藏语中的复辅音声母繁多，不仅数量多，而且结构关系复杂。从现在调查到的藏语方言材料中可以察觉到，个别地区至今仍保留着相当丰富的复辅音声母[②]，均有区别词义的作用。我们如果同书面语比较一下，就可以看到古藏语中的复辅音声母在现在安多方言中的演变状况。尽管在牧区话和农区话中保留复辅音声母的情况有差异，有的地方多，有的地方少。但总的状况是，复辅音声母普遍有了减少，配合形式上趋向简化。虽然其简化程度较次于卫藏方言

①藏语安多方言分布很广，青海省除玉树藏族自治州外，其他五个藏族自治州和东部农业地区的藏语都属安多方言区。甘肃省甘南藏族自治州的夏河、碌曲和玛曲应属安多方言区，卓尼县的部分地区、舟曲及迭部的藏语不属安多方言，以后当另文探讨。

②如四川甘孜藏族自治州的道孚藏语，复辅音有一百多种结合形式。参看瞿霭堂：《藏语的复辅音》，载《中国语文》，1965 年第 6 期。

和康方言[①]。

藏文上的前加字或上加字大体上相当于复辅音声母中的前置辅音,基字相当于基本辅音,下加字相当于后置辅音。从现行藏文来看,古藏语的声母由一个到四个辅音组成。藏文三十个字母，不带任何上加字、前加字或下加字作单词出现时，这就是我们所说的由单辅音构成的声母[②]。

由两个辅音配合而成的二合复辅音声母有一百一十余个[③]。这又可分以下三种配合情况：

1. 五个前加字 ག*ga、ད*da、བ*ba、མ*ma、འ*va[④]分别同基字相配合可以构成 *gc、*dk、*bg、*md、*vdz 等四十余个二合复辅音声母。

2. 由三个上加字分别同基字相配合可以构成。*rk、*lg、*sl 等三十余个二合复辅音声母。

3. 由基字分别同四个下加字相配合可以构成 *ky、*gr、*kl、*khw 等三十余个二合复辅音声母。

由三合辅音构成的复辅音声母也可分三种情况：

1. 由基字带不同的上加字和前加字 བ*ba，构成。*brk、*blt、*bsl 等二十个三合复辅音声母。

2. 由基字带不同的下加字和前加字构成 *dky、*dkr、*bky、*bkl、*mgy、*mgr、*vgy、*vgr 等三十一个三合复辅音声母。

3. 由上加字、基字和下加字构成，*rky、*sgy、*spr 等一十三

---

①见 p41 注②的《藏语的复辅音》一文。

②传统的提法将三十个字母叫གསལ་བྱེད（辅音），现在看来其中最后一个字母实际上似乎是元音 a。

③这一数目是依据书面语（藏文）上的拼写规则得出来的，下同。

④为了便于比较和说明问题，文中带 * 字符号的为藏文转写，下文中不带 * 符号为者国际音标。

个三合复辅音声母。四合的复辅音数目上最少。是由上述第三种三合复辅音声母再加前加字 བ*ba，构成 *bsky、*bsgy、*bskr 等六个四合复辅音声母。

从上面的概述，大体可见藏文所反映的复辅音系统的复杂情况。其中二合辅音和三合辅音声母相当多，约一百八十余个；相对来说，四合复辅音声母则少。在这些复辅音声母中能作为前置辅音的共有八个，即 *g、*d、*b、*m、*v、*r、*l、*s。下面我们将它同现代安多方言进行比较，则可以清楚地看到随着语音的不断演变复辅音声母已大为简化，它的配合形式也减少了很多。如在夏河藏语中，前置辅音已经减少到两个，即喉擦音 h 和鼻音 n。复辅音声母总共已不到三十个，而且只有二合的复辅音声母，已没有三合和四合复辅音声母。

前置喉擦音 h，能同清塞音的基本辅音 p、t、k①，清塞擦音 ts、tɕ、tʂ，清擦音 s、ɕ 相结合。也能同浊塞音的基本辅音 b、d、g②，浊塞擦音 dz、dʑ、dʐ，浊擦音 z、ʑ 及边音 l，鼻音基本辅音 m、n、ȵ、ŋ，半元音基本辅音 j 结合。在现代安多藏语中，前置辅音同基本辅音的清浊是一致的。即清的前置辅音同清的基本辅音相结合，如 hp →、ht →、hk →等；浊的前置辅音一般同浊的基本辅音相结合，如 ɦb →、ɦd →、ɦg →等。浊的前置音 ɦ 实际发音接近 ɣ，因为它同 h 是互补的，现一律标为 h。这种前置辅音通常读得轻而弱、读得短，跟基本辅音结合得很紧。

前置鼻辅音 n，能同浊塞音的基本辅音 b、d、g，浊塞擦音的

---

①在夏河藏语中没有 hp 这一声母，但是在青海的化隆、循化、尖扎、刚察、共和等地的藏语中均有这一声母。

②在夏河藏语中 hb 这一声母出现的频率很低，在青海的化隆、循化、尖扎、共和等地的藏语中出现的频率相当高。

基本辅音 dz、dʑ、dʐ 相结合。书面语中 *mkh、*mch、*mth、*mtsh（鼻音同清送气音的基本辅音相结合）和 *mng、*mny、*mn（鼻音同鼻音的基本辅音相结合）这样的复辅音声母现在夏河藏语中全已消失。

那么，反映古代藏语语音面貌的书面语中一百八十多个复辅音声母和八个前置辅音是怎样大大趋于减少的呢？是如何演变和简化的？有无规律可探索？下面分两方面来谈：

1. 脱落：这里主要指复辅音声母中前置辅音的脱落。书面语上的前置辅音 b 不论是在二合、三合或四合的复辅音声母中，现在在第一音节均已消失。这种脱落在安多方言的农区或半农半牧区的藏语中非常明显。脱落的结果，使原来繁多的形式变为简单的形式。例如：

	藏文	夏河	藏文	夏河
二合的	བཀའ *bkav	ka “命令”	བཏབ *btab	tap “撒，种（过）”
三合的	བལྟས *bltas	hte “看（过）”	བརླ *brla	hla “大腿”
四合的	བརྒྱ *brgya	hdʑa “百”	བསྒྲིགས *bsgrigs	hdʐək “排列”（过）

前置辅音 *b 作第一音节声母时的脱落是普遍的。但出现在双音节词的第二音节中，而前一音节又是开音节收尾时，仍能看到 *b 在消失过程中的残留迹象。并且通常作为第一音节的韵尾而出现。例如：

藏文	夏河	藏文	夏河
བཅུ *bcu	tɕə “十”	ལྔ་བཅུ *lnga bcu 五·十	hŋap tɕə “五十”
བཤའ *bshav	ɕa “分配”	བགོ་བཤའ *bgo bshav 分·分配	hgop ɕa “分配”
བརྒྱ *brgya	hdʑa “百”	བཞི་བརྒྱ *bzhi brgya	hʑəp dʑa “四百”

四·百

在安多方言的牧区话中仍保留着前置辅音 *b。发音时双唇略闭读成 p，有的弱化成 β，这跟基本辅音的发音方法有关系。即在清塞音、清塞擦基本辅音前读 p，在浊塞音、浊音、浊擦音基本辅音前读 β，清擦音基本辅音前读 ɸ。试比较：

藏文	刚察
བཅུ *bcu	ptɕə “十”
བགོ *bgo	βgo “分”
བརྒྱ *brgya	βdʑa “百”
བཤད *bshad	ɸɕat “说”
བཤའ *bshav	ɸɕa “分，宰”

2. 合并：这里主要指复辅音声母中几个不同的前置辅音，合并成一个前置辅音。这又可分为以下几种情况：

a. 五个前置辅音 *g、*d、*r、*l、*s 现在合并成一个喉擦音 h，合并的结果，使原来繁多的复辅音结合形式大为减少，虽然二合的复辅音仍为二合，但三合的复辅音均简化成二合的了。例如：

	藏文	夏河	藏文	夏河
二合 *g–	གཏོང་ *gtong	htoŋ“放”	གདོང་མ *gdong ma	hdoŋ ma“鼻梁”
*d–	དཀའ *dkav	hka “难”	དགའ *dgav	hga “喜欢”
*r–	རྐོ *rko	hko “挖掘”	རྒོ་བ *rgo ba	hgo “黄羊”
*l–	ལྟག་པ *ltag pa	htak ka “后面”		
	ལྡག *ldag	hdak “舐”		
*s–	སྐམ *skam	hkam “干的”	སྒམ *sgam	hgam “箱子”
三合 *br–	བརྐོས *brkos	hki “挖（过）”	བརྒལ *brgal	hga “渡（过）”
*bl–	བལྟས *bltas	hti “看（过）”	བལྡགས *bldags	hdak “舐（过）”
*bs–	བསྐུར *bskur	hkəʐ “寄（过、未）”		

བསྒུགས *bsgugs h g ək “等候”

b. 前置辅音 *m 和 *v 在浊的塞、塞擦音的基本辅音前，合并成一个鼻音 n，它的实际音值跟基本辅音同部位。例如：

	藏文	夏河
二合 *m–n	མདའ *mdav	nda “箭”
	མགོ *mgo	ngo “头”
	མཛོ *mdzo	ndzo “犏牛”
	མཇལ *mjal	ndʑa “谒见”
三合 *m–n	མགྱོགས mgyogs	ndʑok “快的”
二合 *v–n	འབུ *vbu	nbə “虫”
	འདང *vdang	ndaŋ “够”
	འགོ་བ *vgo ba	ngo “传染”
三合 *v–n	འགྱོག་པ *vgyog pa	ndʑok “抬起”
	འདྲ *vdra	ndʐa “相象”

前置辅音 *m 和 *v，现在在清送气的基本辅音前均已脱落，成了单辅音声母。但是在藏文中前置辅音 *m 和 *v 能同清送气的基本辅音相结合，构成 *mkh、*m ch、*mth、*mtsh、*vkh、*vch、*vth、*vph、*vtsh 的二合复辅音声母，和 *mk hy、*mkhr、*vkhy、*vphy、*vkhr、*vphr 的三合复辅音声母。然而在现在安多方言中，只有在一些双音节词中才能看到它们的残留痕迹。例如：

	藏文	夏河	藏文	夏河
*m–	མཚོ *mtsho	tsho	རྒྱ་མཚོ *rgya mtsho	hdʑa mtsho
	海		广大・海	大海
	མཐའ *mthav	thakha	ས་མཐའ *sa mthav	sha mtha
	边		地・边	边远之地
	མཁར *mkhar	khaʐ	རྒྱ་མཁར *rgya mkhar	hdʑa mkhaʐ

城			汉人·城	汉人聚居的集镇
	མཆུ *mchu	tɕhə to	ཡ་མཆུ *ya mchu	ja mtɕhə
	唇		上·唇	上唇
*v–	འཐུག *vthug	thək	སྲབ་འཐུག *srab vthug	ʂam thək
	厚的		薄·厚	厚薄
	འཁོར་ལོ *vkhor lo	khoʐlo	འཕྲུལ་འཁོར *vphrul vkhor	tʂhə nkhoʐ
	轮子		变幻·轮子	机器
	འཁྱགས་པ *vkhyags pa	tɕhak kwa	ཆུ་འཁྱགས *chu vkhyags	tɕhə ntɕhak
	冷的		水·冷的	冷水

八、压缩：这里主要是指后置辅音的简化，后置辅音同基本辅音的压缩。藏文中的后置辅音有四个：*y、*l、*r、*w。大多同基本辅音压缩，也有脱落的现象。现分别叙述如下：

带后置辅音 *y 的二合复辅音有七个，即 *ky、*khy、*gy、*py、*phy、*by、*my。通过与基本辅音压缩，即组合这两个音素部分的语音特点而变成一个新的音素，并且由七个复辅音声母合并为四个单辅音声母。即原来的 *ky、*gy、*py 压缩后合并为一个 tɕa，*phy、*by 合并为 ɕa①，*khy 压缩为 tɕha②，*my 为 ȵa。例如：

	藏文	夏河
*ky	ཀྱིག་རྩེ *kyig rtse	tɕək tse“土坯”
*gy	གྱང *gyang	tɕaŋ “墙”

①藏文上的 *phya 和 *bya，在有些地区的语言中分成 ɕ‘a 和 ɕa，如在青海的乐都、化隆、贵德等地。

②藏文上的 *ca、*cha、*ja 和 *kya、*khya、*gya、*pya 在夏河藏语中均读成 tɕa、tɕ‘a、dʑa。在青海的同仁、共和等地分别读成舌面前的塞擦音和舌面中的塞音两套。pya 单独不能作声母，只有同前置辅音 *s 或 *d 结合成复辅音声母 htɕa 或 hɕa 才出现。

*khy	ཁྱི *khyi	tɕhə "狗"
*phy	ཕྱེ *phye	ɕe "粉，面粉"
*by	བྱ *bya	ɕa "鸟"
*my	མྱུར་བ *myur ba	ȵəʐ mo "快的"

带后置辅音 *y 的三合复辅音声母有二十一个。现在多半通过压缩简化为二合复辅音声母。如：

	藏文	夏河
*dky	དཀྱིལ *dkyil	htɕi "中间"
*dby	དབྱར་ཁ *dbyar kha	hjaʐ kha "夏天"
*rgy	རྒྱ *rgya	hdʑa "汉人"

也有少数由于前置辅音 *b 或清送气基本辅音前 *m 和 *v 的脱落而简化为单辅音声母的。如：

	藏文	夏河
*bky	བཀྱག *bkyag	tɕak "抬起（完）"
*mkhy	མཁྱིད་གང *mkhyid gang	tɕhət kaŋ "紧握拳后拇指与小指间的距离"
*vphy	འཕྱུར *vphyur	tɕhəʐ "溢出"

带后置辅音 *y 的四合复辅音声母有四个，现均简化为二合复辅音声母。如：

	藏文	夏河
*brgy	བརྒྱད *brgyad	hdʑat "八"
*bsgy	བསྒྱུར *bsgyur	hdʑəʐ "改变（完、未）"

带后置辅音 *r 的二合复辅音声母有十一个，即 *kr、*khr、*gr、*tr、*dr、*pr、*phr、*br、*mr、*sr、*hr。经压缩和合并，现

简化为四个单辅音声母[①]，即 tʂa、tʂha、ʂa、sa。例如：

藏文	夏河
ཀྲོང་ཀྲོང་ *krong krong	tʂoŋ tʂoŋ“直立”
དྲང་མོ *drang mo	tʂaŋ mo“正直”
ཁྲི *khri	tʂhə“万”
ཕྲ་བོ *phra bo	tʂha wo“细的”
སྲ་མོ *sra mo	ʂa mo“硬的”
ཧྲིལ་བོ *hril bo	ʂəl wo“完整的”
སྲས *sras	si“公子”
སྲིན་བུ *srin bu	sən bə“昆虫”

带后置辅音 *r 的三合复辅音声母有十九个，现在多半经压缩和合并，简化为二合复辅音声母。如：

	藏 文	夏 河
*vdr	འདྲི *vdri	ndʐə“问”
*vbr	འབྲས *vbras	ndʐe“大米”
*sgr	སྒྲ *sgra	hdʐa“声音”

也有部分由于前置辅音 *b 或清送气基本辅音前 *m 及 *v 的脱落而简化为单辅音声母的。如：

	藏 文	夏 河
*bkr	བཀྲ་ཤིས *bkra shis	tʂa ɕi“吉祥”
*mkhr	མཁྲིས་པ *mkhris pa	tʂhi wa“胆”
*vphr	འཕྲོག *vphrog	tʂhok“抢”

①这里未将 * mra 列入在内，因为单独的 *mra 不能作声母，只有带前置辅音 *s 时才在书面语出现。*sra 在口语中是两读字，有些字读成 ʂa，有些字读成 sa，但并不是自由变读。

带后置辅音 *r 的四合复辅音声母只有两个，即 *bskr、*bsgr，现在简化成为二合复辅音声母。如：བསྒྲིགས *bsgrigs—hdʐək“排列”。

带后置辅音 l 的二合复辅音声母有六个，即 *kl、*gl、*bl、*zl、*rl、*sl。在现代安多方言中，后置辅音 l 在读音上反而强而清晰成了基本辅音，而原来的基本辅音则减弱成了前置辅音。通过这样的语音演变，由原来的六个二合复辅音声母减少到三个，即 hl、hd 两个二合复辅音声母和一个单辅音声母 ɬ，后者是由 *sl 压缩而来的。例如：

藏文	夏河	藏文	夏河
གླ *gla	hla“工资”	རླུང *rlung	hloŋ“风”
ཟླ་བ *zla ba	hda wa“月亮”	སློབ་པ *slob pa	ɬop“教、学”

带后置辅音 l 的三合复辅音声母有四个即 *bkl、*bzl、*brl、*bsl。前三个由于 *b 的脱落，现在均已简化成二合复辅音声母 hla 和 hda；后者由于 *b 的脱落，又通过压缩而成为单辅音声母 ɬ。如：བརླ *brla hla“大腿”等。

带后置辅音 *w 的二合复辅音声母，有 *khw、*nyw、*dw、*shw 等十余个。现在后置辅音 w 均脱落，都简化为单辅音声母。只在个别词中还保留着圆唇的一些痕迹。如：དྭ་ཕྲུག *dwa phrug to pʐək“孤儿”。

带后置辅音 *w 的三合复辅音声母，由于 *w 的脱落，有的已简化为二合复辅音声母。如རྩྭ rtswa htsa“草”。另外如 *phywa、*grwa（根据藏文的拼写规则，*w 似乎成了再后置辅音，这种形式出现的频率很少），由于 *w 的脱落，又通过压缩而成为单辅音声母。如：གྲྭ་ཚང *grwa tshang tʂa tshaŋ“经院”。

根据以上的比较，可以看到安多藏语中的复辅音声母向单辅音声母发展的简化趋势。这里可归纳出以下几点：第一、原来的四合复辅音声母已全部消失。这是由于前置辅音 *b 的脱落，以及其他前置辅音通过合并产生新的音素，又加上基本辅音同后置辅音的压缩，原来的四合复辅音声母全简化成二合复辅音声母，并且由六个四合复辅音声母减少到四个二合复辅音声母。第二、原来的三合复辅音声母，它的简化通过两种途径：一种是由于前置辅音 *b 的脱落，基本辅音同后置辅音的压缩简化为单辅音声母。另一种是由原来不同的几个前置辅音（通常是 *d、*m、*v、*r、*s）的合并产生新的音素，又加上基本辅音同后置辅音的压缩，从而由三合复辅音声母简化为二合复辅音声母。后一种简化在总的数目上较前者为多。第三、原来的二合复辅音声母虽然有的现在仍为二合复辅音声母，但在形式上产生了新的结合关系，已经大为简化，远没有藏文中那么多。

二、安多方言中辅音韵尾的简化

藏文中有较多的辅音韵尾，不但有单辅音韵尾，而且还有复辅音韵尾。藏文上置于基字后的有十个字母，称作后加字，基本上是辅音韵尾。从而构成的单辅音韵尾是 *g、*ng、*d、*n、*b、*m、*r、*1、*s 九个，另外有两个字母置于固定的几个后加字之后，藏文上称作再后加字，即 *d 和 *s；它们可以与其他后加字结合成七个复辅音韵尾，即 *nd、*rd、*ld、*gs、*ngs、*bs、*ms。下面进一步来探讨这些复辅音韵尾的简化情况。

1. 复辅音韵尾中后一个辅音韵尾的脱落：藏文中原来有七个复辅音韵尾，现在安多方言中后一个辅音一般均已失落，简化成单辅音韵尾。可是在书写时还保留着 *gs、*ngs、*bs、*ms 这样的形式。只是在形、义上起一定的区别，实际上已不发音。如：

藏文　　　　　　夏河

ནགས *nags	nak "森林"
ཟངས *zangs	saŋ "铜"
ཐབས *thabs	thap "办法"
ཁམས *khams	kham "康地"

而 *nd、*rd、*ld 这三个复辅音韵尾，在读音上消失的时间可能更早一些。因而在 9 世纪 20 年代进行第二次文字厘定时，即在取消之列。在此后的藏文中一般均不再写出。

2. 单辅音韵尾的脱落：韵尾 *s 在早期藏文中可能属于辅音中的擦音类。现在整个安多方言中，似乎还没有见到以 *s 收尾的词。对照藏文来看，凡是文字上带 *s 后加字的，在语言中均已失落；并进而使韵母发生变化，成为开音节收尾。分别举例如下①：

	藏文	夏河	藏文	夏河
*as—i	ལས *las	li "命运"	ནས *nas	ni "青稞"
*os—i	གོས *gos	ki "缎子"	ཉོས *nyos	ȵi "买（过、命）"
*es—i	རྫེས *rdzes	hdzi "撩起（命）"	དེས *des	ti "由那个"
*is—i	དྲིས *dris	tʂi "问（过）"	རྫིས *rdzis	hdzi "拌，踩（命）"
*us—i	ཐུས *thus	thi "拾（命）"	དུས *dus	ti "时间"

3. 单辅音韵尾的合并：辅音韵尾 *l 在现代安多方言中有与 *d 合并的现象。可能由于这两个音素发音部位相同，都是舌尖音的缘故。口语中在一定条件下也有脱落的现象，如韵母 *al，则在口语中 *l 往往脱落。例：

藏文　　夏河　　藏文　　夏河

---

①藏文上的韵母 *os、*us 时，各地的变异情况不一致，有些地区唇形略开接近 e；有些地区如玛曲等地读成 ø，如གོས *gos–kø "缎子"，དུས *dus–tø "时间"。藏文上韵母是 *is，声母是舌尖塞擦音时，在青海东部农业地区化隆等地读成舌尖元音，如རྩིས *rtsis–htsɿ "算（命）"，དྲིས *dris–tʂʅ "问（完）"。

བལ *bal	wa “羊毛”	ཐལ *thal	tha “灰”
འབལ *vbal	nba “拔”	ཁལ *khal	kha “驮子”

如果 *l 韵尾与别的元音配合时，除韵尾 *l 脱落外，元音还要发生变化。如：

	藏文	夏河	藏文	夏河
*il—i	ཚིལ *tshil	tsi “油脂”	རིལ་བོ *ril bo	zị zị “球丸”
*el—i	དྲེལ *drel	tʂi “骡子”	ཐེལ *thel	thi “印章”
*ol—u	ཁོལ *khol	khu “煮开”	ཉོལ *nyol	ȵu “睡（命）”
*ul—n	རྡུལ *rdul	hdu “尘土”	དངུལ *dngul	hŋu “银子”

在安多方言中，原来九个单辅音韵尾现在保留着的情况各地也不一致。总的来讲，牧区话中辅音韵尾较多，一般有 p、t、k、m、n 、ŋ、l、r 八个。在农区或半农半牧区话中较少，由于 *b、*d、*l、*s 的脱落，*m 合并到 *n，一般已简化为四个，即 k、n 、ŋ、ʐ。*l、*s 的情况前面已说过，现将 *b、*d 的脱落和 *m 的合并情况分别举例如下①：

	藏文	尖扎	化隆	循化
*b 的脱落	ཁབ *khab “针”	khe	khe	khe
	བཀབ *bkab “遮盖（完）”	ke	ke	ke
	འབབ *vbab “落下”	nbe	nbe	nbe
	རྦ་རླབས *rba rlabs “波浪”	tɕhy la	hle	hba laŋ
*d 的脱落	ཡོད *yod “有”	jo	jo	jo
	བཤད *bshad “说”	ɕe	ɕe	ɕe
	སྤྲོད *sprod “交给”	hpo	hpo	hpo

①文中所举例词，化隆是指该县金源公社，尖扎是指该县麦什扎公社，循化是指该县道帏公社，玛曲是指该县尼玛公社 。分别由我院学生提供、作者记。

*m 的合并	སྦོམ *sbom "粗的"	hbon	hbon	hbon
	ལམ *lam "路"	lan	lan	lan
	ཞིམ *zhim "香的"	ɕən	ɕən	ɕən
	གསུམ *gsum "三"	hsən	hsən	hsən
	ཁེམ *khem "锹"	khen	khan	khan

综上所述，安多藏语中辅音韵尾的简化主要是通过脱落或合并的方式。有的正处于弱化或接近消失的过程中。除复辅音韵尾已全部失落外，从单辅音韵尾的简化情况来看，一般先从擦音 *s 开始，其次则是 *l 的脱落或与 *d 合并。从农区话来看，*d 和 *b 也正处于脱落的过程中，双唇鼻音 *m 则正处于与舌尖鼻音 *n 合并的过程中。由于辅音韵尾在演变中减少，韵母的结构也有了新的调整。比如说在现代安多方言的有些地区，元音音位的增多就是一个明显的迹象。常常是在辅音韵尾减少得较多的地方，元音音位就增多。如前面提到的化隆、循化、尖扎其元音音位就比牧区话多得多。

（原载于《西北民族学院学报》1989 年第 1 期）

藏语安多方言内部语音上的一致性和差异性

引 言

0.1 方言是同一语言在不同地域由于演变分化而形成的变体。按照方言层次的分析，各个方言还可分成若干个次方言，次方言下面又可分若干土语。我们国内通常把藏语分成三大方言。安多藏语是从古代藏语发展演变而逐渐形成的，是现代藏语的地方变体。方言内部尽管有自己特定的历史社会条件和发展情况，并和其他民族发生过不同程度的交流，但都是从同一语言发展而来的。由于语言发展的不平衡性，使方言内部土语之间呈现出种种差异，由于语音发展有严整的规律性，就使得差异之中存在着有规律的对应关系。安多方言分布地区广阔，人口有一百多万，方言内部差别不大，都能相互通话，然而在语音上也存在着明显的特点。本文试图将安多藏语内部牧区话、半农半牧区话及农区话作一初步比较。虽然它们发展的过程稍有不同，但既是藏语的一种方言，它内部就必然存在着一致性。这种一致性正是安多方言的基本特点，它反映出在一个大方言区内部的共性，也是有别于其他方言的主要标志。通过揭示出青海、甘肃、四川境内安多方言内部诸土语语音上的一致性和差异性，进而探求其与藏文（代表一定历史面貌的藏语书面语）的演变关系。目的是为了深入了解方言内部语音的现状和基本的结构情况，找出它的演变趋势，也许还能为划分土语提供一点材料。所以，我们对相同的一般特征只作一些平面比较，重点放在差异性的特殊语音的分析上。

0.2　这里要说明两点：1. 文中所列的语音材料全从口语取材，书面语读音不列。一般说来口语的读音口口相传，世代相承，往往比较稳定，也最能反映出方言特色。2. 笔者曾参加了 1957 年全国少数民族语言的调查，调查过甘青部分藏区的藏语，达日、玛曲和天祝的材料是近年记录的。红原话的材料是引用孙宏开、王贤海两同志新发表的《阿坝藏语语音中的几个问题》一文。青海的达日、甘德、阿力克，甘南的玛曲、阿坝的红原大致属于牧区话；青海的乐都、化隆、循化、尖扎等属农区话，青海的同仁，甘南的夏河等属半农半牧区话。以下我们将从声母和韵母两方面加以讨论。

一、声母系统上的一致性

1.1　安多方言的声母一般在四五十个到百余个之间，牧区话中达一百多个，半农半牧区及农区话大多在五六十个左右。清浊音严整对立，有约二十个声母是靠清浊特征区别。塞音、塞擦音和擦音都分清浊两类。其共同特点是，浊音不能单独作声母，必和一定的前置辅音配合。清浊对立主要区别词义，也有区别语法意义的作用。清浊音对立的情况列表如下：

地点	双唇	舌尖前	舌根	舌尖后	舌面前	舌面中	小舌
泽库	p b	tdtsdzsz	k g x‘ɣ	tʂdʐʂʐ	tɕdʑɕʑ		χ ʁ
同仁	p b	tdtsdzsz	k g x‘ɣ	tʂdʐʂʐ	tɕdʑɕʑ	cçɟj	χ ʁ

1.2　送气音与不送气音严整对立。有十五六个声母是靠送气与不送气特征区别，塞音、塞擦音和擦音各地都分送气与不送气两类。舌根擦音是清音送气与浊音不送气的对立。即：

地点　双唇　舌尖前　舌尖后　舌面前　舌面中　舌根

夏河　pp‘　tt‘tsts‘　tʂtʂ‘　tɕtɕ‘　　　　kk‘x‘ɣ

同仁　pp‘　tt‘tsts‘　tʂtʂ‘　tɕtɕ‘　cçcç‘　kk‘x‘ɣ

1.3　复辅音声母较多，在二十余个到百余个之间。前置辅音少的只有 n、h 两个，多的有八九个，但各地都有前置鼻辅音 n，可构成复辅音声母 nb、nd、n g 、ndz 、ndʐ、ndʑ，部分地区还有 nɟj。其共同的特点是，前置鼻辅音都和浊的塞音、塞擦音结合，鼻音的发音部位实际上同基本辅音一致。

1.4　从发音部位上看，各地都有双唇、舌尖前、舌尖后、舌面前、舌根、小舌、喉七类音，还有双唇半元音 W（ 或唇齿 v）和舌面半元音 j。不同发音部位的音类都严整对立。

1.5　从发音方法上看，各地都有塞音、塞擦音、擦音、鼻音（ m、n、ȵ、ŋ）、边音（I）、边擦音（ɬ）六类。在前三类中清浊对立，送气不送气对立，系统性很强，配合整齐。

1.6　在元音开头的词首都带有喉塞音ʔ。如：ʔoma*ɦo ma“牛奶”；ʔot*ɦod“光”等。

二、声母系统上的差异性

2.1　从发音部位看，有的牧区话里存在小舌音 q。如：

地点	例词	藏文	汉义
久治	q‘AtA	*khwa ta	乌鸦
红原	qaqa	*kwaɦ Kwaɦ	乌鸦叫
	q‘ɛ	*khwa	苦的
	q‘o ts‘ɛ	*khwo tshwa	辣椒

从上面例词对照藏文，可以看出藏文基字是舌根塞音带下加字 *wa，基本辅音在上述这些地区就变成小舌塞音。在半农半牧区及农区话里，藏文基字带下加字 *wa 同不带这一下加字在同样的韵母

情况下一般已合并，发音上没有区别，只在个别地区元音上有变异。

2.2 从发音方法上看，部分牧区、半农半牧区及农区话中多一组舌面中的塞擦音 cç、cç‘、ɟj。如同仁、贵南、贵德、泽库、阿力克等地区，舌面擦塞音可分为舌面前和舌面中两组，这一现象只存在于安多方言的部分地区。试比较（见表 1）：

将藏文与安多方言区没有舌面中塞擦音的加以比较，可以看出 cç、cç‘、ɟj 的来源有二：一种是舌根塞音由于受后置辅音 *j 的影响，因颚化作用使发音部位前移，另一种是带后置辅音 *r，为古音的残留。[①] 藏语书面语带后置辅音 *j、* r 在安多方言中的演变并不完全一致。舌根塞音与 *j 结合时，泽库、同仁等地区变为舌面中音，夏河等地区合并为舌面前音。与 *r 结合时，泽库、同仁等地区部分词变为舌面中音，部分词为舌尖后塞擦音，夏河等地区部分词合并为舌面前音，部分词为舌尖后塞擦音。

表 1

地点 / 例词 / 藏文	同仁	泽库	夏河
*rkjaŋ 野马	hcçaŋ	ʂçaŋ	htɕaŋ
* g ral 排	cça	cça	tɕa
*r g ja 汉人	hɟja	rɟja	hdʑa
*khji 狗	cç‘ə	cç‘ə	tɕ‘ə

①见拙作《安多藏语声母的几种特殊变化》，载《民族语文》，1983 年第 3 期。

2.3 从发音方法上看，部分牧区话中鼻音 m、n、ȵ、ŋ，有清化和不清化的两组。清化鼻音有的能单独做声母，如青海达日话；有的不能单独做声母，必和前置辅音 ʂ-、h- 结合，如泽库和玛曲话。见表 2

表 2

地点 / 例词 / 藏文	达日	泽库	玛曲
*sman　药	m̥an	ʂm̥an	hm̥an
*sna　鼻子	n̥a	ʂn̥a	hn̥a
*smjo　疯	ȵ̊o	ʂȵ̊o	hȵ̊o
*sŋon po 蓝的	ŋ̊om bo	ʂŋ̊onbo	hŋ̊on bo

在跟藏文比较之后，可以看出这是由于上加字 *sa 在趋向脱落的过程中，对基字发生影响，而使不同部位的鼻音发生清化。

2.4 安多方言保留着数目不等的复辅音声母，牧区话中近百个，半农半牧区及农区话只有二十余个，呈现出很大的不平衡性。如牧区话（泽库、天祝、阿力克等）中前置辅音大致有八九个。双唇清塞音 p- 能同异部位的清塞音、清塞擦音结合成 Pt-、pk-、pts-、ptʂ-、ptɕ-。双唇清擦音 ɸ- 能同异部位的清塞音、清塞擦音、清擦音结合成 ɸt-、ɸk-、ɸts-、ɸtʂ-、ɸtʂ‘-、ɸtɕ-、ɸs-、ɸɕ-。双唇半元音 w 能同异部位的浊塞音、浊塞擦音、边音、浊擦音结合成 wd-、wg-、wdz-、wdʐ-、wdʑ-、wl-、wz-、wʑ-。舌尖后清擦音 ʂ 能同清塞音、清塞擦音结合成 ʂt-、ʂk-、ʂts-、ʂtʂ-、ʂtɕ-。舌尖后浊擦音 ʐ 能同浊塞音、浊塞擦音结合成 ʐd-，ʐg-，ʐd z-，ʐdʐ-，ʐdʑ-。清擦音 h 能同清擦音结合成 hɕ-、hs-。浊擦音 ɣ 能同鼻音、边音、半元音及浊擦音结合成 ɣm-、ɣn-、ɣȵ-、ɣŋ-、ɣl-、ɣz-、ɣj-、ɣʑ-。

从藏文来看，前置辅音的来源是前加字和上加字 * g 、*d、*b、*m、*ɦ、*r 、*l、*s ，牧区话里主要通过弱化和合并演变而来，现今仍与其原有形式接近或吻合。半农半牧区及农区话主要由于合并和脱落，前置辅音只有 n、h 两个，复辅音声母就少得多，一般只有牧区话的三分之一左右。

2.5　牧区话的前置辅音中有双唇鼻音 m，能同浊塞音、浊塞擦音结合，还能同送气的清塞音、清塞擦音和异部位的鼻音结合。以玛曲话为例，有 mb-、md-、ng-、mdz-、mdʐ-、mdʑ-、mt ‘-、mk ‘-、mts ‘-、m tʂ ‘-、mtɕ ‘-、mn -、mȵ-，mŋ-。部分牧区话里，在跟送气音结合时是清化的 m̥，如泽库，天祝。

把藏文同没有前置辅音 m 的半农半牧区和农区话加以比较，可以看到 m- 来源于前加字 * m，部分来自前加字 *ɦ。现今在半农半牧区及农区话里，上述两个前加字在浊辅音前已合并为同部位的鼻音，在送气辅音前全部脱落。

2.6　牧区话里有清化的前置鼻辅音 n̥，它的特点是只能跟送气音相结合。这里仍以玛曲话为例：n̥t‘oŋ*ɦthung“喝”；n̥k ‘aʐ*ɦkhar“锣”；n̥ts ‘am dʐə*ɦtshams　ɦdri “问候”；n̥tʂ ‘ək hwa *ɦkhrug pa “战争”；n̥tɕ ‘a *ɦtɕhaɦ “咬吃”；n̥p ‘əʐ*ɦphur “飞”。清化的前置鼻辅音其发音部位与基本辅音一致。其来源是文字上的前加字 *ɦ。

2.7　部分农区话有后置的双唇音 w 形成圆唇，如乐都话就是这样。它的文字来源主要有以下儿种：a . 舌尖前、舌尖后、舌根、舌面辅音带元音带 *o，同时后加字为 *s 或 *b ，由于 . *s、*b 的脱落有了演变。如：ts ‘wi *tshos “熟”；tswi *btsos “煮”，t ‘we *thob “获得”；tʂwi *bros “逃走”；ʂwi*sros “烤”；kwi*gos “缎子”；

tɕ ʻwi *tɕhos “经”；ȵwi*ȵos “买”。b. 文字上有前加字 *b、*m，由于这两个双唇音的脱落，使基本辅音圆唇化。如：tɕwi*btɕos，“作”；kwa*bkal “驮”；k ʻwa zi̤*mkhal ma “肾”；tɕ ʻwa *mtɕhe ba “犬牙”。c．音节的缩减。如：s ʻwa *soba “哨兵”；twa *duba “烟”；t ʻwa*hoba “锤子”；k ʻwa*khu ba “汤”；tʂwa *broba “滋味”；hwa *phoba “胃”；n ɡ wa*ɦ ɡ alba “违背”。

2.8 少部分农区和半农半牧区有唇齿擦音。如乐都、尖扎、同仁、贵南话中有 f、v，贵南的 fu* phul “献”，尖扎的 viti *beɦu “牛犊”。

三、韵母系统上的一致性

3.1 安多方言只有单元音韵母，没有复元音韵母。单元音在六个到十余个之间，多数地区是六七个，较其他藏语方言为少。见表 3：

表 3

地点 \ 元音 \ 舌位	前元音	央元音	后元音
泽库	i e a	ə	u oɔ
夏河	i e a	ə	u o
尖扎	ieɛyøa	əɵ	u o

3.2 各地相同的元音有 i、e 、a、ə、u 、o 六个。举例如表 4：

这六个元音同藏文的 *i、*u 、*e 、*a 已不是简单的对应关系，也就是说文字上的单元音韵母系统在安多方言中经过变异、合并或

表 4

地点	汉义					
	骡子	马	面粉	银子	麦子	山
	例词					
泽库	ptʂi	ʂta	ɸçe	zŋu	cço	zə
夏河	tʂi	hta	çe	hŋu	tço	zə
乐都	tʂwi	hta	çe	hŋu	tço	zə

转移，已有所发展和演化。一般说来 *a、*o 发生变化的情况较少，其次是 *e。下面简要举例说明：

i 元音有些是文字上后加字 *s 脱落后变化来的，如达日、泽库、贵德、化隆、乐都等地将 *nas“青稞”、*las“做”、*ras“布”分别说成 ni、li、ʐi。在夏河、循化等地多数是文字上的 *–is、* –us、因 *s 脱落而变成，如：tʂi*dris“问”；htsi *rtsis“算”；ti*dus“时间”；çi*bçus“剥”。

e 元音多数情况能和文字上的 *e 对应。如玛曲、红原等地将 *sre“混合”、*me“火”、*brdʐe“换”分别说成 ʂe、mɲe、wdʐe。有些地区是韵母 *–as 中 *s 脱落后变异而来的，如夏河、同仁、尖扎、循化话中的 ne*nas“青稞”、le* las“做”、ʐe*ras“布”。

a 元音多数能和文字上的 *a 对应。见表 5：

ə 元音在大多数地区是由文字上的 *i、*u 变异而来，这种央化的情况是安多方言元音上的一个特点。见表 6：

o 元音多数能和文字上的 *o 对应。见表 7：

u 的来源比较复杂。有的来自文字上的 *u，如化隆：nbu *ɦbu“虫”、hpu *spu“毛”。或许可以说明在这些地区 *u 元音的央

表 5

地点	例词				
	*bya 鸟	*lta 看	*sna 鼻子	*rgja 汉人	*mdaɦ 箭
	读音				
泽库	ɸça	ʂta	ʂna	rɟja	mda
夏河	ça	hta	hna	hdʑa	nda

表 6

地点	例词			
	*khji 狗	*ldʑimo 重的	*su 谁	*dgu 九
	读音			
泽库	cç‘ə	ʐdʑə mo	s‘ə	ʐgə
夏河	tç‘ə	hdʑə mo	s‘ə	hgə

表 7

地点	例词			
	*btso 煮	*bgo 分配	*rko 挖	*btsongs 卖
	读音			
达日	ptso	wgo	ʂko	ptsoŋ
夏河	tso	hgo	hko	tsoŋ

化尚未完成。部分来自文字上的 *-ol、*-ul，如夏河、化隆、乐都等地将带 *skol“煮”、*dŋul“银子”分别说成 hku、hŋu。少部分来自 *-os、*-us，如青海阿力克将 *tɕhos“经”、* lus“遗落”分别说成 tɕ ʻu、lu。

3.3 多数地区有辅音韵尾 p、t、k、m、n、ŋ、ʐ，一般能分别同元音 e、a、ə、o 结合，见表 8：

表 8

韵尾 / 元音	P	t	K	m	n	ŋ	ʐ
e	+	+		+	+		+
a	+	+	+	+	+	+	+
ə	+	+	+	+	+		+
o	+	+	+	+	+	+	+

带辅音韵尾的韵母在牧区和半农半牧区话中通常为二十余个；农区要少得多，只有十来个。总的说来，辅音韵尾比藏语其他方言为多。

从藏文上反映的 *i、*u、*e、*o、*a 五个元音都是可以和辅音韵尾 *b、*d、*g、*m、*n、*ŋ、*r、*s、*l 结合的，然而在现代安多方言里已有不同程度的简化。例如 *s 在各地全已脱落。各地共有的辅音韵尾是 *g → k、*n → n、*ŋ → ŋ、*r → ʐ。其他几个韵尾在各地的分布情况并不相同。我们在跟文字进行比较之后，可以发现牧区及半农半牧区话里辅音韵尾保留得较多，而农区话里经过合并或脱落，带辅音韵尾的韵母明显地减少了。

四、韵母系统上的差异性

4.1　部分农区话有舌尖元音ɿ、ʮ、ʅ、ʯ，如乐都、化隆，以及循化、共和等部分地区。例见表 9：

舌尖元音只同舌尖音结合，这是它们的共同特点，在其他地区只出现在一些借汉语词中。

表 9

例词 / 读音 / 地点	*rtsi 算	*tshil 脂肪	*rdzi 拌	*bzi 醉	*bsdus 集中	*bris 写	*ɦbrurigs 粮食
乐都	htsɿ	ts'ɿ	hdzɿ		hdʮ	tʂʅ	ndʐʯ
化隆	htsɿ	ts'ɿ	hdzɿ	zʮ		tʂʅ	
共和	htsɿ	ts'ɿ	hdzɿ	zʮ	wdʮ	tʂʅ	ndʐʯ

4.2　少部分地区有鼻化元音。如青海甘德话，把 *len“取”、*ɦthen“拉”分别说成 lẽ、t 'ẽ。甘德临近玉树（属康方言），可能是受到了一定影响。

化隆的部分地区也有鼻化元音，如 lɛ̃*lam“路”，hpəñ*spun“兄弟”，hdɵñ*bdun“七”。把藏文和口语进行比较，我们认为，这类鼻化元音也许是后加字 *m、*n 趋于脱落前的一种过渡现象。

4.3　安多方言内部除前面讲到的共同有的六个元音外，还有几个各地并不相同的新增元音。

4.3.1　有些地区 a 和 ɑ 是对立的两个音位，如甘德、久治等地说的 ȵa*ȵa“鱼”和 ȵɑ*ȵal“睡”；k 'a* Kha“口”和 K 'ɑ*Khal“驮”。与文字进行比较可以看出由于后加字 *l 脱落而新增后 ɑ 元音。

4.3.2 前元音 ε 较多地出现在农区，如化隆、循化等地。现以化隆话举例如表 10：

表 10

藏文	语音	汉义
*khab	k‘ε	针
*gseb	hsε	种马
*nad	nε	病
*med	mε	没有
*mar	mεʐ	酥油
*ster	htεʐ	给
*gnam	hnε̃	天
*btsem	tsε̃	缝
*sman	hmε̃	药
*ɦthen	t‘ε̃	拉

农区的 ε 元音往往是韵母 * ab、*ed、*ad 中韵尾 *b、*d 的脱落和 *am、*em、*an、*en 的合并而新增的。也有一部分来自韵母 *ar 和 *er。

部分牧区话里也有 ε 元音；然而其来源不同于农区。牧区话里的 ε 常和文字上的 * a 对应。下面以红原话为例（见表 11）：

表 11

藏文	语音	汉义
*sa	s‘ε	土地
*bad	βεt	霜
*sman	rmε̃n	药
*lham	ɬεm	鞋
*srab	ʂεp	马笼头
*dar	tεʐ	冰
*gsal	xsεl	亮

4.3.3 农区的化隆、乐都等地有前圆唇元音 y。举例如下（乐都话）见表 12：

表 12

藏文	语音	汉义
*tɕhu	tɕʻy	水
*mdud pa	ndy pa	结子
*bdun	ɣdyn	七
*ɦdʑib	ndʑy	吮吸
*thub	tʻy	能够
* g sum	hsyn	三
*dom	tyn	熊
*dus	ty	时间

乐都话中的 y 元音多数来自文字上的 *u，条件是辅音韵尾 *d、*b、*s 脱落或 *m、*n 合并，少数来自 *ib 及 *om，并能和辅音韵尾 n 结合成韵母。

4.3.4 圆唇的央元音 θ 出现在农区的化隆及牧区的达日、天祝等地，其来源并不一致。

先看化隆的例词，见表 13：

表 13

藏文	语音	汉义
*glu	hlɵ	歌
*ɦdʑib	ndʑɵ	吮吸
*drug	tʂɵk	六
*mdud pa	ndɵ pa	结子
*mdun	ndɵn	前面
*thub	tʻɵ	能够
*gsum	hsɵn	三
*skur	hkɵʐ	寄

化隆话中的θ元音多数来自文字上的 *u，有的是辅音韵尾 *b、*d 脱落或 *m、*n 合并而变异成θ。θ元音并能和辅音韵尾 K、n 结合成韵母。

牧区的达日、天祝话中的θ元音除了能单独作韵母外，只能和辅音韵尾 K 结合。现以达日、天祝话举例如表 14：

表 14

藏文	汉义	达日	天祝
*ɦdzugs	种	ndzθk	ndzθk
*chug	让（命）	tɕθk	ɕθk
*ɦbrug	龙	mdʐθk	mdʐθk

我们再看天祝话的例词：k ‘θ*Khul“绒”；x ‘θ*shul“原址”；zθ*rul“腐烂”。这是由于 *l 脱落以后，元音变异为θ。

从上述这些地区可见圆唇元音 *u 在央化过程中还残存着圆唇的痕迹。

4.3.5 农区的化隆和牧区的天祝、泽库等地有圆唇后元音ɔ，但两者的来源并不相同。先看化隆的例词：kɔ*ko ba“牛皮”；k ‘ɔ*Khu ba“汤”；tɔ*duba“烟”。由于音节的减缩，元音变异为ɔ。再看天祝的例词：tɔ*dal“慢”；k ‘ɔ*khal“驮”；t ‘ɔ*thal“灰”。这是因为 l 的脱落而产生的。

4.3.6 牧区的玛曲和青海河南蒙族自治县等地有前圆唇元音ø。以玛曲话为例：tø*dus“时间”；lø*lus“遗留”；kø* g os“缎子”；tɕ ‘ø*tɕhos“经”。可见ø元音是由 *o、*u 变异而来，还保留着圆唇的痕迹。这一变异的条件是辅音韵尾 *S 的脱落。*S 的脱落是现代藏语的普遍现象，但造成整个韵母的变化各地并不相同。试以 *us、*os 为例，牧区话现今大多变成圆唇的ø或 u ，半农半牧区及农区多演变为前展唇的 i 或 e 。试比较，见表 15：

表 15

藏文	汉义	阿力克	天祝	夏河	循化
*gos	缎子	ku	ke	ke	ke
*dus	时间	tu	t θ	ti	ti
*lus	遗留	lu	l θ	li	li

4.4　多数地区辅音韵尾是六七个，但农区只有四五个。参看表 16：

表 16

韵尾 / 地点	p	t	k	m	n	ŋ	ʐ	l
泽库	+		+	+	+	+	+	+
天祝	+	+	+	+	+	+		
夏河	+		+	+	+	+	+	+
乐都			+		+	+		

4.4.1　乐都、化隆、循化等农区话中没有辅音韵尾 p。试比较（见表 17）

表 17

藏文	汉义	乐都	循化	夏河
*srab	马嚼子	ʂe	ʂɛ	ʂap
*ɦdʑib	吮吸	ndʑy	ndʑə	ndʑəp
*thub	能够	tʻy	tʻə	tʻəp
*gseb	种马	hta hse	hta hse	hsep
*thob	得到	tʻwe	tʻo	tʻop

可以看出文字上的后加字 *b 在农区话中往往已脱落，元音有的也起了变化。我们还注意到在尖扎及海南州等部分地区，后加字

*b 在口语中常说成 ɸ 或 f。这是否可以推断出 *b 在完全脱落之前可能有一个过渡——弱化的阶段。

4.4.2 多数农区话中没有辅音韵尾 m。试比较：（见表 18）

表 18

藏文	汉义	乐都	化隆	夏河
*sgam	箱子	hgan	hgan	hgam
*ʑim po	香的	ɕən po	ɕən po	ɕəm po
*gsum	三	hsyn	hsθn	hsəm
*btsem	缝	tsen	tsɛn	tsem
*dom	熊	tyn	ton	tom

文字上的后加字 *m 在乐都、化隆等地一律并入后加字 * n。青海东部的农业区及海南的部分地区都是如此。

4.4.3 辅音韵尾 *d、*l 现今分布的情况不很一致，有的合并，有的脱落。农区话中几乎全没有了。牧区和半农半牧区话中常合并成 l，天祝话多数是 * d、*l 合并成 t。有的地区 t、l 比较自由。试比较：

藏文	汉义	化隆	夏河	天祝
*brgjad	八	hdʑɛ	hdʑal	ʐdʑat
*khrid	引领	tɕ ‘ə	tɕ ‘əl	tɕ ‘ət
*mdud pa	结子	ndθ pa	ndə pa	mdət p ‘a
*brdʑed	忘记	hdʑɛ	hdʑel	hʑet
*bal	羊毛	wa	wa	ʋɔ
*drel	骡子	tʂi	tʂi	tʂi
*skol	煮	hku	hku	ʂku

五、小 结

5.1 安多方言声母系统的主要特征是清浊音对立，送气音与不送气音对立，声母数目较藏语其他方言为多。同藏文进行比较，可以看到古时候的语音系统比较复杂，组合方式比较多样。然而，现今声母数目已有很大减少，结构关系上明显地简化了。表现在方言内部各地语音的演变是不平衡的。总的看来，牧区的简化进程要慢一点，农区话要快一点，牧区话里声母的数目比农区话多得多，保留了一些古藏语语音的特征。藏文所反映的前置辅音有八个，在牧区语中仍保留较多；半农半牧区及农区话中只留有某些痕迹，现只有 h–、n– 两个。就是说藏文，牧区话为复辅音的，在半农半牧区及农区其前置辅音除部分合并外，一部分脱落而成为单辅音。如进一步跟藏语其他方言比较，前置辅音全部脱落的有卫藏方言拉萨话，前置辅音大部脱落的有康方言，后者只保留一个 n–。其结果声母的数目就大大少于安多方言了。

5.2 韵母系统的主要特征，都是单元音，没有复元音韵母，韵母数目通常约二三十个，较卫藏方言和康方言为少。从古今韵母的差异来考察，单元音韵母有所增加，带辅音韵尾的韵母趋向减少，有的元音已不能同辅音韵尾结合，如 *i、*u。从而表现出开音节增多，闭音节减少，这在农区话里尤为明显。韵母的简化也是藏语语音发展的总趋势（从藏文的组合关系上看，带辅音韵尾的韵母就有七八十个）。从方言内部的差异上看，农区话里辅音韵尾简化（通过脱落和合并）得较多，单元音增加得较多，这两者又是互为因果的。牧区及半农半牧区话里，辅音韵尾保留得多，单元音增加得较少。

5.3 牧区、半农半牧区和农区各点的语音现象，有些并不能一刀切割得十分整齐划一。各地区的异同呈现出交叉的现象或摇摆不定的状态。如农区乐都话及牧区阿力克话都有元音 u，但两者的来源并不一致。乐都话的 u 多数来源于 *u，阿力克话的 u，部分是变异而来的，只有 uk 是来自文字上的 *ug。我们大致可以推断，文

字上 *u 的央化是从整体上说的，对于局部地区来说，央化尚未完成。又如有些地区存在舌面前、舌面中两组塞擦音，不好简单划分农区或牧区。这可能是由于地理上的接近而相互影响的结果。再如牧区话中，一般都有前置辅音 ʐ，但在玛曲，天祝等地常是 ʐ、r 摇摆不定，处于两可之间，尤其年轻人为突出。

5.4　我们深知，对于分布地区如此辽阔的藏语安多方言来说，用前面这些材料进行比较研究，只能反映方言内部语音上一致性和差异性的概貌，仅能作一个大略的剖析。要全面阐明更细的情况，仍需努力作深入的调查。特别是我们对青海的果洛、海西和四川的阿坝等地的藏语了解得很不够，为此希望，对于历史悠久通行极广的安多方言感兴趣的同志通力合作，把安多藏语的研究更加深入地进行下去。

* 为了排印上的方便，本文所引藏文一律转写为代号。转写规则是：ka kha ga ŋa tɕa tɕha dʑa ȵa ta tha da na pa pha ba ma tsa tsha dza wa ʑa za ɦa ja ra la ɕa sa ha a i u e o。

参考文章：

1. 孙宏开，王贤海．阿坝藏语语音中的几个问题．民族语文，1987（2）．

2. 瞿霭堂．藏语韵母的演变．中国语言学报（1）．

（原载于《西北民族学院学报（哲学社会科学版）》1989 年第 1 期）

藏语天祝话的语音特点及与藏文的对应关系

§0　天祝藏族自治县位于甘肃省武威地区南部，西面和南面与青海省门源、互助、乐都诸县相接。全县人口 204426 人（据 1990 年人口普查统计），居民有汉、藏、土、回、蒙古、满等民族，除汉族外，藏族人口最多。藏语把该地区称华热（dpav ris），传统上还包括毗连青海海北藏族自治州的部分地区，语言也基本一致。现今该县中青年多数已掌握藏汉双语，有的已转用汉语，牧区仍以藏语作交际工具。在长期的历史发展过程中，天祝藏话内部发生了一系列变化。这些变化有它自身的规律，因而使它形成了与藏语其他方言、土语有一定差异的特点。天祝藏话是本文其中一位作者的母语。本文以天祝话为代表，简要介绍该地藏语的声韵系统及与藏文的对应关系，从中可以看到藏语语音历史演变的一些轨迹。

§1　声母有 94 个声母（不包括因借用现代汉语新增加的声母），其中单辅音声母 29 个，复辅音声母 65 个。

§1.1　单辅音声母：p、ph、m、w、t、th、ts、tsh、n、l、ɬ、s 、sh、tʂ、tʂh、ʂ、r、tɕ、tɕh、ȵ、ɕ、ɕh、j、k、kh、ŋ、xh、ɣ、h。

与藏文的对应关系及例词：

p–*p、*b

po tor　*po tor 拨陀（捻线的一种工具）　pot pha　*bod pa 西藏人

ph–*ph、*p

phər dʑak　*phu rgyag　吹　　nat pha　*nad pa　病人

m—*m

mar *mar 酥油 maŋ *mang 多

w—*b、*lp

wɔ *bal 羊毛 war *bar 中间 wak sha * lpags pa 皮

t—*t、*d、*dw

tak tak *tag tag 恰好 tar *dar 冰 tom *dom 债

taŋ mo *dwangs mo 清澈

th—*th

thak *thag 距离 tho *tho ba 锤子

ts—*ts

tsan dan *tsan dan 檀香 tsə ɣə *tsi gu 老鼠

tsh—*tsh、*tshw

tshor *tshor 听到 tsha *tshwa 盐

n—*n

ne *nas 青稞 naŋ *nang 里边

l—*l、*lw

lo *lo 年，年龄 lət *lud 肥料

ɕhə lɔ *chu lwa 雨衣 mtʂhək lɔ *phrug lwa 氆氇衣

ɬ—*lh、*sl

ɬo *lho 南 ɬa *lha 神

ɬop tʂa *slob grwa 学校

s—*z 、*zw

sa *za 吃 sok *zog 牛 sa *zwa 锁子

sh—*s

sha *sa 土地 sho *so 牙齿

tʂ—*gr、*dr、*grw

tsə *gru 船 tʂan *dran 想念 tʂək *drug 六

tʂa wa *grwa pa 僧人

tʂh-*khr

tʂhə *khri 万 tʂhəm *khrims 法律

ʂ-*sr

ʂok *srog 生命 ʂam *sram 水獭

r-*r、*rw

ro *ro 尸体 rak *rag 青铜 lək rɔ *luk rwa 羊圈

tɕ-*c、*j、*gy、*gr

tɕe re *cer re 凝视 tɕa *ja 茶 tɕaŋ *gyang 墙

tɕaŋ *grang 冷

tɕh-*khy、*khr

tɕhə *khyi 狗 tɕhəm tshaŋ *khyim tshang 家庭

tɕhak *khrag 血 tɕha *khra 鹞鹰

ȵ-*ny、*nyw

ȵa *nya 鱼 ȵo *nyo 买 ȵa *nywa 小腿

ɕ-*zh、*zhw

ɕak *zhag 浮 ɕaŋ *zhing 田地 ɕa *zhwa 帽子

ɕh-*ɕh

ɕha *cha 双，对 ɕhok *chog 可以

j-*y

jar *yar 上，向上 jak *yag 美好

k-*k、*g

ka ra *ka ra 糖 ko *ko ba 皮革 kon *gon 穿

kh-*kh、*khw

kha *kha 口，咀 khər *khur 掮（过）

kha tha *khwa ta 乌鸦

ŋ–*ng

ŋo *ngo 脸 ŋə *ngu 哭泣

xh–*sh、*shw

xha *sha 肉 xhar *shar 东，升起 xhɔ *shwa 鹿

ɣ–*w、*v、*db

ɣa *wa 狐狸 ɣo ma *vo ma 牛奶 ɣe *vongs 来（过）

ɣaŋ *dbang 权

h–*Ph、*lh

ha *pha 父亲 ham *lham 靴子

说明：

（1）塞音声母 p 所包含的词和字很少，出现的频率很低。上例中的 po tor “拨陀”，疑为汉借词。

（2）当 ɣ 作第一音节的声母，实际读成小舌浊擦音 ʁ。

（3）当 r 作声母时，实际读成舌尖后浊擦音 ʐ。作韵尾时是颤音。

（4）ɕh 由 *ch 演变而来，发音部位在舌面前。如：ɕhak *chag “破碎”。

（5）lɔ 由 *lwa 演变而来，只出现在第二音节中。

（6）*sl 有两种读音，口语一般读 hts。如：htsa mo *sla mo “容易”。书面语和新词读 ɬ。如：ɬop ma *slob ma “学生”。

（7）浊塞音、浊塞擦音和浊擦音不能单独作第一音节的声母。在第二音节中可以出现这样的浊单辅音声母，其前置辅音有的同前一音节的辅音韵尾合并，有的转成前一音节的韵尾。

§1.2 复辅音声母：mph、mb、hm、ɣm、pt、ht、mth、nth、wd、md、nd、ɣd、pts、hts、mtsh、ntsh、mdz、ndz、ɣdz、mn、hn、ɣn、wl、ɣl、ps、hs、wz、ɣz、ptʂ、htʂ、ptʂh、mtʂh、ntʂh、mdʐ、 ndʐ、ɣdʐ、wr、ptɕ、htɕ、mtɕh、ntɕh、mdʑ、ndʑ、ɣdʑ、mȵ、hȵ、ɣȵ、pɕ、hɕ、wʑ、ɣʑ、ɣj、hk、nkh、wg、ng、ɣg、hŋ、ɣŋ、tʂw、kw、ŋw、hw、nkhw、ngw。从组合形式来说，共有 65 个。从组合类型来说，有二合和三合。二合复辅音声母有两种构成方式，即基本辅音加前置辅音构成的后响型；另一种是基本辅音加后置辅音构成的前响型。前者数量多，共有 59 个，后者数量很少，只有 4 个。这两者将近占复辅音总数的 97%。从组成成分来说，可作前置辅音的有 p（ɸ）、w、m（m̥）、n（n̥）、h（ʂ）、ɣ（r）6 个。可作后置辅音的只有 w 一个。三合复辅音数量极少，只有两个，其前置辅音实际是与基本辅音同部位的鼻音，后置辅音是 w。总的来看，天祝话的复辅音声母较丰富。藏语的复辅音声母与其他汉藏语言一样，都是一种凝聚性的向心结构，即由作为响点的基本辅音加上作为附属音素的前置辅音或后置辅音构成。

与藏文的对应关系及例词：

mph–*vph

mphər *vphur　飞　　　mphen *vphen　掷

mb–*vb

mbap *vbab　落下　　　mbə * vbu　虫

hm–*sm

hman *sman　药　　　hme *sme　痣

ɣm–*ɽm、*dm

ɣma *rma　疮　　　ɣme *ɽmas　受伤　ɣmak *dmag　兵

ɣmot *dmod　咒诅

pt–*bt

pton *bton　读、念（过）ptɵ *btul　制伏（过）

ht–*rt、*lt、*st、*gt

hta *rta 马　　hta *lta 看　hter *ster 送给

htam *gtam 言语，说

mth-*mth

mtho *mtho 高　　mthət *mthud 连接

nth-*vth

nthoŋ *vthung 喝　　then *vthen 抽，拉

wd-*bd、*brd

wde *bde 平，平安　　wdət *bdud 魔 wda *brda 信号，通知

wdar *brdar 磨，锉（过）

md-*md

mda *mdav 箭　　mdo *mdo 岔口

nd-*vd

ndar *vdar 发抖　　ndep *vdeps 种（地），撒

ɣd-*rd、*ld、*sd、*gd、*bld、*bsd

ɣdo *rdo 石头　　ɣdat *ldad 嚼　ɣdək *sdig 骂

ɣdan *gdan 毡　　ɣdak *bldags 舐（过）

ɣdat *bsdad 坐，住（过）

pts-*bts

ptsɔ *btsal 找　　ptsək *btsugs 建立，栽种（过）

hts-*rts、*rtsw、*gts、*sl、*bsl

htsə *rtsi 算，数　　htsa *rtswa 草 htsaŋ *gtsang 干净

htsop *slob 教，学　　htsap *bslabs 教，学（过）

mtsh-*mtsh

mtsho *mtsho 湖，海　　mtshon ɕha *mtshon cha 武器

ntsh-*vtsh

ntshək *vtshig 烧焦　　ntsho wa *vtsho wa 生活

mdz–*mdz

mdzo *mdzo 犏牛 mdze *mdze 麻疯病

ndz–*vdz

ndzən *vdzin 抓住 ndzem *vdzem 禁忌

ɣdz–*rdz、*brdz、*zl

ɣdzə *rdzi 牧人 ɣdze *brdzes 卷起（过）

ɣdzi *brdzis 拌，揉（过）ɣdzə *zla ba 月亮

mn–*mn

mnan *mnan 压（过） mna ma *mnav ma 媳妇

hn–*sn、*bsn

hna *sna 鼻子 hnəm *snum 油

hnəp *bsnubs 使沉下（过）

ɣn–*rn、*gn

ɣnak *rnag 脓 ɣnɔ*rna ba 耳朵 ɣnam *gnam 天空

ɣna *gnav 远古

wl–*bl、*brl

wlo *blo 心灵，心计 wlaŋ *blangs 拿（过）wla *brla 大腿

ɣl–*kl、*gl、*rl

ɣlə *klu 龙 ɣlə *glu 歌曲

ɣlat pha *klad pa 脑子 ɣloŋ *rlung 风

ps–*sp、*bs

pse *spos 香 psor *spor 换，搬迁

psat *bsad 杀（过） psam *bsam 想

hs–*gs

hsəm *gsum 三 hser *gser 金子

wz–*sb、*bz

wzet *sbed 隐藏　　wzaŋ *bzang 好，善

wzaŋ *sbang 浸泡　　wzə *bzi 醉

ɣz–*gz

ɣzək *gzig 豹子　　ɣzan *gzan 袈裟

ptʂ–*br

ptʂaŋ *brang 胸　　ptʂak *brag 岩石

htʂ–*spr

htʂə *spri 初乳　　htʂən *sprin 云

[illegible]h–*phr

ptʂhə ɣə *phrugu 孩子

mtʂh–*vphr、*phr

mtʂhaŋ ŋa *vphreng ba 念珠　　mtʂhok *vphrog 抢

mtʂha *phra bo 细的　　mtʂhək *phrug 氆氇

ntʂh–*vkhr

ntʂhoŋ *vkhrungs 诞生　　ntʂhək kha *vkhrug pa 打仗

mdʐ–*vbr

mdʐe *vbras 大米　　mdʐə *vbri 写，画

ndʐ–*vgr、*vdr

ndʐok *vgrogs 结伴　　ndʐɵ wa *ngrul ba 客人

ndʐok *vdrog 惊　　ndʐə *vdri 问

ɣdʐ–*dgr、*sgr

ɣdʐa *dgra 敌人　　ɣdʐa *sgra 声音

ɣdʐor ma *sgrol ma 度母

wr–*sbr

wra *sbra 牛毛帐篷　　wrət *sbrid 麻木

ptç–*bc

ptɕə *bcu 十　　ptɕət *bcud 营养

htɕ–*rky、*sky、*bsky、*skr、*bskr

htɕaŋ *rkyang 野马　　htɕi *skye 生长（过）

htɕɵk *bskyugs 呕吐（过）

htɕa *skra 头发　　htɕak *skrag 害怕

htɕaŋ *bskrangs 肿（过）

mtɕh–*mch、*mkhy、*vphy

mtɕhə *mchu 唇　　mtɕho *mche ba 犬齿

mtɕhen *mkhyen 知道（敬）　　mtɕha *vphya 嘲笑

ntɕh–*vch、*vkhy、*vkhr、*vphy

ntɕhə *vchi 死　　ntɕhok *vkhyog 弯

ntɕhək *vkhrig 阴（天气）　　ntɕhək *vphyug 错

mdʑ–*mgy、*vby

mdʑok *mgyogs 快　　mdʑet *vbyed 分开

mdʑar *vbyar 粘合

ndʑ–*vgy、*vgr、*mj、*vj

ndʑok *vgyog 抬起　　ndʑo *vgro 走、去

ndʑɔ *mjal 朝拜　　ndʑa *vjav 虹

ɣdʑ–*rgy、*brgy、*sgy、*bsgy

ɣdʑa *rgya 汉人　　ɣdʑat *brgyad 八

ɣdʑər *sgyur 改变、翻译

ɣdʑər *bsgyur 改变，翻译（过）

mȵ–*m、*mny

mȵə *mi 人　　mȵaŋ *ming 名字

mȵen *mnyen 柔软　　mȵi *mnyes 揉（皮革）

hȵ–*sny、*rm、*sm、*smy

hȵaŋ *snying 心脏 hȵet *rmed 后鞦

hȵək kha *rmig pa 蹄子

hȵən *smin 成熟（谷物） hȵo* smyo 疯

hȵθk ma *smyug ma 竹子

ɣȵ–*gny、*rny

ɣȵət *gnyid 入睡 ɣȵɔ *gnyav 后颈

ɣȵaŋ *rnying 旧 ɣȵet *rnyed 找到

pɕ–*phy、*by、*bsh

pɕa *bya 鸟 pɕak *phyag 手（敬）

pɕat *bshad 说 pɕɔ *bshal 漱洗

hɕ–*gc、*lc、*gsh

hɕək *gcig –hɕən *gcin 尿，小便 hɕak *lcags 铁

hɕok hwa *gshog pa 翅膀

wʑ–*bzh

wʑə *bzhi 四 wʑər *bzhur 流，淌

ɣʑ–*rj、*lj、*brj、*gzh

ɣʑe *rjes 痕迹 ɣʑət *ljid 重

ɣʑet *brjed 忘记 ɣʑə *gzhu 弓

ɣj–*dby、*g · y

ɣjar *dbyar 夏天 ɣjθk *dbyug 扔

ɣjar *g · yar 借 ɣjak*g · yag 牦牛

hk–*rk、*lk、*sk、*brk、*bsk

hka *rka 水渠 hke *ske 颈 hkok *lkog 暗地里

hke *brkos 挖（过） hkər *bskur 寄，捎（过）

nkh–*vkh

nkhor *vkhor 旋转 nkhar ŋa *vkhar rnga 锣

wg-*bg

wgo *bgo 分配　　wgat *bgat 笑（过）

ng-*vg

ngo *vgo 爬，登（山）　　ngθ *vgul 摇动

ɣg-*dg、*rg、*lg、*sg、*brg、*bsg

ɣga *dgav 喜欢　　ɣgot *rgod 鹫　　ɣgo *sgo 门

ɣgɔ tskək *lgal tshigs 背脊骨　　ɣgɔ *brgal 涉水，渡（过）

ɣgθk *bsgugs 等候（过）

hŋ-*sng

hŋa *snga 早　　hŋak *sngags 咒语

ɣŋ-*dng、*rng、*lng、*brng

ɣŋ θ *dngul 银子　　ɣŋo *rngo 炒

rŋa *lnga 五　　ɣŋe *brngos 炒（过）

tʂw-*bkr

tʂwam *bkrams 散布（过）　　tʂwa ɕi *bkra shis 吉祥

kw-*bk

kwa *bkav 命令　　kwak *bkag 阻挡（过）

ŋw-*mng

ŋwak *mngag 派遣　　ŋwar *mngar 甜

hw-*dp

hwar *dpar 印刷　　hwe *dpe 例子

nkhw-*mkh

nkhwar *mkhar 城　　nkhwi *mkhas 精通

ngw-*mg

ngwa ra *mgar ba 铁匠　　ngwo *mgo 头

说明：

1. 浊塞音 b、d、g，浊塞擦音 dz、dʐ、dʑ 和浊擦音 z、ʑ，只能按一定的结合规则组成复辅音声母出现在第一音节中。

2. 前置辅音 p，在清塞音 t、清塞擦音 ts、tʂ、tɕ 前读 p，在送气塞擦音 tʂh、清擦音 s、ɕ 前读 ɸ。

3. 前置辅音 m，在送气的基本辅音前清化，读作 m̥ph、m̥th、m̥tsh、m̥tʂh、m̥tɕh。

4. 前置辅音 n，其实际读音与基本辅音发音部位相同，在送气的基本辅音前一律清化。即：n̥th、nd、n̥tsh 、ndz、ɳ̊tʂh、ɳdʐ、ȵ̊tɕh、ȵdʑ、ŋ̊kh、ŋg、ŋ̊khw、ŋgw。

5. 前置辅音 h 只能与清的基本辅音结合，在塞音、塞擦音（dʐ 例外）、鼻音前常读成 r，两者并不区别词义，在擦音 s、ɕ 前只读 h。h 后基本辅音若为鼻音，一律读成清化，即 hm̥、hn̥、hȵ̊、hŋ̊。

6. 前置辅音 ɣ 只能与浊的基本辅音结合，在塞音、塞擦音（dʐ 例外）、鼻音前常读成 r，两者并不区别词义；在边音 l、浊擦音 z、ʑ 及半元音 j 前读 ɣ。

§2　声母的演变情况

藏文每一字结构中的基字、上加字、下加字、前加字就是反映古藏语复杂的声母系统。发展到现在，藏语各方言声母系统的繁简不尽一致。一般认为，藏语安多方言的声母数量上较其他方言要多，通常是50个左右。方言内部在单辅音声母上差别不大，常是30多个。但是复辅音声母各地差别很大，少的只在20个上下，多的达百余个。总的情况是，牧区话复辅音声母多，农区话和半农半牧区话少。如夏河话复辅音声母只有18个，而天祝话就达65个之多。从语音的历史演变来看，虽然发展不平衡，但是简化的趋势很明显，也是共同的特点。下面我们从藏文和天祝话的比较中简述声母的演变情况。

单辅音声母方面，即不带上下加字，仅作基字的古清辅音 *k、*kh、*c、*t、*th、* ts、*tsh、*h 现仍读清音。古鼻音 *ng、*ny、*n、*m 及颤音 *r、边音 *l、半元音 *y 作单辅音声母时一般没有变化。古双唇辅音 *p 只出现在少量的词中,作第一音节声母时读 w(常读成唇齿的半元音)。如 : waŋ* pang “怀抱，抱”。作词尾的 *pa 和 *po。常随前一音节的韵尾而变。通常情况是，前一音节是元音收尾，读 w-。前一音节韵尾是 *b，读 p-。前一音节韵尾是 *g，读 hw-（xw-）; 前一音节韵尾是 *d，读 ph-。前一音节韵尾是 *m、*n 读 mb-。前一音节韵尾是 *ng ，读 ŋ-。前一音节韵尾是 *r ，读 r 。古双唇辅音 *ph 作单辅音声母出现的频率很低，多数读 h。古双唇浊辅音 *b 均读 w。古清擦音 *ch 读 ɕh，这同安多方言其他各地很不相同。古清擦音 *sh、*s 读 xh、sh。古单浊声母都读成清音，如 *g、*j、*d、*dz、*zh、*z 均读清音，清化的规律很明显。古浊音 *w、*v 多数词和字读 ɣ。

复辅音声母方面，古藏语里不仅有大量的二合复辅音声母（基字与下加字合成的有 34 个，基字与前加字合成的有 47 个，基字与上加字合成的有 34 个，共 115 个），还有不少三合复辅音声母（前加字、基字、下加字合成的有 32 个，上加字、基字、下加字合成的有 14 个，前加字、上加字、基字合成的有 20 个，基字、下加字，再带下加字 *w 合成的有 3 个，共 69 个），四合复辅音声母较少（只有 6 个）。由于语音的发展变化，天祝话现只有较多的二合复辅音声母，三合的已经很少，四合的完全没有。整个复辅音系统不仅结构上有很多简化，而且数量上比古藏语要少得多。藏文上相当于前置辅音的上加字有 3 个，前加字有 5 个，共为 8 个。分别与不同的基字（相当于基本辅音）结合，构成纷繁的复辅音声母。古藏语里的这些前置辅音除合并或在少量词中有个别的脱落外，没有一个前置辅音现在完全脱落。这就从早期的 8 个前置辅音减少到现在的 6 个。主要的趋势是合并，但也有分化和变异。由这些前加字演变的前置辅音的发音常受基本辅音的影响而产生不同的变体。古前置辅音 *g、*d、*r、*l、*s 合并为 h 和 ɣ，并呈现出清音和清音相结合、浊音和浊音相结合的特点。*b 由于基本辅音的清浊，产生了 p、ɸ、w 几个变体。*m 由于基本辅音的清（送气）浊，产生了 m、m̥ 两个变体。*v 由于基本辅音的清（送气）浊及不同的发音部位，现读成与基本辅音同部位的鼻音，在清送气音前均清化。

古前置辅音 *g，加在 *c、*t、*ts、*sh、*s 前读 h-（ʂ̥-），加在 *d、*zh、*y、*ny、*n、前读 ɣ-（r-）。

古前置辅音 *d,加在 *k 前读 h-(ʂ̥-),加在 *g、*ng、*m 前读 ɣ-，加在 *p 前读 hw-(xw-),加在 * b 前与基本辅音合并成单辅音声母 ɣ。

古前置辅音 *b，加在 *c、*t、*ts 前读 p-，加在 *sh、*s 前读 ɸ-，加在 *g、*d、*zh、*z 前读 w-（包括加在 *rl 前），加在 *k 前，连读成 kw-。

由上可见，藏文前加字 *g、*d、*b 都因基字辅音的清浊各有 2 — 3 个变体。

古前置辅音 *m，加在 *ch、*th、*tsh 前读 m̥-；在 *kh 前实际读成同部位的清化鼻音，并带后置辅音 w。这也许是原来的 *m 在合并成其他鼻音时形成的圆唇现象。加在 *j、*d、* dz（包括基本辅音又带后置辅音 *r 或 *y）前读 m，加在 *ny、*n 前读 m。只有加在 *g、*ng 前已经脱落，但有圆唇现象，即成 ŋgw-、ŋw-。加在 *kh 又带后置辅音 *y 前读 m-。天祝话的前置辅音 m- 还有一个来源是古藏语的 *my。如：* mig mȵək “眼睛”，* me mȵi “火”。这似乎是保留了更早期的语音结构的痕迹。

古前置辅音 *v，加在 *kh、*ch、*th、*ph，*tsh 及 *g、*j、

*d、*b、* dz（包括又带后置辅音 *r 或 *y ）前一律读成与基本辅音同部位的鼻音。加在基本辅音 *ph、*b 又带后置辅音 *y 或 *r 前时也读 m–，如：* vphyur mtɕhər“溢出，*vphred mtʂhet“横”，*vbrong mdʐoŋ“野牛”。

古前置辅音 *r，加在 *k、*t、*ts 前读 h–（ʂ–），加在 *g、*j、*d、*dz 及 *ng、*ny、* n、*m 前读 ɣ–（ɽ–）。只有 *rj 读 ɣʑ–，这同安多方言其他各地很不相同。如：* rje ɣʑe“交换”。

古前置辅音 *l，加在 *k、*c、*t 前读 h–（ʂ–），加在 *g、*j、*d 及 *ng 前读 ɣ–（ɽ–）。加在 *p 前，合并成单辅音 w。加在 *h 前，一般合并成单辅音 ɬ，个别读 h。只有 *lj 读 ɣʑ，这跟安多方言其他各地不同。

古前置辅音 *s，加在 *k、*ts 前读 h–（ʂ–），加在 *ng、*ny、*n、*m 前读 h–（ʂ–），并使基本鼻辅音清化。加在 *g、*d 前读 ɣ–（r–）。比较特殊的有两种情况，即 *sp 读成 ps–，*sb 读成 pz–。如：*spu psə“毛”，*sbalba pzɔwa“青蛙”。

由上可见，藏文上加字 *r、*l、*s 都因基字辅音的清浊各有 2 个变体。并且还可看到，原来的前加字 *g、*d 和上加字 *r、*l、*s 发展到现在已合并成 h、ɣ 两个前置辅音。

藏文上相当于后置辅音的 4 个下加字，能与不同的基字结合成复辅音声母。总的发展趋势也是通过合并和脱落逐渐简化，但有的在合并的过程中，仍留有原复辅音的痕迹。

古后置辅音 *y，加在基本辅音后，一般都读成舌面前音。加在 *k、*g 后均合并为单辅音，读 tɕ，加在 *kh 后读 tɕh。加在 *p、*ph 后读 pɕ，加在 *m 后读 mɳ。后两种情况说明，基本辅音和后置辅音在合并过程中并未合并干净。

古后置辅音 *r 加在基本辅音后，一般都读成舌尖后音。加在

*k、*g、*d 后均合并为单辅音，读 tʂ；加在 *kh 后读 tʂh，加在 *s 后一般读 ʂ，也有个别词读 s。加在 *ph、*b 后分别读 ptʂh、ptʂ，基本辅音的痕迹很是明显。

古后置辅音 *l 加在基本辅音后，原来的基本辅音变成前置辅音，而原来的后置辅音成了基本辅音。如加在 *k、*g、*r 后，读 ɣl-，加在 *b 后读 wl。但加在 *z、*s 后分别读 ɣdz-、hts-。

加后置辅音带 *w 的出现频率很低。在 *kh、*ny、*tsh、*zh、*z 后的 *w 均已脱落，分别读 kh、ȵ、tsh、ɕ、s，由复辅音变成单辅音。然而 *w 加在 *d、*r、*l、*sh 后，分别读 tɔ、rɔ、lɔ、xhɔ。如：*dwa phrug tɔp tʂhθk"孤儿"，*rwa rɔ"院落"，*phrug lwa mtʂhθk lɔ"氆氇衣"，*shwa xhɔ"鹿"。这可能是原双唇的后置辅音使元音变成了圆唇。*w 加在 *k、*h 后常用于借汉词中。加在基本辅音 *d 后的 *w 在个别词中也有脱落的情况：如，*dwangs mo，读 taŋ mo"清澈"。另外，带 *w 合成的三合复辅音 *grw、*phyw、*rtsw 中的 *w 均已脱落，前者读 tʂ 后两个由三合变成二合复辅音，分别读 pɕ，hts。

古三合、四合复辅音声母在结构上简化后现几乎全变为二合复辅音。如 *sbr 读 wr-，*sbrul 读 wr θ "蛇"。古四合的复辅音只有以 *b 开头的 6 个：*brky、*brgy、bsky、*bsgy、*bskr、*bsgr。现在前置辅音 *b 已脱落，后面的三合复辅音合并成二合，一般分别读 htɕ、ɣdʑ、htɕ、ɣdʑ、htʂ、ɣdʐ。在口语中这样的词、字有的很少出现。现在的三合复辅音来自古的二合复辅音，即前置辅音 *m 同舌根音的基本辅音相结合后，*m 由于受基本辅音的同化读成舌根鼻音。但 *m 本身又是双唇音，以致使基本辅音后带圆唇的后置辅音 w。如：*mkhal ma ŋkhwi ma"肾"，*mgon po ŋgwon bo"救主"。

§3　韵母　有 33 个韵母，其中单元音韵母 7 个，除 i、ɔ 外其余 5 个元音可以分别同不同的辅音韵尾结合，构成 26 个带辅音韵尾的韵母。没有复元音韵母。

§ 3.1 单元音韵母：前元音 3 个，即 i、e 、a；央元音 2 个，即 ə、θ ；后元音 2 个，即 ɔ、o。

与藏文的对应关系及例词：

i–*il、*is、*ivu、*el、*es、*evi、*evu、*e

ntɕhi *vkhyil 潴聚　　tʂi *dris 问（过）

pɕi *byevu 小鸟　　thi *thel 印章

ɕi *shes 知道　　ti *devi 它（他）的

hti *ɽtevu 马驹　　mn̥i *me 火

e–*e、*as、*os

re wa *re ba 希望　　ne *nas 青稞

ke *gos 缎子，衣服　　ɕhe *chos 经典

a–*a、*av

a ma *a ma 母亲　　hka *dkav 难，贵

ɔ–*al、*–wa

n̥ɔ *nyal 睡　　tɔ *dal 慢　　rɔ *rwa 院落

o–*o

ŋo *ngo 脸　　ko *go 听见

θ–*us、*ul、*ovi、*ol

lθ *lus 遗留　　rθ *rul 腐烂

khθ *khovi 他的　　n̥θ *nyol 睡（命）

ə–*i、*u、*avi

rə *ri 山　　shə *su 谁

ɕhə *chu 水，河　　ŋə *ngavi 我的

说明：

1. 元音 a 作单韵母时，其实际读音是 A。

2. 元音 *e 现绝大多数读 e，但在舌面前音之后常读 i。如：*nye ȵi “近”，*bye pɕi ma “沙子”。

3. 元音 ɔ 除上面与藏文对应的例词外，还有一部分是由于双音节词的减缩而产生。它出现的条件是，第一音节韵母为 *a，第二音节为 *ba。如：* zla ba hdzɔ “月亮”，*rna ba ɣnɔ “耳朵”。

4. 元音 o 除上面与藏文对应的例词外，还有一部分是由于双音节词的减缩而来。如。*mche ba mtɕho “犬齿”。

§ 3.2　带辅音韵尾的韵母

韵尾 / 元音	p	t	k	m	n	ŋ	r
e	ep	et	–	em	en	–	er
a	ap	at	ak	am	an	aŋ	ar
o	op	ot	ok	om	on	oŋ	or
θ	–	–	θk	–	–	–	–
ə	əp	ət	ək	əm	ən	–	ər

与藏文的对应关系及例词：

ep–*eb、*ebs

tep　*deb　本子　　　　ndep　*vdebs　撒，种

et–*ed

tet　*ded　追，赶（过）　　ɣȵet　*rnyed　找到

em–*em、*ems

ptsem　*btsem　缝制　　　shem　*sems　心

en–*en

len　*len　拿，取　　　wden　*bden　真实

er–*er

tɕher *khyer 针　　ndzer *vdzer 落下（过）

at–*ad

ɕhat *chad 断　　ɣlat *klad 顶上

ak–*ag、*ags、*eg、*egs

thak *thag 距离　　nak *nags 森林

htsak *rtsek 摞，叠起　　ptʂak *bregs 割（过）

am–*am、*ams

lam *lam 路　　nkham *khams 康地

an–*an

ȵan *nyan 听　　hman *sman 药

aŋ–*ang、*angs、*eng、*engs、*ing

raŋ *rang 自己　　khaŋ *khangs 雪

mdʐaŋ ŋa *vbreng pa 皮绳　　thaŋ *thengs 次，趟

raŋ *ring 长

ar–*ar

tar *dar 冰　　mar *mar 酥油

op–*ob、*obs

thop *thob 获得　　htsop *slobs 教，学（命）

ot–*od

xhot *shod 说（命）　　ɕhot *chod 弄断（命）

ok–*og、*ogs

khok *khog 腹腔　　mtʂhok *phrogs 抢（命）

om–*om、*oms

tom *dom 狗熊　　hkom *skoms 弄干（命）

on–*on

kon *gon 穿　　ȵon *nyon 听（命）

oŋ–*ung、*ungs、*ong、*ongs

thoŋ *thung 短	ntʂhoŋ *vkhrungs 诞生
ɣoŋ *vong 来	loŋ *longs 起来（命）

or–*or

wor *bor 丢失（过）	nkhor *vkhor 旋转

ɵk–*ug、*ugs

lɵk *lug 绵羊	ɣzɵk *gzugs 身体

əp–*ib、*ibs、*ub、*ubs

ndʑəp *vjib 吮吸	nthəp *vthibs 笼罩
nəp *nub 西，下沉	htəp *gtubs 切，剁（过）

ət–*id、*ud

jət *yid 心，心境	lət *lud 肥料

ək–*ig

rək *rig 看见	ntshək *vtshig 烧焦

əm–*im、*um

ɣzəm *gzim 睡（敬）	hsəm *gsum 三

ən–*in、*un

mən *min 不是	wdən *bdun 七

ər–*ir、*ur、*ul

ptsər *btsir 挤压，榨（油）	khər *khur 背，挑
ndər *vdul 制伏	ntʂhər *vphrul 变幻

说明：

（1）与单辅音韵尾结合的元音有限制，即除 i 外其他单元音都可分别和辅音结合构成复合韵母。

（2）元音在韵尾 t、n 前读成 ɛ，在 p、m、r 前读成 æ，在 k、ŋ 前其舌位比 ɐ 略高。

（3）元音 ə 在韵尾 k 前读成 ɯ。

（4）辅音韵尾 p、t、k 发音时，只闭塞不破裂，即没有除阻阶段。k 在元音 a、o 后读成 ˣ，在元音 θ 、ə 后读成 x。

（5）元音 θ 只能跟辅音韵尾 k 结合，不能跟其他辅音韵尾组合在一起。

（6）*ul 在大多数词里演变成 θ ，极少数词里读 ər。

§ 韵母的演变情况

藏文中添置在基字上下方的 4 个元音符号及本身原有的 a 与后加字、再后加字的结合，就是反映古藏语复杂的韵母系统。古藏语的韵母系统由 5 个单元音韵、50 个单尾韵、35 个复尾韵组成，共计约 90 个韵母。不仅有 10 个单辅音韵尾，还有 7 个复辅音韵尾。现在天祝话中的韵母只有古藏语的 1/3 多一点。简化的趋势主要表现在韵母元音的合并和辅音韵尾的脱落，结果使韵母形式减少了。一部分韵母的简化作为补偿现象也产生了少量新元音、新的韵母结合形式，韵母系统有了调整。

现在的单元音韵母 i、e、a、o 跟 *i、*e、*a、*o 已不是简单的对应关系，往往是一对多。也就是说，古藏语的单元音韵母经过发展演变有了合并和变异。从历史上看，原来的 *a、*i、*e、*u、*o 这 5 个元音有合并的现象，就是 *a、*e、*o 基本不变；*i、*u 单独作韵母及在辅音韵尾 p、t、m、n、r 前均合并成央元音 ə。*i 在 k 前读 ə，*u 在 k 前读 θ 。后者说明古圆唇元音 *u 尚未完成合并入 ə 的过程，还带有圆唇的痕迹。*u 在 ŋ 前合并入 *ong，读 oŋ。

藏文中有添置在基字后面的 10 个后加字，即 *b、*d、*g、*m、*n、*ng、*v、*r、l*、*s，实际上代表不同的单辅音韵尾。也有认为 *v 不是辅音韵尾。藏文中还有后加字与再后加字 *s、*d 构成 *gs、*bs、*ngs、*ms、*nd、*rd、*ld 这样 7 个复辅音韵尾。在整个韵母系统的演变过程中，现在这类复辅音韵尾与单辅音韵尾相同。然而，我们发现在有些双音节中，若前一音节为带 *s 的复辅音韵尾,会对后一音节的声母起着某种影响（以后将另文加以探讨）。这些辅音韵尾在天祝话中现存 7 个：塞音 3 个，即 p、t、k；鼻音 3 个，即 m、n、ŋ；颤音 1 个，即 r。其发展变化可分三种情况：脱落、保留和合并。

辅音韵尾 *s- 律脱落。带 *-s 的韵母，如 *is、*es 读 i，*as、*os 读 e，us 读 θ。辅音韵尾 *l 大部分脱落，如 *al 读 ɔ，*il、*el 读 i，*ul、*ol 读 θ。新元音 ɔ、θ 的产生是补偿因 *l 韵尾消失而减少的韵母。但也有少量词 *l 韵尾并入 r，如：*dpal bevu hwar wə"吉祥结"，*vphrul ntʂhər "变幻"。辅音韵尾 *b、*d、*g 分别读成 -p、-t、-k，*e、*a、*o 在这些韵尾前多数不变，只有 *eg 合并入 *ag，读 ak。韵尾 *r、*m、*n、*ng 分别读成 -r、-m、-n、-ŋ，*e、*a、*o 在这些韵尾前多数不变，只有 *eng 合并入 *ang，读 aŋ。

可见，无论辅音韵尾脱落、保留还是合并，韵母或韵母元音可能发生三种情况。第一是合并，就是在一定条件下，几个不同的元音变为相同的元音。如 *ang、*ing、*eng 都读 aŋ 即 *a、*i、*e 3 个元音在韵尾 *ng 前合并为 a，*ag、*eg 都读 ak，即 *a、*e 在韵尾 *g 前合并为 a。又如 *as、*os 都读 e，即 *a、*o。在韵尾 *s 前合并为 e。*ung、*ong 都读 oŋ，即 *u、*o。在韵尾 *ng 前合并为 o。第二是调整，即不同的元音在一定的条件下同时变为另一个原有的元音，而这原有的元音又变为其他元音。如 *is、*es 合并为 i，而原来的 *i 一般都读为 ə。第三是产生新元音，其中主要又有三方面的原因。如 θ 的产生，是从 *ul、*us、*ovi、*ol 脱落韵尾后造成的，原来的韵母 *ug 读 θk。新元音 ɔ 一般是由 *al 脱落韵尾后造成的，也有个别的是因为带有后置辅音 *w。ə 多数来自 *i、*u 的合并，是元音的变异，跟辅音韵尾脱落无关。

§ 小结

前面我们初步考察了天祝藏话的声韵系统及发展演变概况。我们认为天祝话应属藏语安多方言的牧区话。归纳起来有如下几个特点：有复杂而规律性很强的复辅音声母系统。如卫藏和康方言中复辅音声母不到10个，安多方言农区话及半农半牧区话一般是二三十个，牧区话常在七八十个以上，而天祝话是65个。前置辅音在卫藏和康方言中只有n一个，安多方言农区话及半农半牧区话也只有n和h（ɣ）2个，而天祝话有6个，跟其他牧区话大致相同。其中m、n一般都能分别跟送气清塞音、送气清塞擦音及浊塞音、浊塞擦音结合，而且m还能同鼻音n、ȵ结合成复辅音声母。这是现代藏语牧区话中唯一共有的这类复辅音。在韵母系统方面，天祝话的韵母比古藏语的韵母已减少了许多，共有33个。少于卫藏方言（50个左右），多于康方言（20余个），与安多方言区内其他地点的韵母数（如半农半牧区的夏河有31个，牧区的青海阿力克有33个）接近或相同。天祝话的辅音韵尾多数仍保留，这又是不同于安多方言农区话的地方。如化隆、循化等地辅音韵尾只有四五个，带辅音韵尾的韵母分别是13、14个，而天祝话有26个，跟夏河话（25个）、阿力克（26个）基本一致。

总之，天祝话的语音系统有自己的特点，语音的分合演变有它自己的内部规律。尽管如此，天祝话跟藏语各方言及本方言区内各土语之间的对应关系还是很严整的。本文的讨论，主要为天祝话确定作牧区话提供语音依据，同时也是为了认识藏语语音的演变规律提供一些佐证，为藏语史的研究探索一些线索。

参考书目：

1. 瞿霭堂 . 藏语方言的研究方法 . 西南民族学院学报,1981(3).

2. 格桑居冕 . 藏文字性法与古藏语音系 . 民族语文，1991（6）.

（原载于《西北民族研究》1992 年第 1 期（总第 10 期））

藏语松潘话的音系和语音的历史演变

这里所说的松潘话是指四川省阿坝藏族羌族自治州松潘地区的藏语。松潘县东与东南面跟绵阳专区的平武相连，北接南坪，西与红原相邻，西北与若尔盖交界，南面是茂县、黑水，境内居住着藏、汉、羌、回等民族，藏族人口约 2 万多。当地藏语称藏族为 hpo^{ʔ51}，xha^{55} ku^{53} 或 xha^{55} wa^{31} 则专指松潘藏人。全境地势高寒，四季不甚分明，居民以经营农业为主，兼从事牧业。中青年一般兼通藏汉双语，老年及妇女中一部分也能听懂汉语。《新唐书 · 吐蕃传》载：吐蕃疆域“东与松、茂、嶲接……”。其中的“松、茂”即指今松潘、茂县等地区。历史上这里就是藏汉人民来往的交通要道，也是中原与当地藏区商贸交换集散的重镇。

本文所使用的材料，记录的是县城南约 20 公里处的石坝子（藏语作 kun sngon kə^{55} ŋ̊o^{13}）的藏话。过去研究阿坝地区藏语的文章发表不多，更少见到松潘藏语的材料刊布。我们研究的目的就在于概括地介绍该地藏语的语音特点，进而探索语音演变的一般规律和存在的某些特殊性。在长期的历史发展过程中，由于社会、地理环境及语言内部发展规律诸方面因素的影响，松潘藏语形成了与其他藏语方言土语的一些差异。事实上在松潘话内部，过去因山川阻隔、交通不便等原因，各村寨之间也不尽相同。为了了解语音特点，下面我们分别从声母、韵母、声调及音节结构等方面来分析它的语音系统。

一、语音系统

（一）声母

共有声母 73 个，其中单辅音 39 个，复辅音 31 个。

1. 声母表

p	ph	（b）	m̥	m						w
					f					
ts	tsh	（dz）			s	sh	z			
t	th	（d）	n̥	n	ɬ		l			
tʂ	tʂh	（dʐ）			ʂ				r	
tɕ	tɕh	（dʑ）	ȵ̊	ȵ	ɕ				ʑ	j
k	kh	（g）	ŋ̊	ŋ	χ	xh			ɣ	
q	qh								ʁ	
					h					

n̥-	n̥ph	n̥tsh	n̥th	n̥tʂh	n̥tɕh	n̥kh
n-	nb	ndz	nd	ndʐ	ndʑ	ng
h-	hp	hts	ht	htʂ	htɕ	hk
	hs	hɕ				
h-	hb	hdz	hd	hdʐ	hdʑ	hg
h-	hm	hn	hȵ	hŋ	hz	hl
	hʑ	hj				

单辅音声母举例：

p　pe⁵⁵ 羊毛　pu⁵⁵ 枪　ph　phɑ⁵⁵ 吃亏

phə¹³ 揉，搓

m̥　m̥e¹³ 药　m̥o¹³ la⁵⁵ 祈祷

m　ma³¹ 酥油　mo³¹ 女

w　we^{31} 能，成　f　fi^{55} 粉条　fa^{55} lo^{13} 法律

ts　tsɑ^{55} 缝　tsə^{55} 拧，挤　tsh　tshe^{13} 日，号

tsha^{13} 盐

s　su^{55} 三　sa^{55} 心，想　sh　she^{35} 木炭

sha^{55} 土，地

z　ze^{ʔ31} 磨损　zə^{31} 边角　t　tɑ^{ʔ51} 拴，挂

tə^{13} 那，它

th　the^{35} 凶兆　thu^{55} 短　n̥　n̥u^{13} 油

n̥a^{13} tɕə^{35} 鼻涕

n　nə^{31} 挪动　no^{31} 错误　ɬ　ɬo^{31} 南

ɬu^{31} 落下

l　li^{ʔ51} 肥料　hlə^{31} 水神　tʂ　tʂe^{55} 排，行

tʂo^{55} 舞蹈

tʂh　tʂho^{13} 生铁　tʂho^{ʔ51} 氆氇　ʂ　ʂi^{ʔ51} 交给

ʂɑ^{ʔ51} 烧

r　rɔ^{31} 自己　r θ^{ʔ31} 合拢　tɕ　tɕa^{55} 茶

tɕo^{55} 麦子

tɕh　tɕhe^{13} 税　tɕhu^{55} 小　ȵ̥　ȵ̥e^{13} 酿，发酵

ȵ̥o^{13} 疯

ȵ　ȵi^{31} 名字　ȵe^{31} 听　ɕ　ɕe^{55} 生长

ɕu^{55} 养育

ʑ　ʑo^{31} 酸奶　ʑə^{31} xha^{55} 套马索

j　ji^{31} 是　jo^{ʔ51} 有

k　ka^{55} 命令　ku^{55} 价钱　kh　khi^{55} 沸

khə^{31} 背，携带

ŋ　ŋa^{13} 早　ŋa^{ʔ31} 咒语　ŋ　ŋe^{31} 坏

ŋa^{55} 我

xh　xhi^{55} 树木　　xhu^{ʔ51} 来（命）

ɣ　ɣi^{31} 田地　　ɣa^{31} 瞎

q　qɔ^{55} 雪山　　qu^{55} mo^{31} 雪鸡

qh　qha^{55} 苦的　　qhe^{55} ŋa^{31} 锣

χ　χa^{55} nba^{31} 贪心　　χɑ^{55} jɔ^{31} 铅

ʁ　ʁo^{ʔ31} 光　　ʁo^{31} ma^{55} 牛奶

h　hɑ^{55} no^{31} 那边　　he^{55} tə^{31} 大家

复辅音声母举例：

nph　nphi^{55} 扔　　nphə^{13} 飞　　ntsh　ntshe^{13} 马叫

ntsho^{13} 海

nth　nthe^{ʔ31} 同意　　nthu^{55} 喝　　ntʂh　ntʂhu^{55} 诞生

ntʂhɵ^{ʔ31} 痒

ntɕh　ntɕhi^{55} 会（敬）　ntɕha^{55} 吃　　nkh　nkha^{13} 城

nkho^{13} 转动

nb　nbe^{31} 拔　　nba^{31} 燃烧　　ndz　ndzi^{31} 拿，捉

ndzɵ^{ʔ31} 栽种

nd　nda^{31} 发抖　　ndu^{31} 矛　　ndʐ　ndʐɑ^{ʔ31} 割

ndʐu^{ʔ31} 受惊

ndʑ　ndʑa^{31} 虹　　ndʑu^{ʔ31} 快速　　ng　ngo^{13} 头

n g u^{ʔ31} 抠，剥

hp　hpi^{55} 云　　hpə^{55} 毛　　hts　htso^{ʔ51} 教，学

htsa^{55} 脉

ht　hta^{55} 看　　htɑ^{ʔ51} 预兆　　htʂ　htʂɵ^{ʔ51} 搅，捣

htʂə^{55} hkə^{31} 活佛

htɕ　htɕi^{13} 缠，绕　　htɕɑ^{ʔ51} 铁　　hk　hki^{55} 腭

	hka^{55} 菜牛			
hs	hso^{55} nbo^{31} 活的		hɕ	hɕɑ^{ʔ51} 劈
hb	hbe^{ʔ31} 藏匿	hbɑ^{31} 颈瘤	hdz	hdzi^{31} 谎言
	hdza^{31} 高崖			
hd	hdi^{31} 七	hde^{ʔ31} 嚼	hdʐ	hdʐi^{ʔ31} 排列
	hdʐa^{31} 声音			
hdʑ	hdʑe^{ʔ31} 忘记	hdʑɑ^{31} 百	hg	hge^{31} 渡，涉
				hgɔ^{31} 山岗
hm	hme^{31} 红	hmo^{ʔ31} 诅咒	hn	hne^{31} 压，摁
				hno^{ʔ31} 伤害
hȵ	hȵi^{ʔ31} 睡着	hȵɑ^{55} ntɕhi^{13} 上吊		
hŋ	hŋa^{31} 鼓，五	hŋɵ^{31} 银子		
hl	hlɑ^{ʔ51} 雕，鹰	hlu^{31} 风		
hz	hze^{31} 袈裟	hzi^{ʔ31} 豹子		
hʑ	hʑa^{31} 剃，刮	hʑo^{31} 挤（牛奶）		
hj	hja^{31} 借	hjɔ^{ʔ31} 福禄		

2. 声母说明

（1）塞音（除小舌及喉音外）和塞擦音都是三套对立，即清不送气：清送气：浊音。但这些浊音在第一音节中一般不能单独作声母，均带前置音 ɣ，发音轻微，跟基本辅音结合得很紧，构成“后响”型的复辅音。

（2）鼻音都是两套对立，即清化鼻音：浊鼻音，均能作复辅音声母的前置音。当同基本辅音结合时，其规律是：清鼻音同清送气音结合，浊鼻音同浊音结合。清鼻音发音更轻微，不如浊鼻音那么清晰。这些前置鼻音的实际发音与基本辅音同部位。即 m̥ph、n̥tsh、n̥th、ɳ̊tʂh、ȵ̊tɕh、ŋ̊kh、mb、ndz、nd、ɳdʐ、ȵdʑ、ŋg，文中一律标成 n。

（3）前置音 h 同基本辅音结合时，其规律是：清音跟清音结合，浊音跟浊音结合，即清的基本辅音前只出现 h，浊的基本辅音前只出现 ɣ，文中一律标成 h。

（4）w 可以作后置辅音，出现频率很低，而且只能同元音 e 结合。例如：zwe^{31}“露水”、n̥we^{31}“旧的”、ɣwe^{31}“猫头鹰”、jwe^{31}“柄、把儿”。

（5）元音开头的音节往往带有轻微的喉塞音 ʔ，如 ˀa^{55} hpi^{13}“猴子”，ˀa^{55} ka^{13}“木碗”。ʔ 没有区别意义的作用，也不能作声母，但能作韵尾。

（6）w、q、qh、h 出现的频率都很低。

（7）唇齿清擦音 f 只出现在借汉词中。

3. 声母的音变

（1）nkhɔ^{55}意为“房子”，当出现在双音词第二音节中有多种变读。前一音节韵母为前低元音时读 ʁɔ^{31}，如 za^{55} ʁɔ^{31}“饭店、餐厅”，ɬa^{55} ʁɔ^{31}“佛殿”。前一音节古带鼻韵尾的仍读 nkhɔ 或浊化成 ngɔ，如 tshu^{55} nkhɔ^{31}“商店”，m̥e^{55} ngɔ^{31}“医院”。宗教文化义较强的词语读 kɔ^{55}，如 tɕhy^{13} kɔ^{55}“佛堂”，ntɕho^{13} kɔ^{55}“经堂、佛堂”，tɕu^{55} kɔ^{55}“释迦佛殿”，ngɔ^{31} kɔ^{55}“护法神殿”。

（2）ke^{55} ru^{31} 意为“白的”，当出现在第二音节中也有多种变读：ʁɑ^{31}、ngu^{31}。如 hdʑ ə^{13} ʁɑ^{31}“大肠”（肠子·白），前一音节古带鼻韵尾的读 ngu^{31}，n̥i^{55} ngu^{31}“白天”（天·白）”。

（二）韵母

共有韵母 16 个，其中单元音韵母 10 个，带辅音尾韵母 6 个。

1. 韵母表

前元音 i　y　e　a

央元音 ə　ɵ

后元音 u　o　ɔ　ɑ

i^{ʔ}　e^{ʔ}　ɵ^{ʔ}　u^{ʔ}　o^{ʔ}　ɑ^{ʔ}

单元音韵母举例：

i　mi^{13} 不，不是　　thi^{31}　印章　　y　tɕy^{55}　洗（过、命）

ɕy^{55}　擦拭（过、命）

e　the^{55}　灰　　ndʑe^{13}　拜谒　　a　na^{31}　病

kha^{55}　口

ə　hdzə^{31}　揉，踩　　tʂə^{31}　船　　ɵ　ȵɵ^{31}　巡察

thɵ^{13}　采集

u　tsu^{55}　闭（眼，口）　　zu^{31}　骑，抓

o　ntsho^{13} 放牧　　to^{55}　读（过、命）

ɔ　pɔ^{55}　怀抱　　thɔ^{55}　滩，塬

ɑ nɑ^{31}　何时　　ʂɑ^{55}　水獭

带辅音尾韵母举例：

i^{ʔ}　tshi^{ʔ}　烧焦　　thi^{ʔ51}　墨线

e^{ʔ}　me^{ʔ31}　没有　　she^{ʔ51}　醒

ɵ^{ʔ}　lɵ^{ʔ31}　绵羊　　thɵ^{ʔ51}　胜过

ɑ^{ʔ}　htɑ^{ʔ51}　老虎　　htsa^{ʔ51}　针刺

o^{ʔ}　pho^{ʔ51}　敢　　hmo^{ʔ31}　咒诅

u^{ʔ}　ndʐu^{ʔ31}　牧区　　tɕhu^{ʔ51}　可以

2. 韵母说明

（1）辅音韵尾只有一个，即喉塞音 ʔ，能同元音 i、e、ɵ、ɑ、o、u 结合构成复合韵母。

（2）i 的实际发音接近 ɪ，舌位不是很高。e 的实际发音近 E。发 ɵ 时，舌位略靠前，开口度不大。u 的实际发音接近 ɷ，开口度略大。

（3）a 的实际发音接近 æ，但舌位略靠后。本地人语感认为 a

和ɑ两个音差异大，故分别作两个音位看待。试比较：hba^{31} 牛毛帐篷、hbɑ^{31} 颈瘤，hkə^{55} ma^{31} 捎寄物、hkə^{55} mɑ^{31} 贼，qha^{55}“苦的”、qhɑ^{55}“雪”。

（4）在我们调查记录的松潘话里，单音节固有词不存在鼻韵尾。然而，在一些新借汉语词汇中却出现了鼻音韵尾，如 tʂoŋ^{55} jaŋ^{13}“中央”，tʂoŋ^{55} kwe^{13}“中国”，koŋ^{55} tʂhan^{13} taŋ^{55}“共产党”，tɕe^{55} faŋ^{13}“解放”，kan^{55} lan^{13}“甘南”，tiɛn^{13} jin^{31}“电影”等，声调则不太稳定。

（5）固有词中没有复合元音，只出现在少量汉语借词中，如 tʂuan^{55}“砖”，ɕuan^{13}“铣”，kua^{55}“瓜”，kua^{55} miɛn^{13}“挂面”，tɕiu^{13} tshe^{55}“韭菜”（老年人说成 tɕy^{13} tshe^{55}）。

（6）青年人使用汉语借词时，出现了一些舌尖元音，一般按当地汉语发音。如 lɔ^{55} sɿ^{31}“老师”。ku^{55} sɿ^{31}“公司”（老年人说成 tshu^{13} nkhɔ^{55}，原义指“商店”），lo^{55} sɿ^{31}“螺丝钉”等，但还不十分普遍，声调也不稳定，故未曾作音位处理。

3. 韵母的音变

（1）带喉塞音韵尾的词素，在双音节词第一音节时该韵尾消失，读成开音节，声调也起变化。如 htɕɑ^{ʔ51}“铁”→ htɕɑ^{55} hta^{55}“自行车”（铁・马），phɑ^{ʔ51}“猪”→ phɑ^{55} tshi^{13}“猪油”（猪・油脂），nɑ^{ʔ51}“森林”→ nɑ^{55} le^{13}“林业”（林・业）。

（2）tɕə^{55} 义为基数“十”，当与 hŋa^{31}“五”、hdʑe^{ʔ31}“八”构成十位数时，读成 tɕo。如 tɕo^{55} hŋa^{31}“十五”，tɕo^{55} hdʑe^{ʔ31}“十八”。

（三）声调

松潘话里一般有 4 个声调。

1. 调类和调值

高平调

ka ^{55}　命令　te ^{55}　铺　　hpi ^{55}　云

htsa ^{55}　草，脉　　tɕa ^{55} ɣɑ^{ʔ31}　用具

高降调

ko^{ʔ51}　掩盖（过）tʂɵ^{ʔ51}　六　　pho^{ʔ51} 敢

te^{ʔ51}　追赶（过，命）　ty ^{55} tso^{ʔ51}　时间，小时

中降调

nə^{31}　吮吸　　rɔ^{31}　自己　　hzə^{31}　醉

hlu^{31}　风　　ndzɵ^{ʔ31}　栽，种

低升调

tɕhe^{13}　税　　tʂha^{13}　细的　　ndʐa^{13}　相同

nda^{13}　箭　　htu ^{55} tso^{13}　千

2. 声调说明

（1）本地人的语感认为只有高平调和降调是对立的，其他则不很明显。我们觉得这有可能是因为松潘话还存在较多复辅音和清浊音对立。尽管确有一些词语声调还不太稳定，可以自由变读，但事实上声调已经产生或正在产生区别意义的 作用。试比较：htɕi^{55}“尿”、htɕi^{51}“缠”，khe^{55}“依靠”、khe^{ʔ51}“谜语”，hke ^{55}“份”、hke^{ʔ51}“嗓音，语”。

（2）声调与声韵母有密切的关系，即调值高低与古声母的清浊有关，高平调声母一般为清音，实际发音都属长音。试比较：ɕo ^{55}“鼠”、ɕo^{ʔ51}“救护”、ɕo^{13}“搀扶”。

（3）高降调与喉塞音是一种伴随现象，即凡是清声母并带喉塞音韵尾的音节一般都是高降，实际发音都是短调。

（4）中降调声母往往以浊音居多，浊声母带喉塞音韵尾的音节

也大多如此。

（5）最常见的变调是，原来有喉塞音韵尾读降调的单音词，在双音词第一音节时由降调变为平调(参见前韵母音变（1）)。

（四）音节结构

音节结构有下列5种结合形式（F代表辅音、Y代表元音、S代表声调）。

1. Y S　$ɑ^{55}dʑe^{31}$　哥哥　　$ɑ^{55}ɣɔ^{31}$　舅父

2. FYS　$tɕha^{55}$　双　　$ɕi^{55}$　运、送

3. FYFS　$ɕɑ^{ʔ51}$　扫　　$ȵi^{ʔ31}$　眼睛

4. FFYS　$htɑ^{55}$　马　　hda^{31}　磨、锉

5. FFYFS　$ndʐɑ^{ʔ31}$　割、剪　　$hbo^{ʔ31}$ 气息

这五种音节结构形式中，第2、4出现频率最高。其次是第3、5。第1出现的频率很低。在松潘话里现今开音节占明显优势。

二、语音的历史演变

藏文是一种辅音音素文字。它作为藏族人民的书面交际工具已有一千多年的历史，是中华民族文化宝库中的一颗明珠。历史上曾对藏文进行过三次厘定，其中以9世纪初的第二次厘定影响最大。一般认为现行藏文大致反映当时的藏语语音面貌，要对藏语进行历史比较研究，应该说有较好的有利条件，就是将现代藏语与藏文比较，可看出藏语语音面貌的一系列变化。下面试从声母、韵母等方面作一分析，以求找出某些历史演变的轨迹。

（一）声母的演变情况

藏文字结构中的基字、上加字、前加字、下加字就是反映古藏语复杂的声母系统。从藏文上看，共有声母220个，其中单辅音声母30个，二合复辅音118个，三合复辅音66个，四合复辅音6

个。[①]发展到现在，藏语各方言声母系统的繁简不尽一致。松潘话现今共有声母 73 个，单辅音声母有所增加，二合复辅音减少了许多，三合、四合复辅音已不存在，声母总数只有原来的三分之一左右，结合形式上也由繁趋简，形成了新的声母系统。

1. 基本辅音

古清音仍读清音，有一部分古浊音清化。即古浊塞音、塞擦音声母无前置音时均清化。保留的一部分浊声母都是来源于古复辅音声母中的浊基本辅音。*zh、*z、*v 现仍为浊音，分别读成 ɣ、z、ʁ。流音（鼻音、边音、颤音）仍读浊音（声母的具体对应关系及例词见附表）。

2. 前置辅音

藏文上相当于前置辅音的有 3 个上加字 *r 、*l、*s，5 个前加字 *g、*d 、*b、*m、*v 共为 8 个，分别与不同的基字（相当于基本辅音）结合，构成纷繁而又严整的复辅音声母。现今前置辅音已减少到 2 个：n（n̥）、h（ɣ）。其演变规律主要是合并，有个别的脱落（如 *b 在语流中也几乎完全见不到它的痕迹）。前置辅音 h 一般由古 *g、*d、*r、*l、*s 合并而来，n 则由 *m、*v 合并而来，常受基本辅音的影响，呈现出清的前置辅音 h、n 和清的基本辅音相结合，浊的前置辅音 n、ɣ 和浊的基本辅音相结合的特点（规律明显，本文一律标成 h 和 n）。清的前置鼻辅音也都是由 *m、*v 合并后变异的，它只能出现在清送气的基本辅音前。前置鼻辅音读成与基本辅音同部位。

①参看格桑居冕《藏文字性法与古藏语音系》，载《民族语文》1991 年第 6 期。该文认为古藏语声母系统共有声母 220 个，其中单一辅音 30 个，二合复辅音 115 个，三合复辅音 69 个， 四合复辅音 6 个。我们文中引用的是黄布凡教授据《新编藏文字典》统计所得数字（见《中国藏学》1991 年第 2 期）。

由上可见，前置辅音的减少必然影响到复辅音声母。前置辅音多，复辅音结构形式也纷繁，反之则趋于简化。现复辅音声母只有原来的五分之一强。

3. 后置辅音

藏文上相当于后置辅音的有 4 个下加字，即 *y、*r 、*l、*w，其发展演变规律主要是合并和脱落。当基本辅音与后置辅音融合后，多数仍能看出与原下加字的发音部位有联系。如 *y 与基本辅音融合后分别读成舌面前的塞擦音、擦音、鼻音。*r 与其本辅音融合后大多读成舌尖后的塞擦音、擦音，也有一部分词仍保留早期舌面前塞擦音的古读。加在 *k、*g、*b、*r 后的 *l，现在反而读成基本辅音。*w 全部脱落，现只起区别字形的作用，语音无影响。

4. 影响声母演变的其他因素

（1）古清送气音在单音词中一般不变，在双音词的第二音节中常读成同部位的清不送气音。例如：

*thag pa　thɑ^{55} hɑ^{31}　绳子→ *sga thag　hga^{31} tɑ^{ʔ51}　鞍绳

→ *gong thag　ku^{55} tɑ^{ʔ51}

马前绊带

*kha kha^{55}　口　→ *rma kha　ma^{31} ka^{55}　疮口

→ *sne kha　n̥e ka　端，头

*tshang tshɔ^{55}　窝，家　→ *bzav tshang　hza^{31} tsɔ^{55}　家属

→ *grwa tshang　tʂa^{55} tsɔ^{13}　经院

*khyi tɕhə^{55}　狗　→ *bdav khyi　hda^{31} tɕə^{13}　猎狗

→ *vbrog khyi　ndʐu^{31} tɕə^{13}

牧区狗

双音词前一音节古带鼻韵尾时，后一音节的清送气音常被同化成浊音。例如：

*khyim mtshes → tɕhə^{55} ndze^{31}　邻居

*nyin tshigs → ȵə^{55} ndzə^{ʔ31}　一天，某日

*zheng kha → ɣe^{13} nga^{31}　宽度

但古清送气音有两种情况在后一音节中并不变读，一是带有前置辅音的，一是在短语中。例如：

*sku vphreng	hkə^{55} ntʂhe^{13}	辈，世（敬）
*rgyang mthong	hdʑɔ^{31} nthu^{13}	望远镜
*phyag vtshal	ɕɑ^{55} ntshɑ^{31}	磕头
*ngo tsha ba	ŋo^{31} tsha^{31}	羞愧
*cha tshang ba	tɕha^{55} tshɔ^{13}	完整

（2）古韵尾 *–s 在单音词中现已不再发音，然而在双音节词中常影响后一音节声母的读音。这又有两种情况：一是后一音节的声母是鼻音，就使之清化；另一种是后一音节为清声母，就增加前置辅音 h–。①如：

*pus mo hpo^{55} m̥o^{13}　膝盖　　　*zangs ma zɔ^{31} m̥a^{13}　铜

*tshe pa tshe^{13} hpa^{55}　日，号（初十以内）

*rlangs pa hlɔ^{31} hpa^{55}　蒸气

（3）古鼻韵尾 *–m、*–n、*–ng 已脱落，除影响韵母读音外，自身已不再发音。然而在双音词中，后一音节为不带前置音的塞、塞擦音时，前一音节的鼻韵尾移至后一音节，读成与基本辅音同部

---

①据笔者掌握的有限材料，韵尾 *–s 除在松潘话中常影响后一音节的读音外，在甘肃天祝牧区话中也有“后移”现象。即在双音节词里前一音节复辅音韵尾的后一辅音 *–s，往往移至后一音节做声母。如 :*rlangs pa hlaŋ sha“蒸气”，*pags pa wak sha“皮张”，*skyug pa htɕək sha“呕吐物”。此外，单辅音韵尾 *–s。在有些词中也有类似的现象。如 :*vdas pa ndi psa“去世”，*gnyis pa hn̥i psa“二月份”，*g.yas pa hji psa“右”，*tshos pa tshe psa“熟食”，*mkhris pa ntʂ hə psa“胆”。

位、同清浊的前置鼻辅音。例如：

*sngon po ŋo^{13} nbo^{31} 青、蓝　　*sdom pa hdo^{55} mba^{31} 戒律

*tsan dan htse^{55} nde^{31} 檀香　　*don dag to^{55} nd ɑ^{ʔ31} 事情

*spyang ki hpɔ^{55} ngə^{31} 狼

*ljang gu hdʑɔ^{55} ngə^{31} 绿的

*phun tshogs phə^{55} ntshu^{ʔ31} 圆满（作人名用）

*yan chad ja^{53} ntɕhe^{ʔ51} 以上

（4）双音节派生词后附成分的声母 *b，受前一音节流音韵尾的影响常产生同化。例如：

*mgar ba nga^{31} ra^{13} 铁匠　　*ser ba she^{55} ra^{13} 冰雹

*kong bu ko^{35} ŋə^{31} 供神灯盏

*vphreng ba ntʂhe^{13} ŋa^{31} 念珠

*ril bu rə^{13} lə^{31} 丸形

（5）双音节派生词后附成分的声母 *p，常受前一音节辅音韵尾 *-g 的影响演变为擦音 xh 或 h。其变化规则一般是，前音节韵母为央元音的读 x‘，前音节是后元音的读 h。例如：

*phyug po ɕɵ^{55} xho^{31} 富人　　*sdig pa hdɵ^{31} xha^{13} 罪孽

*lag pa lɑ^{33} ha^{31} 手，前肢　　*skyag pa htɕ ɑ^{55} ha^{31} 屎

（6）按一般音变规律，古基本辅音 *k、*g 作单辅音声母时均读成舌根清塞音，但在双音节词前一音节是开音节时就产生浊化。例如：

*skya ka htɕɵ^{55} ʁa^{31} 喜鹊　　*gdu gu hdə^{31} ɣə^{31} 手镯

*yi ge je^{31} ʁe^{31} 文字、信　　*nyal gos ɳe^{31} ʁo^{31} 被子

（7）现松潘话中有些词素如按一般读音规律去推其文字形式，与当今的正字不符。这些音或许有可能是藏文创制前古音的遗留。例如：

*bod hpo^{ʔ51} 藏人　　*tsan dan htse^{55} nde^{31} 檀香

*dung phyur htu^{55} ɕi^{13} 亿　　*khang nkhɔ^{55} 房子

*rta kha hta^{55} nkha^{13} 马槽　　*rta khang hta^{55} nkhɔ^{13} 马厩

（8）有一些宗教文化方面的固有词。其读音不能真实反映松潘话的语音历史演变规律。如 *bzod pa “忍”、*sgrol dkar “白度母”，按一般读音规律应分别读 zo^{31}pa^{13}、hdʐu^{55} ɣa^{31}，但现在读成 so^{55} pa^{13}、hdʐo^{31} ka^{55}。这有可能是受到西藏话的影响。不过这类词使用得不普遍。

（二）韵母的演变情况

藏文添置在基字上下方的 4 个元音符号 *i、*u、*e、*o 及原带有的 a 与后加字、再后加字的结合，就是反映古藏语复杂的韵母系统。其中包括 5 个单元音韵，10 个单尾韵，7 个复尾韵，共约 80 余个韵母。现松潘话中有 10 个单元音韵母，6 个单尾韵，共有 16 个韵母，只有古藏语的五分之一左右。表现为单元音韵增多，单辅音韵大为减少，复辅音韵尾全部消失，总的演变规律主要是脱落，也有合并的现象，如古促声韵现均读成喉塞音韵。整个韵母的结构形式趋于简化．韵母系统有了新的调整（具体对应关系及例词见附表）。

1. 单元音

现在的单元音韵母 i、u、e、o、a 已不是古藏语 *i、*u、* e、* o、* a 简单的对应关系。古藏语的单元音韵母 *e 、*a 、*o 一般未变，*i 除读成 ə 外，和 *u 都有央化的现象。

2. 辅音韵尾

藏文中添置在基字后面的 10 个后加字 *g、*ng、*d、*n、*b、*m、*v、*r、*l、*s，就是代表不同的单辅音韵尾。一般认为 *v 实际只起指示基字的作用，并不表示辅音韵尾，带 *v 的韵母应看作开音节，是零韵尾韵母。古辅音韵尾包括单复共有 16 个。这些韵尾经过脱落、合并、变异，现松潘话只有一个辅音韵尾，即喉塞音 ʔ。其演变情况分述于下：

古塞音韵尾 *b、*d、*g 这些促声韵有合并现象，现均读成 -ˀ，跟一定的元音结合，构成带辅音韵尾的韵母 6 个：-iˀ、-eˀ、-ɵˀ、-ɑˀ、-oˀ、-uˀ，别的元音不能同 -ˀ 结合。

古鼻音韵尾 *-m、*-n、*-ng 在整个语音系统中已丢失，就是说现在松潘话已没有任何鼻韵尾（借汉词除外）。古鼻音韵尾脱落的结果造成两种情况：如果是单音词，大多不影响韵母的元音，少量的使元音产生变异；如果是双音词，前一音节的鼻韵尾移至后一音节成前置鼻音，在连读时留下了原鼻韵尾的痕迹。

续音韵尾 *-r、*-l、*-s 也全丢失，但还能看到双音词后一音节的声母受前一音节这些韵尾的影响，一些词产生同化现象。这 3 个古韵尾的脱落自然有先有后，如果对藏语各方言略加比较，*-s 或许脱落得最早，现今各地都极少有这一韵尾，其次可能是 *-l 再次是 *-r 。

藏文称作再后加字的 *s、*d 与一定的后加字结合，构成七个复辅音韵尾，即 *-gs、*-ngs、*-bs、*-ms、*-nd、*-rd、*-ld。从历史上看，*s、*d 脱落得相当早，但前 4 个复辅音韵尾现今书面语中还保留书写形式，另 3 个的后一辅音 *-d 早在公元 9 世纪进行藏文厘定时被废弃。

从整个韵母系统来说，辅音韵尾的影响是藏语韵母发展的主要因素，开音节韵母由简而繁，即原来只有 5 个单元音可作韵母，现在增加到 10 个；闭音节韵母由繁而简，即原来有 16 个辅音韵尾，现减少到 1 个，开音节化很明显。由于辅音韵尾大量脱落，韵母的结合形式趋于简化，闭音节变为开音节，有的韵母的元音没有发生变化，有的发生变异，有的形成了新元音。多数情况下对元音的影响是：舌尖前辅音韵尾的脱落使韵母元音（主要如 *a、*u、*e 及部分 *o）前化高化，双唇及舌根音辅音韵尾的脱落使韵母元音（主要如 *a、*e）后化圆唇化。举例如下：

*vthad nthe^{ʔ51} 同意　　*gzan hʑe^{31} 袈裟

*skas hke^{55} 梯子　　*bdun hdi^{31} 七

*vgul ngi^{31} 摇动　　*bdud hdi^{ʔ31} 魔

*vthen nthi^{31} 抽，吸　　*skyel ɕi^{55} 运，送

*skol nki^{55} 煮，熬　　*los le^{31} 当然

*btab to^{ʔ51} 种，撒（过）　　*nam nɑ^{31} 何时

*leb lo^{ʔ31} 扁　　*vgebs ngo^{ʔ31} 掩盖

*nag nɑ^{ʔ31} 黑　　*spang hpɔ^{55} 草滩

*bregs tʂɑ^{ʔ51} 剪，割（过）

现松潘话由于产生了一些新元音、新的韵母结合形式，在经过重新组织和调整后的韵母系统，与藏文的韵母系统已有较大差别。

3. 影响韵母演变的其他因素

（1）音节减缩产生新元音。前一音节为开音节，后一音节为 *ba 的构词后附成分，常合并为一个音节。一般情况是：*a → ɑ，*i、*u、*o → ɔ 呈出现舌位由前变后，由高变低的轨迹。*e 还没有发现变化的例子。分别举例如下：

*ka ba kɑ^{55} 柱子　　*gla ba hlɑ^{31} 獐子

*lci ba htɕɔ^{55} 湿牛粪　　*phyi ba ɕɔ^{55} 鼠

*lbu ba hbɔ^{31} 泡沫　　*glo ba hlɔ^{31} 肺

*dge ba hge^{31} 善事　　*mche ba ntɕhe^{13} 犬齿

也有一些词减缩后元音没有发生变化，但往往带长音。试比较：

*ko ba koː^{55} 皮革　　*go ko^{55} 听懂

*rkang pa hkɔ：55 脚　　*rkang hkɔ 55 骨髓

（2）同一个词单读时与构成双音节复合词时的读音不同，就是说双音词的连读并不符合单读时的一般规律。这可看作共时音变中元音的顺逆同化。例如：

藏文	按一般规律	现连读音	汉文
*shing rkang	xhi^{13} $hkɔ^{55}$	xhi^{13} hko^{55}	高跷
*ba glang	pa^{55} $hlɔ^{31}$	$pɑ^{55}$ $hlɔ^{31}$	公黄牛
*rkang tshigs	$hkɔ^{55}$ $tshi^{ʔ51}$	hko^{55} $tshi^{ʔ51}$	脚关节
*ral lag	re^{55} $la^{ʔ31}$	ra^{55} $la^{ʔ31}$	枝干
*dus tshod	ty^{55} $tso^{ʔ51}$	ty^{55} $tsu^{ʔ51}$	时间，小时

三、小　结

上面我们初步归纳了藏语松潘话的音系，考察了它的语音特点及发展演变的概况。现在再综合成以下几点：

在声母系统方面，清浊音对立，不仅塞音（小舌音除外）、塞擦音如此，就是擦音也大多对立，并有送气擦音 sh、xh。复辅音声母较丰富，共有 34 个，比卫藏和康方言（通常不到 10 个）多得多，比安多方言农区话、半农半牧区话（约 20 到 30 个上下）略多一些，比牧区话（70 到 80 个以上）要少，结合的形式固定，规律性严整，清对清，浊对浊，清鼻音也可跟清送气塞、塞擦音结合，还能单独作声母。我们认为，松潘话的声母系统保留了较多的古老成分，与安多方言的农区、半农半牧区话相近。

在韵母系统方面，相对而言要比声母变化大，单元音韵母较多，比古藏语增加了一倍，辅音韵尾及带辅音韵尾的韵母减少了很多。引人注目的是塞音韵尾的合并，鼻音和续音韵尾全部脱落，没有鼻化元音（藏语方言里没有鼻韵尾的往往有鼻化元音）。古鼻韵尾的后移现象，语感上十分明显。新元音的产生多数受制于音节的减缩和韵尾的脱落。总的看来，松潘话除没有复元音和鼻化元音外，韵母系统与康方言相当近似。声调的音位功能已经产生，虽然有些词还不十分稳定。一般来说，调值的高低升降与古声母的清浊及韵尾有密切联系，清高浊低，促声韵都是降调。

语音的演变既有内部各种因素的制约，如音素的合并、脱落，音节的减缩，前后音素的影响等等，从而造成语音系统内部的调整。也有外部的因素，比如语言的分布情况，所处的地理位置，必然会带来一定影响。松潘地处藏语安多方言区的东南端，西面和西北的红原、若尔盖主要使用安多方言牧区话，北面南坪的一部分居民也使用松潘话，再往北就是被认作康方言的卓尼土语和舟曲土语区。我们的发音合作人尕藏及本文的作者之一尕藏他（藏族，松潘县川主寺镇林坡村人）都觉得属于卓尼土语的迭部话大多能听懂，地处平武、南坪和甘肃文县交界处的白马话（约有 1 万多人）也并不难懂。可见四周语言的相互影响也是造成松潘话不同于其他方言土语的原因，它既有安多方言的特征，又具有康方言的一些成分。方言和土语的划分由于种种原因自然难免有犬牙交错的情况。如果从声韵调来考察，我们觉得把松潘话列入康方言更符合语言实际。那么，安多方言区内存在的康方言“语言岛”似乎还应包括松潘地区的藏语在内，应该说在安多方言区的东南端事实上存在着一个北起卓尼，往南包括迭部、舟曲、南坪及至松潘的一个康方言走廊。

附表一　藏文与松潘话单声母对应表

藏　文	松潘话	例　词
pb	p	པང pɔ ^{55}　怀抱　བལ pe ^{55}　羊毛
ph	ph	ཕོ pho ^{55}　公，男
m	m	མེད me ^{ʔ31}　没有
sm	m̥	སྨད m̥e ^{ʔ31}　下，下部
b	w	བ we ^{31}　能，成　བར་བ pa ^{55} wa ^{31}　媒人
ts　bts	ts	ཚད་པ tse ^{53} pa ^{13}　干旱　བཙུགས tsɵ ^{ʔ51}　栽，建立
tsh　tshw	tsh	ཚུར tshə ^{55}　这边　ཚྭ tsha ^{13}　盐
bs　gs	s	བསམ s ɑ ^{55}　想，心　གསུམ su ^{53}　三
s	sh	སད she ^{ʔ31}　醒
z　zw bz	z	ཟུམ zu ^{31}　闭　ཟྭ ze ^{31} tɕa ^{55}　锁 བཟུང zu ^{31}　拿，抓，骑
t　bt d　dw	t	ཏོག tu ^{ʔ51}　顶子　བཏགས ta ^{ʔ51} 拴，挂 དེད te ^{ʔ51}　追赶　དྭངས་མ tɔ ^{33} ma ^{13}　清澈
th	th	ཐ་མ tha ^{33} ma ^{13}　低劣
n	n	ནམ་ཚོད nɑ ^{31} tso ^{ʔ51}　何时
sn	n̥	སྣ་ཆུ n̥a ^{13} tɕə ^{55}　鼻涕
lh　sl bsl	ɬ	ལྷོད ɬo ^{ʔ51}　松　སླས ɬe ^{55}　编 བསློགས ɬu ^{ʔ51}　翻（地）
l　lb	l	ལུད li ^{ʔ51}　肥料　ལྦུག lɵ ^{ʔ31}　倒，泼
bkr　gr grw　dr br	tʂ	བཀྲ་ཤིས tʂa ^{33} xhi ^{13}　吉祥　གྲུ tʂə ^{31}　船 གྲྭ་པ tʂa ^{33} wa ^{31}　僧人　དྲན tʂe ^{33} 想念 བྲག tʂa ^{ʔ31}　山岩

续表

藏　文	松潘话	例　词
khr　phr	tʂh	ཁྲིtʂhə^{55}　万，宝座^{5}　ཕྲུགtʂhɵ$^{?51}$　氆氇^{5}
sr　spr	ʂ	སྲ་མོ ʂa^{55} mo^{13}　坚硬　སྤྲོད ʂi$^{?51}$　交给
r　rw sbr	r	རོགས ru$^{?31}$　帮助　རྭ ra^{55} tse^{13}　角 སྦྲིད ri^{31}　麻木
c　bc　j bky　bkr gr　gy	tɕ	ཅ་ལག tɕa^{55} ɣa$^{?31}$　用具　བཅུ tɕə^{55}　舀，十 ཇ tɕa^{55}　茶　བཀྱག tɕa$^{?31}$　抬　བཀྲུས tɕy^{55}　洗 གྲགས tɕa$^{?51}$　响，发声　གྱོད tɕo$^{?31}$　口角
ch　khy	tɕh	ཆད tɕhe$^{?31}$　断　ཁྱུང tɕhu^{55}　凤凰
ny　nyw my	ȵ	ཉ ȵa^{13}　鱼　ཉ ȵa^{55}　小腿肚　ȵa^{55} lo^{31} མྱོང ȵu^{55}　曾经
sny　smy	ȵ̥	སྙལ ȵ̥e^{13}　发酵　སྨྱུང་གནས ȵ̥u^{13} hne^{31}　闭斋
phy　by sky　sby smy　bsh	ɕ	ཕྱེ ɕe^{55}　面粉　བྱ ɕa^{55}　鸟　སྐྱུག ɕɵ$^{?51}$　呕吐 སྦྱོང ɕɔ^{55}　练习　སྨྱུག་མ ɕy^{55} mɑ^{31}　竹子　བཤད ɕe$^{?31}$　说
zh	ʑ	ཞོ ʑo^{31}　酸奶
y	j	ཡག jɑ$^{?31}$　漂亮
k　bk dk　g	k	ཀ་བ kɑ^{55}　柱子　བཀའ ka^{55}　命令 དཀར་ཐིག ka^{55} thi$^{?31}$　白点　གོང ku^{55}　价钱
kh	kh	ཁབ kho$^{?31}$　针
ng　mng	ŋ	ངུ ŋə^{31}　哭　མངར་མོ ŋa^{55} mo^{13}　甜
sng	ŋ	སྔོན་མ ŋoŋ^{13}ma^{13}　前面
sh　shw	sh	ཤིག xhi$^{?31}$　虱子　ཤྭ xha^{55}　鹿

续表

藏　文	松潘话	例　词
zh　v bzh　db	ɣ	ཞག ɣɑ^{ʔ31}　浮油　ཨུར་རྡོ ɣə^{31} hdo^{55}　抛石器 བཞག ɣɑ^{ʔ31}　放置　དབང ɣɔ^{31}　权
k　g	q	ཀོང་ཀོང qo^{55} qo^{13}　凹的　གངས qɔ^{55}　雪山
kh	qh	ཁ་བ qhɑ^{35}　雪
h	x	ཧ་ཡང χɑ^{55} jɔ^{31}　铝
w　v	ʁ	ཝ ʁa^{31}　狐狸　འོང ʁu^{31}　来
lh	h	ལྷན་དུ he^{55} tə^{31}　一起

附表二　藏文与松潘话复声母对应表

藏　文	松潘话	例　词
bp　spy spr　b	hp	དཔེ hpe^{55}　榜样　སྤྱང་ཀི hpɔ^{55} ngɔ^{31}　狼 སྤྲིན hpi^{55}　云　བོན་པོ hpi^{55} nbo^{31}　本教
vph	nph	འཕང nphɔ^{13}　纺锤
lb　sb	hb	ལྦུ་བ hbɔ^{31}　泡沫　སྦེད hbe^{ʔ31}　藏匿
db　sbr	hb	སྦྲ hba^{31}　牛毛帐篷　དབུགས hbɵ^{ʔ31}　气息
vb	nb	འབལ nbe^{31}　拔
dm	hm	དམའ hma^{31}　低
gt　rt　lt st　brt blt　bst	ht	གཏོར hto^{55}　拆散　རྟགས htɑ^{ʔ31}　预兆 ལྟས་ངན hti^{55} ŋe^{13}　凶兆　སྟོབས hto^{ʔ31}　力量 བརྟན་པོ hti^{55} nbo^{31}　坚固　བལྟས hte^{55}　看 བསྟན་འཛིན hte^{55} ndzi^{31}　佛学家（作人名用）
mth　vth	nth	མཐོ ntho^{55}　高　འཐུང nthu^{55}　喝

续表

藏　文	松潘话	例　词
gd　bd　rd ld　sd　brd	hd	གདུ་བུ hdə³¹ ɣə³¹　手镯　བདུན hdi³¹　七 རྡོ hdo³¹　石块　ལྡག hda?³¹　舐　སྡེ་བ hde³¹ wa¹³　村庄 བརྡ hda ⁵⁵　信号
md　vd	nd	མདུང ndu³¹　矛　འདི ndi³¹　这个
gn　rn	hn	གནོད hno?³¹　伤害　རྣོ hno ⁵⁵　锋利
gts　rts rtsw　brts	hts	གཙགས hts ɑ ?⁵¹　针刺　རྩིག htsi?⁵¹　砌 རྩྭ htsa ⁵⁵　草　བརྩིས htsi ⁵⁵　算
mtsh　vtsh	ntsh	མཚོ ntsho¹³　海　འཚེར ntshe¹³　马叫
rdz　brdz zl	hdz	རྫི hdzə³¹　揉，踩　བརྫེས hdze³¹　卷起　ཟློ hdzo³¹　说
mdz　vdz	ndz	མཛོ ndzo³¹　公犏牛　འཛིང་མོ ndze³¹ mo ⁵⁵　吵架
kl　gl rl　brl	hl	ཀླུ hlə³¹　水神　གླུ hlə³¹　歌　རླུང hlu³¹　风 བརླ hla ⁵⁵　大腿
gs	hs	གསོན་པོ hso ⁵⁵ nbo³¹　活的
gz　bz	hz	གཟུགས hzɵ?³¹　形体　བཟོ hzo³¹　缝制
spr　dkr	htʂ	སྤྲུལ་སྐུ htʂə ⁵⁵ hkə³¹　化身　དཀྲུགས htʂɵ?⁵¹　搅拌
vkhr　vphr	ntʂh	འཁྲུངས ntʂhu ⁵⁵　诞生　འཕྲོད ntʂho?⁵¹　合意
dgr　sgr	hdʐ	དགྲ་ཡ hdʐa ⁵⁵ ja³¹　敌人　སྒྲིལ hdʐi³¹　滚下
mgr　vgr	ndʐ	མགྲོན་པོ ndʐo ⁵⁵ nbo³¹　客人　འགྲུབ ndʐɵ³¹　成功
rky　sky skr　dky dkr　dpy spy　gc	htɕ	རྐྱལ htɕe ⁵⁵　游泳　སྐྱ་མི htɕa ⁵⁵ ȵi³¹　骑兵 སྐྲང htɕɔ⁵³　肿　དཀྱིལ་འཁོར htɕi⁵³ nkho¹³　坛城

续表

藏　文	松潘话	例　词
lc	htɕ	དཀྲིས htɕi^{31}　缠绕　དཔྱི་མགོ htɕə^{55} ngo^{31}　胯骨 སྤྱི htɕə^{55}　总共　གཅོད htɕe^{ʔ51}　弄断 ལྕགས htɕɑ^{ʔ31}　铁
mch　vch mkhy　vkhy vphy	ntɕh	མཆོད ntɕho^{ʔ51}　祭祀　འཆའ ntɕha^{55}　吃，啃 མཁྱེན ntɕhi^{55}　知道　འཁྱག ntɕh ɑ^{ʔ31}　冷 འཕྱུག ntɕhɵ^{ʔ51}　错误
rgy　brgy sgy　rj　brj lj　sgr	hdʑ	རྒྱ hdʑa^{31}　汉人　བརྒྱད hdʑe^{ʔ31}　八 སྒྱེ་མོ hdʑe^{13} mo^{55}　袋子　རྗེས hdʑe^{31}　痕迹 བརྗེད hdʑe^{ʔ31}　忘记　ལྗིད hdʑi^{ʔ31}　重的　སྒྲོ hdʑo^{31}　羽毛
mgy　vgy vgr　mj　vj vby	ndʑ	མགྱོགས ndʑu^{ʔ31}　快速　འགྱུར ndʑə^{31}　变化 འགྲོ ndʑo^{31} 走，去　མཇལ ndʑe^{31}　拜谒　འཇའ ndʑa^{31}　虹 འབྱར ndʑa^{55}　爬，粘
gny　rny	hȵ	གཉིས hȵi^{55}　二　རྙིད hȵi^{ʔ31}　凋谢
gsh	hɕ	གཤག hɕɑ^{ʔ51}　劈，剖
gzh　bzh	hʑ	གཞུ hʑɔ^{31}　弓　བཞུགས hʑo^{ʔ31}　坐，住
dby　g. y	hj	དབྱུག hjɵ^{ʔ31} 扔，掷　གཡར hja^{55}　借
rk　lk　sk brk　dk	hk	རྐན hke^{55}　腭　ལྐུགས་པ hlɵ^{55} ro^{13}　哑巴 སྐོལ hki^{55}　煮，熬　བརྐུས hkɵ^{55}　偷窃 དཀར་ཁུང ka^{55} khu^{13}　天窗
mkh　vkh	nkh	མཁོ nkho^{13}　需要　འཁྱིལ nkhi^{13}　捻
rg　lg　sg dg　bg	hg	རྒོད hgo^{ʔ31}　野的　ལྒང་ཕུག hgɔ^{55} wu^{31}　膀胱 སྒུག hgɵ^{ʔ31}　等候　དགུ hgə^{31}　九　བགོ hgo^{31}　分配
mg　vg	mg	མགོ ngo^{13}　头　འགུལ ngi^{31}　摇动
dng　rng lng	hŋ	དངུལ hŋɵ^{31}　银子　རྔ hŋa^{31}　鼓　ལྔ hŋa^{31}　五

附表三　藏文与松潘话韵母对应表

藏　文	松潘话	例　词
a	a	ད ta^{55}　现在　ལ la^{55}　山坡
ab	o^{ʔ}	བཀབ ko^{ʔ31}　掩盖　བཏབ to^{ʔ31}　种，撒
ad	e^{ʔ}	འཐད nthe^{ʔ31}　同意　སྨད me̥^{ʔ31}　下，下部
ag	ɑ^{ʔ}	འཐག nthɑ^{ʔ31}　磨，织　མངགས ŋɑ^{ʔ31}　派遣
am	ɑ	མཚམས ntsha^{13}　分界　ལམ lɑ^{13}　路
an	e	ཐན the^{55}　凶兆　ཉན ȵe^{31}　听
ang	ɔ	མདང ndɔ^{31}　昨晚　སྤང hpɔ^{55}　草滩
ar	a　e	གཟར hza^{31}　陡　དམར hme^{31}　红
al	e	འབལ nbe̥^{31}　拔　གྲལ tʂe^{33}　排，行
as	e	སྐས hke^{55}　梯子　བལྟས hte^{55}　看
i	i　ə	སྐྱི ɕi^{55}　借贷　རྫི hdzə^{31}　揉，踩
ib	ɵ^{ʔ}	སྲིབ ʂɵ^{ʔ31}　山阴　རིབ rɵ^{ʔ31}　模糊
id	i^{ʔ}	སྦྲིད zi̥^{ʔ31}　麻木　སྐྱིད་པོ htɕi^{55} po^{31}　愉快
ig	i^{ʔ}	རྩིག htsi^{ʔ31}　砌　གཅིག htɕi^{ʔ31}　一
im	u	ཞིམ ɣu^{31}　味香　ཁྲིམས་སྐྱུལ tʂhu^{13} hki^{55}　处罚
in	i	སྤྲིན hpi^{55}　云　ཉིན་དཀར ȵi^{31} ngu^{31}　白天
ing	i	རིང ri^{55}　长　ཤིང xhi^{55}　木头，树木
il	i	བསིལ་མོ si^{55} mo̥^{13}　清凉 འཁྱིལ ntɕhi^{13}　绕（水），密集（云）
ir	ə	བཙིར tsə^{31}　挤，拧
is	i	བྲིས tʂi^{55}　写　བརྩིས htsi^{55}　算

续表

藏　文	松潘话	例　词
u	ə	ཤུ shə^{55}　谁　མཛུ་གུ ndzə^{55} ɣɵ^{31}　指头
ub	ɵ^{ʔ}	ཐུབ thɵ^{ʔ51}　胜过　རུབ rɵ^{ʔ31}　合拢
ud	i^{ʔ} ɵ^{ʔ}	མཐུད nthi^{ʔ51}　连接　འདྲུད ndʐɵ^{ʔ31}　拖，拉
ug	ɵ^{ʔ}	སྐྱུག ɕo^{ʔ51}　呕吐　དུག tɵ^{ʔ51}　毒
um	u	འབུམ nbu^{31}　十万　སྣུམ n̥u^{13}　油
un	i	བདུན hdi^{31}　七　རྫུན hdzi^{31}　假话
ung	u	དུང tu^{55}　海螺　མདུང ndu^{31}　矛
ul	i ɵ	རྡུལ hdi^{31}　尘土　ཡུལ jɵ^{31}　家乡，家
ur	ə	ཐུར thə^{55}　下坡　སྐུར hkə^{55}　捎，寄
us	y ɵ	བཀྲུས tɕy^{55}　洗　བརྐུས hkɵ^{55}　偷
e	e	ཉེ ȵe^{55}　近　ལྕེ htɕe^{55}　舌
eb	o^{ʔ}	ལྟེབ hto^{ʔ51}　叠，折叠　འགེབས ngo^{ʔ31}　掩盖
ed	e^{ʔ}	ཁེད khe^{ʔ51}　谜语　འདེད nde^{ʔ31}　追赶
eg	ɑ^{ʔ}	འདྲེག ndʐɑ^{ʔ31}　割，剪　སྲེག ʂɑ^{ʔ31}　烧，烤
em	e	ཁ་ཆེམས kha^{55} tɕe^{13}　遗嘱
en	i	བདེན hdi^{31}　确实　ལེན li^{31}　唱，取
eng	e	ཞེང་ཁ ɣe^{13} nga^{31}　宽度　འཕྲེང་བ ntʂhe^{13} ŋa^{31}　念珠
el	i e	སྐྱེལ ɕi^{55}　运，送　འགེལ nge^{31}　驮
er	e	སེར་བ she^{55} ra^{13}　冰雹　གཟེར hze^{31}　刺痛
es	i e	ཤེས xhi^{55}　知道　ཚེས tshe^{13}　日，号

续表

藏　文	松潘话	例　词
o	o	འཚོ ntsho^{13} 放牧　དོ to^{35} 两，二（表度量衡）
ob	o^{ʔ}	ཐོབ tho^{ʔ51} 获得　སློབ htso^{ʔ51} 教，学
od	o^{ʔ}	འབོད nbo^{ʔ31} 呼唤　འདོད ndo^{ʔ31} 愿意
og	u^{ʔ}	ཆོག tɕhu^{ʔ31} 可以　དོག tu^{ʔ31} 窄
om	ɑ　u	ཁོམ khɑ^{55} 空闲　བཅོམ tɕu^{55} 摧毁
on	o　ɔ	སྐྱོན htɕo^{55} 缺点　སྟོན htɔ^{55} 让看
ong	u	སློང htsu^{55} 乞讨　སྟོང htu^{55} 千
ol	i　u	ཁོལ khi^{55} 沸　སྒོ་ཡོལ hgo^{55} ju^{31} 门帘
or	o	འབོར nbo^{31} 丢失　ཟོར་བ zo^{55} ra^{31} 镰刀
os	y e ɔ o	ཆོས tɕhy^{55} 佛教，经　ལོས le^{31} 当然　སྤོས hpɔ^{55} 熏香 བོས po^{13} 呼唤
avi		ངའི ŋa^{55} kə^{31} 我的　མའི ma^{55} kə^{31} 妈妈的
ivi		འདིའི ti^{55} kə^{31} 这个的
uvi		སུའི shə^{55} kə^{31} 谁的
evi　ovi		དེའི ti^{55} kə^{31} 那个的　མོའི ti^{55} kə^{31} 她的 ང་ཚོའི ŋa^{55} ɣa^{31} kə^{31} 我们的
evu		བེའུ pi^{55} lə^{31} 牛犊　རྟེའུ hti^{55} ɣə^{31} 马驹 རེའུ ri^{55} ɣə^{31} 山羊羔　འོ་ཞེའུ ʁo^{55} zi^{31} 挤奶桶
avu		གའུ ka^{33} wu^{31} 护身佛盒

附记：本文所记材料的发音合作人尕藏，年龄 18 岁，住松潘县石坝子村，西北民族学院藏语系 95 级文秘班学生。

参考文献：

1. 格桑居冕．藏语巴塘话的语音分析．民族语文，1985（2）.

2. 黄布凡等．玉树藏语的语音特点和历史演变规律．中国藏学，1994（2）.

3. 瞿霭堂．藏族的语言和文字．中国藏学，1992（3）.

4. 张济川．藏语方言分类管见．民族语文论文集．北京：中央民族学院出版社，1993.

（原载于《中国藏学》1997 年第 2 期，与尕藏他合作）

藏语久治话的音位系统及其语音的历史演变

久治（གཅིག་སྒྲིལ）县位于青海省果洛藏族自治州东南部，东北与甘肃省甘南藏族自治州玛曲县接壤，东部与南部跟四川省阿坝藏族羌族自治州阿坝县、若尔盖县相邻，地处青藏高原东部，海拔在3500米至5300米之间，巴颜喀拉山脉的年保山（གཉན་པོ་གཡུ་རྩེ）横贯全境。全县总人口2万余人（2000年），主要从事畜牧业。藏族占98%以上，汉、回等其他民族约为2%。绝大部分人日常交际使用藏语，县城有中学、民族中学，各乡有寄宿小学，普遍使用藏语文教学，有的学校及部分课程进行双语教学。

据有关史书记载，自唐以来，当地即为藏族先民居住。在长期的历史进程中，藏语语音与文字比较已产生了一系列演变，即使与安多方言内部其他牧区话相比也有不少特点，并且有明显的规律性和对应关系。这种语音对应关系是早期的同一形式在不同地区语言分化有规律发展的结果。久治话是本文一位作者的母语。本文以该县智青松多镇སྒྲོག་ཆེན་ཐུམ་མདོ་གྲོང་རྡལ藏话为代表，根据藏文的拼音系统，从归纳语音的音系入手，找出它的对应规律。目的是揭示该地藏语语音的现状、特点以及内部的结构，考察其演变方式、原因，从而对研究语音的发展规律会有所帮助，以便从丰富的藏语方言中进行比较，为探讨藏语语音史提供一些有价值的资料。正如著名的语言学家罗常培先生说过："原则上大概地理上看得见的差别往往也代表历史演变时的阶段。所以横里头的差别往往就代表竖里头旳差别"

（1980）。

声母 共有124个声母，其中单辅音声母32个，复辅音声母92个，复辅音声母中包括二合和三合两种。

单辅音声母与藏文的对应关系及例词：[1]

p < *[2]p、*b	po–ta–la *po — ta–la 布达拉（宫）
	pot–pa *bod–pa 西藏人
ph < *ph	phə *phu 口中吹气
	phə–roŋ*phu–thung 衣袖
t < *t、*d、*dw	tər *til 芝麻 toŋ*dung 海螺
	tɑ–le *dwa–phrug 孤儿
th < *th	thak *thag 距离
	thaŋ *thang 平坝
k < *k、*g	ka*ka–ba 柱子
	kon *gon 穿（现）[3]
k < *kh、*khw	khap *khab 针 khɑ–ta
	khwa–ta 乌鸦
ts < *ts	tsan–dan *tsan–dan 檀香
	tsə tok *tsi–tog 唢呐
tsh < *tsh、*tshw	tshi *tshil 油脂 tsha *tshwa 盐
tʂ < *kr、*gr、*dr、*grw	tʂap–wə–tʂəp–we *krab–be–krob–be 狡猾
	tʂə *gru 船 tʂan*dran 想念（动）

①藏文例词的读音用的是国际音标。

②文中的 * 符号，是指用拉丁代号转写的藏文。

③文中（现）是表示动词的现在时，（过）表示过去时，（命）表示动词的命令式，（动）指动词现在时、过去时同一形式，（敬）指敬语词。

	tʂa–wa *grwa–ba　僧人
	tʂ ɑ –tʂhaŋ *grwa–tshang　僧院
tʂh < *khr	tʂho *khro　生铁　tʂhə *khri　万
tɕ < *c、*j	tɕoŋ *cong　钟　tɕa *ja　茶
tɕh < *ch	tɕhaŋ *chang　酒
	tɕhu *chos　宗教，经
cç < *gy、*gr	cçen *gyen　上坡　cçə *gri　刀子
cçh < *khy、*khr	cçhə *khyi　狗　cçhɑ *khral　税
m < *m	ma–mo *ma–mo　母绵羊
	mən *min　不是
n < *n	ni *nas　青稞　naŋ *nang　里边
ȵ < *ny、*nyw	ȵe*nye　近　ȵa*nywa　小腿肚
ŋ < *ng	ŋo*ngo　脸
	ŋoŋ ŋwa*ngang–ba　鹅，鸭
l < *l、*lwa	li*las　缘分　la *lwa　衣服
r < *r、*rw	rə *ri　山　ra *rwa　犄角
sh < *s	she–ra *ser–ba　冰雹
	sho–la *sol–ba　炭
z < *zw、*z	zok *zog　牛、牲畜　za*zwa　锁
ɬ < lh	ɬo*lho　南　ɬoŋ*lhung　坠落（动）
ʂ < *sr	ʂam*sram　水獭　ʂe*sre　掺入(现)
ɕ < *sh	ɕok–dək *shog–gdug　伞
	ɕok–ʁo*shog–bu　纸
ʑ < *zh、zhw	ʑo*zho　酸奶　ʑa*zhwa　帽子
xh < *sh、*shw	xhi*shul　痕迹　xhɑ*shwa–ba　鹿
χ < *χu–χu 回族	χe–ɟjə　剪刀（借蒙）

ʁ < *v、*w	ʁa*wa　狐狸
	ʁo–nɑ*von–pa　聋子
h < *h、*ph、*lh	hep–khu*heb–khol　馋（动）
	ha–ji *pha–yul　家乡
	ham*lham　鞋
w < *b、*p	war *bar　中间
	wat–ma *pad–ma　莲花
j < *y	jɔ *yo–ba　把儿
	jop–tɕhen *yob–chen　马蹬

复辅音声母中二合复辅音与三合复辅音与藏文的对应关系及例词：

pt < *bt	pton *bton　读（过）
	ptak *btags　拴，系（过）
pk < *bk	pkok *bkog　剥下，拔出（过）
	pkɑ *bkal　上驮子（过）
pts < *bts	ptsem *btsems　缝（过）
	ptsɑ *btsal　找寻（过）
ptʂ < *br	ptʂu *bros　逃跑（过）
	ptʂak *brag　岩石
ptɕ < *bc	ptɕu *bcos　改作（过）
	ptɕom *bcom　抢劫（过）
pcç < *bky、*bkr	pcçək *bkyig　缚，系（过）
	pcçə *bkru　洗（现）
wt < *blt、*brt、*bst	wti *bltas　看（过）
	wtak *brtags　探究（过）
	wtan *bstan　让看（过）

wk < *brk、*bsk　　wku*brkos　挖，雕刻（过）
wkək*bskugs　赌博（过）
wts < *brts　　wtsək*brtsigs　砌（过）
wtsi*brtsis　算，遵守（过）
wtʂh < *phr　　wtʂhək*phrug　氆氇
wtʂhə*phru-ma　胎盘
wcç < *brky、*bsky　　wcçon*bskyon　使骑（过）
wcçaŋ*brkyangs　伸展（过）
wn < *bsn　　wnən *bsnun　喂，哺（过）
wnan*bsnan　添加（过）
wŋ < *brng、*bsng　　wŋu*brngos　炒（过）
wŋak*bsngag　赞扬（动）
ws < *bs　　wsə*bsu　迎（现）
wsal*bsad　宰杀（过）
wʂ < *bsr　　wʂu*bsros　烤、烘（过）
wʂan*bsran　忍受（过）
wɕ < *bsh、*phy、*by、*phyw
wɕək*bshig　拆除（过）
wɕok*phyogs　方向
wɕə-rə*byu-ru　珊瑚
wɕɑ*phywa　占卜
wd < *bd、*brd、*bld、*bsd
wdət *bdud　魔
wdoŋ *brdungs　敲、打（过）
wdat*bldad　嚼（过）
wdat*bsdad　住，待下（过）

wɡ < *bg、*brg、*bsg	wɡak *bgegs 厉鬼
	wɡɑ*brgal 渡、涉水（过）
	wɡək*bsgugs 等候（过）
wdz < *brdz、*bzl	wdzi *brdzis 拌，揉（过）
	wdzat*bzlad 使弄脏（动）
wdʐ < *bsgr	wdʐək *bsgrigs 排列（过）
	wdʐak *bsgrags 宣讲（过）
wdʑ < *brj	wdʑet *brjed 遗忘（过）
	wdʑi *brjes 交换（过）
wɟj < *bsgy、*brgy	wɟjər *bsgyur 转变、译（过）
	wɟja *brgya 百
wr < *br、*bsgr	wrat*brad 搔，刮（过）
	wri*bsgril 使滚下（动）
wl < *bl、*brl、*bsl	wlo *blo 智慧、心
	wlək *blug 倒入（现）
	wla*brla 大腿 wli*bslas 编（过）
wz < *bz	wzə *bzi 醉（动）
	wzo*bzo 制造（现）
wʑ < *bzh、*sby	wʑak *bzhag 放置（过）
	wʑoŋ *sbyong 学习（现）
mph < *vph	mpha-ra *vphar-ba 豺
	mphaŋ *vphangs 投、掷（过）
mth < *mth	mtha*mthav 边
	mthər*mthur 马笼头
mkh < *mkh	mkho *mkho 需要
	mkhɑ-mɑ*mkhal-ma 肾

mtsh < *mtsh	mtshɑ*mtshal　朱砂
	mtsho*mtsho　海
mtʂh < *mkhr、*vphr	mtʂhə-rɸa*mkhris-pa　胆囊
	mtʂhok*vphrog　抢（动）
mtɕh < *mch、*vphy	mtɕhɔ*mche-ba　犬齿
	mtɕhər*vphyur　溢出（动）
mcçh < *mkhy	mcçhen *mkhyen　知道（敬）
mb < *vb	mbak *vbag　面具
	mbək *vbug　锥子
md < *md	mda *mdav　子弹，箭
	mdok*mdog　颜色
m g < *mg	mgon*mgon　保佑（动）
	mga-ra *mgar-ba　铁匠
mdz < *mdz	mdzo*mdzo　犏牛
	mdzat*mdzad　作（敬）
mdʐ < *mgr*vbr	mdʐon *mgron　宴请
	mdʐo*vbro　逃跑（现）
mdʑ < *mj	mdʑək-ma *mjug-ma　尾巴
mɟj < *mgy	mɟjok *mgyogs　迅速
mn < *mn	mnan *mnan　按压（过）
mȵ < *my、*mny、*m	mȵaŋ *myangs　尝试、经受（过）
	mȵam*mnyam　一起
	mȵət*mid　咽（动）　mȵe*me　火
mŋ < *mng	mŋak *mngags　派遣（过）
	mŋar *mngar　甜
nth < *vth	nthoŋ *vthung　喝（动）

	nthəp *vthibs　笼罩（过）
nkh < *vkh	nkhər *vkhur　背、挑（现）
	nkhəm *vkhums　蜷缩（过）
ntsh < *vtsh	ntshək *vtshig　烧焦（动）
	ntshaŋ–kha*vtshang–kha　拥挤
ntʂh < *vkhr	ntʂhər*vkhrul　错乱（动）
	ntʂhoŋ *vkhrungs　诞生（过）
ntɕh < *vch	ntɕha *vchav　啃、咬吃（过）
	ntɕham *vchams　跳舞（过）
ncçh < *vkhy	ncçhi *vkhyil　（水）聚积（动）
	ncçhak*vkhyags　冷（过）
nd < *vd	ndon *vdon　读（现）
	ndep *vdebs　种、撒（现）
ng < *vg	ngi *vgel　上驮子（现）
	ngam *vgams　干吞，干咽（过）
ndz < vdz	ndzən *vdzin　持，抓（现）
	ndzom *vdzoms　齐全（过）
ndʐ < *vdr、*vgr	ndʐi *vdres　混合（过）
	ndʐəp *vgrub　成功（动）
ndʑ < *vj	ndʑa *vjav　虹
	ndʑək *vjug　使，让（现）
nɟj < *vgy、*vgr	nɟjər *vgyur　变成（现）
	nɟjan *vgran　比赛（动）
rt < *rt、*lt、*st	rta *rta　马　rtu*ltos　看（命）
	rtot*stod　称赞（现、命）
rk < *rk、*lk、*sk	rka　渠，沟　rkək *lkugs　哑（动）

	rkat *skad　声音
rts < *rts、*rtsw、*sl	rtsə *rtsi　敬重，算（现）
	rtsa*rtswa　草
	rtsoŋ *slongs　使起来（命）
	rtsok–kwa*slog–pa　皮袄
rtɕ < *lc	rtɕe–lo *lce–lo　口吃，结舌
	rtɕak *lcags　铁
rcç < *rky、*sky、*skr、*dky	
	rcçɑ*rkyal　游泳（现，过）
	rcçək*skyug　呕吐（动）
	rcçak*skrag　害怕
	rcçi–mdzək *dkyil–mdzug　中指
rd < *rd、*ld、*sd	rdi *rdul　尘土
	rdem–ȵək*lde–mig　钥匙
	rder–ma *sder–ma　盘子
rg < *rg、*lg 、*sg	rgaŋ *rgang　刺猬
	rgaŋ–lə *lgang–li　膀胱，球
	rgam*sgam　箱子，匣子
rdz < *rdz、*zl	rdzə *rdzi　揉，拌（现）
	rdza*zla　月亮，月份
rdʑ < *rj、*lj	rdʑə *rje　交换（现）
	rdʑak *ljags　舌（敬）
rɟj < *rgy、*sgy、*sgr	rɟja–ma *rgya–ma　秤，斤
	rɟjər*sgyur　变换，译（现）
	rɟjo*sgro　翎，羽毛
rm < *sm、*rm	rman *sman　药　rma *rma　疮

rn < *sn、*rn	rnəp *snub　使沉下（现）
	rnak *rnag　脓
rȵ < *sny、*rny、*smy	rȵaŋ *snying　心脏
	rȵə *rnyi　罗网
	rȵo *smyo　疯（现）
rŋ < *rng、*sng	rŋu *rngos　炒（命）
	rŋən *sngun　前面
rɸ < *sp、*spy、*spr	rɸu *spos　熏香
	rɸaŋ–khə *spyang–khu　狼
	rɸən *sprin　云　rɸi*sprevu　猕猴
rw < *rb、*lb、*sb、*sbr	rwar–lap *rba–rlaps　波浪
	rwə*lbu–ba　泡沫　rwom *sbom　粗
	rwi*sbrul　蛇
ht < *gt	htəp *gtub　切（动）
	htor *gtor　破坏，打散（动）
hts < *gts	htsək *gtsug　头顶
	htsaŋ ma*gtsang–ma　干净
htʂ < *spr、*dkr	htʂə–rkə *sprul–sku　化身
	htʂək *dkrug　搅拌（现）
htɕ < *gc、*lc	htɕot *gcod　砍断（现）
	htɕɔ *lci–ba　湿牛粪
hcç < *dky	hcçər–nkhor *dkyil–vkhor　坛城
hg < *dg	hge–wa *dge–ba　善事
	hgon *dgon　寺庙
hdʐ < *dgr	hdʐa *dgra　敌
hɟj < *sgy	hɟjət–pa *sgyid–pa　膝弯

hm < *dm	hma *dmav 低
	hmo *dmo 咒诅（现）
hn < *gn	hnam *gnam 天，雨
	hnot *gnod 损害（动）
hȵ < *gny、*dmy	hȵer–ma *gnyer–ma 皱纹
	hȵar–wa *dmyal–ba 地狱
hl < *kl、*gl、*lh	hlat–pa *klad–pa 头脑
	hlok *glog 电
	hlan *lhan 补（衣服）
hs < *gs	hser *gser 金子 hsəm *gsum 三
hz < *gz	hzar *gzar 陡峭
	hzoŋ *gzong 凿子
hç < *gsh、*dpy	hça *gshav 锡
	hçə–ngo*dpyi–mgo 胯骨
hʑ < *gzh	hʑə *gzhu 弓
	hʑoŋ –ŋa*gzhong–ba 木盆
hj < *g•y	hji *g•yas 右
	hjar *g•yar 借（现，过）
hw < *dp	hwe–tɕha *dpe–cha 书
	hwon–mbo *dpon–po 官
w < *–ng–pa	rkaŋ–ŋwa*rkang–pa 脚
	tshoŋ–ŋwa*tshong–pa 商人
pkw < *pk	pkwar *bkar 分开（过）
	pkwat *bkad 使裂开（过）
mkhw < * mkh	mkhwar *mkhar 城
	mkhwan *mkhan （作）者

声母说明

1. 清塞音 p、ph、t、th、k、kh，清塞擦音 ts、tsh、tʂ、tʂh、tɕ、tɕh、cç、cçh 能单独作声母，与此相对的浊音需要按一定的结合规则组成复辅音声母，在多音节词的第一音节一般不单独出现。

2. 鼻音 m、n、ȵ、ŋ，边音 l，颤音 r，浊擦音 z、ʑ、ʁ，半元音 w、j 能单独作声母。除 ʁ 外，其余都能按一定的结合规则带前置辅音组成复辅音声母。

3. 前置辅音共有 6 个：p、w（变体 ɸ）、r（变体 ʂ）、h（变体 ɣ）、m（变体 m̥）、n（变体 n̥），与基本辅音的结合规则一般都是清前置辅音与清基本辅音结合，浊前置辅音与浊基本辅音结合，清浊对立分明。

4. p 能与 t、k、ts、tʂ、tɕ、cç 结合组成复辅音声母。

5. w 能与 d、g、dz、dʐ、dʑ、ɟj、n、ŋ、l、r、z、ʑ 结合组成复辅音声母，与清音结合时，实际读成 ɸ，本文将其归并成 w。

6. 鼻音 m 能与 d、g、dz、dʐ、dʑ、ɟj、n、ȵ、ŋ 结合组成复辅音声母，送气音 th、kh、tsh、tʂh、tɕh、cçh 前面的 m 都清化。

7. 鼻音 n 能与 b、d、g、dz、dʐ、dʑ、ɟj 及送气音 ph、th、kh、tsh、tʂh、tɕh、cçh 结合成复辅音声母，n 的实际读音受基本辅音影响读成同部位的鼻音，送气音前的 n 都清化。

8. r 能与 d、g、dz、dʐ、dʑ、ɟj、w 及相对的清音 t、k、ts、tʂ、tɕ、cç、ɸ，鼻音 m、n、ȵ、ŋ 结合成复辅音声母，与清音结合时实际读成 ʂ，本文将其归并成 r；与鼻音结合时，使鼻音清化。

9. h 能与 t、ts、tʂ、tɕ、cç 及相对的浊音、鼻音 m、n、ȵ，边音 l，半元音 j 结合组合复辅音声母，与浊音结合时实际读成 ɣ，本文将其归并成 h 。

10. 半元音 w 出现在基本辅音 ŋ、h 之后，构成圆唇的 ŋw、hw，前者只在后缀中出现。

韵母 共有 33 个韵母，其中单元音韵母 8 个，除 i 、ɑ 、ɔ、u 外其余 e 、a 、o 、ə 4 个都可以跟不同的辅音韵尾结合，构成 25 个复合韵母，没有复元音。

单元音韵母：前元音 3 个，即 i 、e 、a ；后元音 4 个，即 ɑ 、ɔ、o 、u ；央元音 ə。

与藏文的对应关系及例词：

i < *il、*el、*ul、*is、*es、*as、*us、*evu

mthi *mthil 底 thi *thel 图章

ji*yul 家乡 rtsi *rtsis 算，遵守（命）

wdʑi *brjes 交换（过） ri *ras 布

ŋi*ngus 哭（过） wi *bevu 牛犊

e < *e tɕhe *che 大 ȵe*nye 近

a < *a、*av rcça *skra 头发 ndʑa *vjav 虹

ɑ < *al wɑ*bal 羊毛 ndʑɑ*vjal 偿还

ɔ < *u–ba、*o–ba tɔ *du–ba 烟 hlɔ *glo–ba 肺

o < *o ȵo*nyo 买（现） zo *zo 吃（命）

u < *ol、*os ȵu*nyol 睡（命） rtu *ltos 看（命）

ə < *i、*u ndə *vdi 这个 ŋə*ngu 哭泣（现）

带辅音韵尾的韵母

ep < *eb、*ebs rtep *lteb 折叠（现）

hep *phebs 去，来（敬）

et < *ed met *med 没有 khet *khed 谜语

em < *em、*ems tem *dem 水壶 shem *sems 心

en < *en nthen *vthen 抽，拉（动）

hen *vphen 投，掷（现）

er < *er　　cçher *khyer　捎，寄（过）

hter *gter　矿藏

ap < *ab、*abs　　rɟjap *rgyab　后背　thap *thabs　方法

at < *ad　　tɕhat *chad　断（动）

nat–pa *nad–pa　病人

ak < *ag、*ags　　cçhak *khrag　血　nak *nags　森林

am < *am、*ams　　lam *lam　路

ncçham *vkhyams　游荡（过）

an < *an　　ȵan*nyan　听（现，过）

rtan *stan　褥子

aŋ < *ang、*angs、*ing、*eng、*engs

raŋ *rang　自己　khaŋ *khangs　雪

raŋ *ring　长　ʐaŋ*zheng　宽度

thaŋ*thengs　次，趟

ar < *ar　　tar *dar　冰　mar*mar　酥油

op < *ob、*obs　　jop *yob　马蹬　lop *lobs　学会（动）

ot < *od　　jot *yod　有　rtot*stod　上方

ok < *og、*ogs　　ʂok*srog　生命　ntshok *vtshogs　集合（过）

om < *om、*oms　　tom*dom　熊　ndzom *vdzoms　齐全（现）

on < *on　　hjon *g•yon　左 thon*thon　读（命）

oŋ < *ong、*ongs、*ung、*ungs

shoŋ *song　走，去（命）

loŋ*longs　起来（命）

ȵoŋ*nyung　少　khoŋ *khungs　来源

or < *or　　hjor*g•yor　借（命）

rcçor*skyor　搀扶（现）

əp < *ib、*ibs、*ub、*ubs

hçəp *gshib- 比（现）

nthəp *vthibs 笼罩（过）

thəp*thub 能 htəp *gtubs 切（过）

ət < *id、*ud mn̥ət *mid 咽 lət*ɬud 肥料

ək < *ig、*igs、*ug、*ugs

htçək *gcig-thək *thigs 水滴

tək*dug 毒 thək*thugs 心（敬）

əm < *im、*ims、*um、*ums

ʐ̥əm*zhim 香的

tʂhəm *khrims 法律

rnəm*snum 油

nkhəm*vkhums 蜷缩（过）

ən < *in、*un jən *yin 是 wdən *bdun 七

ər < *ir、*ur ptsər *btsir 挤出（过）

nkhər *vkhur 背，挑（现）

韵母说明

1. 8 个单元音中， i 、ɑ 、ɔ、u 不能与任何辅音韵尾结合， e 、a 、 o 、ə 可以与一定的辅音韵尾结合构成复合韵母。

2. e 的实际读音近似 I，开口度较小，舌位略高并靠前。

3. a 的实际读音近似 æ，开口度较小，舌位略高并靠前。

4. ɔ 和 o 区别意义，但读音差别不大。例如：*sgro >rɟjo “羽毛，翎”，*sgro-ba>rɟjɔ “牛皮袋子”，又如 *do>to “两（量词）”，*du-ba>tɔ “烟”。

5. 舌尖辅音后的央元音 ə，实际读音近似舌尖元音 ɿ、ʅ。例如：rʅ “山”，tʂhʅ “万”，tsɿ-ʁə “老鼠”。

6. 不同的辅音韵尾影响前面的元音。韵尾 k 前面的 ə，实际读成 ɯ。韵尾 k 、ŋ 之前的 a 实际读成 ɑ，这是受了舌根音的影响，使 a 后移，如 rcçɑk“害怕”，rcçɑŋ“肿”（动）。本文分别归并成 ək、ak、aŋ。

7. 韵尾 p 、m 、 r 之前的 a 实际读成 æ，韵尾 t 、 n 之前的 a 实际读成 ɛ，本文都归并成 a 。

8. 双音节词第二音节的韵母 ap、at、am、an、ar 在语流中，元音 a 常弱化为 ə，如 *dus–rabs>ti–rəp“时代”，*khang–klad>khaŋ–hlət“房顶”，*rmi–lam>hn̥ə ləm“梦”，*gcan–gzan>htçan–zən“猛兽”，*dmag–dar>hmak–tər“军旗”。

9. 塞音 p、t、k 特别是与 a 、 e 、 o 结合作韵尾时，常带有轻微的清送气除阻现象。如 *bod>woth“藏人”，*khab>khaph“针”、*g•yag>hjakh“牦牛”，*med>meth“没有”。

声韵母的演变情况

语音的结构有很强的系统性，在历史发展的长河中，随着时间和空间的不同会发生变迁。藏文作为一种结构严密的拼音文字，它的拼写法较好地反映文字创制时期的语音面貌而不像汉语，记录汉语的不是拼音文字，方块汉字反映不出语音的实际情况及先后顺序。所以，研究藏语语音的历史演变自有它的有利条件。从藏文上看，古单辅音声母 30 个，复辅音声母 190 个。现今安多方言一般单复辅音声母在 40 个上下，但像甘肃天祝藏话不到 30 个。韵母通常在 30 个左右。其中牧区话的复辅音声母大多在 80 个以上。下面将久治话的音位系统与文字进行比照，以探讨语音演变的一些特点和脉络。

单辅音方面，古清音 *k、*kh、*c、*ch、*t、*th、*p、*ph、*ts、*tsh 现仍读清音，鼻音 *m、*n、*ny、*ng 及 *r、*l、*y 一般

也没有变化。*sh、*s 现在读成 xh、sh。其中 *p 出现频率很低。借梵词中如 *po–ta–la 布达拉（宫），也有将固有词及借梵词读成同部位的 w 。如 * pad–ma>wat–ma“莲花”（借词），固有词如 * pus–mo>wi–mo“ 膝盖”。 *ph 出现频率也不高，现大多读 h ，可能经历这样的演变过程：ph>ph>h。如 *pham>ham “失败”，*pha–yul>ha–ji “家乡”。 * w 现读成 ʁ/ɣ，如 *wa–mo>ʁa–mo “狐狸”。

古全浊音 *g、*j、*d、*b、*dz 清化现象明显，特别在单独作声母时都读成同部位的清音，习惯上读低调，只有在复辅音声母中还保留浊音的特点，其前置辅音也读浊音。浊擦音 *z、*zh 现仍是浊音，并能单独作声母，如 * za>za “吃（现）”，*zho>ʑo “酸奶”。这是安多牧区话包括久治话在内保留古浊音的共同特点，农区及半农半牧区话已清化成 s 和 ɕ，只在复辅音的基本辅音中读浊音。

古藏语里有大量的复辅音，包括二合、三合、四合多种形式，数量多，结构复杂，时至今日各地的发展速度不同，但都存在简化的总趋势。

古前置辅音有 8 个（指藏文的前加字、上加字）：*g、*d、*b、*m、*v、*r、*l、*s。现久治话没有一个前置辅音完全消失，但有合并现象，如 *g、*d 大多在清基本辅音前合并成 h，浊基本辅音前分化为 ɣ，少量词语也有读成 r。*r、*l、*s 在清基本辅音前合并成 ʂ，浊基本辅音前分化为 r。*m 基本未变，能跟全浊音和其他鼻音 n、ȵ、ŋ 结合，同送气音结合时读成 m̥。前置辅音 m 在安多方言的农区和半农半牧区话中是没有的。

古前置辅音 *v 变异成 n，但往往受到基本辅音的影响，它的实际读音与基本辅音的发音部位相同，如 * vdra>ɳɖʐa “相同”，* vjog>ȵdʑok “放置”（现）。另有一部分 *v 因受到双唇基本辅音的影响而读成 m，如 * vbu>mbə “虫”，*vphur>mphər “飞”

（动），* vphyur>mtɕhər “溢出”（动），*vbyar>mdʑar “粘住”（动），*vphreng–ba>mtʂhaŋ–ŋa “念珠”，*vbrog–sa>mdʐok–sha “牧区”。与送气基本辅音结合时 n 读成清化。

古前置辅音 *b 产生了多种变异，但总的看来仍保留它双唇音的痕迹，与藏文对照有严整的对应关系。一是在清基本辅音前读 p，如 *btags>ptak “系，拴”（过），*bkog>pkok “取出，拔掉”（过）。二是在双前置辅音时的 *b，清基本辅音前读 ɸ，浊基本辅音前读 w，如 *bltas>ɸti “看”（过），*bsdad>wdat “住，待着（过）”。这一类情况都是三合辅音作声母，即 *brt、*brd、*blt、*bld 等，从中可以看到第二个前置辅音 *r、*l 及 *s 已消失，带前置辅音 w 的这一类复辅音在安多方言农区话及半农半牧区话中是没有的。

从藏文上看，动词三时的过去时带有 *b– 的不少，现今久治话等地的牧区话很多动词过去时有前置辅音 w–，而在其他土语群中是见不到的。可见语音演变中的有些现象会深入到语法层面，与语法结构也有紧密联系。

综上所述，古 8 个前置辅音已减少成 6 个。一个音位由于所处的结构位置不同，所受相邻音的影响不同等原因都可以引起不同的变化，即是不同的条件造成了同一个音位变化的不平衡性。

双字母 *lh，现大多读 ɬ，也有少量词读 l，如 *lhan–pa>lan–mba “补”。

另一双字母 *sl，多数词读成 rts，如 *slob>rtsop “教、学”（现），*bslabs>rtsap “教、学”（过），*slog–pa>rtsok–kwa “皮袄”。懂藏文的人常将 *sl 读成 ɬ，如前面两词：ɬop “教、学”（现）、ɬap（过）。与 *sl 相对的 *zl 大多读 rdz。如 *zla>rdza “月亮，月份”，* zlog>rdzok “使回”（现），仍具有舌尖音的特点，保持原来的清浊两系列的格局。

古清擦音 *sh、*s 读成 xh、sh，这一种变异， 在安多方言里具有普遍性。

古后置辅音有 4 个：*y、*r、*l、*w，能分别与一定的基本辅音结合，由于长期的历史演变已产生了多种形式，我们从空间和时间上来进一步考察，有很多值得探索的问题。*y 能与舌根音 *k、*kh、*g 和双唇音 *p、*ph、*b、*m 结合，与舌根音结合后，发音部位前移，读成舌面中塞擦音 cç、cçh 能单独作声母；与双唇音结合后读成舌面前塞擦音，分别为 tɕ、wɕ、mȵ，发音部位后移，除 *py 外都能单独作声母。可以看出 tɕ、wɕ、mȵ 保留着原来双唇音的痕迹。总的来讲都是受 *-y 的影响产生了腭化。*m 与 *y 结合后成为复辅音 mȵ。如 *myong>mȵoŋ“尝试，经历”（现），*myangs>mȵaŋ“尝试，经历”（过）。

后置辅音 *r 能与舌根音 *k、*kh、*g 及舌尖音 *t、*d 结合，现合并成单辅音，都读成舌尖后的塞擦音。*p、*ph、*b、*m 与 *-r 结合，也成为舌尖后塞擦音，但保留着原来双唇音的痕迹，读 ptʂ、wtʂh、ptʂ、mr，*pr、*mr 出现的频率很低。*br、*phr 如 *bris>ptʂi“写（过）”，*phrag-pa>wtʂhak-kwa“肩膀”。

后置辅音 *l 能与不同的基本辅音结合成 *kl、*gl、*bl、*zl、*rl、*sl 6 个形式，已产生了多种演变，都构成复辅音，并且读音以 *l 为主，基本辅音却成了前置音。分别来讲，*kl 、*gl 、*rl 合并成 hl，*bl 读成 wl，保留双唇音 *b 的痕迹。*zl、*sl 的读音已如前述，这里不再重复。

后置辅音 *w 出现频率不高，有一种情况是出现在固有词中，带 *w 的少量词现久治话读成 -ɑ，如 *twa-phrug>tɑ-le“孤儿”，*shwa-ba>xhɑ“鹿”。在安多方言的个别地区少量词中后置辅音 *w 也有圆唇化的现象，如天峻藏话 *grwa-log>tʂwa-lok“还俗僧人”，* grwa-tshang>tʂwa-tshaŋ“僧院”；天祝藏话 *dwa-phrug>tɔp-tʂh θ k“孤儿”，*rwa>rɔ“院落”，*shwa>xhɔ“鹿”，*phrug-lwa>mtʂh θ k-lɔ“氆氇衫”。然而，现今绝大多数地区 *w 只具有区别词形和词义的作用。

另一种情况，*w 在藏文的一些历史文献里出现在借汉词中，表示圆唇音。如建于公元 823 年著名的长庆会盟碑，南面一左面藏汉两体对照，唐廷参与会盟官员杜元颖，藏文音译“dvo-vgwan-yweng”，光禄大夫的“光禄”在 20 行、26 行、30 行、37 行多次出现，藏文音译 kwang-log，又如郭鏦、刘元鼎，藏文分别音译 kwag-tsung、livu-vgwan-teng（见 39 行、41 行）。该碑文背面一东面 1—2 行的“孝德皇帝”，藏文音译 heve-tig-hwang-te。

又如藏族高僧琐南札巴（བསོད་ནམས་གྲགས་པ，1359—1408）和扎巴坚参（གྲགས་པ་རྒྱལ་མཚན，1374—1440）都曾被明皇朝封为“灌顶国师”，前者是在明洪武帝时期，后者是在 1388 年，并封为阐化王。藏文将“灌顶国师”音译作 kwa-din-gu-shrvi。在其他一些史籍中也有将“土官”译作 thuvu-kwan，将元（朝）译作 ywon，（清）道光、光绪分别译作 tovu-bkwang、bkwang-bswo。近期更多见到将“中华”译作 krung-hwa。从以上这些汉文专名的藏文音译，可以认为这一双唇后置辅音 *w 确有表示圆唇的作用。

古藏语的韵母系统有 5 个单元音，50 个带辅音韵母，35 个带复辅音韵母，总计约有 90 个韵母。现今安多方言牧区话、半农半牧区话一般 30 个多一点，农区话由于辅音韵尾消失较多，所以韵母总数仅有 20 个上下。现今久治话有 8 个单元音，25 个带辅音韵母，总计 35 个韵母，仅有古藏语 1/3 略多。主要原因是两个复辅音韵尾和少量单辅音韵尾的消失以及元音的合并、调整，使韵母总数减少很多。至于新产生的两个元音 ɑ 和 ɔ 是辅音韵尾脱落后的一种补偿和音节的减缩形成的。

单元音 *a、*e、*o 大多数情况下没有变化，保留原来的读音，但在一定的条件下，譬如，辅音韵尾的脱落或不同的韵尾会变异另一些韵母。如 *es、*el、*ol、*eng、*eg 等，详见前面的韵母举例。

古藏语的 *i 和 *u 大多数情况下央化成 ə，能单独或与辅音韵尾 p 、 t 、 k 、 m 、 n 、 r 结合做复合韵母，出现频率还相当高，这是安多方言大部分地区的共同特点。

应该指出的是久治话的 i 、 u 并不是原来的 *i、* u ，它俩的来源是多方面的。 i 来源于 *il、*el、*ul、*is、*es、*us，还包括 *evu。 u 来源于 *ol、*os，也包括 *ovu，由于 *-l、*-s 的脱落而产生合流。这两个辅音尾都是舌尖音，使前面的元音在不同方言中大多读成前高元音 i、e、ɛ。从各地的方言来看 *s 的脱落或许时间更早一些，现国内藏语方言中几乎看不到 *-s 的原来读音。

新元音 ɑ 的产生，成因是多方面旳。一是 *al 脱落了韵尾 l，如 *mtshal>mtshɑ“朱砂”，*vdral>ndʐ̥ɑ“裁，撕烂”（动）；二是带后置辅音 *w，如 *lwa>lɑ“衣服”，*shwa-ba>xhɑ“鹿”；三是词根和后缀的减缩，如 ka-ba>kɑ“柱子”，*tsha-ba>tshɑ“热”。其中以第一种情况比较常见。可以认为带后缀的双音节词演变为单音节也是语音的简化。

另一新元音 ɔ 的产生，常见的是词根多为开音节，又带后缀 *ba 减缩而来旳，词根韵母大多为 *u 或 *o，少有 *i，未见 *e、*a，如 *du-ba>tɔ“烟”，tho-ba>thɔ“锤子”，*lci-ba>rtɕɔ“湿牛粪”。

韵母系统中另一演变情况，是少量辅音韵尾的脱落，主要是 *-l、*-s，引起了韵母系统的变动，影响到主要元音的音质和韵母的数量。如上文所述 *s 的消失，但仍保留它的书写形式。韵尾 *m、*n、*ng、*r 未有变化，塞音韵尾 *b、*d、*g 呈现清化，并有轻微送气的除阻现象，与我们以前曾调查过的阿坝等地牧区话类同。

韵尾 *l 大多在韵母 *al 的情况下脱落，产生了新元音 ɑ，例见前文。另有一部分词 *–l 并入韵尾 *r。如 *shel>xher “玻璃”，*vphel>mpher “增加”，*rgyal–khab>rɟjar–khap “国家”。此外有少量词 *l 脱落后成为后一音节的声母。如 *skal–ba>rkɑ–lɑ “份儿”，*sol–ba>sho–la “木炭”。

前面通过历时的比较对照，分别列出了声韵母的一些演变情况，几乎在每一相关位置中的音变都有一定的语音条件，只要条件相同，通常都以同样的方式演变，已经成为一种带有普遍性的规律。当然，其中也会有因时空不同，在发展特点，方向和速度上有差异。

常见到藏语一个词后缀的声母受到前面词根韵尾的影响产生同化。久治话存在不少这样的现象，与安多方言其他土语相同的这里不再赘言。比较特殊而又值得注意的是词根辅音韵尾为 *s，后缀为 *pa，*s 与 *p 合并读 ʂɸ（本文已归并为 rɸ），例如 *bris–pa>ptʂi–rɸa “书法家”，*mkhas–pa>mkhwi–rɸa “智者”，*dbus–pa>ʁə–rɸa “后藏人” *mkhris–pa>mtʂhi–rɸa “胆囊”，*skyes–pa>rcçi–rɸa “男人，丈夫”。正如前面讲到韵尾 *–s 在其他方言区包括安多话大部分地区已脱落得很彻底，但久治话却保留着它舌尖音的痕迹。这种同化不可能是一朝一夕的事，看来 *–s 早期是发音的，只是在后来才趋于消失。

现代语言的语音状态与文字拼写法所反映的语音常有分歧，这充分反映了语音的变迁。语言的发展有分化有汇合，有时空变异，我们可以通过语音对应规律去探索语言演变的轨迹。

余 论

前面我们概述了安多方言久治话的音位系统，并与藏文的拼写法进行了初步比较，同时也指出了与其他方言的一些异同。久治话既有安多方言牧区话的共同特点，也有自身的差异。差异是语言研究的客观基础，无论是描写研究或历史研究都是如此。从语音系统的差异来考察与文字和方言的对应关系，在此基础上探索语言演变的线索和规律研究藏语的发展，这是一种重要的方法论原则。我们可以从两方面来着手，一方面是依据藏文的拼写法及利用历史上遗留下来的丰富的文献资料，如8—9世纪吐蕃时期的碑文铭刻，11—12世纪以后大量正字学著作及历代辞书中有价值的记载，以古证今，找出各种历史音变的内在联系，推断演变产生的差异在时间上的不同阶段，从而理出语音发展的脉络，这是一种历史的纵向比较。另一方面，在当今实际的方言之间存在着这样那样的差异，这是历史长河中留在语言里的痕迹。纷繁复杂的方言是有形的，我们可以用各种手段进行调查并记录下来，作为观察已经消逝的时间的窗口，挖掘隐藏在语言中的变异，处理好方言各层面的活材料加以比较，考察共时的各方言音系内的分歧，这是一种共时的横向比较。时间、空间上的差异是客观存在的，其中呈现出很有规律的对应。这种对应关系是历史比较法的基础，通过对应关系分清音变的条件，去求索语言发展的规律，把方言的空间差异与历史文献中的时代差异因素联系起来作比较，能找出时间发展的线索。这两者都是研究藏语史得天独厚的资源，能给我们提供不少佐证，是研究藏语史一条有效途径。

语言表现在时空上的这种差异是由语言发展不平衡规律造成的。由于内外诸多因素，不同地区有各自的发展方向、演变规律，不同的历史时期发展速度有快有慢，语言系统内部各个要素发展也不平衡。通过与文字及方言两方面比较，可以发现有些方言如牧区话较接近藏文的拼读结构，复辅音声母繁多，动词时式变化三式的也多，同音词相对少于农区话和半农半牧区话等等，说明它们发展慢演变少，而有些方言相反，说明发展快演变多，这就证明不同方言发展的不平衡，有自己的特点和规律。方言间的差异正好反映语言发展的序列，代表不同阶段的语言状态。将这些时间空间的差异进行梳理比较就会呈现出有规律的对应，这在藏语言史研究中有非常重要的价值。

藏语的方言自古而然，从11—12世纪开始，很多藏族著名语文学者撰写了大量正字学著作，对藏语言文字的使用起到了规范作用，成为词语教学的范本，具有辞书的功能。

当时一些学者已经注意到语言的地域差异。如款·琐南则摩（འཁོན་བསོད་ནམས་རྩེ་མོ，1142—1182年）所著《文字读法启蒙》和萨班·贡嘎坚赞（1182—1251年）所著《“启蒙”释文—利蒙》《正字拼读宝海》等正字法著作。书中指出卫（dbus，指前藏）和藏（gtsang，指后藏）两地对藏文字形、词义有异，读音不同或近似的词不能准确拼读，卫地人对有些前加字（前置辅音）几乎不读出来，混同于单根基字（单辅音声母），有些后加字（辅音韵尾）也不读出来，与藏文创制初期的文字读音不相吻合，产生了两地语音与文字的分歧。书的作者把这类语音演变形成的差别认为是正误之别。所以，他们强调应按正字法拼读和书写，正确掌握字形和词义。学者们主要着眼于文字的书写形式，当然这完全是应该的。但没有看到造成拼读有异的内在原因在于语音演变的结果，正是时间的因素造成这种空间的差异。历史上这些语言文字学著作对藏语言研究启示是很多的。

藏语的方言异常丰富，多彩多姿。20世纪50年代以前就有一些学者曾深入当地藏区搜集资料调查藏语。20 世纪 50 年代以后更是有组织地进行大规模的调查以及后来的陆续补充，积累了大量可贵资料，过去不了解的现象多有发现，大致摸清了国内藏语方言的基本特点和分布情况，在一些主要问题上取得了共识，发表了引人注目的可喜成果，学术界对研究藏语方言的意义和价值也更加重视。然而应该说还有很多边远偏僻地区和人口很少的地方还未搜集到足够的语料，有必要继续往纵深方面继续深入藏语言调查。这不仅是研究藏语史的需要，也是藏语语音史研究的始发点，是深入探讨汉藏语、藏缅语等亲属语言所不可缺失的重要方面。

参考文献：

1. 徐通锵．历史语言学［M］．北京：商务印书馆，1996.

2. 格桑居冕，格桑央京．藏语方言概论［M］．北京：民族出版社，2002.

3. 瞿霭堂，劲松．汉藏语言研究的理论和方法［M］．北京：中国藏学出版社，2000.

（原载于《中国藏学》2015 年第 2 期 总第 118 期，与多杰东智、南卡多杰合作）

二、藏语词汇与辞书研究

安多藏语（夏河话）中的同音词

各种语言里，都有一些发音相同而意义完全不同的词，这就是我们通常所称的同音词。在书面语里，还可分为同形同音词和异形同音词，前者指书写形式相同而在词义上毫无联系的词，后者则是指在书写形式上全然相异，而语音形式却相同的词。本文试图以藏语安多方言夏河话中多词同音的现象，联系其他地区的藏语来研究该地语言中形成同音词的各种原因。所引用的例词，以现今在口语及书面语两方面均使用的词为依据；并且以单音节词为主，因为复音节的同音词数量上很少。由于词义分化而产生的同音词，本文暂不作讨论。

具体分析起来，夏河话中同音词的产生主要有以下几个原因：

一、语音历史演变的结果，这是同音词产生的主要原因。有些词文字的写法不同，显然在古代是不同音的，而现在有的词在夏河话变成了同音。这是由于下面几种语音演变而产生的。

1. 由于声母演变的结果。

1.1. 古辅音声母分清浊，后来浊音逐渐清化，以致产生了一些同音词。如 *ko（ཀོ 皮革）、*go。（གོ 听见），原来声母不同，一读清音，一读浊音，现在拉萨话分别读 ko 和 k‘o。将原清声母读成高平调，浊声母变成送气低声调，而夏河话两词同音，都读作 ko。又如：

藏文	汉义		读音
*tog	顶子	>	tok
*dog	狭窄		

1.2. 古复辅音声母中，由于前置辅音 *b 脱落所产生的同音词。如 *brgja（བརྒྱ 百）、*rgja（རྒྱ 汉人），本来复辅音结构不同，一是四合的，一是三合的。现今玛曲话①中仍然有区别，前者读 wdʑa，后者读 hdʑa，但夏河话里由于复辅音的简化，*b- 已经脱落，声母就变得相同，这两个词都说成 hdʑa，例如：

藏文	汉义		读音
*bkav	命令	>	ka
*ka	柱子		
*brgyab	打、关（过去时）	>	hdʑap
*rgyab	背		
*brgyug	跑（未来时）	>	hdʑək
*rgyug	跑（现在时）		
*bsreg	烧（未来时）	>	ʂak
*sreg	烧（现在时）		
*brtsi	算（未来时）	>	htsə
*rtsi	算（现在时）		
*brdzi	拌、揉（未来时）	>	hdzə
*rdzi	拌、揉（现在时）		

①玛曲话是安多方言中牧区通行的话，根据现有材料来看，保留的古音比较多，复辅音声母复杂，数目近七十个。下文的青海达日话、刚察话也是安多方言中牧区通行的话，青海同仁话则是半农半牧区通行的话。

1.3. 古前置辅音 *m 或 *v，在送气音及鼻音的基本辅音前脱落，形成了同音。如 *mtsho（མཚོ 湖、海）、*vtsho（འཚོ 放牧），本来前置辅音不同。现玛曲话中，一读 mts‘o，一读 n̥ts‘o，但夏河话都说成 ts‘o。例如：

藏文	汉义		读音
*mtshe	双生子	>	tshe
*tshe	生命		
*mthud	连接	>	thət
*thud	酪糕		
*mtho	高	>	tho
*tho	锤子		
*vtchav	啃、咬	>	tɕha
*tɕha	双、对		
*vtshig	烧焦	>	tshək
*tshig	词句		
*mnye	揉皮子（未来时）	>	ȵe
*nye	近		

1.4. 古前置辅音 *m 和 *v，在浊的基本辅音前合并成鼻音 n-。如 *mdjal（མཇལ 拜渴）、*vjal（འཇལ 偿付），在玛曲话中，一读 mdʑa，一读 ndʑa。夏河话里，由于 *m、*v 合并，这两个词都说成 ndʑa。例如：

藏文	汉义		读音
*mdaŋ	昨晚	>	ndaŋ
*vdaŋ	够		

1.5. 古前置辅音 *r、*1、*s(藏文的上加字)的合并，演变为前置辅音 h-。在早期，这些前置辅音的读音显然各不相同。如 *rnga

（rnga 鼓）、*lnga（ལྔ 五）、*snga（སྔ 早），现青海刚察话分别说成 rŋa、ɣŋa、hŋa；夏河话里，这三个词都说成 hŋa。

藏文	汉义		读音
*rta	马	>	hta
*lta	看		
*ldud	饮（牛、马），倒（茶）	>	hdət
*sdud	集合		
*ldug	灌、注入	>	hdək
*sdug	痛苦		
*ltong	箭尾上的缺口	>	htoŋ
*stong	千		
*snying	心脏	>	hȵaŋ
*rnying	旧		

1.6. 古复辅音声母中，有一类前置辅音 *b、*d、*g(藏文五个前加字中的三个)，同另一类前置辅音 *r、*l、*s 合并，演变成 h–所产生的同音词。如 *dgo（དགོ 黄羊）、*sgo（སྒོ 门），在青海刚察话中读音仍有区别，一读 ɣgo，一读 rgo。在夏河话里，由于这些前置辅音均合并成 h，所以这两个词成为同音词，都说成 h g o。例如：

藏文	汉义		读音
*dngul chu	水银	>	hŋu tɕhə
*rngul chu	汗水		
*dkav	难、贵	>	hka
*rka	沟、渠		
*gnyid	睡着	>	hȵət
*rnyid	枯萎		

*gdung	遗骸	>	hdoŋ
*rdung	打、捣		
*dmav	低	>	hma
*rma	疮		

1.7. 古声母中后置辅音 *w 的脱落所产生的同音词。这一类在安多方言区内几乎是普遍现象。如：

藏文	汉义		读音
*lwa	衣服	>	la
*la	山坡		
*rtswa	草	>	htsa
*rtsa	脉		
*rwa	角	>	ʐa
*ra	山羊		
*tshwa	盐	>	tsha
*tsha	刺痛		

1.8. 声母系统内各种语音演变交错在一起产生的同音词。

1.8.1. 既有前置辅音的脱落，又有浊音清化。如 *btog（བཏོག 采、摘）、*dog（དོག 狭窄），在今玛曲话、达日话中分别读成 ptok 和 tok，但夏河话都说成 tok。例如：

藏文	汉义		读音
*bkar	分开	>	kaʐ
*gar	舞蹈		
*bkyags	抬起（过去时）	>	tɕak
*grags	鸣、响		

1.8.2. 古复辅音声母中，有几个基本辅音可以带后置辅音 *r（藏文的下加字），现今安多方言都变作舌尖后的塞擦音或擦音。本

来基本辅音各不相同，语音形式显然也有差异。如 *bro（བྲོ 味道）、*dro（དྲོ 温暖），现玛曲话分别读成 ptʂo 和 tʂo，但夏河话都说成 tʂo。例如：

藏文	汉义		读音
*brel	忙碌	>	tʂi
*drel	骡子		
*vdri	问	>	ndʐə
*vbri	写、画		
*vdrog	惊骇	>	ndʐok
*vbrog	牧区		
*vgrel ba	注解	>	ndʐel wa
*vbrel ba	联系		

1.8.3. 古声母 *ky、*khy、*gy 和部分 *kr、*khr、*gr①合并于 *tc、*tch、*j 而产生的同音词。如 *khyu（群）、*tɕhu（水、河），本来声母的结构不同，一是基本辅音又带后置辅音 *y，一是单个的基本辅音作声母。在今青海同仁、刚察等地的藏语中，这两类声母各不相同，前一词读作 cçhə，后一词读 tɕhə。也就是说，古声母 *ky、*khy、*gy 及部分 *kr、*khr、*gr，在上述这些地区由原来的两个音素做声母演变为一个音素，即舌面后塞擦音，与古声母 *c、*tch、*j（现读成舌面中塞擦音）读音有别。但夏河话里，前一类的发音部位已前移，从而就跟 *c、*ch、*j 同音。例如：

①现行书面语带后置辅音 *r 的一些字，如 *kr、*khr、*gr，在古藏语中有一部分是带后置辅音 *y 的，现安多地区口语仍有读作舌面音的。如：*khrag → tɕhak“血”，*khral → tɕha“税”，“头发”，“刀子”，“洗”，“花的”，“人参果”，等等。据推测，很可能是进行藏文第二次厘定时，按卫藏地区的读音统一成现在的书面形式。

藏文	汉义		读音
*gjaŋ	墙	>	tɕaŋ
*caŋ	任何、什么		
*khrag	血	>	tɕhak
*chag	破碎		
*gra	针毛	>	tɕa
*dja	茶		

2. 由于韵母方面的演变而产生的同音词。

2.1. 古元音 *i、*u 在安多方言很多地区都有央元音化现象，往往合并成 ə。但是，在别的方言或安多方言的部分地区仍然是不同的。试比较下面例词：

藏文	汉义	夏河	达日	拉萨
*gzigs	看	hzək	hzək	siˀ
*gzugs	身体	hzək	hzɵk	suˀ
*thig	线条	thək	thək	thiˀ
*thug	遇见	thək	thɵk	thuˀ
*gzhi	基础	hʑə	hʑə	ɕi
*gzh	弓	hʑə	hʑə	ɕu
*g·yi	猞猁	hjə	hjə	ji˥
*g·yu	松耳石	hjə	hjə	ju˥

2.2. 古韵母 *eg 合并入 *ag，如 *btegs（བཏེགས “举起”过去时）、（བཏགས 系、缚、“起名”过去时），拉萨话分别说成和，夏河话都说成。这两个韵母在安多方言区内现在多数已不分，拉萨话中有些字也没有区别。下面再举一些夏河话的例词：

藏文	汉义		读音
*reg	抚摩	>	ʐak
*rag	黄铜		
*tshegs	劳苦	>	tshak
*tshags	筛子		

2.3. 古韵母合并入。如（རིང 长）、（རང 自己），拉萨话分别说成 riŋ 和 rã，夏河话都说成 ʐaŋ。拉萨话中至今还保留 *ing 韵母，但韵尾 *ng 接近于消失，而使前面的元音鼻化，其中也有将 *eng 韵母读成 ĩ 或 iŋ 的情况。夏河话里没有 iŋ、eŋ 韵母，古 *ing、*eng 均读成 aŋ。例如：

藏文	汉义		读音
*vbring ba	中等	>	ndʐaŋ ŋwa
*vbreng ba	皮绳		
*ẓhing kha	田地	>	ɕaŋ kha
*zheng kha	口面、宽度		

2.4. 古韵母*ung合并于*ong。如*khung（ཁུང 孔、穴）、*khong（ཁོང "他" 敬称），拉萨话分别说成 khuŋ˥ 和 khoŋ˥，夏河话均读 knoŋ。*ung 和 *oŋ 在拉萨话里有区别，现安多方言没有 uŋ 韵母，古 *ung 都读成 oŋ。例如：

藏文	汉义		读音
*dung	海螺	>	toŋ
*dong	洞穴		
*gdung	遗骸	>	hdoŋ
*gdong	面部、痛苦		

2.5. 古韵母 *is、*us、*es、*os 合并成单元音 i 做韵母。如 *vdris（འདྲིས 熟悉）、*vdres（འདྲེས 渗合），拉萨话分别说成 ʈʂiˀ 和

tʂeˀ，在玛曲、达日话中也有区别，夏河话里则属同音，均读作 ndʐi。下面试比较：

藏文	汉义	夏河	达日	玛曲
*dris	问（过去时）	tʂi	tʂi	tʂi
*dros	发热	tʂi	tʂø	tʂø
*bris	写（过去时）	tʂi	ptʂi	ptʂi
*bros	逃（过去时）	tʂi	ptʂø	ptʂø
*bsres	混合（过去时）	ʂi	wʂe	wʂe
*bsros	烤（过去时）	ʂi	wʂø	wʂø
*bzhus	熔化（过去时）	hʑi	wʑø	wʑø
*bzhes	吃、喝（敬称）	hʑi	wʑe	wʑe
*brkus	偷（过去时）	hki	wkø	wkø
*brkos	挖（过去时）	hki	wkø	wkø

2.6. 古韵母 *al，由于韵尾 *l 脱落而产生的同音词。如 *khal（驮子、克）、*kha（口、嘴），拉萨话分别说成 khɛ˥ 和 kha˥，夏河话里均读作 kha。例如：

藏文	汉义		读音
*brgyal	昏倒	>	hdʑa
*brgya	一百		
*nyal	睡	>	ȵa
*nya	鱼		
*yal	消失	>	ja
*ya	奇数、单一		

2.7. 古辅音韵尾 *s 脱落后产生的同音词。如：

藏文	汉义		读音
*thobs	撒种（命令式）	>	thop
*thob	获得		
*rgyags	吃饱	>	hdʑak
*rgjag	打、关上		
*rigs	类别	>	zək
*rig	看见		
*chags	凝结	>	tɕhak
*chag	破碎		

2.8. 韵母系统内各种语音演变交错在一起产生的同音词。

2.8.1. 古韵母 *eg 合并入 *ag，同时复辅音韵尾 *s 脱落。例如：

藏文	汉义		读音
*bregs	割（过去时）	>	tʂak
*brag	石岩		
*tsheg	分字点	>	tshak
*tshags	筛子		

2.8.2. 古韵母 *eŋ 合并入 *aŋ，同时复辅音韵尾 *s 脱落。如：

藏文	汉义		读音
*thengs	次、趟	>	thaŋ
*thang	滩		

3. 声韵母两方面的演变交错在一起产生的同音词。例如：

藏文	汉义		读音
{*vgrig	合适	>	ndʐək
*vbrug	龙		
{*vthib	笼罩	>	thəp
*thub	能		

*dwangs	清、爽快	>	taŋ
*bting	铺（过去时）		
*gting	底	>	htaŋ
*steng	上面		
*btags	系、缚、起名（过去时）	>	tak
*dag	正确		
*mgyogs	快	>	ndʑok
*vgjog	抬起、举起		
*mdog	颜色	>	ndok
*vdogs	系、缚、命名		
*dgav	喜欢	>	hga
*rgal	渡、涉（水）		
*bkyags	抬起（过去时）	>	tɕak
*bcag	折断（过去时）		

4. 音节减缩后造成的同音词。书面语有些名词、形容词常有 པ བ་པོ་བ 等词尾。口语里有些词尾和词根减缩成一个音节，并使原来词根的韵母发生变化；有的词尾丢失，只保留了词根。因而形成了同音词。如：

藏文	汉义		读音
*duba	烟	>	to
*do	二、两（量词）		
*khuba	汁、汤	>	kho
*kho	他		
*rdzibo	牧人	>	hdzə
*rdzi	拌、揉（现在时）		

*broba	味道	>	tʂo
*bro	舞蹈		

二、语音的偶合形成的同音词，即字形相同，但词源不同，或者现在还没有找出它们之间的同源关系，在词义上彼此没有联系的两个词。例如：

藏文	汉义		读音
*gang	一（与量词连用）	>	kaŋ
	哪、什么（代词）		
*skyur	酸（形容词）	>	htɕəʐ
	抛弃、搁置（动词）		
*bcu	十（数词）	>	tɕə
	舀（动词）		
*vbri	写、画（动词）	>	ndʐə
	母牦牛（名词）		
*dom	狗熊（名词）	>	tom
	债（名词）		
*spos	跨步（动词）	>	hwi
	熏香（名词）		

三、有些音译的借词与藏语固有词在语音上一致，形成了同音词。下面举几个汉语借词为例：

藏文	汉义		读音
*btsong	卖	>	tsoŋ
*tsong	葱（借词）		
*la	山坡		
*lwa	衣服	>	la
*la	蜡（借词）		

*zhan	衰弱	>	çan
*zhan	县（借词）		
*thang	滩	>	thaŋ
*thang	药汁、汤药（借词）		
*za	吃	>	sa
*zwa	锁（借词）		

近数十年来，虽然从汉语借入了大量新词，丰富了藏语的词汇，但其中新进入的音译词绝大多数是复音词，所以跟藏语固有词发生同音现象的并不多。

以上我们只是依据藏文的拼写法（一般认为这种拼写形式定型于公元10世纪后），探讨了现代安多藏语（夏河话）中同音词产生的几种原因。从这里反映出了这些词在文字的拼写形式跟口语的实际发音上已有很大差别。安多藏语由两个以上的字母组成的音节，有的字母已不发音，有的两个字母结合起来发一个音，总的趋向是简化。这些不发音的字母在词中出现的频率还相当高，从而产生大量的异形同音词，数目上远比同形同音词要多得多。前面所列举的各类同音词，仅是夏河话里常遇到的一部分。作者以前曾对书面语中（有些在口语中不用）的异形同音词做过搜集排列，几乎近一千组，有的一组中有六七个之多。

藏语里多词同音的现象是大量存在的。这是我们在教学工作中经常碰到的难题之一，应该要求学生在书写时，对异形同音词一定要按规范的词形书写。传统的藏文教授法非常强调正字法的教学，也编写了不少有关正字法的课本，对拼写形式的规范，起过有益的作用，但这对学生来说，是一个不小的负担。

研究词汇中同音词的来源，有助于了解语言发展的内部规律，同时把这类同音现象列为语言规范化的一个重要课题。

（原载于《民族语文》1985 年第 4 期）

藏语辞书述略

藏语辞书，指的是用藏语编写的各类词书，也包括用其他民族语言、外语跟藏语互译的双语和多语词典。藏语辞书的发展源远流长，可渭篇籍浩繁，种类颇多。藏族语言学家根据社会的需要和条件，编写了不少词典、字典和各种专用名词汇集、词藻等，创造了一整套编纂方法，形成了自己的传统。

一、藏语辞书的产生和发展

藏语古代的辞书可以追溯到公元八九世纪译经事业极为兴盛时期。公元8世纪，赞普派到内地取经的人带回了一批汉文佛经，从印度、尼泊尔、克什米尔请来高僧又带来了大量佛经。当时到内地和国外学法取经的高僧、学者回藏后大都成为精通几种语言的译师。为了统一译经中的新词术语，赤德松赞（ཁྲི་ལྡེ་སྲོང་བཙན）曾经在814年颁布了一项法令，命当时在王宫主持译经者汇编译经中出现的词语编成佛经译语集，词目和部分注释系梵藏对照（梵文用藏文转写）。词目内容由两大部分组成，第一部分是有关神佛名号的词语，第二部分是有关佛教教义学说的词语。[①]这就开创了以后多语辞典的先河在此基础上，后来又历经增补、修订，编成了《翻译名义大集》。

---

①参阅罗秉芬、周季文：《藏文翻译史上的重要文献（语合）》，载《中央民族学院学报》，1987年第5期。

这是一部较为大型的分类梵藏对照辞书，除收录佛教专门术语外，也收录了一部分普通语词。约在元代加添蒙文，清代又加添汉文，出现了梵藏蒙汉四种文字的写本。八九世纪时遗留在敦煌千佛洞内的一些对照词语手卷，也属于最早的词汇集。如编号为 S.2736 和 S.1000 这两份，就是用藏文书写的藏汉对照词语手卷，其中的汉语词语全用藏文标音，未注汉字。此两篇去掉残缺不全及重复的词汇，共有不同的对照词语 175 条。[①]其他还有编号为 P.t.33–01 的敦煌本《瑜伽师地论·菩萨地》汉藏对照词汇。这是属于一种专著的词汇集，共有 145 行，多为佛学词语。[②]上述几篇对照词语手卷显然是吐蕃人占据陇右时期（公元 763—851 年）为了学习汉语及翻译佛经而写就的。这些可说是藏语最早的辞书，也是最早的双语对译专用名词汇集。这正好说明了我国历史上各民族文化的交流、翻译工作的开展是促进辞书产生发展的一个重要因素。

促进辞书产生和发展的另一个重要原因是由于语文教学的需要和文字、语言规范化的需要。因为语言、文字是随着社会的发展而发展，不断产生着变化的，语言和文字在使用中会出现一些分歧，或者出现书面语跟口语不一致，或出现方音变异，或出现异形同音词。这就需要对文字进行整理，对语言进行规范。辞书的编写对文字和语言的规范能起到重要的作用。而且由于社会在前进，人们的认识不断深化，思维愈益精密，词汇更趋丰富，人们需要了解和认识的事物也愈加繁复，对辞书的需要就更为迫切。例如 15 世纪编成的藏语古今词汇对照的工具书《丁香帐》，就是作者对藏语词汇在

---

①参阅黄布凡：《敦煌（藏汉对照词语）残卷考辨订误》，载《民族语文》，1984 年第 5 期。

②参阅王尧、陈践：《敦煌本〈瑜伽师地论·菩萨地〉藏汉对照词汇考诠校录》，载《青海民族学院学报》，1986 年第 2 期。

使用中产生的一些混乱现象进行了调查研究后，根据藏文的几次“厘订”编写而成的。还有历史上编写的多种正字法书籍，就是为确定藏文的形体标准和书写规则，根据规范的写法来纠正错别字的。此类正字法书籍，早期曾作为一种识字课本印行于世。

藏语的古代辞书发展到18世纪前后已渐趋成熟，有各种正字法书籍、词藻集、双语或多语对照的辞典问世。它的成熟性主要表现在：（1）辞书的分类比较细致，编排上也注意到便于查检，注重一般人查阅的需要；（2）内容上开始编入了新的知识。早期的辞书主要是用木版印刷或手抄的。

新中国成立，藏语辞书的发展进入了一个崭新的时期。由于西藏解放后政治、经济、文化等各方面的飞速发展，使得藏语词汇发生了显著的变化。有些词和词的旧义消失了，新词和新的词义层出不穷，有些不用的旧词又“复活”了，赋予了新的含义；有些最初只在部分人口中或书面语上出现的政治、经济、科技、哲学的词也逐渐进入了群众的口语；也有些群众口语里的词或方言词扩大了应用范围。为了满足人民群众迫切提高文化的要求，配合学习和工作的需要，编纂出版了各类新型的辞典来记录和解释现代藏语丰富多采的词汇，以作提高全民族文化的一项有效措施和语文教育的有效工具。所以，近数十年来出版的藏语辞书品种之多，数量之大，已超过历史上任何一个时期，而且具有这样一些特点：（1）门类较以前更多，且涉及面广，包括大中小型辞书，综合辞书和专业辞书，现代辞书和古代辞书，书面语辞书和方言辞书，通俗普及的辞书和专门的辞书，自编的辞书和翻译的辞书，等等。开始有了适合更多不同对象的各类辞书和经过不断修订、增补再版的辞书，这类书增加了表示新概念的字、词，所以内容比较新，词条也更丰富。（2）双语（多语）辞书出版得多。这显然，1949年后各民族交往、交流频繁密切，民族语文互译工作进入了一个新的阶段所造成的。（3）词条的排列上更多地按藏文字母的顺序，有些辞典还有注音、索引，辞书的科学性不断加强，多义词能逐项编号，分清序列，更利于学习和研究。

二、藏语辞书的分类

一本辞书不可能对所有的问题都给予解答。为了满足不同的要求，语文学家就编纂了不同类型的词典。藏语辞书不仅历史悠久，种类很多，而且在编纂上有自己的传统特点。下面就藏语的辞书从不同的角度进行分类，作一概括的介绍。

辞书语言分类：①单语词典，就是用藏语给各词条释义或举例。如《实用藏文辞汇》（四川，1956 年），《新编藏文字典》（青海，1979 年）。②双语辞典，即用一种语言对译双语的辞典。较早的有藏梵对照的《语合》和《西番译语》（14 世纪编纂），现今的有《藏汉词汇》（才旦夏茸著，1955、1957 年上下册，青海）和《藏汉大辞典》（张怡荪主编，北京，1985 年）。③三种以上语言对译的多语词典，如早期的《五体清文鉴》（18 世纪末刊成）和现代的《英藏汉对照词典》（扎西次仁、刘德军编，北京，1988 年）。

辞典性质分类，可分语文词典和专科词典。语文词典主要提供词义，以解释词语本身的意义作宗旨，说明它们在语音、语法和修辞方面的特征。语文词典在藏语辞书中占的数量较多，如早期编写的古今藏文词汇对照的《丁香帐》（仁钦扎西于 15 世纪 70 年代编写）以及各种正字法书籍、词藻集。1949 年后出版的有《藏文动词变化表》《藏文同音字典》《藏文古词浅释》《藏汉对照拉萨口语词典》等。专科词典是属于知识词典，以知识的部门分类。主要解释词语所表示的事物和概念，阐明有关的科学知识。较早的有《西域同文志》

（清）、《蒙藏智慧大全》（清），近期的有《青海省地名录》《藏汉佛学词典》《汉藏对照体育词语汇编》《藏汉对照常用合称词典》等。

收词数量及规模分类，可分大、中、小型。大型的如《五体清文鉴》及近年出版的三卷本《藏汉大辞典》。更多的是属于中小型的，如《格西曲札藏文辞典》（北京，1957年）、《藏汉词典》（甘肃，1978年）、《藏汉对照常用词汇》（四川，1980年）、《汉藏英对照常用词手册》及一些正字法书籍。

词条编排方式分类，主要有两种：一是按类排列，传统的辞书以事门分类按类排列的居多。如《西番译语》《西域尔雅》《五体清文鉴》等。另一种是按音序排列即按字母顺序（藏文字母、英文字母及汉语拼音字母）排列。1949年后新出版的各类词典多采用此种排列方法。

下面按不同的种类分别介绍藏语的几种主要辞书。

1. 综合性词典。这种词典的任务是给词定形，标音，释义，注明词类、形态变化、句法作用等。原来的藏语正字法辞书属于此类，有悠久的传统。过去的此种书籍中、小型的居多，全以偈句体裁写成，便于朗诵和记忆。编写此类辞书是专门辨正字体，对音形相近的词语加以区分，起到正确书写和规范的作用。较早的如《正字宝箧》，16世纪初，由藏族大译师夏鲁·曲穹桑波（1444—1527年）编写；《正字学·智者生处》，18世纪时章嘉·乳必多吉著，全书按声明、因明、工巧、医方和内明中之中观、般若、戒律、对法、密乘等分科汇编该类名词而成。历代藏族语文学家所编的正字法书籍极多，更早的还有萨迦派二祖索南则摩（1142—1182年）编写的《幼童入门》和萨班（1182—1251年）的《入声明论》，后者是一部有关声明八品、语词等的论著。近年重印和新编的有《正字学详解》（青海，1957年），《正字初学》（四川，1958年），《正字法及其注释》（西藏，

1980 年），《藏文正字智者生喜本释》（甘肃，1981 年），《正字学》（青海，1954 年），等等。此外还有《新编藏文字典》，青海民族出版社 1979 年版，收常用单字、单词 6800 余个，及以此组成的合成词 2500 条，用藏文释义，以现代通用义为主。此书对于藏语文教学很有实用价值。

2. 翻译词典。用一种语言的词语表达另一种语言词语的意义和修辞色彩的词典称翻译词典。古代的双语和多语的翻译词典有前面介绍的《语合》以及《华夷译语》，后者是明代永乐五年（1407 年）所设四夷馆编纂的多种语言与汉语对译的辞书的总称，包括汉语与西番（藏）语等的对照词汇。译语一般是词汇（杂字）对译，少数涉及公文（来文）的对译。杂字分门排列，从 11—20 门，收词多在 50—2000 之间，每个词下均列有汉字记音、汉义、原字（民族文字）三项。目的在于掌握某一民族语言的正字和它的实际读音。该译语由于成书较早，保存了部分古语的拼写形式和语音面貌。这些译语对拟定古音颇具研究价值。18 世纪还出了一部《字母珠列》，这是由藏族学者才仁旺杰（1697—1763 年）编写、按藏文字母次序排列的藏梵对照词汇。约在 18 世纪后期，一部大型的清代官修《五体清文鉴》问世。这是以《御制增订清文鉴》为蓝本，在《御制四体清文鉴》满文、藏文、蒙古文、汉文对照词汇的基础上，加上维吾尔文而成。正编 32 卷，分 3 6 部、292 类、556 则，收词 17052 条；补编 4 卷，分 26 类、71 则，收词 1619 条；词条按意义分类排列，共收词 18671 条。五种文字的次序是满文、藏文、蒙古文、维吾尔文、汉文。其中在藏文栏下附有两种满文注音，一为“切音”（用满文字母逐个转写藏文的字母），一为“对音”（用满文字母为该词标音）。此部词汇集对沟通这些民族的文化起了很好的桥梁作用。为藏语词和维吾尔词标注的实际读音，在语言研究上弥足珍贵。民族出版社根据故宫博物院所存抄本于1957年分三大册影印出版。1966年，日本出版了用拉丁字母转写的《五体清文鉴译解》。

新中国成立后出版了不少翻译辞书。中、小型的有《藏汉词汇》上下册，才旦夏茸著，青海人民出版社1955、1957年版，这是一本简明的解释词典。《格西曲札藏文辞典》，原著者为格西曲吉札巴，1946年编著完成，1949年刻成木版，1957年民族出版社出版时，由法尊、张克强等对原文的编排做了整理，将全部词汇及注释译成了汉文；并从《达氏藏英辞典》中增补了部分材料。此书收词范围较广，内容比较丰富，包括日常用语、佛学术语、藻词、古字，兼收并蓄，词目共26000多条。在此以前还没有这样规模的词典。另外又如西北民族学院藏文教研组编的《藏汉词典》，甘肃人民出版社1978年版，共收词及常用短语25400余条，词义注释全用汉语，注明词类。此书主要是为藏语文教学和藏汉翻译工作提供参阅。《藏汉对照常用词汇》，西藏民族学院预科编，四川民族出版社1980年版，选录藏语基本词约3000条，派生词语约25000条，藏汉互译，附有部分例句。属于大型的影响比较大的有张怡荪主编、民族出版社1985年出版的三卷本《藏汉大词典》共收词53000余条，以一般词语为主，也兼收包括传统的“大五明”“小五明”和文学、历史、地理等门类的专科术语，还收有旧式公文、封建法典、赋税差徭、佛学方面的用语以及部分方言词。这是目前国内第一部兼有藏文字典和藏学百科全书性质的综合性藏汉双解大型工具书。书后还附有反映藏族文化特点的彩色图片百余幅。

近几十年内出版了不少汉藏互译的词汇集，有民族出版社高炳辰、温存智等编的《汉藏新词汇》第一集（1954年），第二集（1955年），第三、四集（1957年），后来又经增补，出版了《汉藏词汇》（1964年）及《汉藏对照词汇》（1976年）。这些词汇集所收词目以社会科学方面的词语为主，同时也适当选收工农业生产、科技术语以及部分生活用语、成语，主要供翻译工作者参考。其中以1976年出版的收词范围最广，共收词目46000多条。此外，西北民族学院翻译科于1963年也刊印过一本《汉藏词汇》。藏语和外语、汉语对照词典的编写也有了可喜的开端。如《汉藏英对照常用词手册》，张连生编，中国社会科学出版社1981年版。此书是在汉语《普通话三千常用词表》的基础上补充了藏语词，并以汉藏英三种文字对照。该手册共有词条3684个，按汉语词类分成11个小节。汉语每条词目均注有普通话拼音。另外还有《英藏汉对照词典》，扎西次仁、刘德军编，民族出版社1988年版。该词典收基本词15000余条，连同各词条内的派生词、复合词等共收词目约50000条。英语按惯例注有国际音标及词性。凡属多义的，分别以1.2.3.逐项释义。部分科技术语在藏语中没有确切的等值词时另加解释。这类多语辞书成为藏族同志学习汉语、英语时的重要工具书，同时，对于其他民族同志学习藏语也有一定的参考价值。

3. 术语词典　收集某个专业的术语，解释其意义，介绍有关的专业知识编成的辞书就是术语词典。如属于地名词典的《西域同文志》，这是在清代用满、汉、蒙古、藏、托忒（一种蒙古文）、维吾尔六种文字写成的一部包括新疆、青海和西藏地区的地名辞书（其中还有各部统治者人名）。这几年出版了多种单语和双语的术语词典，填补了一些空白。如《青海省地名录》，国家测绘总局、青海省测绘局编，1979年印，共计8200余条。排列上是汉名在前，凡是民族地区的均注出藏文或蒙古文、哈萨克文、维吾尔文，依次是类别、县别、经纬度。此类地名录不仅有助于地名的叫法和书写上的正确统一，而且对于地名研究、历史地理、民族关系的研究均有裨益。

《格萨尔王传词汇注释》，官却才旦编，甘肃民族出版社 1986 年版。它是从多种《格萨尔王传》史诗中选取难词、古词、词藻、人名、地名、方言口语词汇集而成的专科辞书，共收词目约 4000 条，有藏文简单释义。

《藏汉佛学词典》，王沂暖、健白平措主编，青海民族出版社 1986 年版。此书收词目 3700 余条，主要以藏语佛学方面的词语为基本词条，并包括藏传佛教著名高僧、寺院名和佛教经典名。注释以汉文为主，部分也用藏文释义。主要为研究藏族宗教、历史及藏语文教学、翻译提供参考。

《汉藏对照体育词语汇编》，陈宝军编，青海省体育科学研究所出版，共收词目 2000 多，按体育项目同类词语排列。《藏汉对照常用合称词词典》，贺文宣、窦存琦编，青海民族出版社 1987 年版。它主要收录了古典藏文著作中包括政治、经济、文化、教育、文学、艺术、语言、文字、历史、宗教、医学、天文等在内的数字缩语 2100 余条，是一本阅读藏文典籍的工具书。

4. 方言词典　收录一个方言的各类词语或解释方言词语来源和涵义的词典叫方言词典。如《藏汉对照拉萨口语词典》，于道泉主编，民族出版社 1983 年版。这是国内第一部藏语口语词典，也是第一部藏语方言词典，以记录现代藏语拉萨口语词汇为主，以汉语释义。共收词目 29000 余条，除日常生活用语外，还包括一部分常用的新词术语、人名、地名、成语、谚语以及医药、科技、天文历算等方面的专业用语。以藏文正字为主要词目，少数无正字的口语词依实际读音用藏文拼写，遇有不规则的读音，在词条后用括号注出俗字。由于藏语的书写形式与口语语音已有不小的差距，在每一词条后均有准确的拉丁注音（读音规则在正文前有详细说明）。这是该词典的一大特色。此书收录通用口语词多，注音准确，释义简明，是学习和研究现代藏语拉萨方言的重要工具书。

另外还有瞿霭堂、谭克让的专著《阿里藏语》一书，中国社会科学出版社 1983 年出版。该书附录的第 5 部分为拉萨藏语和阿里地区共八个点的 1638 条语词对照表，每一词均有藏文、汉义及用国际音标记录的实际读音。由于作者深入阿里地区进行了全面深入调查，重视口语资料，加上了标音，所以，对于研究该方言的词汇及语音是一份难得的材料。

5. 规范词典　这与方言词典相反，选词只选标准语里的使用，标音只标标准音的词典叫规范词典。它的任务是确立、推广标准语。藏语至今虽然还没有确定标准语，然而各地在书面语的使用上都是一致的。有一部分藏语辞书就是为了帮助各方言区的人学习规范的书面语用的。如《藏文动词变化表》，格桑悦希（སྐལ་བཟང་ཡེ་ཤེས）著，民族出版社 1958 年出版，收集动词近千条。又如《藏文同音词典》，泽旺朗嘉（ཚེ་དབང་རྣམ་རྒྱལ）著，民族出版社 1958 年出版。此书也属于正字法字典，但较过去同类辞书排列上更合理，词目也更多，有藏文释义组词、举例等优点。但是应该指出，有些词在一些方言区里并不是同音。

6. 外来语词典　是用一种语言解释来源于其他语言的词典。目前，我们只是在有些辞书里个别标出是借词，还没有自己编写的此类专门辞书。但有一个译本，即《藏语中的借词》，〔美〕劳费尔著，赵衍荪译，中国社会科学院民族研究所语言室印。该书收词 329 条，按借词来源（包括不同的国家、地区、民族）排列。来自汉语的借词，又分古汉语借词和现代汉语借词。这是属于语言研究性质的著作。

7. 成语词典　专门收集、解释成语的词典叫成语词典。如《汉藏对照成语》，民族出版社 1980 年编辑出版。《藏语成语集》，马进武编，青海民族出版社 1985 年版。书中每条成语均有汉语对译及藏语注释，附有汉藏文索引。

8. 文献词典　收集、解释古代文献中的词语的词典叫文献词典。这类辞书对考证文字、词语的历史，正确释读古代的文献有极大帮助。早期的如《丁香帐—藏文古今词语辨析》，觉顿译师·仁钦扎西（སྐྱོག་སྟོན་རིན་ཆེན་བཀྲ་ཤིས）于公元1476年编写的一本新旧词对照书籍，书中共列出新旧词语1000多个。以热巴巾时期文字厘订为界限，在此之前称旧词，在此之后称新词。《丁香帐》是适应藏文发展的需要而产生的，对藏文的规范化起到了促进作用。1981年由安世兴译注重编。此外还有《藏蒙智慧大全》，刊印于18世纪，它收入了《甘珠尔》和《丹珠尔》中的基本名词术语，是当时一部大型辞书。①

9. 同义词词典　把意义相同或相近的词汇编在一起，加以解释并辨别其意义、色彩差别的叫同义词词典。这类词典为读者学习语文、选用同义词、进行修辞、从事翻译提供了充分的可能。藏语的藻词书籍应属于这一类。藏族历代语文学家将这方面的同义词编集成的典籍很多，并且形成一门词藻字。即运用同义异名进行修辞的学科，成为传统的小五明之一。其中重要的有《藻饰词·智者耳饰》，后藏第巴仁布巴·阿旺吉札于公元1581年编成，收词较多，早期有木刻版本，1983年西藏人民出版社铅印出版。此外，青海民族出版社也于1983年整理出版过一本《词藻集》。

通过对藏语辞书简单概括的介绍，可以看出，藏语辞书的编纂形成了自己颇具民族特色的传统，有较强的科学性和实用价值，已成为西藏文化的重要组成部分。为了更好地发挥民族语言的作用，满足人民群众学习和使用藏语文的要求，今后应针对不同的文化层

---

①见《蒙古学资料与情报》，1987年第4期。

次、不同的专业需要，编写出版门类多样的藏语新型辞书。就是说，既要有通俗的小词典，也要有历史性的大型词典、分门别类的专科词典和经过修订、补充的再版词典。同时也要重视开展藏语辞书编纂方法、理论、辞书史的研究。总之，我们有辞书编纂中的优良传统可以继承，有关于藏语的语音、语法、词汇各方面现有研究成果可以应用，有当代辞书编纂的先进理论和经验可以借鉴、吸取，相信藏语辞书的编纂必能达到一个新的高度。

（原载于《西藏研究》1990 年第 3 期）

《安多藏语口语词典》前言

安多方言为藏语三大方言之一，主要分布于甘肃、青海和四川三省，使用人口一百几十万。为了交流各方言区的语言，增进相互了解，我们编纂了这本词典。全书收集的词条以夏河（拉卜楞）话为主，兼收方言区内其他地点的少量方言词。全书共收词及常用短语约 11000 条，词目以藏文正字为主，藏汉对照，部分词条有例句。为了反映这一方言的语音面貌，便于了解和进行学习、研究，每一词条按当地口语音标注国际音标。下面对有关标音、收词及释义等方面的问题作一简要说明。

在语音系统上，塞音、塞擦音和擦音清浊对立，清塞音和清塞擦音送气和不送气对立。有较多复辅音声母，都是二合的，其特点是两个音素结合得很紧，前置辅音只有 n、h 两个，读音较轻。藏文前加字 མ 和 འ 跟基字 ག་ཇ་ད་བ་ཛ 等相拼时均带有同部位的鼻音。如：འབུ〔mbə〕、འདི〔ndə〕、མགོ〔ŋgo〕、མཛུག་གུ〔ndzə ɣə〕、འཌ〔ɳdʐa〕、མཇལ〔ȵdʑa〕等。这类前置鼻辅音在本词典内一律标作〔n〕。前加字 མ 和 འ 跟基字 ཁ་ཆ་ཐ་པ་ཚ 或 ང་ཉ་ན་མ་ 相拼，若出现在第一音节，一般已不发音；若在第二音节则常常保留鼻音，连读时变为前一音节的韵尾。如：འཐེན〔then〕→ ཐིག་འཐེན〔thək nthen〕、འཁོར〔khor〕→ ཉེ་འཁོར〔ȵen khor〕、མཆོད་པ〔tɕhol pa〕→ ཇ་མཆོད〔tɕam tɕhol〕、འཁྲིད〔tʂhel〕→ སྒོམ་འཁྲིད〔hgom tʂhel〕。在标音上，我们也尽可能反映单字发音和在多音节词、短语中连读时发音的差别。

前置辅音〔h〕只能跟清的基本辅音结合，实际发音接近 x，浊的基本辅音实际读如 ɣ，本词典内都归纳成〔h〕。如：དཀའ〔hka〕、གཅིག〔htɕək〕、སྟག〔htak〕、དགའ〔hga〕、རྒྱུག〔hdʑək〕、ལྡག〔hdak〕。带〔h〕的这一类复辅音声母，当出现在第二音节中，部分词连读时变为 r 或 ʂ（从文字上看，这一情况大多来源于上加字 ར 或 ས，在标音时都归纳成 r），如：མི་རྐྱང〔ɳər tɕaŋ〕、མི་རྟ〔ɳer ta〕、ཀོ་རྒྱ〔kor dʑa〕、ཆུ་རྫ〔tɕhər dza〕。

在多音节词中，浊音不能单独作第一音节的声母，连读时清音发生浊化的现象，这类浊声母往往是单辅音的。如：ཟོ〔so〕→ འོ་ཟོ〔ozo〕、ཟོག〔sok〕→ སྒོ་ཟོག〔hgo zok〕、ཞ〔ɕa〕→ ཡ་ཞ〔ɣa ʑa〕、ཞོགས〔ɕok〕→ མང་ཞོགས〔maŋ ʑok〕。

若前一音节韵尾是 k，后一音节前置辅音为 h，连读时 h 往往脱落，如：ལྕགས〔htɕak〕、སྐུད་པ〔hkəl pa〕，说 ལྕགས་སྐུད 时就读成〔htɕak kəl〕，又如 ལྕགས〔htɕ ak〕，སྒྲོག〔hdʐok〕、རྒྱག〔hdʑak〕、说 ལྕགས་སྒྲོག་རྒྱག 时，就读成〔htɕak dʐok dʑak〕。

藏文前加字 བ，在第一音节中一般已不发音。当出现在开音节后面则还保留它的双唇音。连读时变为前一音节的韵尾。如：བདར〔hda〕→ ཁ་བདར〔khap da〕、བཅུ〔tɕə〕→ ལྔ་བཅུ〔hŋap tɕə〕、བཞི〔hʑə〕→ བཞི་བརྒྱ〔hʑəp dʑa〕。

མ 和 མིང 等一类词在口语里仍带有古音的痕迹。如 མི། མིང་། མེ། སྨྱུག་པ། སྨེད 分别说成〔ɳə〕、〔ɳaŋ〕、〔ɳe〕、〔hɳək kwa〕、〔hɳel〕。若出现在第二音节则常常带有基字 མ 的读音，并变为前一音节的韵尾。如：གཅེས〔htɕe〕→ གཅེས་མིང〔htɕem ɳaŋ〕、ཚེས〔tɕhe〕→ ཚེས་མིང〔tɕhem ɳaŋ〕。

ཕྱ་བྱ་ཟ 等出现在第二音节时，往往带有 ཕ 或 བ 的双唇音，并变为前一音节的韵尾。如：ནས〔ne〕、ཕྱེ〔ɕe〕，说 ནས་ཕྱེ 时，就读成〔nep ɕe〕。རྨ〔hma〕、བྱ〔ɕa〕，说 རྨ་བྱ 时，就读成〔hmap ɕa〕。ཟླ〔hla〕、ཟླང

〔tʂaŋ〕，说 ལྷ་བྲང 时，就读成〔hlap raŋ〕。

〔ɣ〕出现在第一音节时，实际读作〔ʁ〕。如：ཝ〔ʁa〕、དབང〔ʁaŋ〕、དབང་ཆ〔ʁaŋ tɕha〕。出现在第二音节时则读成〔ɣ〕。如：ཡི་གེ〔jə ɣe〕、ལུ་གུ〔lə ɣə〕、སྙུ་གུ〔hn̥ə ɣə〕。还有一些纯属口语的〔ɣa〕，藏文上我们暂用"ཀ"代替。如：འདོགས་ཀ་འཛོག〔ndok ɣa ndʑok〕、ལག་ཀ་ཞོག〔lak ɣa ɕok〕、ཤེས་ཀི〔ɕhe ɣə〕、ཁོ་ཀི〔ko ɣə〕等。本词典内均标作〔ɣ〕。

〔r〕作第一节声母时，实际读如〔ʐ〕。如：ར་མ〔ʐa ma〕、རི་མོ〔ʐə mo〕。只有在作韵尾时为〔r〕。如：དར〔tar〕、མར〔mar〕。本词典内均标作〔r〕。

夏河（拉卜楞）话中没有复元音，只有 6 个单元音，即 i、e、a、o、ə、o、u，都能单独作韵母，其中除 i、u 外，还能分别带上不同的辅音韵尾（相当于藏文的后加字）构成复韵母。应该指出的有以下几点：塞音作韵尾时，只闭塞不破裂，即没有除阻阶段。本词典内所标的〔-aŋ〕、〔-ak〕，其实际发音为〔-ɐŋ〕、〔-ɐx〕；〔-an〕、〔-al〕的实际发音为〔-ɛn〕、〔-ɛl〕；〔-ap〕、〔-am〕、〔-ar〕的实际发音为〔-æp〕、〔-æm〕、〔-ær〕;〔-ək〕的实际发音为〔-ɯx〕。另外,〔-ap〕、〔-am〕、〔-an〕、〔-ar〕出现在第二音节时，元音的弱化很明显。

以上是就夏河（拉卜楞）话而言的，在安多方言的牧区话和农区话里还有各自的特点。如牧区话里的复辅音声母要更多些，还有少量由三合辅音构成的声母。例如：མཁར〔nkhwar〕、མགར་བ〔ngwa ra〕等。在农区话里，辅音韵尾要少一些，元音要多一点，如此等等。

收进本词典的词语，一般都通用于口语，或者口头上使用频率虽不高，但能听懂。有些是活在广大人民口语中而为一般词典所少有的俗语、儿语。此外，又收入了方言区内少量地点的若干方言词（属独有的方言词，字形相同而语音相异，有对应规律的未收入）。有的在甲地只用于书面语而在乙地能通用于口语，这类词语从语言研究和比较的角度说也是有用的材料。由于对整个安多藏语作全面的调查尚很不够，只能收编为数有限的词条。释义按常用口语义，尽力做到正确、简明、具体，部分与书面语义不尽相同，从中也可看到词义的演变。

动词的“时”“式”现今多数仍保留语音上的差别，少数在语音形式上已全相同。如：སྐུར། སྒྲུག 和 སྒྲིག 不同的时、式都说成〔hkər〕、〔hdʐək〕、〔hdʐək〕，但在话句中则需用不同的助词或语尾来区别不同的时、式和人称关系。我们在收词时侧重于口语的表现形式。藏语中的词序是主—宾—谓。限定结构的形式有两种：一是限定成分在前，受定成分在后；另一种是受定成分在前，限定成分在后。由支配结构构成的复合词，词素间语音上没有停顿。例如：རྩ་གཏུབ〔htsa htəp〕“铡刀”。同样的结构而中间有短暂停顿则成为动宾短语，指“铡草”。在话句中还需用不同的助词或语尾来表示不同的时、式和人称关系。

编写这样的藏语口语词典，是一项艰巨而又细致的工作，我们在编纂过程中参考了有关词书、资料，并且得到甘肃省民委民族语文办公室的大力支持，也得到西北民族学院有关方面的鼓励和热情帮助，在此表示衷心的感谢。由于我们学力和能力有限，在收词、标音、释义上肯定有不妥之处，恳请读者教正。

（甘肃民族出版社 1993 年 6 月第 1 版，与龙博甲合作。）

四十多年来藏语辞书的发展

新中国成立以来，藏语辞书的编写出版得到了很大发展，在藏语辞书史上揭开了新的一页。这些辞书，有集体编写的，也有个人编写的，包括单语、双语和多语的大中小型，品种繁多，内容越来越丰富，体例越来越完备。由于众多藏语文工作者的勤奋工作，努力钻研，从种类、范围及内容上看，很多辞书具有开创性的意义，填补了不少空白。大量藏语辞书的编写出版，充分反映出藏民族在政治、经济和文化各方面的发展，以及我们国家中民族关系的新局面。这对适应现代文化建设的需要，促进多民族互相学习语文及进行文化交流，增进了解，加强民族团结，共同繁荣发展等都起了非常重要的作用，受到广大群众欢迎，得到国内外藏学界的好评和赞扬。藏语辞书园地里这种欣欣向荣的景象，是藏族人民生活中的一件大事，它的政治意义、社会效益和学术价值都不应低估。

一

从辞书使用的语言上看，可分单语、双语和多语几种。第一种主要是用藏文定义、解释藏文词条；第二种是藏汉、汉藏、梵藏等两种语言的对照辞书；而三种或更多语言对译的辞书，即属第三种。40 多年来公开出版的单语辞书，主要的有《藏字用法举例》（民族[出版社名称从简，下同]，1954），《正字学》（青海人民，1954），《实用藏文辞汇》（四川民族，1956），《藏文动词变化表》（民族，1958），

《藏文同音字典》(民族，1958)，《正字学》(青海民族，1961)，《新编藏文字典》(青海民族，1979)，《藏文古词浅释》(青海民族，1980)，《藏文字典》(西藏人民，1980)，《哲学名词解释》(西藏人民，1982)，《藏文正字法》(青海民族，1 982)，《藏文正字之明灯》(西藏人民，1982)，《藏医字典》(民族，1983)，《词藻集》(青海民族，1983)，《西藏谚语汇编》(西藏人民，1984)，《格萨尔王传词汇注释》(甘肃民族，1986)，《藏族民间常用兽医药物》(民族 1986)，《四部医典名词注释》(民族，1986)，《正字法》(四川民族，1987)，《藏文缩略语词典》(四川民族，1988)，《(格萨尔)词典》(四川民族，1989)，《藏文中小学词语手册》(甘肃民族，1900)，《藏族历代名人辞典》(甘肃民族，1994)等。

双语和多语辞书一般是译义，但其中也还有读音、形态变化、词语搭配、语义变化、跨文化的语义传输等问题，科学性上同样有很高的要求。已出版的藏汉双语辞书主要有《藏汉词汇》(青海人民，1955—1957，2 册)，《格西曲札藏文辞典》(民族，1957)，《藏汉词典》(甘肃人民，1978)，《藏汉对照常用词汇》(四川民族，1980)，《藏蒙医学词典》(内蒙古人民，1982)，《藏汉对照拉萨口语词典》(民族，1983)，《藏汉大辞典》(民族，1985)，《藏语成语集》(青海民族，1985)，《藏汉对照体育词语汇编》(青海省体育科研所，1986)，《藏汉历算学词典》(民族，1985)，《藏汉佛学词典》(青海民族，1986)，《藏汉对照常用合称词典》(青海民族，1987)，《藏汉逻辑学词典》(四川民族，1987)，《藏文动词词典》(民族，1988)，《新编佛学词典》(青海民族，1992)，《安多藏语口语词典》(甘肃民族，1993)，《藏语敬语词典》(民族，1994)，《常用藏语谚语词典》(甘肃民族 1994)等。汉藏双语辞书主要有《汉藏新词汇》(民族，1954—1957，4 集)，《汉藏词汇》(民族，1964)，《汉藏对照词汇》(民族，1976）《青海省地名录》（青海省测绘局，1979），《汉藏对照成语》（民族，1980），《汉藏对照词典》（民族，1991）。此外，双语辞书还有《梵藏对照词典》（四川民族，1989）。青海省自20世纪80年代中期以来，为了普及和规范地理、历史等各专业用语，编译审订刊印了《汉藏合璧音乐词汇》《汉藏法律词汇》《汉藏对照地理名词术语》《汉藏对照历史名词术语》等，不久将正式出版。

多语辞书有《汉藏英对照常用词手册》（中国社会科学，1981），《英藏汉对照词典》（民族，1988），《梵藏汉对照词典》（民族，1991），《藏汉英化学词典》（甘肃民族，1994），《藏汉英数学词典》（甘肃民族，1994），《藏汉英物理学词典》（甘肃民族，1994）。另外，近年还出版了数部突出学术研究功能的藏语词汇，如《阿里藏语》（中国社会科学，1983）、《藏缅语族语音词汇》（中国社科院民族研究所语言室编）、《藏缅语族语言词汇》（中央民族学院民族语言研究所编）。

二

近数十年来，出版各类藏语辞书近百种。编写者都是长期从事藏语文和某一专业的教学、研究和翻译工作的。他们不仅有较丰富的实践经验，而且大多有较好的语言学理论水平及有关的专业知识。辞书的问世，是他们长期搜集资料，调查研究，多次修改，反复核对，不断补充材料的结果。这就保证了辞书有一定的质量，具有较强的可读性。先后有10余部辞书获得国家和省部委的奖。如《藏汉大辞典》获吴玉章语言文字一等奖；其他如《新编藏文字典》《汉藏对照词典》《英藏汉对照词典》《藏医辞典》等荣获全国图书评比或科技图书评比奖。《藏汉佛学词典》《安多藏语口语词典》等获国家民委、甘肃省社会科学优秀成果奖。如果以1978年为一时限作考察，在此之前的20多年间共出版藏语辞书10余种，单语的比双语的略多，没有多语的；多偏重语文辞书。它们虽数量不多，却于现代藏语辞书的编写有开创之功，也对当时的藏语文学习和汉藏翻译起到了很重要的作用。从1978年起，随着改革开放以及文化建设事业的迅速发展，各类藏语辞书的出版如雨后春笋展现眼前。这10多年内出版的辞书总数几乎达到前一时期的5倍；其中双语辞书，特别是藏汉、汉藏及多语的，又占大多数。各种专科性辞书的编写出版也出现了空前繁荣的局面，代表了藏语辞书发展的一种新趋势。要对这些辞书作全面评述比较困难，但概括起来至少有以下几个特点：

1. 时代性　广大辞书编写者注意吸取当今学者的研究成果和采用现代工具书编写方法，使辞书的内容越来越丰富，体例越来越完善。如新编写的一些自然科学及法律、经济、体育等方面的专业性辞书，增加了许多新的知识，新的信息，新的词语，能紧跟现代社会、现代科学的发展步伐，适应人们的认识水平，富有浓厚的时代气息。近年新出版的各类辞书，在编排结构方面，除正文外大多均有前言、凡例、索引，以及多种实用的附录。正文词目均依音序排列：单语辞书和藏汉双语辞书按藏文30个辅音字母的顺序；汉藏双语和英藏汉多语辞书按汉语拼音方案及英文字母的顺序；每个词目都另行起头。采用这种排列方法，词目的位置固定，为读者检索查考提供了极大方便。从工具书的性质和功能来看，这种结构体例和词条的排列方法更能适应现代社会的需要。早期的辞书，如《翻译名义集》[①]、

①《翻译名义集》，9世纪中叶吐蕃王赤祖德赞（815—847年在位）时期编成的梵藏对照分类词汇集，收有大量佛经翻译中的专用词语，也有几类为一般基本词。全书分285类，收词目9000多条。后该词汇集被收入《丹珠尔》。20世纪30年代，青海藏文研究社删去了原文中的梵文转写字，增加了汉文译文后石印出版。1992年民族出版社进行校订后铅印出版。

《五体清文鉴》[①]等，大多是按词义相近或相关的词语类别分门编排，这种编排方法有助于了解词的大致的类属及其相互关系，但显然不便于查阅。藏文正字法类辞书，历史上编写的大中小型很多，都是偈颂体，便于背诵记忆，对学习藏文有启蒙功能，但同样不便于查检。

2. 科学性　无论选词、释义，还是编排体例，已出版的各类辞书都有较严密的系统性，表达了科学的正确的内容，对藏语文的使用起到了必要的规范和指导作用。如《藏汉大辞典》《新编藏文字典》等规范性强的辞书，收词广泛而审慎，释义或译文注重词的语义结构，从藏语言的实际出发，描写词义和举例解释比较客观，符合本民族的习惯。词语义项多的，就用数目字分开逐项注释及举例。藏语动词具有表时、式、态的较丰富的形态变化，现在不仅有专门的动词词典，在一些语文辞书中也一一指明其时、式、态的变化及搭配特征。语文辞书还有正音问题。藏文有悠久的历史，一千多年来语音的历史演变，使原来的语音跟现在的口语有较大差别。各地读音因方言而异，而且迄今藏语尚未形成公认的标准语。历史上的单语藏文辞书，大概因为藏文是拼音文字，所以都没有注音。部分双语对照辞书，有的用藏文注汉字读音（如敦煌石窟中发现的部分古藏文手卷），有的用藏文注梵文读音，也有用满文注藏文读音（如《五体清文鉴》）。对于不同方言区的读者或别的民族、乃至国外的学习者来说，很需要有一套科学的、简明的音标来注音，以利于掌握读音规则。《藏汉对照拉萨口语词典》和《安多藏语口语词典》，即对每一词目都有注音，前者用拉丁字母，后者用国际音标。这就保证

---

①《五体清文鉴》，清代御制工具书，成书于1790年前后。正编32卷，分36部、292类、556则，共收词17052条；补编4卷，分26类，收词1619条。按满、藏、蒙古、维吾尔、汉文的次序排列。在藏文栏下附有满文注音。该书1957年曾由民族出版社影印出版。1966年日本用拉丁字母转写解释后出版过。

了读音的准确性。又如《藏缅语族语言词典》，对汇编的40种（加方言共51种）语言都分别简介了各自的音位系统和地域分布、使用人数、方言划分、有无文字等情况，每一词目均用国际音标标音，有汉义和英译。上述这些辞书，对于研究人员引用语言材料也更方便可靠，大大增加了它们的科学性和学术价值。

3. 开创性　40余年来编写出版的藏语辞书，大中小型层次之多，种类覆盖之广，均为前所未有。经多方面专家审定正式出版的藏汉英三种文字对照的《化学》《数学》《物理学》三部自然科学辞典，以及其他多种学科辞典、术语辞典、人名辞典、地名辞典、敬语辞典、方言口语辞典等，都具有开创性意义，为藏文化藏语言的研究作出了新的贡献，因为我们可以从多种类型的辞书中认识和了解藏族丰富多彩的文化内涵。又如对《藏汉大辞典》，专家们评论说："《藏汉大辞典》是一部汇集藏族日常生活和文化科学等方面词语和知识的藏汉双解辞书。全书共收词目53000多条，是迄今为止内容最丰富、规模最大（三卷本）的藏汉大辞典，反映了我国在藏语辞书编纂和藏学研究方面所达到的水平，在篇幅、选词、释义、引例各方面都超过了一直被国际上奉为权威辞书的达斯《藏英词典》，被誉为'藏族文化史'上的壮举。"[①]再如《藏族历代名人辞典》，选收了为藏族社会发展作出重要贡献和有重要影响的藏族历史人物2100多名，从选收人物数量之多、年代跨度之大、分布社会行业之齐全、覆盖地区之广等各个方面来看，都可以说是历史上第一部。再如《藏缅语族语言词汇》，汇编了藏缅语族中40种语言的基本词、常用词1822条，各语言按照不同语支顺序排列，每条词目都编有顺序号，以国际音标注音。这一大型词汇集为语言学和民族学的教学和研究

①《吴玉章奖金获奖著作简介》，《中国人民大学学报》，1987年第6期。

提供了十分重要的参考书，可以说是新中国成立后我国藏缅语研究的一大成果。为了适应多方面、多层次读者的使用，广大藏语文工作者不泥古、不拘成规，采纳了当今有关学科的大量研究成果，编写出版了各类辞书。目前除语文辞书外，包括宗教、历史、地理、经济以及自然科学各方面内容在内的10多种知识性辞书都已有出版。这标志着藏语辞书编纂工作开始向纵深发展，登上了一个新台阶，其开拓性和学术影响都是有目共睹的。

4. 双语、多语辞书蓬勃发展　新中国成立后，五省区藏族的文化教育得到普遍重视和较快发展，广大干部和青少年除了积极学习藏语文外，也十分热情地学习汉语文、外国语文，以便学习和掌握日新月异的现代科学知识，更好地参与社会生活和现代化建设。在这样的情况下，作为沟通各民族关系的桥梁，起着促进各民族文化交流的文化使者作用的双语和多语辞书自然就获得了迅速的令人注目的发展。

三

当前，国内民族语文辞书的编写出版正处在兴盛的发展过程中。我们有必要对近数十年来藏语辞书的发展作一番考察，系统总结其成果，科学分析其得失，对存在的不足之处需认真注意并加以改进。

长期以来，藏语文工作者和广大群众非常关注双语辞书中名词术语的规范和专名的统一。由于藏语有方言差别，不仅词语使用有不一致之处，对部分专名还有各按方音进行音译的。显然，新词和术语不统一会影响到大中小学教材的质量，影响到五省区藏族群众的文化教育和科技事业的发展。另外，专科性辞书目前大多尚停留在名称对译阶段，用本民族语文作解释的还不多。除医药类少数专科辞书及《藏汉大辞典》外，辞书中还很少见到插图。实际上，对于民族语言里特有的一些词语，注释时附加若干插图是很有必要的，能使读者更切实准确地理解词义，提高辞书的使用价值。此外，语文辞书宜标明词汇的语法功能，如注明不同的词类，等等。上述诸方面恐怕是今后应努力创造条件予以重视和改进的。

社会生活发生的变化，必然会反映到语言中，首先是明显地反映在词汇上，许多新词语适应需要而产生，部分旧有词语的意义也会发生变化。为了充分满足各方面多层次读者的需求，今后要继续加强辞书编写出版工作，对已出版的需要进一步修订、补充和完善。在当今信息时代，任何一门学科都有自己的专业术语，我们应该拓宽思路,编写更多学科门类的知识性辞书。历史上编纂藏语辞书（包括词藻学、正字法等）的优秀传统要很好地继承，要研究和总结藏语辞书的发展史，并在此基础上使新编辞书有所突破和创新。编写辞书是一项非常艰辛的工作，既要按照民族文化自身的发展规律，又要不断借鉴、吸收和引进别的民族辞书编纂的经验和方法，博采中外辞书之长，以丰富和发展自身，进而创建藏语辞书编纂工艺学。各学科的专家要加强协作，解放思想，研究藏语言，研究藏文化，坚持实事求是、历史主义、客观表达三项基本原则，更多地创造出高品位的精神食粮。

近来我们高兴地获悉，北京、西藏、甘肃、青海等地区的藏语文专家已辛勤地编写成了《古藏文词典》《藏文大辞典》《汉藏双解经济学词典》《药物学词典》《地理学词典》,等等。这是令人振奋的。我们相信，藏语辞书园地将会更加呈现百花齐放、绚丽多彩的新景象，为我们多民族国家的文化建设作出自己的贡献。

（原载于《辞书研究》1997 年第 04 期）

《藏语安多方言词汇》前言

藏族是我国历史悠久、文化灿烂独特的一个民族，世代居住在雄伟辽阔的青藏高原，人口超过五百万，有自己的语言文字。据史书记载，藏文大约创造于公元 7 世纪的吐蕃王朝时代，是一种相当科学完整的拼音文字，它大体上反映了当时藏语的语音面貌。历史上藏文曾几次修订，完善字母体系，简化正字法，规范词语，统一译语，并立法推行，对藏文字的统一、文化的发展、宗教的传播都起到了积极的作用。藏语文有极为深厚的文化和社会基础，表现出独特的规律性、丰富性和完整性。千余年来藏族运用藏文从事的著述和翻译极为宏富，积累了卷帙浩繁的文献典籍。而且藏族是具有研究语言文字的优良传统，留下了非常珍贵的文化遗产，值得我们学习、研究和开发利用。

藏语是藏族人民使用的最主要的交际工具，有浩如烟海的字词语句，有深厚广博的文化积累，极强的表现力。新中国成立后，党和政府对藏语文工作十分重视，各民族学院及民族高校积极和持续地培养藏语文教学、科研和翻译等各种中高级人才，藏语言文字的使用有了很大发展。然而，长期以来由于藏民族分布地区辽阔，山川阻隔，交通不便以及其他社会历史和地理环境等原因，形成了大大小小的方言土语。尽管如此，现代藏语在书面语上基本一致，口语因地而异，书面语与口语也有一定距离，表现在现行藏文的拼写与口语读音已有不小差别。这是由于长期以来藏语言的发展和演变，语音也发生了明显变化的结果。藏文和各地方音都有一整套对应规律，大方言区内均按自己的方音进行拼读。所以，千百年来藏文仍然是藏族人民共同使用的交际工具，是一种按历史规范拼写的超方言拼音文字。

在藏语言研究方面，由于国家和各级组织有关方面的重视和支持，曾先后组织研究人员到国内藏区作语言调查，搜集了大量资料，写出了不少调查报告和科研论著。特别是在20世纪50年代经过广大藏语文工作者在全藏区进行了大规模的语言调查，在掌握丰富语言资料的基础上，将藏语划分为卫藏、康和安多三个方言。卫藏方言分布在西藏自治区的大部分地方。康方言分布在西藏自治区的昌都地区、阿里地区的改则、四川省甘孜藏族自治州的部分地区。安多方言分布在甘肃省的甘南藏族自治州大部地区，青海省的果洛、海南、黄南、海北、海西五个藏族自治州，化隆回族自治县，循化撒拉族自治县、乐都县的部分地方，以及四川省阿坝藏族羌族自治州的部分地区。三个方言之间在语音、词汇和语法等方面的不同是明显的，其中主要表现在语音上，词汇、语法方面也有差别。一般认为，卫藏方言和安多方言好像处于两端，互相通话也较困难，康方言似处于两者之间。卫藏和安多两大方言内部比较一致，康方言内部分歧较大。

“安多”本是个地域概念，据藏文史书《安多政教史》（1856年成书）和《塔尔寺志》（20世纪初问世）载：安多是取阿卿岗日（ཨ་མྱེས་རྨ་ཆེན a mjes rma tɕhen 玛沁雪山）及多拉让摩（མདོ་ལ་རིང་མོ mdo la riŋ mo 积石山）二山名称之首字而得名。这一地区历史上曾是羌、吐蕃、吐谷浑、蒙古等民族角逐、居住之地，当地人大多从事牧业和半农半牧，青海省东部也有一些藏族以农业为主。宗教多数信仰藏传佛教，大小寺院不少，著名的有青海省湟中附近的塔尔寺（སྐུ་འབུམ་བྱམས་པ་གླིང

sku ɦbum bjams pa gliŋ 初建于 1588 年）和甘南夏河拉卜楞寺（བླ་བྲང་བཀྲ་ཤིས་འཁྱིལ bla braŋ bkra ɕis ɦkhjil 建于 1709 年）。

安多方言分布地区辽阔，跨三省的七个藏族自治州及一个自治县，方言内部无大分歧，语言交流也没有大困难。这一地区的大中小学都以安多方音进行藏语文教学。根据语言特征，大致还可划分为牧区话（果洛、海北、海西的全部，黄南、甘南、阿坝的部分地区），半农半牧区话（海南、黄南、甘南的大部分地区）和农区话（青海省的东部地区及黄南州的尖扎）。安多话是藏语中一个保留古面貌较多的藏语方言，有很多特殊的语言现象。它的语音比较复杂，共同的特征是：声调不具有区别词义的功能，音节只有习惯调；塞音、塞擦音的清浊、清送气三者对立，相当严整，多数擦音也是清浊对立，复辅音声母系统很复杂，与藏文比较，简化、消失得较少。藏语中原来有二合、三合和四合的复辅音，在历史发展中结构方式有了简化，结合形式有了减少。现尚有二合、三合的复辅音声母，原有的四合复辅音完全消失。藏文上的三个上加字和五个前加字最多合并成六类前置辅音，即 p、r、h、w、m、n。除有前置鼻音构成的复辅音外，还有多种形式的复辅音。清化鼻音只出现在送气清音之前，不清化的鼻音只出现在浊音之前。多数地区前置鼻音与基本辅音在发音部位上相同，在发音方法上清浊一致。前置辅音都读得轻，与基本辅音结合得紧。后置辅音只有一个 w。出现在音节模式各个位置上的音素，有严格的限制性、固定性和模式性。韵母一般在 20 多个到 30 多个左右，辅音韵尾较多，然而分布也不均衡。大部分地区保留了塞音韵尾 p、t、k，鼻音韵尾 m、n、ŋ，续音韵尾 l、r，个别地区还保留 s，如道孚。现今很多地区韵尾 t、l 往往可自由变读。安多藏语内部相比之下，牧区话保留古代音韵特征更多一些，复辅音声母最多，都在一百个上下，其次半农半牧区话和农区话，约三十个左右，相差近三倍。单元音在六七个到十来个之间，共有的有 i、e、a、ə、o、u，有些地区还有 ε、ø、ɑ、ɔ、ɵ。农区话中还有 y 和舌尖元音 ɿ、ʮ，个别地区有复元音，只出现在少量单词中（见本书化隆的词汇材料）。辅音韵尾牧区话、半农半牧区话在六七个之间，农区话在三五个之间。音节结构最多为八种形式，常见的是辅音 + 元音、辅音 + 元音 + 辅音。词汇方面：历史上来源相同的词占大多数，尽管语音上有差别，但无论与拉萨话相比，或方言内部各地相比，相当多的一部分具有语音对应规律。总的来说，牧区话里的特殊词最多，其次是农区话，半农半牧区话相同的词居多。借词相对而言各地差别不算悬殊，农区话的比例略高一些。新中国成立以来，由于民族之间交往空前增多，汉语的迅速传播，汉语的借词常常因人因地而异，很难作出精确的估计。本书内所记录的借词一般限于在群众中已稳定的借词，有些是历史上从梵语、蒙古语中借入的词。敬语词使用得不多，使用面不广，这也是安多藏语词汇方面的一个特点。语法方面：有较丰富的形态变化，它保留了其他方言较少见的内部屈折的语法手段，如动词的“时”、“式”变化。同时，这些有变化的动词也要与其他成分（时态助词和辅助动词）一起表示。牧区话中表达时、式保留三种形式的还不少。此外，安多方言比卫藏方言保留更多的单音动词，安多话用单音节词表示的意思，卫藏方言常用复合词表示。

方言是历史的产物，其中蕴藏着丰富的语言材料和独特的民族传统文化，是民族文化宝库中的珍贵财富。我们深入调查、发掘活的方言，把真实面貌保存下来，把语言发展变化的过程记录下来，对其进行研究是十分必要的，有助于藏语言史、藏族文化史的探讨及汉藏语言的历史比较，对于语言学、民族学、历史学和民族文化的研究具有特殊的地位和重要的价值。

本书是我们在安多方言中选择了六个点，分别用国际音标记录了2100多个常用词整理归纳而成的方音词汇材料。这六个点是，半农半牧区：夏河的甘加、同仁的年都乎；农区：循化的道帏、化隆的初麻；牧区：红原的让口，天峻的舟群。全书分三个部分，前一部分为安多藏语词汇一般情况的综合介绍，对名词、代词、形容词、数量词、动词的构成作了研究分析，对词汇的异同，包括方言内部和与拉萨话作了初步比较。目的是对安多藏语词汇的构成作一介绍和研究。第二部分对六点的语音系统作了分析，分别列有音位系统表。这次所记的词汇量有限，调查点也不多，难免有一定的局限性。卫藏方言各地也有差别，我们只采用了拉萨话进行比较，应该说还是有一定代表性的。第三部分排列词汇表，是参阅了《藏缅语族语言词汇》（黄布凡主编，中央民族学院出版社，1992年），又在《藏汉对照拉萨口语词典》（于道泉主编，北京民族出版社，1983年）和《阿里藏语》（瞿霭堂、谭克让著，中国社会科学出版社，1983年）中吸收补充了数百个词。拉萨话的声调均采用《阿里藏语》一书，最后定稿时，还得到了中国人民大学瞿霭堂教授的指正。表中列出的2100多个词分别编有顺序号，按汉义、英语释义、藏文（附国际音标转写）、拉萨话，然后是安多话的六个点依次排列。这样可便于本方言区内各地方音词汇的互相比较，又可与拉萨话和古音比较，找出共同的特点和对应关系。动词如有现在时及过去时的不同形式，我们也一一表明。增添的英语释义是为了便于交流和相互学习语言。这里还应指出，汉、英、藏语相互间的对应在词义上有些不是绝对相等的，有的只是近义，有的是一词多义或语用不同，有的是解释性的翻译。我们在记音和研究时，阅读了相关论著，吸收了他们的见解和成果，同时根据我们的体会列出了一些新的语言现象。这些资料和初步的研究，供藏语文研究和教学人员参考。

在此书出版之际，我们要向西北民族学院科研处及藏语言文学系致以衷心的感谢，没有他们自始至终多方面的支持是不能完成的。另外，也要向多位发音合作人致谢，他们在紧张的学习之余不厌其烦地帮助发音和核对语词材料。

由于我们的水平有限，难免会有错误和纰漏之处，请有关专家和读者批评指正。

《藏语语言学史稿》导论

一、藏语语言学史研究的对象

语言学，简单地说，就是研究语言的学问。语言学史是语言学的一个分科；藏语语言学史的研究对象是藏语语言学发展的历史。它的主要任务是研究藏语语言学是怎样兴起发展起来的，又是怎样继续前进及其原因，介绍各个历史时期的主要语言文字学家的重要著作和主要领域的研究成果，总结经验教训，探讨语言学的发展趋势，揭示它的发展轨迹，以进一步推动藏语语言学的发展。藏民族自古以来学习和研究本民族的语言文字有漫长的历史，是个富有传统的领域，研究成果丰富，论理精辟独到。这是藏民族文化遗产中一个很重要的方面，也是我们中华民族文化宝库中的一个重要的内容，并将永远闪耀着自己独特的光彩。

这里所说的语言学是一个广义的概念，既包括语文学又包括语言学。藏族古代并没有一个单一的关于语言学的概念，然而传统的藏族“十明”学①中有修辞学、辞藻学、韵律学、声明学等，应该说这些都与藏语言文字学有直接关系，也有认为语言学即属于声明学（སྒྲ་རིག་པ）之中。藏语语法的奠基著作《授记根本三十颂》（སུམ་ཅུ་པ）和《音势论》（རྟགས་ འཇུག）、正字学（དག་ཡིག）、双语对照词汇（སྐད་གཉིས་ཤན་

① “十明”包括“大五明”，即声明学、工艺学、内学、因明学、医方学；“小五明”，即诗学、词藻学、韵律学、戏剧学和历算学。

སྦྱར）、异名词汇（མིང་གི་རྣམ་གྲངས）等就构成语法学[①]。我们这里也将以语法学、修辞学（སྙན་ངག）和词汇学（包括辞书编纂、辞藻学、正字学等）为主，择要介绍语言学家的重要研究活动，研究藏语语言学的产生和发展。

人类的语言实践即语言的使用差不多像人类本身一样古老，但它成为一门学科却只能是人们有目的地把语言作为专门研究对象的时候才开始。国内学者对中国语言学史曾有相当深入的研究，取得的成绩也很可观。新中国成立前已有语言学的少量分科史的研究著作问世。从20世纪50年代到60年代，《中国语文》曾先后发表了多篇“中国语言学史话”的文章。特别是进入80年代，有前辈语言学家王力的《中国语言学史》（1981），濮之珍的《中国语言学史》（1987），胡奇光的《中国小学史》（1987），岑麒祥的《语言学史概论》（1988）等研究成果。到90年代和21世纪初又有何九盈的《中国古代语言学史》（1995），班弨的《中国语言文字学通史》（1988），赵振铎的《中国语言学史》（2000），邓文彬的《中国古代语言学史》（2002），李恕豪的《中国古代语言学简史》（2003），王功龙的《中国古代语言学简史》（2004），吴辛丑的《先秦两汉语言学史略》（2005），王远新的《古代语言学简史》（2006）等。不但有语言学通史，还有分科史、断代史以及《历代语言学家评传》《语文学家辞典》《语言学资料汇编》等等。此外，还有大量很有价值的学术论文，成果累累，不断推陈出新。他们对我国的语言学发展史做出了开创性研究。

关于外国语言学史的研究也多有著作译介，如徐志民的《欧美

---

①见《东噶藏学大辞典》（藏文），中国藏学出版社，2002年4月，第1190页。

语言学简史》，已译成汉文的有丹麦语言学家汤姆逊（V.Tomsem，1842—1927 年）的《十九世纪末以前的语言学》和另一名丹麦语言学家裴特生（H. Peders-en）的《十九世纪欧洲语言学简史》，美国罗宾斯（R.H.Robins）的《简明语言学史》等。这些外国语言学史的引进，对中国语言学史的研究也有很多助益和启示作用。

上述这些论著和相关的研究成果从内容上看，主要包括这样两方面：一是中国语言学史，但实际上是关于汉语语言学的发展史；另一方面是西方语言学的发展史。1993 年曾出版王远新的《中国民族语言学史》，对国内各民族语言研究的历史进行了综合的概述，这是一个好的发端。

然而，毋庸讳言，由于种种条件的限制，以往国内诸多民族语言研究的发展史和大量成果未曾得到很好利用，未能从我国丰富的语言资源及浩瀚的研究文献中深入总结出一套充分反映我国实际的中国语言学史以及具体语言的语言学史。特别是对那些语言文字历史悠久而研究的学者众多，文献资料充实的少数民族语言的研究，至今可以说仍是一个空白。但是我们知道，每一门学科都有它的历史传承，而学科史的研究是十分重要的领域，它对学科的发展和研究者理论思维能力的培养有独特的作用。

二、正确对待藏语语言学史中的继承问题

藏民族对于本族语言文字的研究历史悠久，源远流长，并且有着良好的教育传统。这些都可以追溯到公元 7 世纪，其学者之众，著述之早，数量之多，内容之广，影响之大，在我国有文字的兄弟民族中是不多见的，在藏族文化史、学术史上有着很重要的地位。

历代著名的藏语言文字学家大多一身兼数任，很多人既是笃信佛教的高僧大德，都是对佛学有很深造诣的宗教理论家，又是哲学

家、史学家；有的既是文学家，又是大翻译家，精通数种语言文字，功底深厚。他们著书立说的内容大部分涉及各个邻域，不少重要论著和译本被汇编入《大藏经》中或分别结集成全集或文集出版。千余年来绵延不断的藏语语言史始终贯穿着继承和不断发展的传统。我们就是要从传统的语言文字学理论和在研究活动中充分肯定其积极意义和成果的价值，看清这个学科发展的方向，总结经验教训，继承并汲取其中精华和合理的部分，更好地接受优秀的文化遗产，以此作为发展藏语语言学的基础，并使之提高到一个新的更高的水平上来。

其次，我们还应很好地继承历代语言学家那种坚韧不拔、锲而不舍的敬业精神。他们以自己的智慧、惊人的毅力构建起了藏语语言学的优良传统，通过自身的研究成果、实践活动而影响一群人、一个民族和几代人，从而推动了藏语言文化教育的发展，并为此做出了卓越贡献。除了前辈学者的敬业精神和创造精神外，各个历史阶段语言学的性质和研究重点虽有所不同，但重要的一点是他们能正确并善于继承前人宝贵的文化遗产，承前启后又有所发展，有所前进。例如历代学者撰写出了大量的语法学著作，那就是因为在他们之前已经有了《三十颂》《音势论》的开创性作品，然后又加以注疏、诠释和补充。在词典类的编纂方面，不仅历史悠久而且逐步完善充实，类型增多。初期仅仅是按词义分类的对照，后来发展到多语、字、词的收集也越来越多。在正字学方面，学者们总结出不同的形、义，不同或近似的音，将这些词语以偈颂句的形式编纂成工具书。可见，在一门学科中正确地对待文化遗产和前人的成果，善于传承优良的学术传统是非常重要又是必要的。

千余年来卷帙浩繁的藏文典籍代表着一个民族的智慧，熔铸着一个民族的精华。在现代化进程中，如何将传统的智慧融入民族未来发展之中，只有靠对本民族语言文字和文化的传承和延续。在继承问题上，要摒弃那种只继承不发展或不敢有所发展的态度，要坚持既有继承又有发展的积极的态度。前一种态度是不利于学科发展的，也是不符合事物发展规律的。例如，藏语的语音经过一千几百年的演变，现在将藏文来对照参考，显然已经发生了很大的不同，与早期语法学、正字学论著中所指出的很不一样了。我们既要把先前学者们的观点和材料作为分析当时藏语的基础，又要历史地根据客观的语言事实有新的诠释，做到与时俱进。不但要继承历代语言文字学著作中合理的部分，又要有所突破，有所发现，有所创新，也包括更多新的研究领域的开拓。

以近代和现代的藏语言研究而言，具有现代语言学特征的一些语言研究著作以及各种工具书、辞书，也无一不是在传统语言文字研究的基础上的发展。这种语文思想或者说语言观，是源于学者们对语言文字有深刻重要性的认识，以及对表音文字的语音特征和藏语言本身语法结构特点的理性裁断。当然这里也有开放意识的增长和受到现代语言学理论的启发和影响。藏语语言学发展史上的这种继承和发展的可贵精神，是我们始终应该予以重视和效法的。

三、研究语言学史的态度和方法

研究藏语语言学史，要以正确的理论为指导，要运用历史唯物主义和辩证法的观点、方法。王力先生在《汉语史稿》中曾指出，应该注意四个原则：（一）注意语言发展的历史过程；（二）密切联系社会发展的历史；（三）重视语言各方面的联系；（四）辨认语言发展的方向。这些原则对我们研究语言学史同样是有现实意义的。具体来讲需要注意这样几个方面：

（一）藏语作为一种独立的语言事实，在特定的历史条件下走着自己发展的道路，形成了自己鲜明的特点。它的研究有着辉煌的历史，有它萌芽、形成、发展和全面繁荣的阶段。我们要科学地分析这个发展过程。在这个不断向前奔流的长河里凝聚着无数学者的辛勤劳动和无穷睿智。所以一定要把握好两个永恒的话题：尊重传统，勇于探索。实际上在吐蕃王朝时期（公元 7—9 世纪），以今天所说的具体语言研究来衡量，几个主要的分支已经开始兴起，从声明学到语法学，这是产生最早成就也最突出，还有双语对照词汇已经编纂成书，翻译理论的研究和翻译原则的确立，文字书写的统一，译名的规范等，极大程度地促进了藏语言文字功能的发挥。12 世纪以后的数百年间，又继续取得了一系列丰硕成果，对藏语言文字有很多精辟的描述和论析，留下了一大批极有价值的文献资料。其间最具盛名而又影响深远的当首推萨班·贡噶坚参（ས་པཎ་ཀུན་དགའ་རྒྱལ་མཚན 1182—1251 年）及其大量的重要论著，仅语言文字学方面的就有如《语词藏》（ཚིག་གཏེར），《乐论》（རོལ་མོའི་བསྟན་བཅོས）、《格言宝藏》（ལེགས་བཤད་རིན་པོའི་ཆེའི་གཏེར）、《智者入门》（མཁས་པ་ལ་འཇུག་པའི་སྒོ）等等。此外，还有昆·索南泽莫（འཁོན་བསོད་ནམས་རྩེ་མོ）等也有不少重要著述。对词汇的研究考释，重要的有仁钦扎西（སྐྱོགས་སྟོན་སྟོན་གྲུབ་རིན་ཆེན་བཀྲ་ཤིས 15 世纪时人）的《丁香帐》（ལི་ཤིའི་གུར་ཁང）。汇编成正字法的有阿旺永登（ངག་དབང་ཡོན་ཏན 13 世纪时人）的《正字格达噶》（དག་ཡིག་ཀི་ཏ་ཀ），却窘桑波（ཆོས་སྐྱོང་བཟང་པོ 1444—1527 年）的《正字宝箧》（དག་ཡིག་ཟ་མ་ཏོག），久美旦却（འཇིགས་མེད་དམ་ཆོས）的《正字法》，央金饶白傲措（དབྱངས་ཅན་རོལ་བའི་འོ་མཚོ）的《藏文正字智者生喜本释》（དག་ཡིག་མཁས་པའི་དགའ་སྐྱེད་རྩ་འགྲེལ）等。又如在藏语言文字学中独具特色的修辞学和词藻学，这是早在 13 世纪中叶和 14 世纪分别从印度引进，译成藏文，后又在讲授、实践和研究中加以注释、补充，得到了进一步的发展。在藏语语言学中占有重要地位的语法学，自《三十颂》《音势论》作为首创之作问世后一直绵延不断，其中早期的具有重大影响的语法学家有上述的却窘桑波，还有札底格西·仁钦顿珠（ཟ་ཏི་དགེ་བཤེས་རིན་ཆེན་དོན་གྲུབ 18 世纪时人）的《札底文法》（ཟ་ཏིའི་སུམ་རྟགས་འགྲེལ་པ་ཀུན་བཟང་དགོངས་རྒྱན），司徒·却吉穷乃（སི་ཏུ་ཆོས་ཀྱི་འབྱུང་གནས 1699—1774 年）的《司徒文法详解》（སི་ཏུའི་སུམ་རྟགས་འགྲེལ་ཆེན་མུ་ཏིག་ཕྲེང་མཛེས）以及央金阿旺（དབྱངས་ཅན་ངག་དབང），色多罗桑崔臣（གསེར་ཏོག་བློ་བཟང་ཚུལ་ཁྲིམས 1845—1915 年）等等。藏语言研究在这样漫长的历史进程中，可谓著作纷呈，群星灿烂而后人总是站在前人的肩膀上不断进取得来的。

（二）密切联系藏民族发展的历史。要了解和研究一种语言和语言学的发展态势，必须密切联系该民族社会的发展历史，密切联系该民族在不同历史时期的内外社会环境。我们研究藏语语言学的发展也同样是如此。因为，语言不能脱离社会而存在，语言在使用中发展，社会的发展和需要必然推动语言的研究，从而促使语言学的建立和发展。根据藏汉文史书记载，吐蕃时期是整个藏族文化发展史中的最早阶段，在 7 世纪以前藏族尚无文字。松赞干布即位后，由于内外环境各个方面的因素，仅凭口语已远远不能满足日益增长的社会需求，于是就有必要创制文字。一般认为，文字的产生是社会进入文明阶段的一个重要标志。文字创制以后又不断推动了语言的发展和社会的进步，文字在实践运用中又进而得到完善、规范，这些都是语言文字发展的规律所使然。藏文史籍中都提到早期藏文曾经先后作过三次“厘定”（བཀས་བཅད）。这也是藏语言文字发展历史上的一件大事。吐蕃时期的社会是相当开放的，与周围民族与临近国家的交往很频繁。从中原汉区和天竺引进的佛教文化典籍及其他医学、历算方面的书籍的藏译，已经具有很大的规模和很高的水平，为了翻译就需要统一译语，特别是宗教术语方面的译创都要标准化；语言结构规则及各类虚词的用法也需要加以解释、规定，包括译介古印度声明学的书籍，藏文文法著作、梵藏对照词汇就应运而生。

后来为了解读、宣讲佛教典籍和学者文人自己从事著述，传授弟子进行教育，需要解释和勘误古词、注疏文法要义，为此又汇编出多种正字学等工具书。这一切社会环境的因素造成了这种学术背景。可见藏语言文字的研究活动始终未曾脱离社会发展的轨道，并且是在顺应和满足时代的需要中不断演进着。

（三）注意藏语语言学各分支学科间的联系，并与其他相关学科相互渗透结合。这既是藏语言本身的特点所致，也是藏民族文化史、学术史中所表明的一个特点。虽然古代的藏语言研究还没有形成现代意义上的独立学科，但当时的“大五明”“小五明”中，应该说都包含了一些语言学的组成部分，各有自己研究的对象和著作，并且历来非常重视实践和应用。历史上不少杰出的学者学识渊博，精通哲学、宗教理论、因明学和史学，熟谙梵文。他们在这些学科论著中也不乏关于语言文字方面的真知灼见。反之，在论述语法、修辞、词汇及翻译的语言学著作里又深受宗教哲学、因明逻辑学的影响，有时候往往还糅合在一起。今天我们研究藏语语言学的发展历史，给我们的一个启示，就是要充分注意古代语言学与这些学科相互结合彼此影响的特点。

古代藏语语言学的各个组成部分如前面所说的多方面，基本上以并驾齐驱之势向前推进，发展的浪潮时高时低，速度或快或慢，但是千余年来的积累确实使得藏语言的库藏十分丰富。

以现代语言学的理论来讲，语言结构要素中，语音、词汇、语义和语法是有机地密切联系着的，语言是包含这些不同系统的大系统。我们必须很好地重视语言学内部各个分支学科的联系，事实上各个学科也是相互为用，相互影响而又相互促进的。

我们不能说古代没有单独的语言学研究和著作，就认为古代没有语音学。这种看法是不全面的。实际上在传统的藏文文法著作里都从论述语音开始，甚至可以说贯穿于整个语法学的始终。如关于字母音势的分部分类、字的结构、词语组合、虚词的添接使用和动词的“时”“式”范畴等形态变化，无不从语音的角度作了详尽的解析。词汇学的研究也是如此，传统上对语词早就有自己的分类及构词法、缩略语的研究，大多也放在文法学中讨论。关于词义关系的论述，如同义词、多义词等，很早以前就有自己的定义和概念的阐释，并且还有不少汇编这一类语词的工具书。

此外，藏语语言学的发展与藏族传统的文学理论、学术思想等著述也互有交叉。这在研究藏语语言学史时绝不能忽视的。

（四）研究语言学史还应该确立科学的时空观和认识论。世界上万事万物总是处于一定条件下的一定变化之中。作为研究对象的语言、语言学也不例外，所以要求我们必须用发展变化的眼光对待各种语言现象和语言研究活动，以动态的观点来考察语言学的演进历程。随着时空的变迁，语言的各个要素也处于不断的变异之中。而“史”的重要特点就在于讲变化，讲发展。不同的历史时期，前后有不同的著作，要看看有什么变化，有什么新东西出现，成就何在，或者还有什么局限性。要历史地看问题，把语言学研究活动置于特定的历史条件下进行探讨，实事求是地进行介绍分析。在接触和研究文献资料的时候，不能不注意具体时代、地区，不能忽视有关作者的背景，只有细心辨析这些差异，才能得出符合客观事实的正确结论。如古代一些梵藏对照词汇和正字学书籍中，对释义和读音就应该考虑到时空的迁移。毫无疑问，这些文献都是值得我们深入研究的宝贵资料。

语言文字的发展有它的规律，应该讲究科学的研究方法。藏文的典籍浩如烟海，传统的学科又极其博大精深。我们治“史”的重点，就应着重于探求它的特点和规律，同时又要借鉴现代语言学的理论和方法。治学之道是相通的。“他山之石，可以攻玉”，这是治学的名言。不过在吸收和借鉴新的理论和方法时，应该立足于藏语言实际，从自身的研究活动中探索和总结其发展路线，进而丰富语言学理论。其次，应强调理论与实践相结合，学与用相结合。把理论知识运用于分析问题、解决问题的实际中去。例如，可以深入地做一些语言学史断代的研究、综述和评价，可以做一些分支学科史的研究，等等。我们研究的对象是藏语言及对它的研究学问的发展。平时耳闻目睹到的许多语言现象就是在自己的身边嘴边，语音的变异，词汇和词义的发展以及语法结构上的差异，就在我们日常的生活中。对语言现象不应该熟视无睹，充耳不闻，需加以留意和琢磨，看看前人是如何解释的，今天我们应该从中找出什么合理的结论。培养对语言使用中各种现象的敏感性，对研究者来说是极为重要的。

四、藏语语言学在语言学理论和中国语言学史中的地位

我们国家自古以来语言和文化的历史久远，其中民族、语种又多。可谓缤纷灿烂，五光十色。用历史最为悠久而且有文献材料可考的汉语和藏语的名称来概括与其有亲属关系的语言群，即是汉藏语系。在我国，使用这一语系的语言人口最多，语种也最复杂。到目前为止，已确定的语言有 30 多种，分属不同的语族、语支[①]。而藏语又是我国众多语言当中十分重要的一种，具有独特的地位。这不仅是藏语历史长，传承了藏民族的灿烂文明，而且语音结构严密，词语丰富，语法精密，文献数量多，有着数百万的使用者。研究藏语语言学的发展历史，是一项有科学意义和实用价值的工程，不仅

---

①见《中国大百科全书·语言文字卷》，中国大百科全书出版社，1988 年 2 月出版，第 192 页。

有它的语言学价值，而且还有研究民族学、历史学和文化学等多方面的重要意义。

（一）可以丰富中国语言学史的研究。藏语言文字的研究可上推到一千多年以前，其中传统的研究学科也很多。在卷帙浩繁的论著中表明了前人对藏语言研究的成果和种种观点，以及语言文字结构上的分析。研究藏语语言学史可以进一步丰富和发展中国语言学史的研究，使之更加充实、完整，符合我国多民族多语种的实际，使中国的文化史、学术史更加得到发扬光大。

汉藏两种语言各有自己的特点和研究传统，是众多民族中语言文字学最早兴起而又取得卓越成就的两个民族。虽然汉藏语言的语言活动所走的道路及研究的重点有多不同，时间也有先后。汉语言文字的研究历史要更早一些。《汉书·艺文志》载："古者八岁入小学，故《周官》保氏掌养国子，教之六书。"因为学习文字古代汉民族以小学为必修课程，所以后来就用"小学"指"文字学"。唐代颜师古注《汉书》时说："小学，谓文字之学也。"可见在汉代"小学"已成为文字训诂之学的专称。此后一直沿用到清代。直到近代章太炎等人才提倡将"小学"改为"语言文字学"。中国传统的语言学（按这里应理解为汉语言文字学）主要包括三个分支：训诂学，这是解释词义和研究词义的学科；文字学，早在秦汉之际，我们的先人就对汉字的造字方法归纳出象形、指事、会意、形声、转注、假借的"六书"理论；音韵学，也是最为发达的三门学科之一，有《切韵》（隋陆法言著）、《广韵》（宋陈彭年等重修）、《集韵》（宋丁度等修定）、《中原音韵》（元周德清著）等一系列经典性著作。至于汉语语法比较系统的研究和专门著作则是 19 世纪末的事情了。

（二）藏语语言学史研究在汉藏语系诸语言研究中的重要作用。研究藏语语言学的发展离不开对藏语的语音、语法和文字等方面的研究。全面地介绍藏语言文字的研究成果，探索它的发展特点和规律，不仅能推进现代藏语言学的发展，进一步加强和发挥藏语言的社会功能，而且对汉藏语言的对比研究必将有所贡献。现今的藏语和汉语看来差别很大，主要是两种语言分化的时间比较久远的缘故。但从发生学分类来看，汉藏语同源关系几乎是无人质疑的。语音方面，汉藏两种语言都具有以声韵调为单位的汉藏语系独特的语音结构 。语法方面,这两种语言都具有以虚词和词序为基础的共同框架。虽然，现代汉语是述宾次序，藏语是宾述次序，而事实证明古代汉语同样具有述宾结构[①]。另外，从语音系统及历史演变来看，两种语言也有许多相同或近似的地方[②]。迄今已经取得了不少可喜的研究成果。前辈学者早就指出，研究汉语史绝不可离开民族语言特别是藏语的研究。同样，研究藏语史也是如此，都可以从中相互启发，相互印证，吸取有用的东西。两种语言学史的研究也是息息相关，可以彼此促进，相得益彰的。

在汉藏语系的藏缅语族中，藏语更处于特别重要的位置。千百年来藏语的发展，无论在语音、词汇和语法、语义等方面都明显表现出它的规律性、丰富性。藏文作为记录藏语的书写符号系统，形体独特，结构严整，拼读有序，文献众多。在汉藏语系语言中除汉文以外是最悠久的文字，也是我国许多民族语言拼音文字中最早的一种，而且是藏缅语族中唯一延绵至今仍在普遍使用的一种文字。藏文从创制以来，它的形体可以说没有太大的变化。这一套相当完

①藏语的声调是后起的。从藏语的方言中可以证明。这也是藏语言研究人员的共识。迄今藏语方言中安多话尚未产生声调。语音上区别意义必须通过声母的单辅音或复辅音、清声母或浊声母以及辅音韵尾的多寡。

②请参阅华侃《论藏语和汉语在历史音变中的一些相似现象》，载《西北民族大学学报》，2005 年第 3 期。

整的拼音文字大体反映了7世纪前后藏语的语音。以此为出发点，无论是上溯古音，还是下及今音或者横向比较，都比非拼音文字方便有利。我们完全可以依据藏文大量的文献资料和纷繁复杂的方言，探求语言发展的历史，为亲属语言研究提供有益的参考。例如追溯藏缅语言的关系，构拟原始藏缅语，乃至进一步求索原始汉藏语的形式。当然，这是一个更深层次的问题，不是本书所能解决的。我们只是从藏语研究来谈他的地位和作用，以期引起更多人的关注；并且试图说明语言史和语言学史的研究两者是不可分割的关系。

由于藏语言文字具有深厚的文化基础和广泛的宗教影响，对其他语系的语言如我国阿尔泰语系的蒙古语族特别是蒙古语言文字也有长期的深刻影响。早期的蒙古语语法也有“八格”，还有不少源自梵语的宗教文化词语，大多是通过藏语传入蒙古语的。为了将藏文《大藏经》翻译成蒙古文，学者们编纂成的藏蒙双语对照词汇也是很早的事。特别值得提出的是一种“八思巴”字，又称“方体字”，旧称“蒙古新字”“蒙古字”“蒙古国书”“元国书”等。这是元世祖忽必烈命国师八思巴创制的一种文字，颁行于元代至元六年（公元1296年）。其字母多取自藏文，个别来源于梵文或新造。仅从上面简略的介绍，已经可以认识到藏语语言学研究具有多方面的价值和意义。

藏语言文字的研究还具有世界性，在国外也有较长的历史。如研究古藏文文献、文法学、现代藏语及方言、外藏和藏外双语词典等方面的成果，同样引人注目。随着中华民族正在走向“崛起”，藏语更加呈现出勃勃生机，必将使它的语言文化大放异彩。藏族以及其他兄弟民族都是祖国大家庭中的优秀成员，藏语和藏文的产生在中国，藏语言文字研究的故乡在中国。我们有自己得天独厚的条件，充分利用藏语文资源，理所应当做出更多贡献，为人类语言学增添新的内容和光彩。

五、藏语语言学的历史分期

讲历史不能不谈分期。作为一门学科的语言学，也应该是由古代、近代和现当代语言研究构成的一个整体。对藏语语言学的发展进行历史的分期是十分必要的，然而也是一个比较复杂困难的问题。分期的目的是为了反映语言学自身发展的阶段性特点，归纳出条理，使历史发展的线索更加分明，使历史上一些关键问题更加突出，使人们能更深刻认识历史的面貌，以便于更好地研究，更细致地观察和了解藏语语言学在每一历史阶段发展的特点。藏语语言文字的研究从公元7世纪起就开始了，在漫长的历程中，大致可以分为三个大的阶段。1. 古代时期，公元7—10世纪；2. 近古、近代时期，公元11—19世纪；3. 现代时期，公元20世纪。古代时期，是藏语语言学的萌芽、兴起的阶段，包括藏文的创制，文法学的建立，双语对照辞书的产生，文字厘定和关于翻译理论的论述。近古、近代或者称作中期，是藏语语言学发展的时期。虽然，这一时期，也还未形成现代意义上独立的语言学，但与语言文字相关的分支学科开始兴起，蔚为一代之盛。如修辞学、正字学、词藻学，不少重要而有影响的文法著作及其著述纷纷问世。现代时期还可分为在新中国建立以前和建立后两个阶段。前一阶段的研究活动比较分散，影响也不是很大。但应该说还是为下一阶段开了个头。自50年代开始的后一个阶段，是藏语研究全面繁荣兴盛的时期。现代语言学理论和研究方法的引入，借鉴和吸收了一些研究模式，使藏语语言研究迅速成为一门独立的学科，并且得到全面拓展，几乎涉及到语言学的各个领域，步入了研究现代语言学的阶段。一方面，这是社会发展的需要给藏语言研究不断提出了新的要求；另一方面，也是受到国内外现代语言学蓬勃发展的影响。从此，藏语语言研究出现了从未有过的新气象，研究空间有了很大的扩展。由于现代语言学研究的要求和目的性，在继续深入研究书面语的同时，口语的研究得到前所未有的的重视，充分尊重群众活生生的语言事实。这是20世纪下半叶藏语研究的一大特点。这一阶段的研究工作建立在更科学更实际的基础上，大量都是深入国内藏区调查收集来的第一手资料。在理论的、描写的和应用性等研究方面，出版了一大批厚重的著作，无论在深度和广度上可以说是进入了全盛的时代。

至于分期的依据，主要考虑到一定阶段的有影响的语言文字学家及其重要的著作、学科的重大研究活动特点。当然，各个阶段的界限并非泾渭分明，且在时间跨度上、研究成果上也有差异。20世纪后半叶虽只有短短的数十年，但研究成果多，领域广，视野宽广，更贴近社会，受到国内外的普遍瞩目。

为了能比较全面地反映藏语言研究发展史的面貌及现状，本书所叙述的内容，主要包括以藏族为主的和其他民族的学者，以及早期进藏的外籍高僧译师等参与的研究活动和他们的著述。近代和现代国外学者发表的一些研究成果，由于我们阅读到的材料有限，所了解到的相关资料只在书中简略地表述一下或列作附录以供参考。

（与桑吉苏奴、贡保杰、贡去乎加措合作，民族出版社2017年出版。）

三、语言与藏族文化

藏族地名的文化历史背景及其与语言学有关的问题

地名既是一种地理现象，又是一种语言现象。不同社会、民族，地名的构造类型、特征有差异，即使同一民族语言，在不同时代和不同地域也不尽相同。每个民族都在地理名称中不同程度地留下了自己的痕迹。这既是语文各异所致，也同该民族的社会、政治、经济、文化和地理环境有关。我们研究地名有重要的科学意义和实用价值。分析地名，能够给历史、民族、地理、语言等相关学科的研究提供许多重要的信息，可以说明民族的迁徙和兴衰、社会的变动等。

地名属于专有名词类，在语言词汇里只是一个小类，但是数量众多，构成了相当大的一部分词汇。这一部分词语也相当特殊，它们担负着标记地理事物的职能，具有稳定性和可变性的特点。有些藏语地名古今沿用千余年仍完全一致，如 lha-sa“拉萨”、bsam-yas“桑耶”等。当然，这种稳定性并不是绝对的，也有少量地名起了变化。通常易变的是行政区划名称和与政治因素有关的地名。另外，与别的名词相比，地名的意义具有可分析性的特点，通常认为可包括字面义、指位义和指类义。因为地名大多具体反映人们对客观地理环境的认识，或反映人们主观的愿望、意志及态度，因而地名的命名总有一定的原因或一定的理据，也就是说不是任意的。从整体上看，一个地名反映的是地理名称的意义，即指称意义，但在字面上还有本来的具体意义。与普通名词不同之处还在于，地名的意义依靠语法结构来改变的很少，在使用上也不如普通名词常用。地名作为语言词汇的一部分，很少有动词的形式，抽象词汇用于地名的也不多。此外，地名的演变带有强烈的人为强制性，即地名可以人为强制更改，而一般词汇的演变方向往往不能事先人为规定。

藏族人民世居于青藏高原，境内高山、冰峰、江河、湖泊不计其数，既有草原，又有沟壑。千百年来藏族人民生息劳作于这片土地上，创造了自己悠久的历史和灿烂的文化，用自己的语言给众多地理实体以形形色色的名称。这些名词是按藏语言的一定规律构成的一部分词汇，我们透过藏语的地名，可以发现它的起源和构建系统，可以窥探藏族社会的历史和文化，乃至不同民族文化在其中的制约作用。所以，对藏族地名的研究不仅具有可贵的学术价值，而且对各项经济建设和文化建设都有不可忽视的作用。

藏语地名的类型和命名方式是多种多样的。本文将运用地名学的原理和方法、历史比较语言学、语言学底层理论，参考有关文献及民族学资料，针对藏区主要是藏语地名作一描写和解释，探讨这些地名的文化历史背景。

从来源上分：1. 藏语固有的名称，如 Klu-chu“碌曲”、mgo-log“果洛”。2. 根据地区的多民族、多语言的社会实际，又可将藏族地名按语言不同分，如来自蒙古语的有 pa-yan，意为“富裕”，汉语音译作“巴颜、巴燕、哇英”，今化隆、湟中、甘德等地均有其村、桥名。来自汉语的有 Kuve-nan“贵南”。3. 外来语的名称，如来自梵语的 pad-ma“班玛”，意为“莲花”（源由佛教文化词）。

结构特点方面，从音节上分，有简单和复合两类。简单形式的数量不多，如带词头 a 的 a-sngon，汉语音译作“阿什努”，a-mgon 汉语音译作“安关”，均为化隆居民点名，“a”不含实义。复合形式指通名和专名结合的形式。所谓通名，是各种地名通用的地理实体通称。在这种合成的藏语地名中，常见的是专名在前，通名（大类名）在后。这种通名的位置是藏语中心词和修饰成分位置不同所引起的。这些专名多为名词性的限定、修饰成分，如 mdzo-sgang“左贡”（县）、zangs-ri“桑日”（县）。也有通名在前的，后面的多为表方位、大小、颜色的修饰性成分，如 mtsho-smad“措美”（县）、ri-bo-che“类乌齐”（县），sa-skya“萨迦”（县）。地名的民族性以通名部分的常用字最具特征，藏语地名的通名极富多样性，使用了大量明细化的地理名称。

一

藏语地名大多是根据地理因素来命名的，充分反映了自然地理的特点。我们从地理上进行分析，能阐明地理名称的起源和出现的原因。由于青藏高原的地貌错综复杂，加之藏族主要从事畜牧业生产，他们生活的方方面面与大自然的关系十分密切。所以，他们在给那些地理实体命名的时候，对客体的地形、地貌、山系水系等属性或形状的多样性都有非常精细的观察和体验，很大程度上体现了青藏高原地理环境的特色。这种地名模式及通名的多样性又是与自然条件环境的多样性相应的。下面我们探讨一下有关通名的含义。常见的水文通名有 chu“河、江”，音译“曲”；mtsho“湖”，音译“措、错”。山文通名有 ri“山”，音译“日”；la“山峰、山”，音译“拉”；sgang“山岗”，音译“岗、甘”；devu“小山、小丘”，音译“底、地”。草原地带常见的有 thang“滩”，音译“塘、堂”；lung-ba“沟、川谷”，音译“隆、龙、龙哇”；mdav“山谷口、沟尾”，音译“达”；mdo“交叉地、汇合处”，音译“多”等。其余还有表“坑、堑、沟壕”的 vobs，音译“卧、窝、吾”；表“口、近边、边缘、前方”的 kha，音译“卡”；表“洼地、塌陷处”的 skong（skong-bu），音译“贡”；表“里面、内部”的 Khog，音译“库、库乎、口”；表“弯、隅、曲折处”的 Khug；表“关口、要隘、峡”的 vgag 或 vphrang，分别音译为“嘎、尕、苟合”和“昌、潘（玉树地区）”；表示“深沟、涧沟”的 grog，音译“结合、菊”；表示“断岩”的 gad –pa，音译“尕巴”，表“窟、洞穴”的 phug，音译“浦、甫、普、布”；表“边沿、近处”的 vgram，音译“银扎木”；表示“盆、盘”引申作“盆地”的 gzhong，音译“涌、央”；表“垭口、豁口、下陷处”的 myag –ga，音译“年、娘、尼哈、涅克”；表“沟脑、沟头、山谷的最高部分”的 phu，音译“普”；表示“鹅卵石、圆石”地貌的 gram –pa，音译“章、尖、尖巴”；表“顶、尖、点”的 rtse，多见于山峰名，音译“泽、则”。其区分类之细，是其他语言地名中不多见的。

对于性质和特点相同的地理实体，为了在定名上予以区别，常在一般称名（通名或加上限定词的复合形式）之后（也有少数在前）再加一方位词，以表明二者所处的不同方位，描述了该地区自然环境的特征、形状。这往往是以游牧生活为主的民族在实际生活中体悟到的一种区别事物、辨别方向的重要手段。如表示“里面、深处”的用 nang，表示“外面”的用 phyi，表示“南面、向阳处”的用 nyin，表示“北面、背阴处”的用 srib，表示“上方、上游”的有 stod 、gong–ma、yar 等，表示“下方、下游”的有”smad 、zhol–ma、vgab–ma 、mar，表示“中间、居中、半腰”的有 bar–ma 、sked（原义为“腰”），“表示深底、底下”的有 zhabs 、mthil 等。

某一地方的固有特征，往往成为人们命名的依据。如在通名之后加 chen“大”、chung“小”、rgan“大、老”等修饰成分，例如 mtsho –chen“措勤”（县），mtsho –chung“错琼”，达日牧点；rdza –rgan“扎日干”，贵南山峰名。有的在通名之后加数词，例如 chu –gsum –rdzong“曲松县”，反映出了一定的自然条件。也有少量数词置于前面，以 dgu“九”居多。藏语的“九”除表数字概念外，还有

“多”的含义。

景观的不同也造成地名词汇的差别。藏民族根据自己独特的生活体验，将某种地形状貌特殊的地理实体，与自己最熟悉的事物联想起来，以此比喻命名。一般将这些动物的名称置于通名前。如 rta-mgo-thang，直译为“马头滩”，杂多牧点名。gnyan-mgo-lung-ba，直译为“盘羊头沟”，曲麻莱牧点名。也有直接以动物名呼地名，如 thang-nag“唐乃亥”，义为“黑雕”，夏河村名。mdzo-sna“昨那”，义为“犏牛鼻”，贵德村名。在特征性的描绘中，也有以颜色词置于通名后构成复合式的地名，常用的有 dkar“白”、skya“灰色”、dmar“红”、nag“黑”、sngon-po“青、蓝”、ser-po“黄”等，可能反映了某一地域内的土壤、山水等色彩。如 sa-skya“萨迦”，直译为“土·灰白”“mtsho-s ngon-po”青海湖。

二

名称的地理制约不仅可以从自然地理的意义上来理解，而且还可以从经济地理的意义上来分析。由于人们生活、生产活动范围的扩大，原来只是表示地貌和山水地理的各种特点，随着对自然资源开发利用和改变，居民点不断增多，后来渡口、桥梁、交通驿站、道口、工厂、矿山的出现，以及关于土地、牧场、动植物、水力、地热等与自然资源相关的地名，都与人类经济活动息息相关，并以此作地名。从而，地名的品类，即识别特征就越来越多样化，一些反映社会经济现象的名称陆续增加。一般认为这些名称要比自然地理的名称得名要晚。

当然，由于自然地理环境和社会环境的变化，今天看来这类地名不一定全都名副其实，作为地物名称保留的内容可能已事过境迁了。但我们从社会经济的角度对地名的意义加以剖析，可以提供一些有关的信息，在一定程度上判断出名称产生的那个时代人们经济活动的某些状况和特点，也可以作为研究自然环境和经济活动变化原由的依据。

藏语地名常以某种动植物名或药草名直接作地名，有的加在通名之前，或许说明了这里曾是生长这些植物或只在草原上常出没的一些动物的地方。如 cu-gang-lung-ba“吉岗龙哇”，天峻牧点名(“吉岗”为音译汉语“竹黄”，药草名，意译为“竹黄沟”)。gro-ma-lung-che“作玛陇切”，玉树牧点名（意译为“蕨麻大沟”）。vjag-mavi khug“吉美口”,同德村名（意译为“茅草湾”）。skyer-thang“马兰草滩”，循化村名。kyal-tavi-nags“红柳滩”，贵德村名。t sher-ma-lung-ba“才玛隆哇”，玛沁牧点名（意译“刺儿沟”）。其余还有 lcang-ma“柳”，shug-pa“柏树”，mkhan-pa“野蒿”，se-ba“刺树”，spen-ma“柽柳”，gra-ma“带刺的树木”，等等。以动物名作地名的有 g tsod“羚羊”，dom“熊”，spyang“狼”，rkyang“野骡”，mtshav“豺狗”，gnav“岩羊”，gsav“雪豹”，rgo-ba“黄羊”，stag“虎”，wa“狐”，byi-ba“鼠”，shwa“鹿”，byi-long“鼢鼠”，grum-pa“獾”，sram“岩獭、水獭”，vug-pa“猫头鹰”，pho-rog“大乌鸦”，khra“鹞”，chu-bya“水鸟、水禽”，ngang-ba“雁、野鸭”，khu-byug“杜鹃”，sreg-pa“鹧鸪”等。反映矿物、地热的如：mu-zi-lung-ba“木孜隆哇”,意为“硫青沟”，天峻沟名。rdo-sol-khug“多束口”，意为“煤湾”，祁连村名。mtshur-lung“才隆”,意为“矾沟”,门源牧点名。此外,以 tshw a“盐”、tsha-la“硼砂”、rang-vthag“水磨”、chu-Khol“温泉”命名的更是常见。

三

地名是多种文化的集合体，就其来源而言，都具有自然和社会的双重属性。每个历史发展阶段的地名，都是当时现实的反映。在地名的背后，可以看到另一层与人文历史有关的问题。所以人文学家常把地名研究作为重要的知识源泉之一。通过对地理名称的词源加以深入考究，再加上地理分析，就能阐明地名的起源和出现的原因。首先，由居民地的名称可表示其居民的来源，显示出移民的过程（原因可能为政治、经济、军事等多方面）。移民常把故乡的名字随着带到了新的居住地，由于时空等原因，有的已经忘了自己的故乡，然而他们现在所住的地点却仍保留了来自何地何区域的有关历史资料。如夏河的 lithang “碌堂”，就是在公元 1920 年拉卜楞寺第五世嘉木样活佛举家以及他们的随从从康区理塘（即 li-than g）迁来而形成的居民点。又如卓尼的 gtsang-pa “藏巴” 乡，其先民据认为是在吐蕃时期从后藏来的军旅人员，他们将原来的 gtsang “后藏” 名带来了，pa 指人和人种集团，意为“后藏人”。其次，甘青自古以来就是多民族活动的地区，是古代民族交往和融合的场所。早期主要是羌人，后又西迁来鲜卑族的吐谷浑，12 世纪起蒙古人开始进驻青海。从地名的谱系中或多或少地可以看出民族的迁徙和流动。现今青海藏族居住区还有一些蒙古语地名，这就表明历史上某一时期蒙古族和他们的语言在这些地区可能占统治地位，然而现在已经有了更替。后来的民族接受了过去占统治地位的民族语言中的一部分地理名称，并在本族语的地名系统中起底层作用。就是说，这些底层地名从来源上看是外来语，但从使用上说却是本族语的。如青海的湟源、大通、甘德等地都有被称为 pa-yan（ba-yan）的村落名，该词来自蒙语，意为“富裕”。又如 su-rug “苏鲁”“苏绕”，玉树、杂多都有此居民点名，该词蒙古语意为“ 群、畜群”。还有一些蒙藏双语合璧的地名，如 pa-yan-brag-dkar “巴颜扎尕尔”，“巴颜” 为蒙语，“扎尕尔” 为藏语，意为“白岩”，此为玛多山峰、牧点名。藏汉合璧的地名中还有双重现象，如甘德的一居民点称

hrang–gong–ma，hrang 是汉语“上”的音译，gong–ma 为藏语“上方”义。底层地名能反映古代底层民族的地理分布，值得进一步发掘和研究。再次，从一部分地名的词义上分析，可能与历史上发生的某些事件和一定的人物有关。有些居民点名带有 dpon“官员”字，常置于通名前。如同仁的 dpon–ru，贵德、刚察的 dpon–tshang，共和的 dpon–skor，玛沁的 dpon–lung。大多表示原为当地官员（土司、亲王、头人等）居住的宅邸、村落或其出生地，或其同一家族、族群的居民点。如夏河县城关附近的 dpon–tshang“王府”，早期是河南蒙古亲王的府邸，而后包括亲王的随从仆役及他们的家属在内逐渐形成一个居民点，就以“王府”作其地名。藏语地名中有的带 dme 字，其词义据《藏汉大词典》：一为“垢污”，一为“同姓相杀或近亲结合（dme–bo）”。如班玛有 dme–lung“美隆”牧点，囊谦有 dme–gzhung“麦涌”村落名，夏河也有 dme–rin“美仁”、dme–bo“美吾”等乡名，有可能这些部落历史上曾发生过自相争斗等内讧事件。再如玉树有一牧点名 gyod –gleng–mdav，其字面义是“争吵（诉讼）谷口”，或许该谷口曾作过论说讼事或纠纷的场所。

地名作为一面历史的镜子，真实地反映了我国各民族间和睦、团结、融合的关系。如今青海的日月山、海南藏族自治州的大河坝、玉树巴塘山的白都满沟等地都与文成公主经青海入藏有关，体现了唐时汉、藏、吐谷浑之间的友好关系。从地名的人文历史分析中，还可以看到藏族和其他民族交错而居的历史和现实，有些地名带有民族的称谓，也有直接以民族名称作地名的。这些都可能表明了该地区曾是以某个民族为主的居住地，如 monggol“蒙古”，共和居民点。mi–nyag“米乃海”，化隆居民点。藏语称西夏为 mi–nyag。其余如 hor–gzhung“合尔营”，湟中村名。藏语 ho r“霍尔”，不同时期所指的民族不同，唐宋时指回纥，元代指蒙古人，元明之间指吐谷浑人；现代指藏北牧民和青海土族。另外带 rgy a“汉人”、sog-po“蒙古”的更是不少，如共和的 rgya-sko r“ 加什科”，意为“汉人部”；河南、化隆的 rgya-mkhar“尖克、尖科”，意为“ 汉人城”；玛沁的 sog-po-mdo“索呼多”，意为“蒙古岔口”。实际上任何一个民族都不可能完全孤立地存在，都与相邻的民族有着或多或少的交往，正所谓“你中有我，我中有你。”也可以说，这是自古以来各民族在长期经济、文化交往中建立起密切关系的见证。当然我们也要注意，由于沧海桑田，时光流逝，有时早先的名称已失去其原义，不符合当今的现实，但名称仍然存在，这可以给历史学家提供许多资料。

有的地名由普通名词后加 so-ma、gsar“新”、rnying“旧、老”构成，表明了该居民点时间上的新老和先后。如 ru-rnying“如娘”，循化村名。ru 为“放牧点、牧户”的意思。同仁、夏河、化隆等地均有名 sa-so-ma 的居民点，意译为“新地”。

四

我们还可以从地名观察到一个民族的宗教信仰。在佛教未传入藏区以前，藏族先民曾长期信奉一种名 bon-po“本波”的原始宗教。后来，由于佛教势力不断兴盛起来，本波教逐渐趋于衰微。时至今日，藏区还有以 bon 作地名的情况，这就告诉我们有关本波教的一些影踪。如 bon-skor“汪什科”，意译“本波部”，贵南居民点。bon-khog“温库乎”，意译“本波内（庄）”，同仁村名。bon-po-rgyud“文卜具”，意译“本波系统”，化隆居民点。

众所周知，广大藏族群众对藏传佛教有虔诚的信仰，佛教影响不仅广泛地反映在社会经济、日常生活的各个方面，而且也深深地渗透到作为语言词汇的地名中，不少藏语地名也带上了浓厚的宗教色彩。有的在通名前加一宗教文化词，有的直接以寺院名或宗教词汇命名。以一般佛教用语的，如 lha-sa“拉萨”，意译“神地”。skye-rgu“结古”，意译“众生”。bkav-vgyur“关角”，即《佛说部》（甘珠尔），天峻地名。dung-dkar“东格”，意译“法螺”，同德、共和、泽库等均有此地名。以宗教建筑物命名的，如 mchod-rten“乔夫旦”，意译“塔”，共和地名。sgom-khang“果木康”，意译“禅堂”，久治牧点。lha-kh ang“拉康”，意译“寺庙”，共和村名。以宗教人物命名的，如 bla-mavi-lung-ba“拉木龙哇”，意译“喇嘛沟”，循化地名。dge-bsnyen“格尼”，意译“居士”，称多村名。grub-chen“知钦”，意译“大圣”，班玛地名。对于一些高耸入云的山峰峻岭出于对自然界的敬畏心理，更是常用佛、山神等命名。如 jo-bo-mgo“交吾果”，意译“尊者头部”，囊谦山峰名。sgrol-dKar-ri“中尕日”，意译“白度母山”，称多山名。gang-drung-rgyal-mtshan“央中尖参”，意译“永恒宝幢”，河南县山峰名。rdo-rje-dgra-vjoms“多吉占均”，意译“金刚摧敌”，甘德山峰名。这种现象源于原始时期的万物有灵观念和对自然力的崇拜，具有民俗心理的特点。

五

对于地理实体命名的本身，除了比较突出对客体的属性或形状特征外，也还包含着人们的主观感情色彩，具有一定的社会性。在地名类的命名中蕴含着极为深刻的民族感情、思维方法、心理倾向和审美观念。藏语地名也跟别的民族语地名一样，按照自己的心理感受给以很多美好的命名，表现出人们求吉祥幸福，祈富裕安泰的良好愿望。这是社会心理和民俗特征的体现，具有内在的文化意义。带赞颂性的词常加在通名之前，也有直接以这些词语命名。表示吉祥如意、和平幸福的有 bkra-shis“吉祥、圆满”，dpal“吉祥、福德”，skyid“喜悦”，bde-skyid“愉快、幸福”，zhi“平和”，skalbzang“幸运”，dgav-bde“欢乐”等。表示富饶兴旺的有 phyug“富有”，dar“发达”，yar-rgyas“发展、增长”，loyag“丰收”，vbri-rgyas“母牦牛发展”等。表示光明美好的有 vod-zer“光明、光辉”，tho-rengs“黎明”，nyi-ma“太阳”，bzang“好、良”，dge“善”，yag“美好”，mdzes“美丽”。表示威武的有 dpav“勇武”，drag“雄武”。此外，以 gser“金”、dngul“银”、g·yu“碧玉”等直接作地名的也常能见到。

六

地名学和语言学的关系更为密切。通过语言的分析，可以确定地名背景、层位、类型和成分。通过地名的分析，能帮助我们解决许多重要的语言理论问题，能为语言、方言和语言史研究提供线索。我国著名的语言学家罗常培在《语言和文化》一书中首先提出语言学要注意利用地名学的研究成果。反之，语言学也推动着地名学的发展。

根据语言情况，藏区的地名是多种多样的，总的可分为下面几种类型：1. 藏语地名，多数都有汉语音译或意译。2. 双语地名，即一地双名或一地多名，同一个地方并行使用两个或多个地名，其中藏语地名与别的各族语地名，不仅语音不同，而且语义上也没有任何联系。3. 藏语音译的汉语地名。以第一种类型占绝大多数，其中汉语音译的多，意译的少。如 dkar-mdzes“甘孜”，gangs-dkar-ri-bo“贡嘎山”，rdo-nyi-zla“日月山”。双语地名是多民族历史上频繁交往和多民族杂居造成的。相反，如果没有这种社会因素，那是不可能产生的。关于双语地名前面第三节中已有分析，现再举数例：dpav-ris“天祝”、lha-rgyal-gling“刷经寺”、rig-mo-gzhung“倒淌河”、mtsher-ba“鸟岛”。汉语地名藏语音译的如“贵德”kuve-te。藏区一些重要的山文水文和县以上名称，汉语音译大多已约定俗成。较小的地名音译上尚有不少分歧，有的是藏文同一形式，由于藏语方音和汉语方音的不同造成汉语音译有别；有的是藏文相同的字，而汉文用发音相同或相近而字形不同的字来音译。

地名在词义上，除了社会历史的原因会产生变化外，作为一种语言文字代号，也必然会随本族语言文字的发展趋势，引起地名书写形式、语音上的演变。我们拿文献中一些地名的本义与现今的词义及语音加以分析比较，可以研究他们的最初形式，辨析古代的语音和语义，考察古代语言的特点。有一些地名是相当古老的，然而，随着时间的推移，原来那些语言现象或者消失了，或者被人忽视了。我们可以利用地名资料来论证和解释语言问题。第一，藏语有些地名的口语音与书面读音不同，通过这类地名可以考证古音，或者用以验证某些语音演变的论点。如夏河的“拉卜楞”，藏文为 bla-brang，今书面读作 la-tʂaŋ，而在牧区、半农半牧区说成 ɣla-wraŋ。这表明口语里第二音节中还保留着基本辅音和后置辅音两个音素的读音，而书面语已合而为一，由 br >tʂ。在农区话中说成 la-raŋ，基本辅音 b 已脱落。这验证了书面语与口语发展是不平衡的，各地方言的发展也是不平衡的，同时又证明古藏语中基字和下加字是作为两个音素而存在的。再如青海的贵德，藏文为 khri-ka，书面读作 tʂhə-ka，口语说 tɕhə-ɣa。乐都，藏文为 gro-tshang，书面读作 tʂo-tshaŋ，口语说 tɕo-tshaŋ。由此可以联想到文献上所载的，在第二次文字厘订时，按照当时卫藏地区的语音作了规范，取消后置辅音 ya，声母由舌面前塞擦音变成舌尖后。现今安多地区的口语中多数词仍保留着文字厘订前的语音面貌。同样，我们还可以从汉文文献中的地名进一步印证早期藏语音节结构之复杂。有的研究人员根据明代有关史料及诗集指出“必力处”之地名，即藏文 vbri-chu， vbri 意为"母牦牛"，chu 为"河"，唐代曾译为"牛河"，明代音译成"毕力术""必力处"，近代改译成"治曲"。藏文实为同一字，今安多口语音为 ndʐə-tɕhə。无论"毕力术""必力处""治曲"，正好反映藏语语音的历史演变，即声母系统由纷繁逐渐趋于简化。

第二，地名的方音比较，可作为方言分区的参考。如藏文 bra，在玉树地区说成 ba，而在安多方言中为 ptʂa/tʂa。藏文 spa，在玉树地区也说成 pa，而安多各土语分别说成 hwa、hpa、sa、ɸa 等。还有藏文 spya，在玉树地区为 ɕa，这也符合康方言的一般特点。这样的地名例词是不胜枚举的，有益于方言研究。

第三，地名研究能够而且应该帮助解决藏文地名正字法和音译转写的问题，这是一个相当复杂的任务。可是这关系到经济和文化建设方面的使用，关系到国内各民族之间乃至国际间交往的大事。由于一些地名在长期使用的过程中发生了变化，有些是因民族的流动留下的底层语言，保持比较古老的记录。加之相当一部分地名无书面资料，以至造成无正字可考。这就需要作广泛深入的调查，通过有关文献及采录口头传说，力求处理好地名书写上的正字。至于藏语地名如何转写，也是应该研究解决的问题。1976 年当时公布了由国家测绘局和中国文字改革委员会修订的一个《少数民族语地名汉语拼音字母音译转写法》，时至今日似乎还有各行其事的现象。如藏文 dpav-ris"天祝"，按卫藏音译为"巴热"，安多音译为"华热"，形成 dpa′-ris、Ba-ri 等多种形式。又如 bde-chen"迪庆（县）"，有的按藏文转写，有的按汉语拼音字母转写成 Di-qing。dzam-thang"壤塘（县）"则转写成 Rang-tang 和 zang-thang 的都有。归纳起来，现今藏语地名转写上有三种情况：一是根据藏文字母的一定对应规则，用拉丁字母转写出藏语地名。二是根据藏语的实际读音，用汉语拼音字母拼写出来。三是用读音相同或相近的汉字音译出藏语地名，然后再用拼音字母拼写。这样很不利于信息储存和日益频繁的经贸、文化交流的需要，应该有一个比较科学合理的统一标准的音译转写法。

藏语地名研究是一件有重要意义的事情。鉴于藏区幅员之辽阔，地名数量之繁多，历史上和现今还有别的民族交错居住，相当一部分地名缺乏口碑和文字记载，加上地名本身形式的演变，所以，很多语义内容令人难以解释和确定，读写标准尚有疑问。有些从字面义看，与它所指称的地理实体似无联系。总之，地名研究今后仍有大量的工作要做，并且必须采取认真细致的态度，坚持历史唯物主义的观点，对地名的语源、起源、涵义、更替、分布、正字书写及其演变情况做深入系统的分析，充分利用地理学、语言学、历史学等密切相关的学科来指导我们的研究，要有综合的观点，尽可能将地名置于一个更大的社会人文背景中去观察。以上我们对藏语地名进行了一些综合性考察，由于涉及面广，很多问题不可能在这篇短文中反映出来，有些可能是望文生义，也有不少细节尚需作进一步探讨。

后记：文中藏文采用的是拉丁字母转写。

参考书目：

1. [苏]В．А．ЖУчкевич著．崔志升译．普通地名学[M].北京：高等教育出版社，1983．

2. 游汝杰．中国文化语言学导论[M]．北京：高等教育出版社．

3. 戴庆厦．社会语言学教程[M]．北京：中央民族大学出版社．

4. 庞琳．明代入藏道路站点考释[J]． 西藏研究（汉文版），1995（4）．

（原载于《西北民族研究》2001年第3期（总第30期））

从语言规划谈藏民族共同语的建立

语言规划就是政府和社会团体为了解决在语言交际中出现的问题有计划有组织地对语言文字进行的各种工作和活动的统称。它是语言政策的具体体现。“语言规划”这个名称，是 1957 年由语言学家威因里希（Ureil Weinrich）首先提出的。但实际上，在语言规划这个名称出现之前，早就进行过语言规划，秦始皇把形形色色的六国文字统一为小篆，实行“书同文”，这就是人类历史上一次大规模的语言规划。在藏族历史上也曾成功地进行过“语言规划”，这就是藏文史书上提到的“文字厘定”（བཀས་བཅད་གསུམ），前后经历三次，制定了正字法，规范了词语的书写，统一了译语。这是随着藏语言在使用和发展中产生的变异所作的必要的语文建设。从而极大地推进了佛经典籍的翻译，藏文随之也得到了更好的使用和更快的发展，文、史、哲及医学、历算各类著作也大量问世。在欧洲，远在罗马帝国时期，实行以拉丁文统治多民族大帝国的“书同文”政策，官吏和军人掌握了拉丁文，但广大人民仍然处于文盲状态。后来到了文艺复兴时期，解放了思想，意大利、法国、西班牙、瑞典等国都纷纷成立负责研究语言的机构，加强语言规划，促进语言社会交际功能的发挥，为以后的工业革命作了文化上的准备。这一切都是早期的语言规划。

新中国建立以后，为了使民族语文更有效地服务于本民族并便于族际和民族内部交流，使其在文化教育中发挥更大的作用，从总体上扩大语言文字的使用功能，党和政府十分重视民族语文的规划问题，组织民族语文工作者与广大群众一起开展了一系列的语文规范化研究和实施工作。民族自治地方也为此制定了一系列相关的政策和法规条例，并做了大量的实践工作，包括建立和推广民族共同语，对原有文字进行正音、正字，对新词术语及专名音译进行审定和统一，以及双语政策、双语教育等。

语言规划主要包括这样两个方面的内容：一是语言文字的地位规划，二是语言文字的本体规划。

语言文字的地位规划，就是决定某种语言或文字在社会交际中的地位，一般要借助于政治的力量来进行。语言文字的地位规划，主要包括确定国家共同语、民族共同语的语言标准和文字形式。对于多民族的国家来说，正确地处理各种语言文字的地位规划，这是一个至关重要的问题。我国是一个多民族的统一的社会主义国家，以平等的态度对待各个民族，充分尊重少数民族使用和发展自己的语言文字的权利。在《宪法》、《民族区域自治法》中都有明确的规定，这是一项重要而正确的民族语文政策，也是我国语言文字地位规划的重要内容。

语言文字的本体规划，就是语言文字本身所做的规范、改进和完善，也就是我们通常所说的语言规范化和标准化。在语言文字的本体规划中，需要保护语言文字健康有序的发展，需要对语言文字进行因势利导，精心培育。语言本体规划的内容主要包括三个方面：1. 全民共同语的推广和规范化；2. 文字规范和标准的制定；3. 科学术语的标准化。推广全民共同语的规范化是语言本体规划最重要的工作。

由于历史、社会及语言本身的发展变异等因素，现今藏语方言土语纷繁复杂，有的方言之间几乎达到不能通话的地步，这是不争的事实。在经济发展缓慢、社会信息量小的时代有没有语言规划对社会发展的影响还不是很大，而在当今社会，经济日益发达，科技迅猛发展，信息量激增，如果不对语言进行规划，就会导致信息的紊乱，乃至严重影响其经济、文化的发展。联系到当前藏语言文字的现状，毋庸讳言，还不能很好的适应社会发展的需要，语言规划更显得迫切。应该看到，同一民族各自使用差异很大的方言，总会给民族内部的交流与联系带来不少困难，也会在一定程度上妨碍民族的统一发展。语言既是民族特征之一，又是民族发展所必然依赖（不可替代的）的工具，没有同一个民族所共同了解的语言（包括书面语和口语），民族便无法迅速发展。

多年以前，建立藏民族共同语受到各方面的关注，有的通过撰写论文阐述自己的观点，并且已经有这方面的论文集问世。应该说与前一时期相比，建立藏语共同语的社会环境已发生了更大变化。其中重要的变化：首先我国改变了国家封闭、民族间、地域间交流少的状况。随着经济的加快发展，人口流动增大，相互影响、相互制约力量加大。其次，语言文字的载体、传输工具有了很大改变。数十年前，除口语外，我们的语言文字主要是靠笔和纸记录，最多是由机械处理（打字、排版、印刷、铸造等），现在信息处理技术不断取得进展，越来越多地依靠计算机进行信息处理。而信息处理对语言文字的规范化、标准化的要求远比一般社会用语严格得多，复杂得多。其间急需确定编码、字形、字库等标准和规范，要解决词处理、句处理以及语音输入、输出等一系列技术问题，当然也就需要相应的标准出台。其中任何一项技术难关的突破及与之相应的标准的制订，都需要语言规划和语言学研究成果的支撑。最后，是语言学自身的发展变化。近些年来，我国大量引进并吸收了西方语言学的许多理论和方法，在语言学的许多领域取得了长足进步，语言学研究的队伍壮大发展，藏语也有了自己的研究专门人才，充分认识到语言规划的重要意义，有必要进一步加强语文现代化建设。语言规划与语文现代化有着密切的关系。所谓语文现代化，简言之，是指为适应现代化和未来社会发展的需要而从事的一切具有重要意义的语文建设工作。目前，现代化建设的发展，科学技术的进步，为语文建设开拓了新的领域，提供了良好的条件和时机。为适应社会发展的需要，我国制定了语文建设的方针，即贯彻、执行国家关于语言文字工作的政策和法令，促进语言文字规范化和标准化，使语言文字在社会主义现代化建设中扩大语言的社会功能更好地发挥作用。语文现代化应该是整个“中国现代化”的一部分，也是“文化现代化”的一个重要方面。从藏族和藏族地区来讲，至少可以包括这样几个方面：1. 建立和推广共同语；2. 文体口语化；3. 规范词语，统一正字；4. 扫除文盲，进一步实行全面义务教育；5. 促进语言文字信息处理；6. 实现科学技术术语标准化以及译音用字的规范化。无论是语言规划或者是语文现代化，目前应当加强探讨和研究。历史发展到今天理所应当担负起新的使命。

语言规划理论研究，在我国可以说还相当薄弱。根据一些国家和民族确立共同语的经验和方针来看，结合藏语当前的实际，有下面几方面需要在认识上有所明确。

第一、在设计共同语标准音的选择上，一是要考虑语言代表性大，容易接受的人多，具有普遍性的语言点；二是要考虑这个地区的政治、经济、文化比较发达，威信较高。因为拼音文字的优越性在于好学，所以语言有无代表性往往是顺利推行的关键。在民族共同语的形成过程中，只有其中一个地方方言在其内部发展规律的支配下成为共同语的基础。

第二、由于语言本身的属性及语言规划的性质，凡是语言规划的项目都是有计划有组织地进行的，它往往要持续很长的时间，一般不可能一蹴而就。语言规划的内容是十分庞杂而广泛的。如确立民族共同语，就包括基础方言的选择、标准音的制订、词语和语法的规范化、标准化，乃至文字及标点符号的修订等等。以及随之要做一系列的繁多的推广、普及工作。建立藏民族共同语既要看到它的紧迫性、重要性和必然性，但也要充分注意这一工作的长期性、复杂性、艰巨性。必须稳步进行，不能急于求成。语言规划在实施时需要慎重对待。

第三、民族共同语的确定、推广和规范化既是一项群众性很强的社会实践活动，又是一项学术性很强的理论研究工作。从事语言规划（包括对语言文字进行一般性管理的工作人员）最好要有广博的语言知识和专业知识，而且要有丰富的社会经验和行政工作的能力。要求人们既要研究语言的本质特点、语言结构和客观的发展规律，又要广泛认识语言和社会的关系，仅偏重前者的做法已不能适应社会发展的需要。例如共同语标准音的审定，要科学地进行研究，制定方案；新词语要进行审定和统一，编纂规范性词典；语法规范的研究更是一个薄弱的环节，而且可能研究的难度更大，尤需尽力着手。所以，民族共同语的建立、推广与学术研究密切相关，而且还是一项广泛的群众实践活动。我们应将二者统一协调起来，作为语文研究工作者应以丰富而有力的学术研究成果协助政府研究和制定语言规划。

第四、语言在民族诸特征中占有特殊的地位。人们在使用自己的语言时，倾注了民族的深刻感情。进行语言规划活动时是一个十分敏感的社会政治问题，因为语言规划会影响到某些语言共同体的利益。例如，从几种方言中选择一种作为标准语时，有的可能认为不必要，有的认为自己的方言有某些优越之处；属于基础方言的人群会因为不用再花更多的时间学习标准语而从中受益，而其他方言的人群要为此花费大量时间、精力乃至财力。民族共同语的选择、推广涉及多方面的利益而变得十分敏感，所以要采取科学的态度和建设性的语言政策，进行很多研究和实践，特别要向人们广泛深入地进行宣传教育，然后才能取得实效和成绩，走出正确的第一步。从全民族的长远利益出发，充分认清藏语文的功能，其中包括政治功能，文化传递功能和教育功能，进一步发挥藏语文更大更有效的作用。

第五、民族共同语确定后，它与各个方言又是什么样的关系呢？民族共同语虽然是以某一地方方言为基础而发展形成的，但它并不等于这个基础方言，也就是说这个地方方言并不是机械地变成了统一的民族共同语。作为民族共同语基础的地方方言有时还要经过一个用其他地方方言发展和丰富自己的过程，甚至还有可能淘汰基础方言中某些不适合的成分。在民族共同语形成和发展的过程中，各地方方言必然还将存在很长一段时期。在这一时期里，各地人民群众往往是既说民族共同语，又说自己的方言。但地方方言将受到共同语的影响，使自己渐渐接近于共同语。我们绝不可误认为，共同语建立后，地方方言就会在短期内消亡，而完全合并到民族共同语里去。共同语的价值在于使本族人民能不受方言的阻碍自由地进行交际，应该是全民族的主体语言；方言的价值在于使同一方言的人之间或家庭成员之间更便于表情达意，是共同语的补充。语言的多样化、语言发生变动，是其自身的本质属性——社会性所决定的，是语言发展的内动力，是一件好事。

至于书面语和口语的关系，全国的通用语和民族共同语的关系，这里就不再赘言了。

最后还要指出一点，语言规划一般都是由知名人士或政府倡议和提出，知名度的权威性和社会声望对于语言规划的顺利进行，例如民族共同语的建立起着关键的作用。所以，语言规划一定要争取首先获得崇高的社会声望。这种声望来自政府领导的支持，来自语言规划机构本身的学术水平，来自于本民族学者、知识阶层的积极参与。

当前更要充分认识藏语文工作的长期性和重要性，认真贯彻实事求是，分类指导的原则；进一步明确藏语文工作的指导思想，切实搞好语言规划，深入讨论有关建立藏语共同语的有关问题，为广大藏族人民学习、使用自己的语言文字提供良好的服务，为发展藏区经济、文化、教育等各项事业和社会稳定发挥重要作用。

参考文献：

1. 仲哲明 . 应用语言学研究的现状和展望 . 中国语言学的现状与展望 . 北京 : 外语教学与研究出版社，1996.

2. 许嘉璐 . 语言文字学及其应用研究 . 广州 : 广东教育出版社，1999.

3. 冯志伟 . 应用语言学综论 . 广州 : 广东教育出版社，1999.

4. 何俊芳 . 语言人类学教程 . 北京 : 中央民族大学出版社，2005.

（原载于《全国藏语标准语学术研讨会论文集》，西藏自治区藏语文工作委员会办公室编，民族出版社，2010 年 12 月。）

四、藏文论文

༄༅། །མིང་དོན་རིམ་འགྱུར་གྱི་གནད་འགར་རགས་ཙམ་དཔྱད་པ།

སྐད་ཆའི་ཁྲོད་ཀྱི་མིང་ནི་རང་སྐྱ་ཏུ་ཚིག་སྒྲུབ་ཐུབ་པའི་ཆེས་ཆུང་བའི་སྡེ་ཚན་ཡིན་ཞིང་། དེ་རྣམ་པ་དང་གོ་དོན་གཉིས་ལས་གྲུབ་པ་ཡིན། རྣམ་པ་ནི་གྱེད་རྩོལ་ལས་སྐྱེས་པའི་སྒྲ་གདངས་དང་། ནང་དོན་ནི་སྐབས་བབ་བསྟན་དོན་ཡིན། འདི་གཉིས་གཞི་གཅིག་ཏུ་འདྲེས་ཤིང་སོ་སོར་དབྱེར་དུ་མེད་པ་རེད། སྐད་ཆ་ནི་སྤྱི་ཚོགས་ཀྱི་སྣང་ཚུལ་ཡིན་ཞིང་། མིང་གི་སྒྲ་གདངས་དང་བསྟན་དོན་ནི་མི་དམངས་མང་ཚོགས་ཀྱིས་ཕན་ཚུན་བརྡ་སྤྲོད་པའི་དགོས་མཁོར་བསྟུན་ནས་གཏན་ལ་ཕབ་པ་ཡིན་ལ། སྐབས་བབས་ཀྱི་བསྟན་དོན་ནི་ཕྱི་རོལ་ཡུལ་གྱི་དངོས་པོའི་ཚུར་སྣང་ཡིན་པ་མ་ཟད། སྤྱི་ཚོགས་སྲོལ་རྒྱུན་གྱིས་གཏན་ལ་ཕབ་པའང་ཡིན། དཔེར་ན། ཟས་ཟ་བའི་སྐད་དོད་ལྷ་སའི་སྐད་དུ“ཁ་ལག་ཟ”ཟེར་བ་དང་ཨ་མདོའི་སྐད་དུ“ཟ་མ་ཟ”ཟེར་བ་གང་ལའང་སྐྱོན་མེད། འོན་ཀྱང་ངེས་པར་དུ་སྤྱི་ཚོགས་ལས་བྱུང་བ་ཡིན་དགོས། སྤྱི་ཚོགས་ལས་ཐོན་རྗེས་རང་གི་འདོད་པ་ལྟར་བཅོས་མི་ཆོག་ཅིང་། བཤད་མི་འདོད་ཀྱང་བཤད་དགོས་ཏེ། མིང་དོན་ནི་ངེས་པར་དུ་དུས་ག་གེ་མོ་ཞིག་གི་སྤྱི་ཚོགས་ཀྱིས་ཐུན་མོང་དུ་ཁས་བླངས་པ་ཡིན། སྤྱི་ཚོགས་དང་བྲལ་ན་མིང་ལ་གོ་དོན་ལྡན་མི་སྲིད་ཅིང་། སྐད་ཆའི་འགྲུབ་རྐྱེན་དུའང་འགྱུར་མི་ཐུབ། མདོར་ན་ཕྲད་དང་རྣམ་དབྱེ་ཕུད་པའི་སྐད་ཆའི་ཁྲོད་ཀྱི་གྲུབ་ཆ་ཚང་མར་མིང་དོན་རེ་ཡོད། འོ་ན་མིང་གི་གོ་དོན་ནི་ཇི་ལྟར་བྱུང་བ་ཡིན་པ་དང་། སྤྱི་ཚོགས་ཀྱི་འཕེལ་རྒྱས་དང་བསྟུན་ནས་འགྱུར་ལྡོག་ཇི་འདྲ་བྱུང་ཡོད་པ་དང་། རིམ་འགྱུར་གྱི་མཐའ་འབྲས་དང་འགྱུར་སྟངས་ལ་ཁྱད་ཆོས་ཇི་འདྲ་ཡོད་ཅེ་ན། མིང་དོན་ནི་མི་རྣམས་ཀྱི་བསམ་པ་ལས་བྱུང་བ་ཡིན་ལ། མིང་གིས་བསྟན་པའི་ཕྱི་རོལ་ཡུལ་

གྱི་དངོས་པོ་ཁོ་ན་མ་ཡིན་ཏེ། ཕྱི་རོལ་ཡུལ་གྱི་དངོས་པོའམ་སྣང་ཚུལ་གྱི་ཐུན་མོང་གི་ཁྱད་ཆོས་རགས་ཙམ་སྟོན་པ་དེ་རེད། ཕྱི་རོལ་ཡུལ་གྱི་དངོས་པོའམ་སྣང་ཚུལ་ནི་མིང་གི་གོ་དོན་དུ་གྲུབ་པའི་གཞི་མ་ཡིན་པ་ནི་སུས་ཀྱང་ཤེས་སོ། །དཔེར་ན། "མི"ཞེས་པའི་མིང་འདིའི་གོ་དོན་ནི་ཕོ་མོ་དང་ན་ཚོད་དང་མི་རིགས་དང་རིགས་རྒྱུད་ཀྱི་ཁྱད་པར་དོར་ནས་སྲོག་ཆགས་གཞན་དག་ལས་དམིགས་སུ་དགར་བའི་ཁྱད་ཆོས་ཁོ་ན་ལྡན་ཏེ། སྨྲ་ཤེས་དོན་རྟོགས་ནུས་ཤིང་ཐོན་སྐྱེད་ཡོ་བྱད་བཟོ་ཤེས་པ་དང་བེད་སྤྱོད་ཤེས་པའི་ཤེས་ལྡན་ནམ་གང་ཟག་ལ་ཟེར་བ་ཡིན། དེའི་ཕྱིར་ང་ཚོས་ མིང་དོན་ལ་སྤྱི་ཚོགས་རང་བཞིན་དང་རགས་བསྡུས་རང་བཞིན་གྱི་ཁྱད་ཆོས་ལྡན་ཞེས་སྨྲས་པ་ཡིན། དེར་མ་ཟད་མིང་དོན་ལ་ད་དུང་ལོ་རྒྱུས་ཀྱི་རང་བཞིན་ཏེ། ལོ་རྒྱུན་རྒྱུད་འཛིན་རང་བཞིན་དང་ལོ་རྒྱུས་འཕོ་འགྱུར་རང་བཞིན་ལྡན་པ་རེད། དེ་ནི་མིང་གང་གི་གོ་དོན་ནི་མི་རིགས་དེའི་སྤྱི་ཚོགས་ལོ་རྒྱུས་འཕེལ་རྒྱས་ཀྱི་འབྲས་བུ་ཡིན་པའི་རྐྱེན་གྱིས་རེད། བོད་ཀྱི་རྩ་བའི་ཐ་སྙད་（基本词汇）དེ། དཔེར་ན། མི། མགོ ལག ཆུ། མེ། བཟའ། བཏུང་། བཞུགས་ལྟ་བུ་སོགས་ཀྱི་རྩ་བའི་གོ་དོན་དུས་གང་དུའང་གཅིག་ཡིན། འོན་ཀྱང་ང་ཚོས་གནའ་རབས་ཀྱི་ཡིག་ཆ་གློག་དུས་མིང་ལ་ལའི་གོ་དོན་ལ་འགྱུར་ལྡོག་ཅི་རིགས་བྱུང་ཡོད་པའང་མཐོང་རྒྱུ་ཡོད་པ་འདིས་ལོ་རྒྱུས་དུས་རིམ་མི་འདྲ་བའི་ནང་དུ་མིང་འགའ་ཞིག་གི་གོ་དོན་ལ་འགྱུར་ལྡོག་འབྱུང་བ་དང་། དུས་རབས་ལ་འགྱུར་ལྡོག་འབྱུང་བ་དང་། ཕྱི་རོལ་ཡུལ་གྱི་དངོས་པོ་རིམ་བཞིན་འགྱུར་བཞིན་ཡོད་པས། ཡུལ་དུས་རྙིང་བའི་ནང་དུ་འོས་འཚམ་པའི་མིང་དེ་དུས་རབས་གསར་པའི་ནང་དུ་འོས་མིན་ངེས་པ་མེད་པའི་རྐྱེན་གྱིས་ཡིན་ནོ།། དེའི་ཕྱིར་སྐད་ཆའི་ཁོར་ཡུག་གི་འཕོ་འགྱུར་དང་ཁོར་ཡུག་མི་འདྲ་བར་བསྟུན་ནས་ཇི་ལྟར་འགྱུར་ན་ད་གཟོད་ཁོར་ཡུག་ལ་འོས་པ་ནི་ང་ཚོས་འདི་ནས་བསམ་བློ་བཏང་ན་ཤེས་སོ།།

འོ་ན་མིང་དོན་རིམ་འགྱུར་དེ་མཐར་གཏུགས་ན་ཅི་འདྲ་ཞིག་ཡིན་ཞེ་ན། སྤྱིར་མིང་གི་རྣམ་པ་མ་གྱུར་པར་གོ་དོན་འགྱུར་བ་སྟེ། མིང་ག་གེ་མོས་སྔོན་ཆད་མི་སྟོན་པའི་གོ་དོན་གསར་པ་ཞིག་སྟོན་པ་དེ་ལ་ཟེར་བ་ཡིན། མིང་གི་

སྙིང་ནས་བལྟས་ན་ང་ཚོས་མིང་དོན་ལ་རིམ་འགྱུར་བྱུང་བ་རེད་ཅེས་ཟེར་ཆོག དེ་ནི་མིང་དོན་ནི་དངོས་པོ་ཐམས་ཅད་དང་འདྲ་བར་དེའི་དོན་ལ་འགྱུར་རྒྱུ་མེད་པ་ཞིག་མིན་ཏེ། སྤྱི་ཚོགས་འཕེལ་རྒྱས་དང་བསྟུན་ནས་མི་རྣམས་ཀྱིས་བེད་སྤྱོད་བྱེད་སྐབས་རྒྱུན་དུ་འགྱུར་བཞིན་ཡོད་པ་རེད། གོ་དོན་ངེས་ཅན་ཞིག་གི་སྙིང་ནས་བཤད་ན། མིང་སམ་མིང་དོན་བརྟན་འཛུགས་ཤིག་མིན་ཏེ། མིང་དོན་གྱི་འགྱུར་ལྡོག་ལ་མདོར་བསྡུས་ན་རིགས་གཉིས་ཡོད་པ་སྟེ། གཅིག་ནི་སྐྲ་བརྗོད་ཁྲོད་ཀྱི་མིང་དོན་གྱི་འགྱུར་ལྡོག་སྟེ། དཔེར་ན། བྱེ་བྲག་གི་སྐྲ་བརྗོད་ནང་དུ་སྐད་ཆའི་ཁོར་ཡུག་གི་ཆ་རྐྱེན་ནམ་སྐྲ་བརྗོད་ནང་གི་མིང་གོང་འོག་གི་འབྲེལ་བ་ལས་སྐད་ཆའི་གྲུབ་ཆ་ཞིག་མིང་དོན་གྱི་སྙིང་ནས་འགྱུར་ལྡོག་འབྱུང་སྲིད་དེ། དམངས་ཡོངས་རང་བཞིན་གྱི་དོན་སྤྱིའི་ཁྲབ་ཁོངས་སུ་མི་གཏོགས་པའི་གོ་དོན་མཚེས། འགྱུར་ལྡོག་འདི་དག་ནི་མིང་དོན་གྱི་རྒྱུ་ཆ་གཙོ་བོའི་ལོ་རྒྱུས་རིམ་འགྱུར་ལ་འབྲེལ་བ་མེད་ལ། དུས་རབས་གཅིག་གི་ནང་དུ་བྱེ་བྲག་ཏུ་བེད་སྤྱོད་པའི་སྐད་ཆའི་ཁོར་ཡུག་དང་སྐྲ་བརྗོད་ནང་གི་ཚིག་གོང་འོག་ལས་བྱུང་བའི་མིང་དོན་འགྱུར་ལྡོག་ལ་འབྲེལ་བ་ཡོད་པ་རེད། གཅིག་ནི་སྐད་ཆའི་ལོ་རྒྱུས་སྙིང་གི་མིང་དོན་གྱི་འགྱུར་ལྡོག་སྟེ། སྐད་ཆའི་གྲུབ་ཆ་ཞིག་ལོ་རྒྱུས་ཀྱི་འཕེལ་རིམ་ལས་དེའི་མིང་དོན་གྱི་རྒྱུ་གཙོ་བོ་སྒྱུར་བ་ལ་ཟེར། རིམ་འགྱུར་གཉིས་པ་འདིར་དམངས་ཡོངས་རང་བཞིན་ལྡན་པ་རེད། དཔེར་ན། སྨྱུ་གུ་ཞེས་པའི་མིང་འདིའི་གདོད་མའི་དོན་ནི་སྨྱུག་ཕྲན་ཡིན་ཞིང་། མི་རྣམས་ཀྱིས་དུས་རྒྱུན་དུ་དེ་ཡིས་ཡི་གེ་འབྲི་བྱེད་ཀྱི་དོན་དུ་གྱུར། རྗེས་སུ་ལྕགས་རིགས་སམ་དངོས་པོ་གཞན་དག་ལས་བཟོས་པའི་ཡི་གེ་འབྲི་བྱེད་ལའང་སྨྱུག་ཟེར། དཔེར་ན། ལྕགས་སྨྱུག ས་སྨྱུག ཞ་སྨྱུག་ལྟ་བུའོ། །འདི་ལས་དངོས་པོའི་འགྱུར་ལྡོག་དང་འཕེལ་རྒྱུས་ལ་བསྟུན་ནས་མིང་གི་གོ་དོན་ཡང་འགྱུར་བཞིན་པ་ཤེས་ཐུབ། གོ་དོན་གསར་པ་འདི་ནི་དམངས་ཡོངས་ཀྱིས་ཤེས་ཤིང་སྐད་ཆའི་ལོ་རྒྱུས་ཀྱི་དོན་དངོས་སུ་གྱུར་ཡོད་དོ། །གཤམ་དུ་གཙོ་བོར་མིང་དོན་གྱི་འགྱུར་ལྡོག་གཉིས་པ་མོར་དཔྱད་རྒྱུ་ཡིན།

ཐོག་མར་མིང་དོན་རིམ་འགྱུར་གྱི་རྒྱུ་མཚན་རགས་ཙམ་གླེང་ན། སྐད་

ཆ་ནི་མི་རྣམས་ཀྱི་བཟོ་སྤྱོད་ཡོ་བྱད་ཅིག་ཡིན་པས་ངེས་པར་དུ་སྤྱི་ཚོགས་ཀྱི་འགྱུར་ལྡོག་དང་བསྟུན་ནས་འགྱུར་ན་ད་གཟོད་ཕན་ཚུན་འབྲེལ་གཏུག་བྱེད་པའི་དམིགས་ཡུལ་འགྲུབ་ཐུབ་པ་རེད། སྤྱི་ཚོགས་ཀྱི་འཕེལ་རྒྱས་དང་བསྟུན་ནས་མི་རྣམས་ཀྱི་ཤེས་རྟོགས་མུ་མཐུད་དུ་ཇེ་མཐོར་འགྲོ་བཞིན་ཡོད། མི་རྣམས་ཀྱིས་སྤྱི་ཚོགས་ནང་དུ་མིང་གིས་སྟོན་པའི་ཕྱི་རོལ་ཡུལ་གྱི་དངོས་པོ་དང་སྣང་ཚུལ་ལ་ངོས་ཟིན་པའི་རྟོགས་པ་ཇེ་མཐོར་སོང་བ་དང་དངོས་པོ་རང་ཉིད་ཀྱི་འགྱུར་ལྡོག་སོགས་ལས་མི་རྣམས་ཀྱི་ཤེས་རྟོགས་ལ་འགྱུར་ལྡོག་འབྱུང་ཞིང་། མིང་དོན་དེར་ངོ་བོ་དང་གྲངས་ཚད་ཀྱི་ཆ་ནས་ཀྱང་འགྱུར་ལྡོག་འབྱུང་དུ་འཇུག་ཐུབ། དཔེར་ན། མི་ཞེས་པའི་དོན་ལ་བསྐལ་བ་ཡ་ཐོག་གི་རྒྱ་མིས་ཀ་ལི་སྐོར་ཞིང་ཧང་བ་གྲུ་བཞི་ཚང་མ་མིའི་རིགས་ཡིན་ཟེར་ལ། གནའ་རབས་ཀྱི་ཞི་ལྔ་པས། སྒྲོ་མེད་པའི་ཧང་བ་གཉིས་ཅན་གྱི་སྲོག་ཆགས་ནི་མི་ཡིན་ཟེར། རྗེས་སུ་ཡང་བསམ་བློ་གཏོང་ཤེས་ཤིང་བློ་རིག་ལྡན་པའི་སྲོག་ཆགས་ནི་མི་ཡིན་ཟེར། དེའི་རྗེས་སུ་ཨ་མི་རུ་ཀའི་ཧྥ་ལན་ཁེ་ལིན་གྱིས་མི་ནི་ལག་ཆ་བཟོ་ཤེས་པའི་སྲོག་ཆགས་ཡིན་ཟེར། དེ་ནས་མར་ཁེ་སིའི་རིང་ལུགས་བྱུང་རྗེས་མི་རྣམས་ཀྱིས་ད་གཟོད་མི་ཞེས་པའི་མིང་གི་གོ་དོན་ལ་ཚན་རིག་དང་མཐུན་པའི་ལྟ་བ་ཡང་དག་བྱུང་། ང་ཚོའི་མིང་དོན་གྱི་ལོ་རྒྱུས་རིམ་འགྱུར་ནི་བལྟོས་མེད་ཡིན་ཞིང་། ཕན་ཚུན་འབྲེལ་འཛུགས་པའི་འཚོ་བ་དངོས་ཀྱི་ནང་དུ་ཇི་བཞིན་དུ་བེད་སྤྱོད་སྐབས་ཀྱི་བརྟན་འཛུགས་རང་བཞིན་དང་གཏན་འཁེལ་རང་བཞིན་ནི་བལྟོས་བཅས་ཡིན་ལ་དེ་གཉིས་ནི་འགལ་བ་གཅིག་གྱུར་ཡིན་ཞེས་བཤད་ཆོག་ག། མིང་གི་དོན་དངོས་ནི་ལོ་རྒྱུས་ཀྱི་འཕེལ་རྒྱས་ལས་བྱུང་བ་ཡིན་ཏེ། དོན་དམ་དུ་མིང་དོན་གྱི་རིམ་འགྱུར་ལ་རྟོག་དཔྱོད་བྱེད་པ་ནི་མིང་གི་ལོ་རྒྱུས་འཕེལ་རིམ་ལ་རྟོག་དཔྱོད་བྱས་པ་ཡིན་ཞིང་མིང་དོན་རིག་པའི་ནང་དོན་གཙོ་བོ་ཞིག་ཀྱང་ཡིན།

མིང་ཚོགས་དང་མིང་དོན་གྱི་འཕེལ་རྒྱས་དང་སྤྱི་ཚོགས་ཀྱི་འཕེལ་རྒྱས་བར་འབྲེལ་བ་དམ་པོ་ཡོད་པས། མི་རིགས་སོ་སོའི་སྤྱི་ཚོགས་ཀྱི་འཕེལ་རྒྱས་དང་ཕྱི་རོལ་ཡུལ་གྱི་དངོས་པོའི་འགྱུར་ལྡོག་ལས་མི་རིགས་ཀྱི་སྐད་ཆའི་ནང་

གི་མིང་དོན་ལ་འགྱུར་ལྡོག་འབྱུང་དུ་འཇུག་ངེས་རེད། བྱ་དངོས་གསར་བ་མུ་མཐུད་དུ་བྱུང་བ་དང་བྱ་དངོས་རྙིང་བ་རིམ་བཞིན་འཛིག་པ། མི་རྣམས་ཀྱི་ཤེས་རྟོགས་ཇེ་མཐོར་སོང་བ་འདི་དག་མིང་ཚོགས་དང་མིང་དོན་གྱི་སྟེང་དུ་མཚོན་ཡོད། དཔེར་ན། “ཆབ་སྲིད་” ཅེས་པའི་མིང་འདི་ལོ་ངོ་སྟོང་ཕྲག་སྔོན་གྱི་ཡིག་ཆའི་ནང་དུ་མཐོང་ཐུབ། དུས་དེའི་དོན་ནི། “མངའ་འབངས་སྐྱོང་བར་བྱེད་པའི་འཇིག་རྟེན་སྲིད་པའི་ཁྲིམས་ཀྱི་བྱ་གཞག” ཡིན་ཏེ། “ཆབ་སྲིད་གནམ་བས་མཐོ། །དབུ་རྨོག་རི་བས་བརྟན། །” ལྟ་བུ་དང་། “ཆབ་སྲིད་ནི་ཕྱིར་ཞིང་ཆེ། །དབུ་རྨོག་ནི་སླར་ཞིང་བརྟན་པ། །” ལྟ་བུ། སྤྱི་ཚོགས་ཀྱི་འགྱུར་ལྡོག་དང་བསྟུན་ནས་ད་ལྟ་རྒྱུན་དུ་བེད་སྤྱོད་བཞིན་པའི་དོན་ནི། “སྲིད་གཞུང་དང་སྲིད་ཁག སྤྱི་ཚོགས་ཀྱི་ཚོགས་པ། མི་སོ་སོ་བ་བཅས་ཀྱིས་རྒྱལ་ཁབ་ཀྱི་ནང་སྲིད་དང་རྒྱལ་ཁབ་བར་གྱི་ལས་དོན་སྒྲུབ་པའི་བྱ་སྤྱོད་” ཡིན་ཞིང་། བྱ་སྤྱོད་དེའི་རིགས་ལས་གྲལ་རིམ་བར་གྱི་འབྲེལ་བ་མཚོན་ཡོད། ཡང་དཔེར་ན། “བཟོ་པ་” ཞེས་པའི་མིང་འདི་དང་ཐོག་ནི་ཚེམ་བུ་བའི་མིང་ཡིན་ཏེ། ད་ལྟ་ཡུལ་སྐད་ལ་ལའི་ནང་དུ་ད་དུང་ཚེམ་བུ་བའི་དོན་ཡོད་དེ། “བཟོ་བར་གླ་མེད་སྐྱུད་པ་འཕར་འདོན་” ཞེས་པ་ལྟ་བུ། རྗེས་སུ་ཡང་གླ་ཆར་བརྟེན་ནས་འཚོ་བ་སྐྱེལ་མཁན་ངལ་རྩོལ་བ། གཙོ་བོ་ལུས་ཀྱི་ངལ་རྩོལ་བར་ཟེར་ཏེ། རྡོ་བཟོ་ཤིང་བཟོ་ལྟ་བུ། སྤྱི་ཚོགས་ཀྱི་ཕྱི་རོལ་ཡུལ་གྱི་དངོས་པོའི་འགྱུར་ལྡོག་དང་བསྟུན་ནས་མིང་དོན་ལ་ཡང་འགྱུར་ལྡོག་བྱུང་། ད་ལྟ་ “བཟོ་པ་” ཞེས་པ་ནི་དངོས་ཟས་བཟོ་སྐྲུན་བྱེད་མཁན་གྱི་མིང་ཡིན་ཏེ། བཟོ་ཞིང་དམག་གསུམ་མམ་བཟོ་བའི་གྲལ་རིམ་ཞེས་པ་ལྟ་བུ། ཡང་དཔེར་ན། “ལས་རྒྱུ་འབྲས་” ཞེས་པ་ནི་སངས་རྒྱས་ཆོས་ལུགས་ཀྱི་སྙིང་པོ་ཞིག་ཡིན་ལ། འདིའང་སངས་རྒྱས་ཆོས་ལུགས་རྒྱ་ཆེར་དར་བ་ནས་བཟུང་སྟེ་ད་གཟོད་བེད་སྤྱོད་བྱས་པ་ཞིག་ཡིན་ཞིང་། མི་དམངས་མང་ཚོགས་ཀྱི་ཆོས་ལུགས་ཀྱི་འདུ་ཤེས་མཚོན་པ་རེད། གོང་གི་དཔེ་བརྗོད་ཚང་མ་ནི་ཕྱི་རོལ་འཇིག་རྟེན་གྱི་ཤུགས་རྐྱེན་ལས་མིང་དོན་ལ་འགྱུར་ལྡོག་བྱུང་བའི་དཔེ་དངོས་རེད། མཚམས་མཚམས་ལ་གོ་དོན་གྱི་རིམ་འགྱུར་ནི་ཕྱི་རོལ་ཡུལ་གྱི་དངོས་པོ་རང་ཉིད་ཀྱི་རིམ་འགྱུར་ཡིན་ཏེ། ཕྱི་རོལ་ཡུལ་

གྱི་དངོས་པོ་གསར་བའི་ཕྱོགས་ནས་བལྟས་ན་མིང་དོན་ལ་རིམ་འགྱུར་བྱུང་བ་ཡིན་ཟེར་ཆོག ཡིན་ནའང་། མཚམས་མཚམས་ལ་མིང་ཞིག་གི་གོ་དོན་ལ་འགྱུར་ལྡོག་བྱུང་ཚེ་ཕྱི་རོལ་ཡུལ་གྱི་དངོས་པོར་འགྱུར་ལྡོག་བྱུང་ཡོད་པའི་ངེས་པ་མེད། དེའི་རྐྱེན་གྱིས་ང་ཚོས་མིང་དོན་གྱི་རིམ་འགྱུར་ནི་མིང་དེས་སྟོན་ཆད་མ་བསྟན་པའི་ཕྱི་རོལ་ཡུལ་གྱི་དངོས་པོར་ཕྱིས་སུ་བསྟན་པ་ལ་བཤད་པ་ཡིན་ལ། མིང་དེ་བཀོལ་ནས་མི་རྣམས་ཀྱིས་ཕྱི་རོལ་གྱི་དངོས་པོར་རྒྱུས་ལོན་གསར་བ་ཡོད་པ་ནས་དོན་གསར་བ་བསྟན་པ་ལའང་བཤད། མིང་དོན་རིམ་འགྱུར་དེ་ཕྱི་རོལ་ཡུལ་གྱི་དངོས་པོ་དང་འབྲེལ་བ་ཡོད་པར་མ་ཟད། མི་རྣམས་ཀྱི་ཤེས་རྟོགས་ཀྱི་འགྱུར་བ་དང་འབྲེལ་བ་ཡང་ཡོད། མི་རྣམས་ཀྱིས་བྱ་དངོས་ལ་ངོས་ཟིན་ཚུལ་མུ་མཐུད་དུ་འགྱུར་བཞིན་ཡོད་ལ་ཤེས་རྟོགས་ཀྱང་ཇེ་མཐོར་འགྲོ་བཞིན་ཡོད་པས། མིང་དོན་གྱི་འཕེལ་རྒྱས་ལ་ཤུགས་རྐྱེན་ཐེབས་ནས་མིང་དོན་ལ་འགྱུར་ལྡོག་ཡང་འབྱུང་སྲིད་དེ། དཔེར་ན། གནའ་དུས་མི་རྣམས་ཀྱིས་རང་བྱུང་སྣང་ཚུལ་ལ་ལར་ངོས་མ་ཟིན་པས་འབྲུག་གི་སྒྲ་གྲགས་པ་ལ་གནའ་དུས་ཀྱི་རྒྱ་མིས་ལྷས་ཇ་རྡུང་བ་རེད་ཟེར། བོད་ཀྱིས་འབྲུག་གྲགས་པ་རེད་ཟེར། དེང་སང་གི་མི་རྣམས་ཀྱིས་རང་བྱུང་སྣང་ཚུལ་འདིར་ངོས་ཟིན་པས། དེ་ནི་གློག་གདངས་སྲིབ་བམ་ཕོ་གློག་ལྡན་པའི་སྤྲིན་ཕུང་དང་མོ་གློག་ལྡན་པའི་སྤྲིན་ཕུང་གཉིས་ཉེ་བར་ཐུག་ཚེ་གློག་འཁྲུགས་པ་ལ་བརྟེན་ནས་བྱུང་བའི་སྒྲ་ཆེན་པོ་དེ་ཡིན་པ་ཤེས། ཡང་དཔེར་ན། ང་ཚོས་ད་ལྟ་"སེམས་ཀྱི་ངལ་རྩོལ"ཞེས་པའི་ཚིག་འདིར་ཡང་གོ་བ་གསལ་པོ་ཞིག་ལོན་ཡོད་པ་རེད། དེ་མིན་ཉི་འཛིན་དང་ཟླ་འཛིན་ལ་བཤད་སྲོལ་རྙིང་བ་ལྟར་ན། གཟས་ཉི་མ་དང་ཟླ་བ་ཟོས་པ་རེད་ཟེར། དེང་སང་ང་ཚོས་ཉི་འཛིན་ནི་ཟླ་བའི་གཟུགས་ཀླུམ་པོ་དེས་སའི་གོ་ལར་སྐོར་བ་བརྒྱབ་ནས། ཉི་མ་དང་སའི་གོ་ལའི་བར་ཐད་དྲང་ལ་སླེབས་སྐབས་ས་ཐོག་ལ་ཤར་བའི་ཉི་འོད་བསྒྲིབས་པའི་སྣང་ཚུལ་ཡིན་ཞིང་། ཟླ་འཛིན་ནི་སའི་གོ་ལ་ཉི་ཟླ་གཉིས་ཀྱི་བར་ལ་སླེབས་ནས་དྲང་ཐིག་གཅིག་ལ་བབས་ཏེ་ས་སྙིང་ལ་འཕྲོ་བའི་ཉི་འོད་བསྒྲིབས་པའི་སྣང་ཚུལ་ཡིན་པ་ཤེས།

མིང་གཅིག་གི་གོ་དོན་ནི་མིང་དོན་མ་ལག་ཡོངས་ཀྱི་ནང་ཁེར་རྐྱང་དུ་

གནས་པ་ཡོད་པ་མིན་ཏེ། མིང་གི་གོ་དོན་བར་རྒྱུན་དུ་འབྲེལ་ཞིང་ཕན་ཚུན་ཚོད་འཛིན་ཞིང་ཁ་གཏད་དུ་ལངས་ཡོད་པས། མིང་གཅིག་གི་གོ་དོན་ལ་འགྱུར་ལྡོག་བྱུང་དུས་དེ་དང་འབྲེལ་བའི་མིང་གཞན་དག་གི་གོ་དོན་ལའང་འགྱུར་ལྡོག་འབྱུང་སྲིད་དེ། དཔེར་ན། “དཀར་པོ་” དང་ “ནག་པོ་” གཉིས་ཀྱི་གདོད་མའི་དོན་ནི་ཁ་དོག་གཉིས་ལ་བཤད་པ་ཡིན་ཞིང་། རྗེས་སུ་ “དཀར་པོ་” ཞེས་པའི་མིང་ལས་དྲི་མས་མ་གོས་པའམ་བཟང་བ། བདེན་པ་དང་སྡིག་ཉེས་མེད་པ་ཞེས་པའི་དོན་མཆེད་དེ། དཔེར་ན། བསམ་པ་དཀར་པོ་དང་། བློ་དཀར་སེམས་དཀར། ངོ་དཀར། དཀར་ལས་ལྟ་བུ། མིང་དེའི་འགྱུར་ལྡོག་དང་བསྟུན་ནས་དེའི་ལྡོག་ཟླ་ “ནག་པོའི་” དོན་ལའང་འགྱུར་ལྡོག་བྱུང་ཡོད་དེ། གདོད་མའི་དོན་ཁ་དོག་མཚོན་པའི་སྟེང་ལ་ངན་པ་དང་། ཚུལ་མིན་གྱི་སྤྱོད་པ། ཉེས་སྤྱོད་སོགས་ཀྱི་དོན་བསྣན། དཔེར་ན། ང་ཚོས་རྒྱུན་དུ་བཤད་བཞིན་པའི་བསམ་པ་ནག་པོ་དང་མི་ནག་ཉེས་ཅན། ལས་ནག ཞྭ་ནག་པོ་ལྟ་བུ། འདིའི་རིགས་ཀྱི་འགྱུར་ལྡོག་ནི་མིང་དོན་བར་ཕན་ཚུན་ཤུགས་རྐྱེན་ཐེབས་པའི་རྐྱེན་གྱིས་རེད། འགྱུར་ཚུལ་ལ་བལྟས་ན་དེ་ནི་མིང་གི་དོན་མཆེད་པ་ལ་བརྟེན་ནས་བྱུང་བ་རེད། འདི་འདྲའི་མིང་དོན་གྱི་འགྱུར་ལྡོག་ནི་སྐད་ཆའི་ནང་ཁུལ་གྱི་མིང་དོན་གྲུབ་ཚུལ་མ་ལག་ནང་གི་གྲུབ་ཆ་སོ་སོའི་བར་གྱི་འགལ་བ་ལས་ཐད་ཀར་བྱུང་བ་ཡིན་པར་ངོས་འཛིན་དགོས།

འོ་ན་མིང་གི་གོ་དོན་ཇི་ལྟར་རིམ་བཞིན་འགྱུར་བ་རེད་ཅེ་ན། སྤྱིར་བཏང་དུ་བཤད་ན། རྩ་བའི་མིང་དོན་ནི་མིང་དེས་གདོད་མ་ནས་མཚོན་པའི་དོན་དེ་ཡིན། ཕྱི་རོལ་ཡུལ་གྱི་དངོས་པོ་ག་གེ་མོ་ཞིག་གི་ངོ་བོ་ཙམ་སྟོན་པ་ཡིན། སྐད་ཆས་བརྗ་སྤྲོད་དུས་ཕྱི་རོལ་ཡུལ་གྱི་དངོས་པོ་སོ་སོའི་བར་དུ་འབྲེལ་བ་རྣམ་པ་སྣ་ཚོགས་ཡོད། དེ་བས་མི་རྣམས་ཀྱིས་དངོས་པོ་གཉིས་ཀྱི་བར་དུ་འབྲེལ་བ་ངེས་ཅན་ཞིག་ཡོད་པ་ཤེས་ཚེ། དངོས་པོ་འདིར་སྟོན་པའི་མིང་གིས་དངོས་པོ་འདིའི་ངོ་བོ་དང་འབྲེལ་བ་ངེས་ཅན་ཡོད་པའི་དངོས་པོ་གཞན་དག་སྟོན་གྱི་རེད། སྐད་ཆའི་ནང་དུ་མིང་གཅིག་ལ་དོན་མང་པོ་ཡོད་པའང་དེ་ལྟར་བྱུང་བ་རེད། མདོར་བསྡུས་ན། མིང་དོན་རིམ་འགྱུར་ལ་རྣམ་པ་གཉིས་ཡོད་དེ། ཐོག་

མར་མིང་གི་གོ་དོན་མཆེད་པ་ལས་འགྱུར་ལྡོག་བྱུང་བ་རེད། མིང་དོན་མཆེད་པ་ཞེས་པ་ནི་གོ་དོན་གཅིག་གཞིར་བཟུང་ནས་དེ་ལས་གོ་དོན་དང་འབྲེལ་བ་ཡོད་པའི་གོ་དོན་གསར་བ་འགའ་ཞིག་མཆེད་པ་སྟེ། འདོད་རྒྱལ་གྱི་མིང་དོན་གྱིས་མདོར་བསྡུས་པའི་ནང་དོན་ནང་གི་དོན་ག་གེ་མོ་ཞིག་འབུར་དུ་བཏོན་པའམ་མཆེད་པ་ལ་ཟེར་བ་ཡིན། འདི་ནི་མིང་དོན་འཕེལ་བའི་ནང་དོན་གཙོ་བོ་ཞིག་རེད། དཔེར་ན། "མུ་ཟི" དང་ཐོག་གི་དོན་ནི་ས་འོག་ནས་ཐོན་པའི་གཏེར་རྫས་ཤིག་ལ་གོ །རྗེས་སུ་རྫས་འདི་རྒྱུ་བྱས་ནས་མེ་སྤྱོར་བྱེད་བཟོས་པས། ལྷ་སའི་སྐད་དུ་འབར་ཞུན་གྱི་དོན་ལའང་གོ །"ནོར" གྱི་གདོད་མའི་དོན་ནི་སྒོ་ཕྱུགས་གནག་གི་སྤྱི་མིང་ཡིན་ཏེ། རྟ་ནོར་ལུག་གསུམ་ཞེས་པ་ལྟ་བུ། ཕྱུགས་ལས་ལ་བརྟེན་པའི་སྤྱི་ཚོགས་ནང་དུ་ནོར་ལུག་སོགས་ནི་མི་རྣམས་ཀྱི་ནོར་གཙོ་བོ་ཡིན་པའི་རྐྱེན་གྱིས་རྒྱུ་དངོས་སམ་རྒྱུ་རྫས་དང་། དཀོར་དོན་དུའང་མཆེད་པ་ཡིན་ཏེ། ནོར་རྫས་རྒྱུ་ནོར་ནང་ནོར་ལྟ་བུའོ། ཡང་དཔེར་ན། "མཛོད" ཅེས་པའི་མིང་འདིའི་རྩ་བའི་གོ་དོན་ནི་རྒྱུ་ནོར་གསོག་འཇོག་བྱས་ཡོད་པའི་གནས་དང་ཁང་པའི་མིང་ཡིན་ཏེ། བང་མཛོད་དང་འབྲུ་མཛོད། མཛོད་ཁང་ལྟ་བུ། དེ་ལ་དངོས་རིགས་གསོག་འཇོག་གམ་འཇོག་སའི་ཡུལ་གྱི་དོན་ལྡན་པས། རྗེས་སུ་ཡང་མཛོད་ཁང་དང་ཆ་མཚུངས་པའི་གནས་སོགས་ཀྱི་མིང་གི་དོན་མཆེད་པ་ཡིན། རྫ་མཛོད་ཆུ་མཛོད་ལྟ་བུའོ། །བྱ་སྤྱོད་གསལ་པོར་སྟོན་པའི་མིང་ཞིག་ཡིན་ན་གང་ལྟར་ཀྱང་བྱ་དངོས་གསལ་བར་སྟོན་པའི་མིང་ཞིག་དང་འབྲེལ་བ་མི་འདྲ་བ་རྣམ་པ་སྣ་ཚོགས་ཡོད་ངེས། དེའི་ནང་ནས་མིང་དོན་ཕལ་བ་ཞིག་གིས་མིང་དོན་གཙོ་བོའི་གོ་གནས་བཟུང་ནས་བྱ་ཚིག་མིང་ཚིག་ཏུ་གྱུར་པས། མིང་དོན་ལ་འགྱུར་ལྡོག་བྱུང་བ་རེད། དཔེར་ན། བླ་བྲང་སྐད་དུ། "རྩ་གཏུབ" ཞེས་པའི་ཚིག་གི་གདོད་མའི་དོན་ནི་བྱེད་སྟངས་ཤིག་སྟོན་པ་ཡིན་ལ། རྗེས་སུ་རྩ་གཏུབ་པའི་ཡོ་བྱད་ཀྱི་མིང་དུ་གྱུར་པ་རེད། "ཤ་སྐམ" ཡང་བྱེད་སྟངས་ཤིག་ཡིན་ཞིང་། མིང་ཚིག་ཏུའང་བྱེད་ཚིག་པ་སྟེ་བྱེད་སྟངས་འདིའི་འབྲས་བུར་སྟོན་ནོ། །དེ་བཞིན་ "མེ་སྤུར"། "ཕྱེ་བདལ"། "ཟངས་བཀྲུ"། "ལུད་འཐུ" ལྟ་བུ་སོགས་ཀྱིས་སྤྱོད་ཚུལ་སྟོན་ལ་བྱེད་སྟངས་འདི་དག་སྒྲུབ་པའི་

ལག་ཆ་དང་བྱེད་པ་པོ་མི་ལའང་སྟོན། འོན་ཀྱང་སྤྱོད་ཚུལ་སྟོན་དུས་སྒྲ་ཚིགས་གཉིས་ཀའི་བར་ན་དབྱུགས་མཚམས་འཇོག་ཡུན་ཙུང་ཟད་ཡོད་པར་མ་ཟད། ད་དུང་དུས་མི་འདྲ་བར་བསྟུན་ནས་ཚིག་གྲོགས་སྦྱར་དགོས། དེ་མིན་དཔེ་ལས་དོན་གསར་པ་འབྱུང་བའང་ང་ཚོས་རྒྱུན་དུ་མཐོང་ཐུབ། དཔེར་ན། "ཁུར་ཅའི་" གདོད་མའི་དོན་ནི་ཁྲིས་པོའམ་ཁུར་ཡོད་པའི་དངོས་རྫས་ཀྱི་དོན་ཡིན་ལ། དེང་སང་རྒྱབ་ཏུ་དངོས་པོ་ཅི་ཡང་ཁུར་མེད་ནའང་རྒྱུན་དུ་དཔེར་བཀོད་པ་རེད། དཔེར་ན། བསམ་པའི་ཁུར་ཅ་ལྟ་བུ། གོང་དུ་བཤད་པའི་ནག་པོར་བྱ་བ་ངན་པ་དང་ཉེས་པའི་དོན་ཡོད་པས། རྗེས་སུ་ཞྭ་ནག་པོ་ཞེས་པའི་ཚིག་འདིའང་ "ཁ་དོག་ནག་པོ་ཅན་གྱི་ཞྭ" (ཀར་ལུགས་ཀྱི་ཕྱོགས་གཅིག་ཞྭ་རྟགས་ནག་པོ་) ཁོ་ནའི་དོན་སྟོན་པ་ལས་ཉེས་མིང་ངམ་མིང་ངན་པར་ཡང་དཔེ་འཇོག་ཡིན་ན་ཡང་རང་གི་སྒྲ་བརྗོད་ནང་གི་གནས་སྐབས་ཀྱི་དཔེ་ནི་མིང་གི་འགྱུར་ལྡོག་ཏུ་བརྩི་མི་རུང་།

འདིར་བཤད་དགོས་པ་ནི། མིང་གི་དོན་ནི་ཕལ་ཆེར་མིང་དོན་བསྒྲིགས་པ་ལས་བྱུང་བ་རེད། སྡེབ་སྦྱོར་ལས་ཀྱང་མིང་དོན་ལ་འགྱུར་ལྡོག་འབྱུང་སྲིད་པ་རེད། དཔེར་ན། "གཙང་མ་" ཞེས་པའི་མིང་དང་ཐོག་དངོས་རྫས་དྲི་མས་མ་གོས་པའི་དོན་ཡིན། རྗེས་སུ་སྤྱོད་ངན་སོགས་ཀྱིས་མ་གོས་པའི་དོན་མཆེད་པ་རེད། འོན་ཀྱང་སྒྲ་བརྗོད་ཀྱི་ཁོར་ཡུག་དང་སྡེབ་སྦྱོར་མི་འདྲ་བའི་ནང་དུ་མིང་དོན་ལ་ཡང་འགྱུར་ལྡོག་མི་འདྲ་བ་མཆིས། དཔེར་ན། དཔའ་རིས་དང་ཞོན་ཧྭ་སོགས་ཀྱི་ཡུལ་དུ་ "རུས་པ་མི་གཙང་" ཟེར་ན་བསེ་དྲི་ཡོད་པའི་དོན་ལ་འཇུག མཚོ་སྔོ་ཁུལ་ཁྲི་ཀའི་སྐད་དུ་ "ཞྭ་ཁ་མི་གཙང་གི་" ཟེར་ན་ཁྲིམས་མི་ཚེ་ལས་འདས་སོང་བའི་དོན་ལ་འཇུག དཔའ་རུས་ས་ཆ་ནས་ "ལག་མི་གཙང་གི་" ཟེར་ན་རྐུན་མ་ཡིན་པའི་དོན་ལ་གོ དེའི་ཕྱིར་མིང་དོན་གྱི་སྡེབ་སྦྱོར་གྱིས་མིང་དོན་འཕེལ་རྒྱས་དང་འགྱུར་ལྡོག་བྱུང་བར་ཤུགས་རྐྱེན་ཆེན་པོ་ཡོད་པ་སྟེ། སྒྲ་བརྗོད་དངོས་ཀྱི་ཕྱོགས་ནས་རྟོག་དཔྱོད་བྱས་ན། མིང་གཅིག་གི་གོ་དོན་དེ་བརྗོད་པའི་ནང་གི་ཚིག་གོང་འོག་དང་འབྲེལ་ནས་སྟོན་པ་ཡིན་ལ། དེར་སྤྱི་ཚོགས་ཀྱི་ཚོད་འཛིན་པར་མ་ཟད་དངོས་སུ་བེད་སྤྱོད་པའི་ཁྱད་ཆོས་ཡོད།

ཕལ་ཆེར་མིང་ནི་སྤྱབས་བདེ་བའི་སྐད་ཆའི་ནང་མིང་གཞན་དག་དང་ཟུང་དུ་སྦྲེལ་བ་ཡིན། འོན་ཀྱང་དེའི་གོ་དོན་ཞིབ་ཆ་ནི་ཕལ་ཆེར་མིང་དེ་དང་མིང་གཞན་ཟུང་དུ་སྦྲེལ་བའི་སྟེང་ནས་གོ། །

མིང་དོན་རིམ་འགྱུར་གྱིས་སྐད་ཆའི་སྲོལ་རྒྱུན་གྱི་རྒྱུན་སྤྱོད་ཁྱབ་ཁོངས་ཀྱི་འགྱུར་ལྡོག་མཚོན་པ་རེད། མཚམས་མཚམས་ལ་ཕྱི་རོལ་ཡུལ་གྱི་དངོས་པོའམ་རང་སྣང་གི་ཤེས་རྟོགས་འགྱུར་མེད་ཀྱང་སྲོལ་རྒྱུན་གྱི་རྒྱུན་སྤྱོད་ཁྱབ་ཁོངས་འགྱུར་བ་ལས་མིང་གི་གོ་དོན་ལ་འགྱུར་ལྡོག་འབྱུང་རྒྱུའང་ཡོད། མིང་དོན་གྱི་འགྱུར་ལྡོག་ནི་གང་འདོད་ལྟར་བྱུང་བ་མ་ཡིན་པར་དེ་ལ་ནང་ཁུལ་གྱི་འབྲེལ་བ་ཡོད་དེ། ཆོས་ཉིད་ངེས་ཅན་ལྟར་འགྱུར་བ་ཡིན། རིམ་འགྱུར་བྱུང་བའི་སྟེང་ནས་བལྟས་ན་མིང་དོན་རྒྱ་སྐྱེད་དང་། མིང་དོན་བསྡུས་པ། མིང་དོན་འཕོ་བ་བཅས་རིགས་གསུམ་དུ་དབྱེ་ཆོག འདི་ནི་མིང་དོན་རིམ་བཞིན་འགྱུར་བའི་བརྒྱུད་རིམ་ནང་རྒྱུན་དུ་མཐོང་བའི་འགྱུར་སྟངས་གསུམ་ཡིན། བོད་སྐད་དུའང་ང་ཚོས་མིང་དོན་གྱི་འགྱུར་སྟངས་འདི་དག་རྟོག་དཔྱོད་བྱེད་ཐུབ། མིང་དོན་རྒྱ་སྐྱེད་ནི་དཔེར་ན། མིང་ལ་ལས་དང་ཐོག་སྟོན་པའི་དོན་དང་བེད་སྤྱོད་པའི་ཁྱབ་ཁོངས་ཅུང་ཙམ་ཆུང་བ་ནས་རྗེས་སུ་རྒྱ་ཆེར་སྤེལ་བ་རེད། སྤྱིར་བཏང་དུ་བཤད་ན། མིང་དོན་རྒྱ་སྐྱེད་ནི་བྱེ་བྲག་དང་དངོས་ཡོད་ཀྱི་དོན་ལས་སྤྱིར་བཏང་དང་སྙིག་གྱུར་གྱི་དོན་དུ་རིམ་བཞིན་འགྱུར་བ་སྟེ། སྔོན་ཆད་བྱེ་བྲག་པའི་ཐུན་མོང་མིན་པའི་དངོས་པོའི་སྟེང་དུ་བཀོལ་བ་ལ་ཟེར། དཔེར་ན། “འཛམ་བུ་གླིང་” ཞེས་པའི་མིང་འདིའི་དང་ཐོག་གི་དོན་ནི་ལྷོ་འཛམ་བུ་གླིང་དང་། ཤར་ལུས་འཕགས་གླིང་། ནུབ་བ་ལང་སྤྱོད། བྱང་སྒྲ་མི་སྙན་བཅས་གླིང་བཞི་ཡོད་པའི་ནང་གི་རི་རབ་ལྷུན་པོའི་ལྷོ་ངོས་སུ་ཡོད་པའི་གླིང་ཁོ་ནར་གོ་བ་ཡིན། ད་ལྟ་ “འཛམ་བུ་གླིང་” ཞེས་པའི་འདིས་འཛིག་རྟེན་ནམ་རྒྱལ་ཁབ་ཐམས་ཅད་ཀྱི་དོན་སྟོན་ཏེ། ཆེད་གཉེར་མིང་ལས་ཐུན་མོང་བའི་མིང་དུ་གྱུར་པ་མ་ཟད། དོན་ཡང་རྒྱ་སྐྱེད་ཡོད། ཡང་དཔེར་ན། “སྣག་ཚ་” ཞེས་པའི་མིང་འདིའི་གདོད་མའི་དོན་ནི་ཡི་གེ་འབྲི་བྱེད་དང་དཔེ་ཆ་དཔར་བྱེད་ཀྱི་ཚོན་རྩི་ནག་པོ་ཁོ་ན་ཡིན་ལ། ད་ལྟ་མང་ཚོགས་ཀྱི་ཁ་སྐད་དུ་སྣག་ཚ་དམར་པོ་དང་

སྟོན་པོ་དང་ནག་པོ་ཚང་མར་སྣག་ཚ་ཟེར། མིང་ལ་ལས་དང་ཐོག་སྟོན་པའི་དོན་གྱི་རྒྱ་ཆེར་སོང་རྗེས་དོན་གསར་པ་བྱུང་ནས་དོན་མང་སྟོན་པའི་མིང་དུ་གྱུར་པའང་ཡོད། དཔེར་ན། "དངུལ་" ཞེས་པའི་མིང་གིས་དང་ཐོག་ལྕགས་རིགས་རིགས་ཤིག་གི་དོན་ཁོ་ན་མཚོན་པ་སྟེ། དངུལ་སྐེར་དངུལ་ཤོག་ལྟ་བུ། རྗེས་སུ་དངུལ་ལས་བཟོས་པའི་དོང་ཙེ་བྱུང་བས་དོན་གྱི་རྣམ་གྲངས་གསར་པ་ཞིག་བསྐྲུན་པ་སྟེ། དངུལ་སྒོར་དངུལ་ཁང་དངུལ་སྐམ་དངུལ་ལོར་ལྟ་བུ། ཡང་དཔེར་ན། "ཞིམ་པོ་" ཞེས་པའི་མིང་འདིའི་མ་གཞིའི་དོན་རོ་མངར་ཤིང་དྲི་བཟང་བ་ལ་འཇུག་མོད། འོན་ཀྱང་ཀུན་སློའི་བླུ་ཚུ་དང་རྣ་ཚུ་རྫོང་སོགས་ཀྱི་སྐད་ཆའི་ནང་དུ་ཀ་རའི་དོན་ལ་ཡང་གོ ཡུལ་དེ་དག་གི་བོད་སྐད་ལ་མཚོན་ན་འདི་འདང་མིང་དོན་གྱི་རྒྱ་ཇེ་ཆེར་སོང་ནས་དོན་གྱི་རྣམ་གྲངས་ཇེ་མང་དུ་སོང་བའི་དཔེ་དངོས་ཡིན།

མིང་དོན་བསྒྱུས་པ་ནི་དཔེར་ན། མིང་ལ་ལས་དང་ཐོག་སྟོན་པའི་དོན་གྱི་རྒྱ་ཅུང་ཆེ་ལ། རྗེས་སུ་ཇེ་ཆུང་དུ་སོང་བ་སྟེ། དང་ཐོག་དོན་རྒྱ་ཆེན་པོ་ཞིག་སྟོན་པའི་མིང་གིས་དེའི་ནང་གི་བྱེ་བྲག་པ་ཞིག་སྟོན་པ་ལ་ཟེར་བ་ཡིན། སྤྱིར་བཏང་དུ་བཤད་ན། མིང་དོན་བསྒྱུས་པ་ནི་སྤྱིར་བཏང་གི་ཐུན་མོང་བའི་དོན་ལས་བྱེ་བྲག་པའི་ཐུན་མོང་མ་ཡིན་པའི་དོན་དུ་རིམ་བཞིན་འགྱུར་བ་ཡིན་ཏེ། དཔེར་ན། "ཞྭ་མོ་" ཞེས་པའི་མིང་འདིའི་དང་ཐོག་གི་དོན་ནི་མགོ་བོར་གཡོག་རྒྱུའི་གོས་སྣ་ཚོགས་ཀྱི་མིང་ཡིན་ལ། ད་ལྟ་བླ་བྲང་དང་གོས་ནན་ས་ཆས་འདུལ་འཛིན་རྣམས་ཀྱིས་མནབས་པའི་དབུ་ཞྭ་སེར་པོ་ཁོ་ནར་གོ་བ་ཡིན་ཏེ། མི་ཕལ་བའི་མགོར་གོན་པའི་ཞྭ་མོ་ཚང་མར་ཞྭ་ཟེར་བ་རེད། ཡང་དཔེར་ན། "ཤིང་ཏོག" གི་གདོད་མའི་དོན་ནི་ཤིང་གི་འབྲས་བུ་ལ་ཟེར་བ་སྟེ། སིལ་ཏོག་གི་མིང་གཞན་ཞིག་ཡིན། ད་ལྟ་ཀུན་སློའི་འབྲུག་ཆུའི་སྐད་དུ་རི་སྐྱེས་སིལ་སྙུར་གྱི་རིགས་ཤིག་ཁོ་ནར་གོ་སྟེ། སིལ་ཏོག་ཡོད་ཚད་སྟོན་པའི་སྤྱི་མིང་ལས་སིལ་ཏོག་ནང་གི་རིགས་ཤིག་སྟོན་པར་གྱུར། ཡང་དཔེར་ན། "རས" ཞེས་པའི་མིང་འདིའི་མ་གཞིའི་དོན་ནི་ཤིང་བལ་དང་བལ་རྩིད་གསོ་མ་སོགས་ཀྱི་སྣལ་མས་བཏགས་ཤིང་། གྱོན་ཆས་སོགས་བཟོ་ཆོག་པའི་ཐགས་དངོས་ཀྱི་སྤྱི་མིང་ཡིན་

ཏེ། རས་ལྭ་རས་ཁུག་ལྟ་བུ། ད་ལྟ་འབྲུག་ཆུའི་སྐད་ཆའི་ནང་དུ་རས་ཀྱིས་སྟོན་པའི་དོན་གྱི་རྒྱ་ཁྱོན་ཙམ་ཆུང་སྟེ་གསོ་རས་ཁོ་ནར་གོ །འདི་ནི་ཕལ་ཆེར་ལོ་རྒྱུས་ཀྱི་དུས་རབས་ག་གེ་མོ་ཞིག་གི་ནང་དུ་ས་དེའི་མི་རྣམས་ཀྱིས་གསོ་མ་ཁོ་ནས་རས་ཐགས་པ་ཡིན་པའམ། ཡང་ན་རས་ཞེས་པའི་མིང་གིས་དང་ཐོག “གསོ་རས” ཀྱི་དོན་ཁོ་ན་སྟོན་ཞིང་ད་ལྟ་དོན་གྱི་རྒྱ་ཇེ་ཆེར་སོང་བ་ཨེ་ཡིན་ནམ་སྙམ། ཡང་དཔེར་ན། “སྲན་མ” ཞེས་པའི་མིང་འདིའི་གདོད་མའི་དོན་ནི་ལོ་ཏོག་སྲན་མའི་རིགས་རྩེ་ཚིང་གི་སྤྱི་མིང་ཡིན་མོད། འོན་ཀྱང་གཞིས་ཀ་རྩེའི་ཡུལ་སྐད་དུ་སྲན་མའི་བྱེ་བྲག་གཅིག་སྟེ་བོད་སྲན་ནམ་སྲན་རིལ་ཁོ་ནར་གོ །ཡང་དཔེར་ན། “ལྟོ” ཡི་དང་ཐོག་གི་དོན་ནི་མིའམ་ཕྱུགས་ཟོག་གི་ཟས་སམ་བཟའ་བྱ་ཡིན་ཏེ། ལྟོ་གོས་འཛོམས་པོ་ལྟོ་སྐལ་ལྟ་བུ། ད་ལྟ་ཕལ་ཆེར་ཕྱུགས་ཟོག་གི་ཆས་ཁོ་ནར་གོ་སྟེ། ཕག་ལྟོ་ཁྱི་ལྟོ་ལྟ་བུ་ལས་མིའི་ཟས་ཀྱི་དོན་ལ་མི་གོའོ། ། “ཤ་ཉེ” ཡི་གདོད་མའི་དོན་ནི་གདུང་རྒྱུད་ལ་འབྲེལ་བ་ཡོད་པའི་གཉེན་གྱི་མིང་ཡིན་ལ། ད་ལྟ་ཇ་བའི་ཧུང་ཡོན་གྱི་ཡུལ་སྐད་དུ་ཕུ་བོ་ཞེས་པའི་དོན་ཁོ་ནར་གོ །འདི་དག་གི་རྒྱ་ཁྱོན་ཆེ་བ་ལས་རིམ་བཞིན་དེའི་ནང་གི་བྱེ་བྲག་པའི་དོན་དུ་གྱུར་བ་ཡིན། “ཞག” ཅེས་པའི་མིང་འདིའི་གདོད་མའི་དོན་ནི་སྣུམ་རིགས་ཀྱི་སྤྱི་མིང་ངམ་སྲོག་ཆགས་ལས་བྱུང་བའི་སྣུམ་རིགས་སམ་དེ་འདྲའི་མར་དང་སྣུམ་སོགས་ཀྱི་ཚིལ་ལམ་རྩི་ཡིན་ལ། དཔའ་རིས་ཡུལ་སྐད་དུ་ “ཞག” ནི་འོ་ཞག་སྟེ་སྤྱིར་བཏང་དུ་བཤད་པའི་འོ་ཁའི་དོན་ལ་གོ དཔེ་འདི་དག་ས་ཕྱོགས་དེ་དག་གི་བོད་སྐད་ལ་མཚོན་ན་མིང་གིས་སྟོན་པའི་དོན་གྱི་རྒྱ་ཇེ་ཆུང་དུ་སོང་ནས་དོན་བསྡུས་པར་གྱུར་པ་ཡིན། མིང་དོན་འཕོ་བ་ཞེས་པ་ནི་མིང་ག་གེ་མོ་ཞིག་སྟོན་པ་ལ་ཟེར་བ་ཡིན། སྤྱིར་ན་མིང་དོན་རིམ་འགྱུར་གྱི་འཕོ་བའི་ནུས་པ་ལ་རྒྱུན་དུ་ཆ་རྐྱེན་ཞིག་ཡོད་དེ། མིང་གཉིས་ཀྱི་དོན་ངེས་པར་དུ་གཏན་ཚིགས་ཀྱི་སྒོ་ནས་རིགས་གཅིག་གམ་འགལ་ཟླ་ཡིན་དགོས། དཔེར་ན། “ཏོར” ཞེས་པ་བོད་ཡིག་གི་གནའ་དཔེའི་ནང་དུ་བྱང་ཕྱོགས་ཀྱི་མི་རིགས་སམ་སོག་རིགས་ལ་གོ དེང་སང་བོད་བྱང་མཐར་གནས་ཡོད་པའི་འབྲོག་པ་དང་། མཚོ་སྔོན་ཞིང་ཆེན་གྱི་བྱང་ཤར་ཁུལ་དུ་གནས་ཡོད་པའི་ཏོར་རིགས་ལ་གོ མིང་དོན་

རིམ་འགྱུར་གྱི་ཕྱོགས་ནས་བལྟས་ན་འདི་ནི་དོན་གྱི་ཁྱབ་ཁོངས་ཀྱི་འགྱུར་བ་རེད། ཡང་དཔེར་ན། "ཏུ་" ཞེས་པ་གནའ་དུས་མིའི་ཚོགས་པའམ་དཔུང་སྡེར་གོ་སྟེ། གཡས་ཏུ་གཡོན་ཏུ་ཏུ་དར་ཏུ་མཚོན་ལྟ་བུ། ད་ལྟ་རྒྱུན་དུ་རྩ་ཆུའི་རྗེས་འབྲངས་ནས་གནས་སྤོར་བའི་འབྲོག་དུད་ཁ་ཤས་སམ་འབྲོག་སྡེར་གོ་བ་སྟེ། ཏུ་སྐོར་ཏུ་འགེལ་ཏུ་སྡེ་ཏུ་བ་ཏུ་བབས་ལྟ་བུ། འདི་ནི་ "ཏུ་" ཞེས་པའི་མིང་འདིའི་དོན་ལ་གནའ་བོའི་བོད་སྐད་དང་ད་ལྟའི་བོད་སྐད་ཀྱི་བར་དུ་བྱུང་བའི་འགྱུར་ལྡོག་ཡིན། "རིང་ལུགས་" ཞེས་པ་དེ་བོད་ཀྱི་བཙན་རྙིང་དུ་རྒྱུན་དུ་མཐོང་ཐུབ་སྟེ། 《ཞྭ་ལྷ་ཁང་གི་རྡོ་རིང་ཡི་གེ་ངོ་བཤུས་གཉིས་》ཀྱི་ཡིག་ཕྲེང་ང་དགུ་ཏུ "དབྱེ་དགོས་ན་ཡང་། སྲས་དབོན་ཆབ་སྲིད་ཀྱི་མནྡ་གང་མཛད་པས་རིང་ལུགས་" ཞེས་པ་དང་། 《ཏུན་ཧོང་ནས་ཐོན་པའི་གནའ་བོའི་བོད་ཡིག་ཤོག་དྲིལ་》ཀྱི་P.T.1101དཔྱ་ཚད་པའི་མིང་ཐོའི་ཐིག་ཕྲེང་བརྒྱད་དུ་"……རིང་ལུགས་ཀྱི་འཚལ……" ཞེས་བཀོད་ཡོད། དེ་སྐབས་ཀྱི་རིང་ལུགས་ཀྱི་དོན་ནི་ཕལ་ཆེར་མཁན་པོ་ལ་གོ་དགོས་པའམ་ཡང་ན་རང་སྡེའི་འགོ་དཔོན་ལ་གོ་དགོས་སྙམ། འོན་ཀྱང་ད་ལྟ་མིང་དེས་སྟོན་པའི་དོན་གཙོ་བོ་ནི་ལྟ་བ་སྟེ་གོ་རིམ་ལྡན་ཞིང་ཆ་ལག་ཚང་བའི་བསམ་རྒྱུན་དང་བཞེད་སྲོལ། ཡང་ན་སྤྱི་ཚོགས་ཀྱི་ལམ་ལུགས་ངེས་ཅན་ཞིག་གམ་ཆབ་སྲིད་དཔལ་འབྱོར་གྱི་མ་ལག་ངེས་ཅན་ཞིག་ཡིན། ཡུལ་སྐད་ཀྱི་ནང་དུ་མིང་དོན་འཕོ་བའི་སྣང་ཚུལ་མི་ཉུང་བ་ཡོད། དཔེར་ན། "ཐུར་མ་" ཞེས་པའི་མིང་གི་གདོད་མའི་དོན་ནི་ལྕུག་མ་ཕྲ་མོར་གོ་སྟེ། ཟས་ལེན་བྱེད་ཀྱི་དབྱུ་གུ་ཕྲ་མོའི་མིང་ཡིན། ལྕུག་མའི་ཐུར་མ། བ་སོའི་ཐུར་མ་ལྟ་བུ། ཨ་མདོའི་སྐད་དུ་ཐུར་མ་དང་ཁེམ་བུ་（བྱིམ་བུའང་འབྲི་）གཉིས་ཟ་ཐུར་གྱི་དོན་ཡིན་ཅང་མིང་འདི་གཉིས་ཀྱི་དོན་གཏན་ནས་མི་འདྲ། འོན་ཀྱང་ལྷ་ས་་བས་མིང་འདི་གཉིས་གང་བཤད་ཀྱང་བྱིམ་བུ་ཁོ་ནར་གོ་ལ། ཐུར་མ་ཞེས་པའི་མིང་གིས་དང་ཐོག་བསྟན་བྱ་དེ་ལ་རྒྱ་སྐད་ཀྱི་མིང་གཡར་ནས་ "ཁོའི་ཙེ་" ཟེར། ལྷ་སའི་སྐད་ལ་བཤད་ན་འདིའང་ཐུར་མ་ཞེས་པའི་མིང་གི་དོན་འཕོས་ནས་བྱུང་བ་རེད། ཡང་དཔེར་ན། "ཡུལ་" གྱི་གདོད་མའི་དོན་ནི་ས་ཆའི་ཁོངས་ངེས་ཅན་ལ་གོ་སྟེ། ཡུལ་ཁམས་ཕ་ཡུལ་ལྟ་བུ། འོན་ཀྱང་ཀན་ལྷོའི་

འབྲུག་ཆུའི་སྐད་ཆའི་ནང་དུ་ཁང་པར་གོ། “ཡིག་” ཞེས་པ་ཡི་གེའི་བསྡུས་མིང་ཡིན་ཏེ། ཡིག་དང་དཔེ་ཆ་ནི་གཏན་ནས་མི་འདྲ་བའི་དངོས་པོ་གཉིས་ཡིན། སྤྱིར་ཡིག་ཅེས་པ་ནི་སྐད་ཆ་ཐོ་ལ་འགོད་བྱེད་ཀྱི་རྟགས་ལ་གོ་བ་སྟེ། བོད་ཡིག་རྒྱ་ཡིག་སོག་ཡིག་ལྟ་བུ། དཔེ་ཆ་ནི་བརྩམས་པའི་གཞུང་རྣམས་ཡི་གེར་བཀོད་པའི་དེབ་དང་པོ་ཏི་སོགས་ཀྱི་མིང་ལ་གོ འོན་ཀྱང་ད་ལྟ་ཀན་ལྷོའི་འབྲུག་ཆུའི་སྐད་ཆའི་ནང་དུ་དཔེ་ཆར་ཡིག་ཟེར། ལུད་དང་གད་སྙིགས་གཉིས་ཀྱི་དོན་གཏན་ནས་མི་འདྲ་སྟེ། 《ས་སྐྱ་ལེགས་བཤད་》དུ་ “གསེར་དངུལ་སྲ་ཡང་བཞུ་ནུས་ཀྱི། །ཕྱི་ལུད་བཞུ་ན་དྲི་ངན་འབྱུང་། །” ཞེས་གསུངས་ཡོད་པ་ལྟ་བུ། འོན་ཀྱང་ཡུལ་ཤུལ་ཆུ་དམར་ལེབ་ཀྱི་སྐད་ཆའི་ནང་དུ་ལུད་ཅེས་པ་གད་སྙིགས་ལ་གོ སྤྱིར་ “ལྷ་བྲང་” ཞེས་པ་ནི་ལྷ་སྤྲུལ་ཆེ་གྲས་ཀྱི་ཤག་ཚང་ངམ་ཆོས་ལུགས་པ་གོང་གྲས་ཀྱི་སྡོད་ཁང་ཆེན་པོའི་མིང་ལ་གོ་མོད། ཕྱིས་སུ་ལྷ་བྲང་ཞེས་པའི་མིང་འདིས་ལྷ་བྲང་བཀྲ་ཤིས་འཁྱིལ་སྟོན་པ་འང་ཡིན་ལ། དེ་ནས་ཡང་དགོན་པའི་གནས་དེའི་ས་མིང་ལའང་གྱུར་བ་རེད། འདིའང་མིང་དོན་འཕོ་བའི་གྲས་སུ་བཞག་ཆོག ཡང་དབུས་གཙང་ཡུལ་སྐད་དུ་ “ཐོན་” ཞེས་པ་ནང་ནས་ཕྱིར་བུད་པའི་དོན་ལ་གོ ཨ་མདོའི་ཡུལ་སྐད་དུ་སླེབས་པའི་དོན་ལ་གོ ཡུལ་སྐད་ཀྱི་ཕྱོགས་ནས་བཤད་ན་འདིའང་མིང་དོན་འཕོས་པ་རེད། དེའི་ཕྱིར་ཡུལ་སྐད་ཀྱི་མིང་ནི་སློ་བུར་དུ་བྱུང་བ་མ་ཡིན་པར། དེའི་ནང་གི་ཁག་གཅིག་གིས་ས་དེ་གའི་མང་ཚོགས་ཀྱི་ཕྱི་རོལ་ཡུལ་གྱི་དངོས་པོར་ངོས་འཛིན་ཚུལ་དང་། འབྲེལ་ཡོད་ཀྱི་ཤེས་ཡོན་དང་ཉམས་མྱོང་ལ་ངེས་འདྲོངས་ཚུལ་མཚོན།

མིང་དོན་གྱི་རིམ་འགྱུར་དང་མིང་ཕན་ཚུན་བརྗེ་བ་ནི་སྐད་རིགས་སྣ་ཚོགས་ནང་རྒྱུན་དུ་མཐོང་བའི་སྣང་ཚུལ་ཞིག་ཡིན། སྐད་ཆ་དངོས་སུ་གྱུར་ཏེ་ཚང་མའི་སྐད་ཆའི་ནང་གི་མིང་ཚིག་རིམ་འགྱུར་ལ་ཤུགས་རྐྱེན་ཐེབས་ཐུབ། མདོར་བསྡུས་ན་གོང་དུ་བཤད་པའི་མིང་དོན་རིམ་འགྱུར་རིགས་གསུམ་པོའི་ནང་མིང་དོན་རྒྱ་བསྐྱེད་ནི་མིང་དོན་གྱི་འཕེལ་ཕྱོགས་གཙོ་བོ་ཡིན། མིང་དོན་རྒྱ་ཆེར་སྐྱེད་ཚེ་མིང་ལ་དོན་མང་རང་བཞིན་གྱི་ཁྱད་ཆོས་ལྡན་ཞིང་། སྐད་ཆའི་གོ་དོན་ཞིག་བརྗོད་དུས་གང་ལ་གང་འཚམ་ཞིག་བྱེད་ཐུབ། རིམ་འགྱུར་ཐབས་

ལམ་དང་དེའི་འབྲས་བུ་མཚམས་མཚམས་ལ་མིང་དོན་གཅིག་གི་ནང་ཁུལ་ནས་མཚོན་པ་ཡིན་ཏེ། དཔེར་ན། དོན་རྒྱ་ཆེར་བསྐྱེད་པ་ལས་འཕོ་འགྱུར་བྱུང་བའམ་འཕོ་བ་ལས་བསྡུས་པར་གྱུར་པ་སོགས་ལྟ་བུ། རིམ་འགྱུར་གྱི་ཚུལ་རྣམ་པ་སྣ་ཚོགས་ཡོད་ཅིང་། མཚམས་མཚམས་ལ་ཕན་ཚུན་འདྲེས་པའི་སྣང་ཚུལ་ཡང་མཆིས། ཡིན་ནའང་སྤྱིའི་འཕེལ་ཕྱོགས་ནི་མི་རྣམས་ཀྱིས་ཕན་ཚུན་འབྲེལ་འཛུགས་པ་དང་བསམ་བློ་བརྗེ་རེས་ཀྱི་དགོས་མཁོ་ཆེམ་ཆེད་ཉིན་རེ་བཞིན་ཕུན་སུམ་ཚོགས་པར་གྱུར་པ་རེད།

མིང་དོན་ནི་ནམ་ཡིན་ཡང་མུ་མཐུད་དུ་འགྱུར་བཞིན་ཡོད། ཡིན་ནའང་ལོ་རྒྱུས་ཀྱི་དུས་རིམ་ངེས་ཅན་ཞིག་གི་ནང་སྐད་ཆ་དངོས་ཀྱི་ནང་གི་མིང་ཚང་མར་སྤྱོལ་རྒྱུན་གྱི་བེད་སྤྱོད་ཁོངས་ཤིག་ཡོད་ཅིང་། མིང་དོན་ལའང་བསྡོམས་བཅས་ཀྱི་བརྟན་འཇགས་རང་བཞིན་ཡོད་པ་ནི་སྐད་ཆའི་བརྡ་ལ་བརྟན་འཇགས་རང་བཞིན་ཡོད་པའི་རྐྱེན་གྱིས་ཡིན། ང་ཚོས་གོང་དུ་བཤད་ཟིན་པ་ལྟར་དེ་ཡང་རྒྱུ་རྐྱེན་མི་འདྲ་བར་བསྟུན་ནས་ཁོངས་དེ་ཇེ་ཆེའམ་ཇེ་ཆུང་དུ་གཏོང་ཚོག་པས་མིང་དོན་ལའང་རིམ་འགྱུར་བྱུང་བ་རེད། འདི་ནི་སྐད་ཆ་ལ་མཚོན་བརྡའི་འགྱུར་སྲིད་པའི་རང་བཞིན་ཡོད་པའི་རྐྱེན་ཡིན། རིམ་འགྱུར་དང་བརྟན་འཇགས་ཚང་མ་སྐད་ཆའི་ལོ་རྒྱུས་ཀྱི་རྒྱུན་ལྡན་གནས་ཚུལ་ཡིན་ལ། རིམ་འགྱུར་གྱིས་མི་རྣམས་ཀྱི་རྒྱུན་ལྡན་དུ་འབྲེལ་འཛུགས་པར་གནོད་པ་གཏོང་མི་ཐུབ་པ་མ་ཟད། དེ་ལས་ལྡོག་སྟེ་སྐད་ཆ་ནི་ཉིན་རེ་བཞིན་འཕྲུས་སྨྲ་ཇེ་ཚང་དུ་འགྲོ་ཞིང་མི་རྣམས་ཀྱི་འབྲེལ་འཛུགས་ལ་ཞབས་འདེགས་བཟང་པོ་བྱེད་ཐུབ། དེའི་ཕྱིར་ང་ཚོས་བྱ་བ་སྒྲུབ་དུས། མིང་དོན་གྱི་དུས་རབས་རང་བཞིན་ལ་ཉམས་འཛོག་དགོས་པར་མ་ཟད། མིང་དོན་གྱི་འཕེལ་ཚུལ་དང་རིམ་འགྱུར་ཡང་ཤེས་དགོས། མིང་དོན་གྱི་ཞིབ་འཇུག་ནི་སྒྲ་རིག་པའི་ཞིབ་འཇུག་ནང་ཤིན་ཏུ་གལ་ཆེ་བ་ཞིག་ཡིན། དེ་ལ་རིག་པའི་གཞུང་ལུགས་ཀྱི་རིན་ཐང་ཡོད་པ་མ་ཟད། ལག་ལེན་གྱི་རིན་ཐང་ཆེན་པོའང་ཡོད་ལ། སྐད་ཡིག་ཕན་ཚུན་བསྒྱུར་དུས་ཀྱང་དེ་ལྟར་ཡིན། སྐད་ཆའི་འབྲེལ་འཛུགས་པའི་ཕྱོགས་ནས་བཤད་ན། མིང་གི་གོ་དོན་དངོས་རྟོགས་ན། གཞན་གྱིས་བཤད་པའི་དོན་ཇི་བཞིན་དུ

རྟོགས་ཐུབ་པ་མ་ཟད། སྐད་ཆ་བཀོལ་ནས་བསམ་བློ་དང་བརྗེ་རྡུང་མཚོན་པའི་ཡང་དག་པའི་རང་བཞིན་དང་གསོན་ཉམས་ལྡན་པའི་རང་བཞིན་ཡང་ཇེ་བརྟན་དུ་གཏོང་ཐུབ་ལ། རྩོམ་འབྲི་བ་དང་རིག་རྩལ་རྩོམ་རིག་ལ་བལྟ་བའི་ཚུ་ཚད་ཇེ་མཐོར་གཏོང་ཐུབ་པ་མ་ཟད། མིང་མཛོད་སྣ་ཚོགས་སྒྲིག་དུས་མིང་མཛོད་ཀྱི་སྤུས་ཚད་ཅུང་ཇེ་ལེགས་སུ་གཏོང་ཐུབ་ལ། ལོ་ཙཱ་བྱེད་དུས་ཀྱང་མིང་དོན་ཞིབ་འཇུག་གི་རམ་འདེགས་ལ་བསྟུན་ནས་མ་ཡིག་ཇི་བཞིན་དུ་སྒྱུར་ཐུབ། མིང་དོན་ལ་ཞིབ་འཇུག་བྱེད་པ་ད་དུང་ཐོག་མའི་དུས་ཡིན་པས། གནད་དོན་མང་པོ་དང་ཞིབ་འཇུག་མ་བྱས་པ་མང་པོ་ཞིག་ལ་ང་ཚོས་ད་དུང་མུ་མཐུད་དུ་ཞིབ་འཇུག་བྱེད་དགོས། གོང་དུ་བརྗོད་པ་འདི་དག་ནི་ང་ཚོས་མིང་དོན་ལ་སློབ་སྦྱོང་དང་ཞིབ་འཇུག་བྱེད་པ་ཟུང་དུ་སྦྲེལ་ནས་བོད་སྐད་ཀྱི་མིང་དོན་ལ་རགས་ཙམ་རྟོག་ཞིབ་བྱས་པའི་མྱོང་ཚོར་འགའ་ཡིན་པས། དཔེར་བརྗོད་དང་མིང་དོན་རིམ་འགྱུར་གྱི་རིགས་དབྱེ་ཚུལ་ཚང་མ་མཐའ་གཅིག་ཏུ་འགྲིག་པའི་ངེས་པ་མེད་དོ།།

དཔྱད་གཞིའི་ཡིག་ཆ།

1. [波兰] 沙夫著 . 罗兰，周易合译 . 语义学引论，1979.

2. 高名凯 . 语言论 . 科学出版社，1963.

3. 马学良 . 语言学概论 . 华中工学院出版社，1985.

4. 《བོད་རྒྱ་ཚིག་མཛོད་ཆེན་མོ》མི་རིགས་དཔེ་སྐྲུན་ཁང་གིས་པར་དུ་བསྐྲུན། 1985ལོའི་ཟླ་7པར།

5. 《དག་ཡིག་གསར་བསྒྲིགས》མཚོ་སྔོན་མི་རིགས་དཔེ་སྐྲུན་ཁང་གིས་པར་དུ་བསྐྲུན། 1979ལོའི་ཟླ་6པར།

（原载于《西北民族学院学报》藏文版，1994 年第 1 期，与玛昂前合作）

༄༅། །ལོ་ངོ་ལྔ་བཅུའི་རིང་གི་བོད་ཡིག་ཚིག་མཛོད་དཔེ་སྐྲུན་ལས་དོན་འཕེལ་རྒྱས་སྐོར།

ཏང་གི་ཡང་དག་པའི་མི་རིགས་སྲིད་ཇུས་ཀྱི་ཁྲིད་སྟོན་འོག ཉེ་བའི་ལོ་ལྔ་བཅུའི་རིང་བོད་ཡིག་ཚིག་མཛོད་ཀྱི་རྩོམ་སྒྲིག་དང་པར་སྐྲུན་བྱ་བ་ནི་དབྱར་དུས་ཀྱི་ཆུ་གཏེར་རྒྱས་པ་བཞིན་འཕེལ་རྒྱས་ཆེན་པོ་བྱུང་ཡོད་པས། དེས་བོད་ཡིག་ཚིག་མཛོད་ལོ་རྒྱུས་ཀྱི་ཤོག་ལྷེ་གསར་པ་ཞིག་དངོས་སུ་ཁ་ཕྱེ་པ་རེད། བོད་ཡིག་ཚིག་མཛོད་སྣ་ཚོགས་ཆར་རྗེས་ཀྱི་ཤ་མོ་བཞོལ་བ་བཞིན་བྱུང་བ་དེས་བོད་མི་རིགས་ཀྱི་སྲིད་འགྱུར་རིག་གསུམ་གྱི་འཕེལ་རྒྱས་དང་མི་རིགས་ཁག་གི་བར་ལ་འབྲེལ་བ་གསར་པ་ཞིག་བྱུང་ཡོད་པ་གང་ལེགས་ཀྱིས་མཚོན་འདུག དེ་ནི་དེང་རབས་རིག་གནས་འཛུགས་སྐྲུན་བྱ་བའི་དགོས་མཁོ་དང་མཐུན་ལ། བོད་ཀྱི་སྐད་ཡིག་ཚད་ལྡན་དུ་གཏོང་བ་དང་། མི་རིགས་བར་ཕན་ཚུན་སྐད་ཡིག་སློབ་སྦྱོང་བྱེད་པ། ཡིག་སྒྱུར་གྱི་བྱ་བ་གོང་དུ་སྤེལ་བ། མི་རིགས་མཐུན་སྒྲིལ་དང་དར་རྒྱས་ཕུན་སུམ་ཚོགས་པར་གཏོང་བ་བཅས་ལ་ཕན་ནུས་ཆེས་ཆེར་ལྡན་པས། རྒྱ་ཆེ་བའི་མི་དམངས་མང་ཚོགས་ཀྱིས་དགའ་བསུ་དང་རྒྱལ་ཁབ་ཕྱི་ནང་གི་བོད་རིག་པའི་ལས་གནས་ཁག་གིས་གདེང་འཇོག་ཚད་མཐོན་པོ་བྱས་དང་བྱེད་བཞིན་འདུག

ཚིག་མཛོད་ཀྱི་རྣམ་པའི་ཆ་ནས་གཞིགས་ཚེ། སྐད་གཅིག་ཅན་དང་། སྐད་གཉིས་ཤན་སྦྱར་ཅན། སྐད་མང་ཤན་སྦྱར་ཅན་ལ་སོགས་པའི་རིགས་དུ་མ་ཡོད་དེ། དེ་ཡང་སྐད་གཅིག་ཅན་ནི་བོད་ཡིག་རང་སྟེང་ནས་བོད་ཡིག་གི་ཐ་སྙད་འགྲེལ་བཤད་རྒྱག་པ་དེ་ཡིན་ལ། ཕྱི་མ་གཉིས་ནི་བོད་རྒྱ་ཤན་སྦྱར་དང་། རྒྱ་བོད་ཤན་སྦྱར། སཾ་བོད་ཤན་སྦྱར། བོད་དབྱིན་ཤན་སྦྱར། རྒྱ་བོད་དབྱིན་གསུམ་ཤན་སྦྱར་སོགས་སྐད་རིགས་དུ་མ་ཤན་དུ་སྦྱར་བ་ཞིག

ལ་གོ་དགོས། ཉེ་བའི་ལོ་ལྔ་བཅུའི་རིང་དངོས་སུ་པར་དུ་བསྐྲུན་པའི་སྐད་གཅིག་ཅན་གྱི་ཚིག་མཛོད་ལ《དུས་གསུམ་གྱི་རྣམ་གཞག་བློ་མུན་སེལ་བའི་འོད་སྣང་》(པེ་ཅིན།1958ལོ)།《དག་ཡིག་མ་ནོར་ལམ་བཟང་》(པེ་ཅིན།1958ལོ)།《དག་ཡིག་གསར་བསྒྲིགས་》(མཚོ་སྔོན། 1979ལོ)།《བརྡ་གསར་རྙིང་》(མཚོ་སྔོན། 1980ལོ)།《ཆོས་ཀྱི་རྣམ་གྲངས་》(སི་ཁྲིན།1988ལ)།《རྒྱུན་མཁོ་དག་ཡིག་ཕྱོགས་བསྒྲིགས་》(ཀན་སུའུ།1990ལོ)སོགས་ཡོད་དོ། །

སྐད་གཉིས་ཤན་སྦྱར་དང་སྐད་མང་ཤན་སྦྱར་གྱི་ཚིག་མཛོད་རྣམས་ཕལ་ཆེར་གཙོ་བོ་དོན་སྒྱུར་བྱས་པ་ཡིན་མོད། འོན་ཀྱང་མིང་གི་སྒྲ་གདངས་དང་། གཟུགས་འགྱུར། སྡེབ་སྦྱོར། མིང་དོན་འགྱུར་ལུགས་ལ་སོགས་པའི་གནད་དོན་ཡང་ཡོད་པས། དེ་དག་ཚན་རིག་དང་མཐུན་པ་བྱ་རྒྱུར་ཆ་རྐྱེན་མང་པོ་ཞིག་འཛོམ་དགོས་པ་རེད། པར་དུ་བསྐྲུན་པའི་བོད་རྒྱ་དང་། བོད་སོག་རྒྱ་བོད། སཾ་བོད་སོགས་སྐད་གཉིས་ཤན་སྦྱར་ཅན་གྱི་ཚིག་མཛོད་ནི 《དག་ཡིག་ཐོན་མིའི་དགོངས་རྒྱན་》(མཚོ་སྔོན།1955ལོ་དང་1957 ལོ)དང་།《དགེ་བཤེས་ཆོས་ཀྱི་གྲགས་པས་བརྩམས་པའི་བརྡ་དག་མིང་ཚིག་གསལ་བ་》(པེ་ཅིན། 1957ལོ)།《བོད་རྒྱ་ཚིག་མཛོད་》(ཀན་སུའུ། 1957ལོ)།《བོད་རྒྱ་ཤན་སྦྱར་རྒྱུན་མཁོའི་ཚིག་མཛོད་》(སི་ཁྲིན། 1980ལོ)།《བོད་རྒྱ་ཤན་སྦྱར་གྱི་ལྷ་སའི་ཁ་སྐད་ཚིག་མཛོད་》(པེ་ཅིན། 1983ལོv།《བོད་རྒྱ་ཚིག་མཛོད་ཆེན་མོ་》(པེ་ཅིན། 1985ལོ)།《དཔེ་ཆོས་རྣ་བའི་བདུད་རྩི་》(མཚོ་སྔོན། 1985ལོv།《བོད་རྒྱ་སྐར་རྩིས་རིག་པའི་ཚིག་མཛོད་》(པེ་ཅིན། 1985ལོ)།《བོད་རྒྱ་ཆོས་གཞུང་གི་ཚིག་མཛོད་》(མཚོ་སྔོན། 1986ལོ)།《བྱ་ཚིག་ཚིག་མཛོད་》(པེ་ཅིན། 1988ལོ)།《སཾ་བོད་སྐད་གཉིས་ཤན་སྦྱར་གསེར་གྱི་ཕྲེང་མཛེས་》(ཀན་སུའུ། 1989ལོ)།《སངས་རྒྱས་ཆོས་གཞུང་གི་ཚིག་མཛོད་》(མཚོ་སྔོན། 1992ལོ)།《བོད་རྒྱ་ཤན་སྦྱར་གྱི་ཨ་མདོའི་ཁ་སྐད་ཚིག་མཛོད་》(ཀན་སུའུ། 1993ལོ)།《རྒྱ་བོད་ཤན་སྦྱར་ཚིག་མཛོད་》(པེ་ཅིན། 1964ལོ)།《རྒྱ་བོད་ཤན་སྦྱར་གྱི་ཚིག་མཛོད་》(པེ་ཅིན། 1976ལོ)།《རྒྱ་བོད་ཤན་སྦྱར་ཚིག་མཛོད་》(པེ་ཅིན། 1991ལོ)།《རྒྱ་བོད་དབྱིན་གསུམ་ཤན་སྦྱར་གྱི་རྒྱུན་སྤྱོད་ཐ་སྙད་》(ཀྲུང་གོའི་

ཀྱི་ཚོགས་ཚན་རིག་དཔེ་སྐྲུན་ཁང་། 1981ལོ་)སོགས་ཡོད་པ་མ་ཟད། དེ་དག་གི་ཁྲོད་ནས་《སངས་རྒྱས་ཆོས་གཞུང་གི་ཚིག་མཛོད་》དང་《སཾ་བོད་སྐད་གཉིས་ཤན་སྦྱར་གསེར་གྱི་ཕྲེང་མཛེས་》གཉིས་ལ་རྒྱལ་ཁབ་དང་ཞིང་ཆེན་རིམ་པའི་བྱ་དགའ་ཐོབ་པ་རེད།

དེ་ཡང་བཅོས་སྒྱུར་སྒོ་དབྱེ་མ་བྱས་པའི་གོང་རོལ་དུ་བོད་ཡིག་ཚིག་མཛོད་བཅུ་ལྷག་ཙམ་ལས་པར་དུ་བསྐྲུན་མེད་ལ། དེའི་ཁྲོད་དུ་སྐད་གཅིག་ཅན་གྱི་ཚིག་མཛོད་ནི་སྐད་གཉིས་ཤན་སྦྱར་ཅན་ལས་ཉུང་ཙམ་མང་ལ། སྐད་མང་ཤན་སྦྱར་ཅན་ནི་གཅིག་ཀྱང་པར་སྐྲུན་བྱས་མེད། དུས་སྐབས་འདིར་པར་དུ་བསྐྲུན་པའི་ཚིག་མཛོད་ཉུང་ཟུང་དེ་ནི་དེང་རབས་བོད་ཡིག་ཚིག་མཛོད་ཀྱི་རྩོམ་སྒྲིག་བྱ་བའི་ཐོག་མ་ཡིན་པས་དེ་ལ་དགེ་མཚན་ཡོད་པ་ནི་བསྙོན་དུ་མེད།། 1978ལོ་ནས་བཟུང་རྒྱལ་ཁབ་ཀྱིས་བཅོས་སྒྱུར་སྒོ་དབྱེ་བྱས་ཏེ་རིག་གནས་འཛུགས་སྐྲུན་གྱི་ལས་དོན་སྤེལ་བ་དང་བསྟུན་ནས་བོད་ཡིག་ཚིག་མཛོད་ཀྱི་པར་བསྐྲུན་བྱ་བ་དེ་ཆར་རྗེས་ཀྱི་ཤ་མོ་བརྡོལ་བ་བཞིན་བྱུང་སྟེ། ཉེ་བའི་ལོ་ཉི་ཤུའི་རིང་པར་དུ་བསྐྲུན་པའི་གྲངས་འབོར་ནི་སྔོན་ཆད་ལས་ལྷབ་ལྷུ་འཕར་སྔོན་ཕྱིན་ཡོད། དེའི་ཁྲོད་དུ་སྐད་གཉིས་ཤན་སྦྱར་གྱི་ཚིག་མཛོད་དང་སྐད་མང་ཤན་སྦྱར་བའི་ཚིག་མཛོད་ནི་མང་ཤོས་ཡིན། ཆེད་གཉེར་རང་བཞིན་ཅན་གྱི་ཚིག་མཛོད་ཀྱི་རྩོམ་སྒྲིག་དང་པར་བསྐྲུན་བྱ་བའི་རྣམ་པ་དེ་ནི་སྔར་ལས་ཕུན་སུམ་ཚོགས་པ་ཞིག་བྱུང་དང་འབྱུང་མུས་སུ་མཆིས། ཚིག་མཛོད་འདི་དག་ལ་ཕྱོགས་ཡོངས་ནས་གདེང་འཇོག་བྱེད་རྒྱུ་ནི་ཁག་པོ་ཞིག་ཡིན་མོད་ཀྱང་། འདི་ཙ་ཕྱོགས་ཁ་ཤས་ཤིག་ནས་མདོར་ཙམ་ཞུས་ན།

དང་པོ། དུས་རབས་ཀྱི་རང་བཞིན་ལྡན་པ།

ཚིག་མཛོད་སྒྲིག་པ་པོ་དག་གིས་དེང་རབས་ཀྱི་མཁས་པ་རྣམས་ཀྱི་ཚིག་མཛོད་ཀྱི་དཔྱད་འབྲས་དང་སྒྲིག་སྟངས་ཐད་ནས་བཟང་ཆ་བསྡུ་ལེན་མང་པོ་བྱས་པས་ཚིག་མཛོད་ཀྱི་ནང་དོན་སྔར་ལས་ཕུན་སུམ་ཚོགས་ཤིང་སྒྲིག་སྟངས་སྔར་ལས་འཕྲུལ་ཚང་དུ་ཕྱིན་ཡོད། དཔེར་ན། མིག་སྔར་པར་དུ་བསྐྲུན་པའི་རྒྱ་

བོད་དབྱིན་གསུམ་ཤན་སྦྱར་གྱི་རང་བྱུང་ཚན་རིག་སྐོར་གྱི་ཚིག་མཛོད་དང་། བཅའ་ཁྲིམས། དཔལ་འབྱོར། ལུས་རྩལ་ལ་སོགས་པའི་ཕྱོགས་ཀྱི་ཆེད་ལས་རང་བཞིན་ལྡན་པའི་ཚིག་མཛོད་འདི་རིགས་ཀྱིས་བོད་ཡིག་ཚིག་མཛོད་ཀྱི་ལོ་རྒྱུས་ཀྱི་སྟོང་ཆ་ཁ་བསྐངས་པ་མ་ཟད། ང་ཚོ་ལ་ཤེས་བྱ་གསར་པ་དང་། བརྗ་འཕྲིན་གསར་པ། མིང་ཚིག་གསར་པ་གང་མང་ཞིག་མཁོ་འདོན་བྱས་ཡོད་ཕྱིར། དེང་རབས་ཀྱི་སྤྱི་ཚོགས་ཚན་རིག་གི་འཕེལ་རྒྱས་ཀྱི་འགྲོས་དང་མི་དམངས་མང་ཚོགས་ཀྱི་གོ་རྟོགས་གསར་པའི་ཆུ་ཚད་ཀྱི་རྗེས་སུ་བསྙེགས་ཐུབ་པ་བྱུང་ཡོད་ཅིང་། དུས་རབས་ཀྱི་རང་བཞིན་ཆེས་ཆེར་ལྡན་པས་རིག་གནས་སློབ་གསོ་དང་ཚན་རིག་ལག་རྩལ་བཅས་ཁྱབ་གདལ་དང་མཐོར་འདེགས་གཏོང་བར་ཕན་ནུས་ཆེན་པོ་བཏོན་ཡོད་པ་རེད། ཚིག་མཛོད་གསར་པའི་སྒྲིག་སྟངས་ཐད་ནས་གཞུང་དངོས་ཕུད། ཕལ་ཆེར་ལ་འགོ་བརྗོད་དང་། དཔེར་བརྗོད། དཀར་ཆག་སོགས་ཡོད་པ་མ་ཟད་དགོས་མཁོ་ལྡན་པའི་ཟུར་བཀོད་ཀྱང་མཆིས། གཞུང་དངོས་ཀྱི་ཐ་སྙད་ཚང་མ་སྒྲ་གདངས་ཀྱི་རིམ་པ་ལྟར་བསྒྲིགས་ཡོད་ལ། སྐད་གཅིག་ཅན་གྱི་ཚིག་མཛོད་དང་རྒྱ་བོད་སྐད་གཉིས་ཤན་སྦྱར་བའི་ཚིག་མཛོད་ནི་བོད་ཡིག་གི་གསལ་བྱེད་སུམ་ཅུའི་གོ་རིམ་མམ་རྒྱ་ཡིག་གི་སྒྲ་སྦྱོར་དབྱངས་གསལ་ཡི་གེའི་གོ་རིམ་ལྟར་བསྒྲིགས་ཡོད་ལ། ད་དུང་རྒྱ་ཡིག་གི་པིར་རིས་ཡིག་འཚོལ་རེའུ་མིག་གིས་ཟུར་བརྒྱན་བྱས་ཡོད། དེང་རབས་ཚིག་མཛོད་ཀྱི་སྒྲིག་སྟངས་ལྟར་ཐ་སྙད་རེ་རེས་ཡིག་ཕྲེང་རེ་རེའི་མགོ་བཟུང་ཡོད་པའི་སྒྲིག་སྟངས་འདིས་ཐ་སྙད་ཀྱི་གནས་གཞི་བརྟན་པོ་བྱས་པས་ལྟ་ཀློག་བྱེད་པར་སྟབས་བདེའི་ཆ་རྐྱེན་བསྐྲུན་ཡོད། ཚིག་མཛོད་ཀྱི་རང་བཞིན་དང་བྱེད་ནུས་ལ་གཞིགས་ན་སྒྲིག་སྟངས་འདི་རིགས་ནི་དེང་རབས་སྤྱི་ཚོགས་ཀྱི་དགོས་མཁོ་དང་མཐུན་པ་ཞིག་རེད།《སྒྲ་བྱེ་བྲག་རྟོགས་བྱེད་ཆེན་མོ་》དང་《སྐད་ལྔ་ཤན་སྦྱར་གྱི་ལཙྪའི་སྐད་གསལ་བའི་མེ་ལོང་》སོགས་སྔོན་རབས་ཀྱི་ཚིག་མཛོད་གང་མང་ཞིག་ཏུ་མིང་དོན་མཐུན་པའམ་ཉེ་བའི་མིང་རྣམས་རིགས་དབྱེ་ནས་བསྒྲིགས་ཡོད་པས། བརྟག་དཔྱད་དང་འཚོལ་བསྡུ་ལ་སྟབས་མི་བདེ། ད་དུང་དག་ཡིག་ཆེ་འབྲིང་ཆུང་གསུམ་ཚང་མ་ནི་ཚིགས་བཅད་ཡིན་ཕྱིར་བློ་འཛིན་སླ་

བ་ཙམ་ལས་འཚོལ་ཞིབ་བྱེད་རྒྱུ་ཤིན་ཏུ་དཀའ།

གཉིས་པ། ཚན་རིག་གི་རང་བཞིན་ལྡན་པ།

པར་དུ་བསྐྲུན་པའི་ཚིག་མཛོད་དག་ཏུ་ཐ་སྙད་ཀྱི་གདམ་གསེས་ལ་སོགས་པའི་ཕྱོགས་ལ་ཚགས་དམ་པའི་མ་ལག་ཅིག་མཆིས་པས། ཚན་རིག་གི་རང་བཞིན་ལྡན་པའི་བསམ་བློའི་ལྟ་བ་མཚོན་པ་མ་ཟད། བོད་ཡིག་གི་བཀོལ་སྤྱོད་ཚད་ལྡན་དུ་གཏོང་བའི་ཐད་ལའང་མཇུབ་སྟོན་གྱི་ནུས་པ་ངེས་ཅན་ཞིག་ཐོན་ཡོད་དེ། དཔེར་ན་《བོད་རྒྱ་ཚིག་མཛོད་ཆེན་མོ་》དང་《དག་ཡིག་གསར་བསྒྲིགས་》ལྟ་བུ་ཚད་ལྡན་གྱི་ཚིག་མཛོད་དུ་ཐ་སྙད་ཕུན་སུམ་ཚོགས་ཤིང་ཡང་དག་པ་དང་། མཚན་ཉིད་འཇོག་སྟངས་རྣམས་ཐ་སྙད་ཀྱི་དོན་གནད་ལ་འཁེལ་ཡོད་པས། བོད་སྐད་ཀྱི་ཁྱད་ཆོས་དང་ཤིན་ཏུ་མཐུན་ལ། ཐ་སྙད་གཅིག་དོན་དུ་མ་ལ་འཇུག་ཚེ་（1）（2）（3）ཞེས་ཨང་རྟགས་བཀོད་དེ་རིམ་པ་བཞིན་མཆན་རྒྱག་པ། བོད་ཡིག་ནི་བྱ་བྱེད་ལས་གསུམ་དང་བདག་གཞན་དུས་གསུམ་གྱི་རྣམ་གཞག་ལྡན་པའི་བདག་ཉིད་ཅན་ཞིག་ཡིན་པས། དེང་སྐབས་ཆེད་དུ་བྱ་ཚིག་གི་ཚིག་མཛོད་བསྒྲིགས་ཡོད་ལ། ད་དུང་ཚིག་མཛོད་གཞན་དག་གི་ཁྲོད་དུའང་དུས་གསུམ་གྱི་རྣམ་གཞག་གསལ་བོར་བཀོད་ཡོད།

སྐད་གཉིས་ཤན་དུ་སྦྱར་བའི་ཚིག་མཛོད་ལ་རྒྱ་ཡིག་ཐད་ནས་སྦྲའི་འདོན་སྟངས་ཀྱི་གནད་དོན་ཞིག་ཡོད་སྐབས། ཚིག་མཛོད་ལ་ལར་སྦྲ་གདངས་ཀྱི་མ་ལག་བཀོད་ཡོད་པ་མ་ཟད། ཐ་སྙད་རེ་རེ་ལའང་བརྡ་རྟགས་རེ་བརྒྱབ་ཡོད་ཕྱིར། སྦྲ་དག་ཅིང་སློག་སླ་ལ་བཀོལ་བདེ་བ། ཞིབ་འཇུག་པ་དག་གིས་སྐད་ཆའི་རྒྱུ་ཆ་བེད་སྤྱོད་བྱ་དགོས་ཚེ་སྟབས་བདེ་ཞིང་ཡིད་རྟོན་རུང་བ་ཞིག་ཡིན་ནོ།།

གསུམ་པ། གསར་གཏོད་ཀྱི་རང་བཞིན་ལྡན་པ།

ཉེ་བའི་ལོ་དུ་མའི་རིང་བསྒྲིགས་པའི་བོད་ཡིག་གི་ཚིག་མཛོད་ཆེ་འབྲིང་ཆུང་གསུམ་གྱི་རིགས་གང་མང་མཆིས་ཤིང་། དེའི་ཁྲོད་དུ་ཚད་ལྡན་རང་བཞིན་ཅན་གྱི་ཚིག་མཛོད་ཡོད་པ་མ་ཟད། ད་དུང་སྣ་མང་ཤེས་བྱ་འདུས་

པའི་ཚིག་མཛོད་དང་ཡུལ་སྐད་ཀྱི་ཚིག་མཛོད། སྤྱི་ཚོགས་ཚན་རིག་སྐོར་གྱི་ཚིག་མཛོད། རང་བྱུང་ཚན་རིག་སྐོར་གྱི་ཚིག་མཛོད་བཅས་ཡོད་ལ། སྐད་གཅིག་ཅན་གྱི་ཚིག་མཛོད་དང་སྐད་མང་ཤན་སྦྱར་ཅན་གྱི་ཚིག་མཛོད་ཀྱང་མཆིས། སྐད་མང་ཤན་སྦྱར་ཅན་ལ་སཾ་བོད་རྒྱ་གསུམ་ཤན་སྦྱར་ཅན་དང་བོད་རྒྱ་དབྱིན་གསུམ་ཤན་སྦྱར་ཅན་སོགས་རིགས་གང་མང་བདོག སྐད་མང་ཤན་སྦྱར་གྱི་ཚིག་མཛོད་དག་ལས་ཆེད་ལས་མཁས་པ་རྣམས་ཀྱིས་ཞུས་དག་མཛད་ནས་པར་དུ་བསྐྲུན་པའི་བོད་རྒྱ་དབྱིན་གསུམ་ཤན་སྦྱར་གྱི་《དངོས་ལུགས་རིག་པ་》དང་།《རྫས་འགྱུར་རིག་པ》།《རྩིས་རིག་》བཅས་རང་བྱུང་ཚན་རིག་གི་ཚིག་མཛོད་གསུམ་པོ་རེ་རེ་ལ་ཐ་སྙད་སྟོང་ཕྲག་དྲུག་ལྷག་ཙམ་བསྡུས་ཡོད། གཞན་ཡང་ཆེད་ལས་ཁག་གི་བཟ་ཆད་ཀྱི་ཚིག་མཛོད་དང་། ཞི་ཚིག་གི་ཚིག་མཛོད། ས་མིང་གི་ཚིག་མཛོད། ཁ་སྐད་ཚིག་མཛོད་བཅས་བསྒྲིགས་ཡོད་པ་ལ་སོགས་པར་གསར་གཏོད་ཀྱི་རང་བཞིན་ལྡན་པས། བོད་ཀྱི་རིག་གནས་དང་བོད་ཀྱི་སྐད་ཆའི་ཞིབ་འཇུག་ལ་བྱས་རྗེས་ཆད་དུ་བྱུང་བ་བཞག་ཡོད། ང་ཚོས་ཚིག་མཛོད་འདི་དག་ལས་བོད་མི་རིགས་ཀྱི་མཚར་སྡུག་འོད་སྟོང་འབར་བའི་རིག་གནས་ཀྱི་ཉིང་བཅུད་དེ་ཤེས་རྟོགས་བྱེད་ཐུབ་ལ། ད་དུང་ཝུའུ་ཡུས་ཀྲང་(吴玉章)ཞེས་པའི་སྐད་དང་ཡི་གེ་སྐོར་གྱི་བྱ་དགའ་ཨང་དང་པོ་ཐོབ་པའི་《བོད་རྒྱ་ཚིག་མཛོད་ཆེན་མོ་》ནི་བོད་མི་རིགས་ཀྱི་རིག་གནས་ཤེས་བྱ་ཀུན་འདུས་ཀྱི་ཚིག་མཛོད་ཅིག་ཡིན་ལ། ཚིག་མཛོད་དུ་ཐ་སྙད་53,000བཀོད་ཡོད་པས་གནའ་ནས་ད་ལྟའི་བར་ནང་དོན་ཆེས་ཕུན་སུམ་ཚོགས་པའི་བོད་རྒྱ་ཚིག་མཛོད་ཅིག་ཡིན། འདིས་རང་རྒྱལ་གྱི་བོད་ཡིག་ཚིག་མཛོད་ཀྱི་རྩོམ་སྒྲིག་དང་བོད་རིག་པའི་ཞིབ་འཇུག་གི་ཚུ་ཚད་མཐོན་ཡོད། ཐ་སྙད་ཀྱི་གདམ་གསེས་དང་། མཚན་བཀོད་ཚུལ། དཔེར་འགོད་སྟངས། ཤོག་གྲངས་མང་ཉུང་སོགས་ཕྱོགས་གང་ཐད་ནས་གཞིགས་ན་རྒྱལ་སྤྱིའི་སྟེང་དུ་སྟན་གྲགས་ཆེ་བའི་ཏ་སླིའི་(达斯)《བོད་དབྱིན་ཚིག་མཛོད་》ལས་བརྒལ་ཡོད་པས། བོད་ཀྱི་རིག་གནས་ལོ་རྒྱུས་ཐོག་གི་མཛད་རྗེས་ཕྲ་ན་མེད་པ་ཞིག་རེད་ཅེས་གདེང་འཛོག་བྱས་ཚོག《བོད་ཀྱི་རིམ་བྱོན་མཁས་པའི་ཚིག་མཛོད་》ནང་དུ་བོད་ཀྱི་སྤྱི་ཚོགས་

ཀྱི་འཕེལ་རྒྱས་ལ་བྱས་རྗེས་བླ་ན་མ་མཆིས་པ་བཞག་སྒྲོང་བའི་ལོ་རྒྱུས་མི་སྣ་2,100ལྷག་གི་མཛད་འཕྲིན་དག་བཀོད་ཡོད་པས། རྒྱལ་ཁབ་ཕྱི་ནང་གང་དུ་མཚོན་ནའང་ཙུང་ཆ་ཚང་ཡིན་པའི་ལོ་རྒྱུས་མི་སྣའི་ཚིག་མཛོད་ཐོག་མ་རེད་ཅེས་མགྲིན་པ་གཟེངས་སུ་བཏེགས་ནས་བརྗོད་ཆོག མིག་སྔར་སྐད་ཡིག་གི་ཚིག་མཛོད་ཕུད། ཆོས་ལུགས་དང་། ལོ་རྒྱུས། ས་རྒྱུས། དཔལ་འབྱོར། རང་བྱུང་ཚན་རིག་ཁག་གི་ཚིག་མཛོད་སོགས་ཤེས་བྱའི་རང་བཞིན་ཆེས་ཆེར་ལྡན་པའི་ཚིག་མཛོད་གང་མང་འགྲེམ་སྤེལ་བྱས་པས། བོད་ཡིག་ཚིག་མཛོད་ཀྱི་རྩོམ་སྒྲིག་གི་ལས་དོན་ནི་ཕྱོགས་ཡོངས་ནས་འཕེལ་རྒྱས་ཀྱི་བགྲོད་ལམ་གསར་བ་ཞིག་ལ་གོམ་སྟབས་བསྒྱུར་ཐུབ་ཡོད་པ་གསལ་པར་མཚོན་ནོ།།

བཞི་པ། བོད་རྒྱ་དང་རྒྱ་བོད་ཤན་སྦྱར་གྱི་ཚིག་མཛོད་ཕྱོགས་ནས་ཆེས་ཆེར་འཕེལ་རྒྱས་སུ་ཕྱིན་ཡོད་པའི་ཁྱད་ཆོས་མངོན་པར་གསལ་བ།

བཅིངས་འགྲོལ་ཐོབ་རྗེས་སུ་རང་རྒྱལ་གྱི་མི་རིགས་བར་ཕན་ཚུན་འདྲ་མཉམ་གྱི་འབྲེལ་བ་གསར་པ་ཞིག་བཙུགས་པས། མི་རིགས་ཕན་ཚུན་བར་ལ་བརྗེ་རེས་དང་། སློབ་སྦྱོང་། རོགས་རམ་གྱི་སྒོ་ནས་མཉམ་དུ་དར་རྒྱས་གོང་འཕེལ་སོང་སྟེ་ལོ་རྒྱུས་སྟེང་དུ་ལུས་པའི་འདྲ་མཉམ་མིན་པའི་སྣང་ཚུལ་མེད་པར་བཟོས་པ་རེད། རྒྱ་སྐད་ནི་རང་རྒྱལ་ཀུང་ཧྭ་མི་རིགས་ཀྱི་སྐད་ཆ་གཙོ་བོ་ཡིན་ལ། མི་རིགས་སོ་སོའི་ཐུན་མོང་གི་གོ་བརྡ་སྤྲོད་བྱེད་ཀྱི་སྐད་ཆ་གཙོ་བོ་ཞིག་ཀྱང་ཡིན། འདི་ནི་ཡུན་རིང་བའི་ལོ་རྒྱུས་ཀྱི་འགྲོས་དང་བསྟུན་ཏེ་རང་ཤུགས་སུ་གྲུབ་པ་ཡིན། དེང་དུས་བོད་རིགས་ས་ཁུལ་དུ་རིག་གནས་སློབ་གསོ་ཕྱོགས་ཡོངས་ནས་འཕེལ་རྒྱས་བྱུང་བ་ཙུང་མགྱོགས་པོ་ཡིན། རྒྱ་ཆེ་བའི་ལས་བྱེད་པ་དང་ན་གཞོན་དག་གིས་འབད་བརྩོན་ལྷོད་མེད་སྒོས་བོད་ཡིག་སློབ་པ་མ་ཟད། ད་དུང་རྒྱ་ཡིག་དང་ཕྱི་རྒྱལ་གྱི་ཡི་གེའང་སྦྱངས་དང་སྦྱོང་བཞིན་མཆིས། ད་ལྟའི་དུས་རབས་ནི་མི་རིགས་སོ་སོའི་རིག་གནས་མཉམ་བསྲེས་ཀྱི་དུས་རབས་ཤིག་ཡིན་སྐབས། བོད་རིག་པའི་ཚ་རླབས་ཤིག་འཕྱུར་བཞིན་

པའི་སྐད་འདིར་ཀུན་གྱིས་བོད་རིགས་ཀྱི་འདུས་ཟིན་པའི་ལོ་རྒྱུས་དང་ད་ལྟའི་གནས་ཚུལ། ཐུན་མོང་མ་ཡིན་པའི་རིག་གནས་བཅས་ལ་རྒྱུས་ལོན་བྱེད་འདོད་དྲག་པས། རྒྱལ་ཁབ་ཕྱི་ནང་གི་མི་མང་པོ་ཞིག་གིས་ཀྱང་མ་བསྐུལ་རང་འགུལ་སྒོས་བོད་ཡིག་སློབ་སྦྱོང་བྱེད་བཞིན་ཡོད། རྒྱུ་རྐྱེན་འདི་དག་གིས་བོད་ཡིག་གི་སྤྱི་ཚོགས་ཀྱི་ནུས་མཐུ་དང་སྤྱི་ཚོགས་ཀྱི་མཚན་སྙན། བོད་ཡིག་བཀོལ་སྤྱོད་ཀྱི་ཁྱབ་ཁོངས་རྒྱ་ཆེ་ཆེར་བསྐྱེད་པས། མི་རིགས་བར་གྱི་འབྲེལ་ཟམ་དང་མི་རིགས་བར་དུ་རིག་གནས་བརྗེ་རེས་བྱེད་སྤྱོད་ཀྱི་ལག་ཆ་གཙོ་བོར་གྱུར་བའི་སྐད་གཉིས་དང་སྐད་མང་ཤན་སྦྱར་གྱི་ཚིག་མཛོད་ནི་རང་ཤུགས་སུ་འཕེལ་རྒྱས་ཆེན་པོ་བྱུང་ཡོད།

མིག་སྔར་རྒྱལ་ནང་གི་མི་རིགས་སྐད་ཡིག་ཚིག་མཛོད་ཀྱི་རྩོམ་སྒྲིག་དང་པར་བསྐྲུན་གྱི་བྱ་བ་དར་རྒྱས་ཕུན་སུམ་ཚོགས་མུས་སུ་མཆིས་པའི་སྐབས་འདིར། ང་ཚོས་ངེས་པར་དུ་ཉེ་བའི་ལོ་དུ་མའི་རིང་བོད་ཡིག་ཚིག་མཛོད་ཀྱི་འཕེལ་རྒྱས་སྐོར་ཞིབ་དཔྱོད་ཐེངས་ཤིག་བྱས་ཏེ། གྲུབ་འབྲས་སྤྱི་བསྡོམས་བྱས་ནས་ཚན་རིག་དང་མཐུན་པའི་སྒོ་ནས་དགེ་སྐྱོན་ལ་དབྱེ་ཞིབ་བྱས་རྗེས་མི་འདང་ས་དང་སྐྱོན་རྣམས་སྤངས་ཏེ་ལེགས་བཅོས་བྱ་དགོས། དུས་ཡུན་རིང་པོ་ཞིག་གི་ནང་དུ་བོད་རིགས་ལས་བྱེད་པ་དང་རྒྱ་ཆེ་བའི་མང་ཚོགས་རྣམས་ཀྱིས་སྐད་གཉིས་ཤན་སྦྱར་བའི་ཚིག་མཛོད་ཁྲོད་ཀྱི་ཐ་སྙད་དང་བརྡ་ཆད་ཚད་ལྡན་དང་གཅིག་གྱུར་གཏོང་བ་ལ་དོ་སྣང་བྱེད་བཞིན་མཆིས། བོད་སྐད་ལ་ཡུལ་སྐད་ཀྱི་ཁྱད་པར་ཡོད་པའི་རྐྱེན་གྱིས་ཐ་སྙད་བཀོལ་སྤྱོད་ཐད་ལ་གཅིག་མཐུན་མིན་པ་མ་ཟད། ཆེད་མིང་དག་ལ་རང་རང་སོ་སོའི་ཡུལ་སྐད་ཀྱི་སྒྲ་གདངས་ལྟར་སྒྲ་སྦྱར་བྱས་པའི་གནས་ཚུལ་ཡོད། ཐ་སྙད་གསར་པ་དང་བརྡ་ཆད་གསར་པ་རྣམས་ཚད་ལྡན་གཅིག་གྱུར་མིན་ན་སློབ་གྲྭ་ཆེ་འབྲིང་ཆུང་གསུམ་གྱི་སློབ་དེབ་ཀྱི་རྩོམ་སྒྲིག་གི་ སྤུས་ཚད་ལ་ངན་རྐྱེན་ཐེབས་པ་མ་ཟད། བོད་ཁུལ་གྱི་རིག་གནས་སློབ་གསོ་དང་ཚན་རྩལ་ལས་དོན་ལའང་ངན་རྐྱེན་ཐེབས་ངེས་རེད། གཞན་ཡང་ཆེད་ལས་རང་བཞིན་གྱི་ཚིག་མཛོད་རྣམས་མིག་སྔར་ད་དུང་ཐ་སྙད་ཕན་ཚུན་བར་ཐད་སྦྱར་གྱི་ཚུལ་དུ་གནས་པས། ཚན་ཁག་སོ་སོའི་ཐ་སྙད་

རྣམས་རང་རེའི་བོད་ཀྱི་སྐད་ཡིག་གི་ལམ་ནས་ཐད་ཀར་མཚན་རྒྱག་པ་ཆེས་ཉུང་བས་གཏིང་ཟབ་པའི་སྒོ་ནས་ཆེད་ལས་ཚན་ཁག་གི་ཤེས་བྱ་བརྒྱུད་སྤྲོད་བྱེད་མི་ཐུབ། གཞན་དེང་དུས་པར་དུ་བསྐྲུན་པའི་ཚིག་མཛོད་རྣམས་ལས་གསོ་རིག་སྨར་གྱི་ཚིག་མཛོད་དང་《བོད་རྒྱ་ཚིག་མཛོད་ཆེན་མོ་》བཅས་སུ་བར་བཙུག་དཔེ་རིས་བཀོད་ཡོད་པ་ཕུད། ཚིག་མཛོད་མང་ཤོས་སུ་བར་བཙུག་དཔེ་རིས་བཀོད་མེད། སྐད་ཡིག་གཅིག་གི་ཁྲོད་དུ་རང་ཆས་སུ་ཡོད་པའི་ཐུན་མོང་མ་ཡིན་པའི་ཐ་སྙད་རྣམས་ལ་གལ་ཏེ་བར་བཙུག་དཔེ་རིས་རེ་བཀོད་ཐུབ་ན་ཤིན་ཏུ་ལེགས་ཏེ། ཀློག་མཁན་གྱིས་བར་བཙུག་དཔེ་རིས་ལ་བརྟེན་ནས་ཡང་དག་པའི་སྒོ་ནས་ཐ་སྙད་ཀྱི་དོན་གོ་ཞིང་སྤྱོད་ཤེས་ལ། དེ་དང་བསྟུན་ནས་ཚིག་མཛོད་ཀྱི་བཀོལ་སྤྱོད་ཀྱི་ནུས་པ་མཐོར་འདེགས་སུ་གཏོང་ཐུབ། འདི་རིགས་ནི་ཕྱིས་སུ་ཚིག་མཛོད་སྒྲིག་དུས་དོ་སྣང་མཛད་དགོས་པ་ཞིག་རེད་སྙམ།

རང་རྒྱལ་གྱི་བཅོས་བསྒྱུར་སྒོ་དབྱེ་དང་དེང་རབས་ཅན་འཛུགས་སྐྲུན་གྱི་འཕེལ་རིམ་ཁྲོད་དུ་སྤྱི་ཚོགས་འཚོ་བར་འགྱུར་ལྡོག་དྲག་ཅིང་ཕུན་སུམ་ཚོགས་པ་བྱུང་། འགྱུར་ལྡོག་འདི་རིགས་ནི་སྐད་ཆའི་ཁྲོད་དུའང་མངོན་པར་མཚོན་ཡོད་ཅིང་། མིང་གསར་པ་གང་མང་ཞིག་དགོས་མཁོ་དང་བསྟུན་ནས་འབྱུང་ཞིང་མིང་རྙིང་བ་སྐོར་ཞིག་ལ་རང་ཤུགས་སུ་འགྱུར་ལྡོག་བྱུང་བ་དེ་ནི་མིང་གི་ཚོགས་པའི་སྟེང་ནས་ཤེས་ཐུབ། རྒྱ་ཆེ་བའི་ཀློག་མཁན་རྣམས་ཀྱི་རེ་འདུན་སྐོང་བའི་ཆེད་དུ་ཕྱིས་སུ་ཚིག་མཛོད་ཀྱི་རྩོམ་སྒྲིག་དང་པར་བསྐྲུན་གྱི་བྱ་བར་མུ་མཐུད་དུ་ཤུགས་སྣོན་བྱེད་དགོས་ཤིང་། པར་དུ་བསྐྲུན་པའི་ཚིག་མཛོད་རྣམས་གོམ་གང་མདུན་སྤོས་སྐོས་ཞུས་དག་དང་། ཁ་སྣོན། འཕྲུས་ཚང་དུ་གཏོང་དགོས། དེང་སང་ནི་བརྡ་འཕྲིན་གྱི་དུས་རབས་ཤིག་ཡིན་པས་ཚན་ཁག་གང་ཡིན་ཙང་རང་ཉིད་ཀྱི་ཆེད་ལས་བརྡ་ཆད་ཡོད་ངེས་པས་ང་ཚོས་ཚན་རིག་ཁག་སོ་སོའི་ཤེས་བྱའི་རང་བཞིན་ཅན་གྱི་ཚིག་མཛོད་རྩོམ་སྒྲིག་བྱེད་དགོས་ཤིང་། ལོ་རྒྱུས་སྟེང་གི་བོད་ཡིག་ཚིག་མཛོད་(མངོན་བརྗོད་དང་དག་ཡིག་ཀྱང་འདུས་)རྩོམ་སྒྲིག་ཐད་ཀྱི་ཉམས་མྱོང་ཕུན་སུམ་ཚོགས་པ་རྣམས་འཛིན་སྐྱོང་སྤེལ་གསུམ་བྱ་དགོས་ལ། བོད་ཡིག་ཚིག་མཛོད་བསྒྲིགས་པའི་བྱུང་འཕེལ་གྱི་

ལོ་རྒྱུས་ལ་ཞིབ་འཇུག་དང་ཕྱོགས་སྡོམ་བྱས་ཏེ་ཚིག་མཛོད་བྱ་བ་གང་ཉིད་མུ་འབྲེལ་གྱིས་གང་ལེགས་སུ་བསྒྲུབ་དགོས། དེ་ཡང་ཚིག་མཛོད་རྩོམ་སྒྲིག་གི་བྱ་བ་རྣམས་དཀའ་ལས་ཤིན་ཏུ་ཆེ་ཞིང་ནན་ཏན་བྱ་དགོས་པའི་ལས་ཀ་ཞིག་ཡིན་པས། མི་རིགས་རང་ཉིད་ཀྱི་རིག་གནས་འཕེལ་རྒྱས་ཀྱི་ཆོས་ཉིད་དང་བསྟུན་དགོས་པ་མ་ཟད། ད་དུང་མུ་མཐུད་དུ་མི་རིགས་གཞན་གྱི་ཚིག་མཛོད་རྩོམ་སྒྲིག་ཐད་ཀྱི་ཉམས་མྱོང་དང་ཐབས་ཤེས་རྣམས་བསྡུ་ལེན་བྱེད་དགོས་པ་དང་། རྒྱལ་ཁབ་ཕྱི་ནང་གི་ཚིག་མཛོད་ཀྱི་ལེགས་ཆ་རྣམས་བླངས་ནས་རང་རེའི་བོད་ཀྱི་ཚིག་མཛོད་རྩོམ་སྒྲིག་གི་ཐབས་ལམ་རང་མཚན་པ་ཞིག་གསར་གཏོད་བྱེད་དགོས། ཁྱད་པར་དུ་ཚིག་མཛོད་ཆེ་འབྲིང་ཅན་བསྒྲིག་དགོས་ན་ངེས་པར་དུ་སྔོན་ནས་འཆར་གཞི་བཀོད་དེ་འབྲེལ་ཡོད་ཚན་ཁག་གི་མཁས་པ་རྣམས་ལ་ཞུས་ནས་མཉམ་ལས་བྱས་ན་ཤིན་ཏུ་བཟང་། ཉེ་ལམ་ང་ཚོས་པེ་ཅིན་དང་། ལྷ་ས། ཀན་སུའུ། མཚོ་སྔོན་ལ་སོགས་པའི་ས་ཁུལ་དུ་བོད་སྐད་ཡིག་གི་ཆེད་ལས་མཁས་པ་སྐོར་ཞིག་གིས་བགྲང་བྱ་གང་མང་ཞིག་རིང་དཀའ་ལས་བརྒྱ་ཐྲག་ཁྱད་དུ་བསད་ནས། བོད་ཀྱི་གནའ་ཡིག་ཚིག་མཛོད་དང་། བོད་ཡིག་ཚིག་མཛོད་ཆེན་མོ། རྒྱ་བོད་དཔལ་འབྱོར་རིག་པའི་ཚིག་མཛོད། སྨན་རྫས་ཚིག་མཛོད། ས་རྒྱུས་ཚིག་མཛོད་སོགས་དེབ་བཅུ་ལྷག་པར་བསྐྲུན་བྱེད་བཞིན་ཡོད་པ་ཐོས་པས་ཤིན་ཏུ་དགའ་སྤྲོ་སྐྱེས་པ་ཡིན། ང་ཚོས་ཕྱོགས་སོ་སོ་ནས་ནན་ཏན་བྱས་ཏེ་བོད་ཡིག་ཚིག་མཛོད་ཀྱི་དགའ་ཚལ་དུ་མེ་ཏོག་ཉམས་དགའ་བ་ཞིག་བཞད་དུ་བཅུག་སྟེ་མི་རིགས་ཀྱི་རིག་གནས་འཕེལ་རྒྱས་ལ་བྱས་རྗེས་གསར་པ་ཞིག་འཇོག་དགོས་སོ། །

（原载于《中国藏学》藏文版 1999 年第 3 期，与尕藏他合作）

༄༅། །སཾ་བོད་ནང་བསྟན་ཐ་སྙད་ཀྱི་ལོ་ཙཱ་ལ་ཅུང་ཟད་དཔྱད་པ།

གནའ་རབས་བོད་ཀྱི་ཡིག་ཐོག་གི་ལོ་ཙཱ་གཙོ་ཆེར་སཾ་（ལེགས་སྦྱར་སྐད་）བོད་ནང་བསྟན་ཆོས་གཞུང་གི་ལོ་ཙཱ་ཡིན་ལ། བོད་རྒྱལ་ཁྲི་སྲོང་ལྡེ་བཙན་གྱི་རིང་ལ་བསམ་ཡས་གཙུག་ལག་ཁང་གསར་དུ་བཞེངས་ཤིང་རྒྱ་གར་ལ་སློབ་གཉེར་ནས་ཕྱིར་ཕེབས་པའི་བོད་ཀྱི་མཁས་པ་ན་གཞོན་སྐོར་ཞིག་དང་། རྒྱ་གར་དང་། བལ་པོ། ཨོ་རྒྱན། མེས་རྒྱལ་ནང་ས་བཅས་ཀྱི་ལོ་པཎ་དུ་མ་ཕྱོགས་གཅིག་ཏུ་བསྡུས་ནས་རྒྱ་ཆུང་ཆེ་བའི་སྒྲ་བསྒྱུར་གླིང་བཙུགས་པ་དང་ཆབས་ཅིག་ཏུ་རྩ་འཛུགས་ཡོད་པའི་སྒོ་ནས་ནང་བསྟན་ཆོས་གཞུང་བོད་ཡིག་ཏུ་བསྒྱུར་བའི་འགོ་རེ་ཞིག་བརྩམས་པ་རེད། བསྟན་འགྱུར་དཀར་ཆག་ལས《ལྡན་དཀར་དཀར་ཆག་》ཏུ་འཁོད་པ་ལྟར་ན། སྐབས་དེར་མདོ་སྡེ་དང་འདུལ་བའི་སྐོར་གྱི་ཆོས་ཕལ་ཆེར་རིགས་དྲུག་བརྒྱ་བདུན་བརྒྱ་ཙམ་བསྒྱུར་བ་དང་། ནང་གསེས་དབྱེ་བ་ཉེར་བདུན་མཆིས། དེའི་ནང་རིགས་གཉིས་མ་གཏོགས་གཞན་ཐམས་ཅད་ལེགས་སྦྱར་སྐད་ཀྱི་མ་ཡིག་ལས་བསྒྱུར་བ་རེད། རྒྱལ་པོ་ཁྲི་རལ་པ་ཅན་གྱི་སྐབས་སུ་སླེབས་པ་ན་བོད་ཀྱི་ལོ་ཙཱའི་བྱ་བཞག་ནི་དབྱར་མཚོ་རྒྱས་པ་བཞིན་གོང་ནས་གོང་དུ་འཕེལ་ནས་རླབས་ཆེན་པོ་འཕྱུར། སྔར་མ་བསྒྱུར་བའི་ཆོས་གཞུང་དག་ཁ་གསབ་ནས་བསྒྱུར་ཞིང་མཐུན་རྐྱེན་གང་ལེགས་སྦྱར་ནས་འགྱུར་མ་རྣམས་ལ་བཀས་བཅད་མཛད། དེར་མ་ཟད་བོད་འགྱུར་བརྡ་ཆད་དང་ཡིག་གི་ཁ་ཤས་ཀྱི་འབྲི་ཚུལ་ཚད་ལྡན་དུ་བཏང་ནས་ལོ་ཙཱ་དང་ཡིག་འབྲིའི་ཐད་ཀྱི་རྙོག་འཛིང་གི་སྣང་ཚུལ་རྣམས་མེད་པར་བཟོས། བཀས་བཅད་ཀྱི་ཐབས་འདིས་ཕྱི་རྗེས་ཀྱི་ཡིག་ཐོག་གི་སྐད་ཆ་ལ་ཤན་ཤུགས་གཏིང་ཟབ་མོ་ཞིག་ཐེབས་པ་རེད། སྐབས་དེའི་ནང་བསྟན་ཆོས་གཞུང་གི་ལོ་ཙཱ་ནི་དུས་ཐོག་མ་ཉིད་ནས་བཙན་པོས་བཀོད་འདོན་འོག་བགྱི་པ་ཡིན་པས་ན། མི་གྲངས་མང་ཞིང་

མཐུན་རྐྱེན་ལེགས་པས་ལོ་རྒྱུའི་ལས་ཀ་མགྱོགས་ཤིང་འགྱུར་རྩོམ་ཡང་འཕོར་ཆེན་བྱུང་བ་རེད། དེར་མ་ཟད་ཚང་མས་མཉམ་ལས་བྱེད་ཀྱི་ཡོད་པས་ལོ་རྒྱུའི་ཐུས་ཀ་ནི་ཚད་མཐོན་པོ་ཞིག་ལ་སླེབས་འདུག་གོ །ཀྲི་སྦྱོར་བམ་གཉིས་མར་ལོ་རྒྱུའི་ཚད་གཞི་དང་རྩ་དོན་དག་རྒྱལ་ཁྲིམས་ལྟར་གཏན་འབེབས་མཛད་དེ་ལོ་རྒྱུ་བ་ཀུན་པོས་ངེས་པར་དུ་བརྩི་སྲུང་བྱེད་དགོས་པའི་རེ་བ་ནན་མོ་བཏོན། ཆེས་རྙང་གཞིར་གྱུར་བའི་ལོ་རྒྱུའི་གཞུང་ལུགས་འདི་དག་ནི་བོད་ཀྱི་ལོ་རྒྱུའི་ལོ་རྒྱུས་སྟེང་ཐེངས་དང་པོར་བཏོན་པ་ཡིན་ལ། རྗེས་མའི་ལོ་རྒྱུའམ་གསར་དུ་བཟོས་པའི་ཐ་སྙད་གསར་པ་ཚད་ལྡན་ཅན་དུ་འགྱུར་བར་ནུས་པ་ངེས་ཅན་ཞིག་ཐོན་ཡོད་པ་རེད།

ནང་བསྟན་ཆོས་གཞུང་གི་ལོ་རྒྱུས་བོད་རིག་གནས་ཀྱི་འཕེལ་རྒྱས་དང་། ནང་བསྟན་གྱི་དགོངས་དོན་ཁྱབ་སྤེལ། མི་རྣམས་ཀྱི་བསམ་བློ་བཅས་ཕྱོགས་ལ་ཐེབས་པའི་ཤན་ཤུགས་ནི་ཆེས་རྒྱ་ཆེ་ཞིང་གཏིང་ཟབ་པ་ཞིག་རེད། ནང་བསྟན་ཆོས་གཞུང་གི་འགྱུར་མར་ཕྱོགས་སོ་སོའི་བརྗོད་བྱ་ཕུན་སུམ་ཚོགས་པ་ཞིག་ལྡན་པ་དང་། ནང་བསྟན་ཆོས་གཞུང་ཞེས་ངོ་བོ་ཐ་དད་ཀྱི་རིག་གནས་དང་སྐད་ཆའི་མ་ལག་འདི་རིག་གནས་ཀྱི་སྣང་ཚུལ་གསར་པ་ཞིག་གི་ཆ་ནས། ས་རྒྱ་ཆེ་ཞིང་ཆགས་ཡུན་རིང་པོའི་བོད་ཀྱི་ཡུལ་གྲུ་འདིར་ཁང་ཚུགས་ནས་ས་ཁྱབ་རྗེ་ཁྱབ་ཏུ་གྱུར། བགྲང་ལས་འདས་པའི་ཆོས་གཞུང་གི་ལོ་རྒྱུས་བོད་ཀྱི་རིག་གནས་ལ་གསོན་ཤུགས་ཤིག་དང་བསམ་པའི་རྒྱུ་ནོར་གྱི་ནོམ་པ་ཞིག་ཁ་སྣོན་བྱས་པར་མ་ཟད། བྱེ་མ་ཏ་ཚ་ཐིམ་པ་ཇི་བཞིན་བོད་སྤྱི་ཚོགས་ཀྱི་ཕྱོགས་སོ་སོར་འདྲེས་པ་རེད། འོ་ན། དེས་བོད་ཀྱི་རིག་གནས་དང་། ལོ་རྒྱུའི་ལོ་རྒྱུས། སྐད་ཆའི་ལོ་རྒྱུས་ཀྱི་འཕེལ་རྒྱས་ལ་ཤན་ཤུགས་ཇི་ཙམ་ཐེབས་པ་དང་། དུས་ད་ལྟའི་བར་ལ་དེ་ལས་ངེས་ཤེས་ག་ཙམ་རྙེད་ཐུབ་པ། སྲོལ་རྒྱུན་བཟང་ཤོས་གང་དག་སྤེལ་དགོས་པ་འདི་དག་ནི་ང་ཚོས་ད་རུང་མུ་མཐུད་དུ་ཞིབ་འཇུག་གཏིང་ཟབ་མོ་བྱ་དགོས་པའི་རིག་ཚན་ལགས། རྩོམ་འདིར་ནང་བསྟན་གྱི་ཐ་སྙད་དག་ནང་བསྟན་རིག་གནས་ཀྱི་ཁོར་ཡུག་ཆེན་པོར་བཞག་ནས་དུས་སྐབས་ངེས་ཅན་ཞིག་གི་འོག་ཐ་སྙད་སྐོར་འདི་ལོ་རྒྱུར་བརྟེན་ནས་གསར་བཟོ་བྱས་པའི་གནས་ཚུལ་བརྗོད་པ་དང་འབྲེལ་དཔྱད་ཞིབ་བྱས་ཏེ། ཐབས་གང་དག་སྤྱོད་པ་དང་། ཇི་ལྟར་

བོད་སྐད་རང་སྟེང་གི་སྐད་གདངས་དང་བཟ་སྒྲོད་ལུགས་ལ་མཐུན་པ། མིང་གི་གྲུབ་ཚུལ་གང་དག་ལ་བརྟེན་ནས་བོད་ཀྱི་ཐ་སྙད་དམིགས་བསལ་ཁྱད་པར་ཅན་སྐོར་ཞིག་གསར་བཟོ་བྱས་པ་དང་། དེ་ལས་བློ་བསྐྱེད་དང་ཟུར་ལྟའི་མིག་དཔེ་གང་དག་ཡོད་པ་མདོ་ཙམ་བསྟན་པར་བྱའོ།།

སཾ་བོད་ཡིག་རིགས་གཉིས་བར་གྱི་ཆོས་གཞུང་གི་ལོ་རྒྱུའི་བརྒྱུད་རིམ་ཁྲོད་ཐ་སྙད་གསར་པ་སྐོར་ཞིག་ངང་གིས་བྱུང་མོད་ཀྱང་། ཐ་སྙད་དེ་དག་དང་མཚུངས་པའི་མཚན་ཉིད་དང་ཐ་སྙད་མང་པོ་བོད་ཀྱི་ཐ་སྙད་ཁྲོད་བཙལ་ན་ཧ་ཅང་ཁག་པོའི་གནས་སུ་གདའ་བས། ཁ་ཤས་སྒྲ་བསྒྱུར་གྱི་ཐབས་མ་བཀོལ་ཐབས་མེད་རེད། ཡིན་ན་ཡང་། ང་ཚོའི་ཞིབ་འཇུག་ར་སྤྲོད་བྱུང་བ་ལྟར་ན། སྒྲ་བསྒྱུར་ལ་བརྟེན་ནས་གསར་དུ་བཟོས་པའི་ནང་བསྟན་སྐོར་གྱི་ཐ་སྙད་མང་པོ་མེད་མོད། འོན་ཀྱང་དོན་སྒྱུར་ལ་བརྟེན་ནས་བཟོས་པའི་ཐ་སྙད་གསར་པ་མི་འདུང་བ་ཞིག་ཡོད། དེ་ནི་བོད་སྐད་དུ་མ་གཞི་ན་ཡོད་པའི་མིང་གྲུབ་བྱེད་ཀྱི་རྒྱུ་ཆ་དང་མིང་གི་གྲུབ་སྟངས་སྤྱད་ནས་ལེགས་སྦྱར་སྐད་ཀྱི་ཐ་སྙད་ཀྱི་མཚན་ཉིད་དང་བརྗོད་བྱ་ལྟར་ཐ་སྙད་གསར་པ་གསར་དུ་བཟོས་པ་རེད། གཤམ་དུ་སྒྲ་སྒྱུར་དང་། སྒྲ་སྒྱུར་སྟེང་འགྲེལ་རྒྱག་པ（མཆན་འགོད་པ）། ཕྱེད་སྒྱུར་ཕྱེད་གཡར། དོན་སྒྱུར། སྒྲ་མཚོན་པ་ཅན། བསྡུས་མིང་། གྲངས་ཀའི་བསྡུས་མིང་སོགས་ཁག་ཏུ་མར་དབྱེ་སྟེ་དཔེར་བརྗོད་དང་བཅས་དབྱེ་ཞིབ་ཕྲན་ཙམ་བྱེད་པ་ལ།

གཅིག སྒྲ་སྒྱུར།

ནང་བསྟན་རིག་གནས་དེ་ཐོག་མར་བོད་ཡུལ་དུ་འདྲེན་སྐབས་སུ་སྒྲ་སྒྱུར་ནི་རང་ཤུགས་ཀྱིས་ཆ་མཉམ་པའི་ལོ་རྒྱ་བྱེད་ཐབས་གཙོ་བོ་ཞིག་ཡིན་པ་སྨྲས་མ་དགོས་མོད། འོན་ཀྱང་ལེགས་སྦྱར་སྐད་དུ་སྒྲ་དུ་མ་ཅན་གྱི་ཐ་སྙད་མི་འདུང་བ་ཞིག་ཡོད་པ་དང་། བོད་ཀྱི་ཐ་སྙད་ནི་སྒྲ་སྒྱུར་པའམ་སྒྲ་ཟུང་ཅན་མང་བས་སྒྲ་རྐྱང་བྱས་པའི་ཐ་སྙད་ལ་ལ་མ་གཞིའི་ཐ་སྙད་ལྟར་ཆ་ཚང་བསྒྱུར་བ་མིན་པར་སྒྲ་ཚིགས་ཁ་ཤས་བསྒྱུར་བ་རེད། གཤམ་དུ་སྒྲ་སྒྱུར་དང་ཁ་ཤས་སྒྱུར་བ་

གཉིས་སུ་དབྱེ་སྟེ་བརྗོད་ན།

དང་པོ། ཆ་ཚང་སྒྲ་སྒྱུར། ལེགས་སྦྱར་སྐད་ommanipadmehumཞེས་པ་བོད་སྐད་དུ་ཨོཾ་མ་ཎི་པདྨེ་ཧཱུྃ་དང་། རྒྱ་སྐད་ལ་"唵嘛呢叭咪吽"ཞེས་བསྒྱུར། ཡང་དཔེར་ན་ལེགས་སྦྱར་udumbaraཞེས་པ་བོད་སྐད་དུ་ཨུ་དུམ་བཱ་ར་དང་། རྒྱ་སྐད་ལ་"优昙钵花"ཟེར། ལེགས་སྦྱར་སྐད་ślokaཞེས་པ་བོད་སྐད་དུ་ཤློ་ཀ་དང་། རྒྱ་སྐད་"颂"ཟེར། ལེགས་སྦྱར་སྐད་mallikaཞེས་པ་བོད་སྐད་དུ་མ་ལི་ཀ་（མེ་ཏོག་འདབ་མ་དཀར་པོ་ཡིན་པ་ཞིག་）དང་། རྒྱ་སྐད་ལ་"茉莉花"ཟེར། ལེགས་སྦྱར་སྐད་mahyā ogaཞེས་པ་བོད་སྐད་དུ་མ་ཧཱ་ཡོ་ག་（སྔགས་རྙིང་མའི་ཐེག་པ་རིམ་དགུའི་ཡ་གྱལ་ཞིག་）དང་། རྒྱ་སྐད་ལ"大瑜伽乘"ཟེར། ལེགས་སྦྱར་སྐད་amraཞེས་པ་བོད་སྐད་དུ་ཨ་མྲ་（ཤིང་སྡོང་ཨ་མྲའམ་ཤིང་ཏོག་གི་ཡ་གྱལ་ཞིག་）དང་། རྒྱ་སྐད་ལ"芒果"ཟེར། ལེགས་སྦྱར་སྐད་hinduཞེས་པ་བོད་སྐད་དུ་ཧིན་རྡུ་དང་། རྒྱ་སྐད་ལ་"天竺"ཟེར། ལེགས་སྦྱར་སྐད་hinguཞེས་པ་བོད་སྐད་དུ་ཤིང་ཀུན་（ཤིང་སྨན་ཚ་བའི་རིགས་ཤིག་）དང་།རྒྱ་སྐད་ལ་"阿魏"ཟེར།

གཉིས་པ། ཁ་ཤས་སྒྱུར་བ། ལེགས་སྦྱར་སྐད་candanaཞེས་པ་བོད་སྐད་དུ་ཙན་དན་དང་། རྒྱ་སྐད་ལ་"旃檀"ཟེར། ལེགས་སྦྱར་སྐད་garpuraཞེས་པ་བོད་སྐད་དུ་ག་བུར་དང་། རྒྱ་སྐད་ལ་"冰片,樟脑"ཟེར།

གཉིས། སྒྲ་སྒྱུར་སྟེང་འགྲེལ་རྒྱག་པ།

ཐ་སྙད་ཁ་ཤས་སྒྲ་སྒྱུར་གྱི་སྐབས་སུ་ཐ་སྙད་ཀྱི་སྔོན་ལ་རིགས་མཚོན་བྱེད་ཀྱི་མིང་ཞིག་སྦྱར་ཏེ་རིགས་ཅི་ཡིན་པར་གསལ་པོར་བཤད་པའོ། །གཤམ་གྱི་འདི་དག་སྟེ་བྱ་དང་། མེ་ཏོག ཆུ་བོ། ཤིང་། རྡོ། དུག་སོགས་ཀྱིར་བཏང་ལ་རིགས་མཚོན་བྱེད་ཀྱི་མིང་ཞིག་མིང་གི་སྔོན་དུ་བསྣན་པ་རེད། དཔེར་ན། ལེགས་སྦྱར་སྐད་kalavinkaཞེས་པ་བོད་སྐད་དུ་བྱ་ཀ་ལ་པིང་ཀ་དང་། རྒྱ་སྐད་ལ་"迦陵频迦鸟"ཟེར། གཞན་དཔེར་ན་ལེགས་སྦྱར་སྐད་kumudaཞེས་པ་བོད་སྐད་དུ་མེ་ཏོག་ཀུ་མུ་ད་དང་། རྒྱ་སྐད་ལ་"睡莲"ཟེར། ལེགས་སྦྱར་སྐད་

sitaཞེས་པ་བོད་སྐད་དུ་ཆུ་བོ་སི་ཏཱ་དང་། རྒྱ་སྐད་ལ་“徙多河”ཟེར། ལེགས་སྦྱར་སྐད་sālaཞེས་པ་བོད་སྐད་དུ་ཤིང་སཱ་ལ་དང་། རྒྱ་སྐད་ལ་“娑罗树”ཟེར། ལེགས་སྦྱར་སྐད་kuśaཞེས་པ་བོད་སྐད་དུ་རྩྭ་ཀུ་ཤ་དང་། རྒྱ་སྐད་ལ་“吉祥草”ཟེར། ལེགས་སྦྱར་སྐད་halahalaཞེས་པ་བོད་སྐད་དུ་དུག་ཧ་ལ་ཧ་ལ་དང་། རྒྱ་སྐད་ལ་“诃罗毒”ཟེར།

གསུམ། ཕྱེད་ཀ་གཡར་བ་དང་ཕྱེད་ཀ་བསྒྱུར་བ།

འདི་ནི་སཾ་བོད་ལྷན་དུ་སྦྱར་བ་སྟེ་སྦྱིར་བཏང་ལ་སྒྲ་སྟེ་མ་དང་དོན་ཕྱེ་མ་ཅན་ཡིན་ནོ། །དཔེར་ན། ལེགས་སྦྱར་སྐད་mahasattvaཞེས་པ་བོད་སྐད་དུ་མ་ཧཱ་སེམས་ཅན་དང་། རྒྱ་སྐད་ལ་“大有情”ཟེར། མ་ཧཱ་སྟེ་ཆེན་པོའི་དོན་ཡིན་པས་སྒྲ་སྒྱུར་དང་། སེམས་ནི་བོད་སྐད་དུ་དོན་སྒྱུར་བྱས། ཡང་དཔེར་ན། ལེགས་སྦྱར་སྐད་mahaprajnaparamitāཞེས་པ་བོད་སྐད་དུ་མ་ཧཱ་ཤེས་རབ་ཀྱི་ཕར་ཕྱིན་དང་། རྒྱ་སྐད་ལ་“摩诃般若波罗蜜多”ཟེར། ལེགས་སྦྱར་སྐད་sākymuniཞེས་པ་བོད་སྐད་དུ་ཤཱཀྱ་ཐུབ་པ་དང་། རྒྱ་སྐད་ལ་“释迦牟尼”སྟེ། ཤཱཀྱ་ཞེས་པ་ནི་སྒྲ་སྒྱུར་དང་། ཐུབ་པ་ནི་བོད་སྐད་དུ་དོན་སྒྱུར་བྱས། ལེགས་སྦྱར་སྐད་sariputraཞེས་པ་བོད་སྐད་དུ་ཤཱ་རིའི་བུ་དང་། རྒྱ་སྐད་ལ་“舍利子”ཟེར། ཤཱ་རི་ནི་སྒྲ་སྒྱུར་དང་། བུ་ནི་དོན་སྒྱུར་ཡིན་ནོ། །ལེགས་སྒྱུར་སྐད་mahapadmaཞེས་པ་བོད་སྐད་དུ་པད་མ་ཆེན་པོ་ལྟར་གས་པ་དང་། རྒྱ་སྐད་ལ་“裂如大红莲花”ཟེར། ནང་བསྟན་ཆོས་གཞུང་དུ་གྲང་དམྱལ་བརྒྱད་ཡ་གྱལ་ཞིག་ལ་གོ །པད་མ་ནི་སྒྲ་སྒྱུར་དང་། ཆེན་པོ་ནི་དོན་སྒྱུར་ཡིན། ཐ་སྙད་འདི་ནི་ཕྱེད་ཀ་གཡར་བ་དང་ཕྱེད་ཀ་བསྒྱུར་བར་མ་ཟད་འགྲེལ་བཤད་ཀྱང་བྱས་ཡོད་པ་ཞིག་གོ །

བཞི། དོན་སྒྱུར།

བོད་སྐད་དུ་དོན་སྒྱུར་གྱི་ཐབས་འདིར་བརྟེན་ནས་གསར་དུ་བཟོས་པའི་ནང་བསྟན་སྐོར་གྱི་ཐ་སྙད་ཧ་ཅང་མང་བར་མ་ཟད། དེ་ནི་བོད་ཀྱི་ཐ་སྙད་

འཕེལ་རྒྱས་དང་ཕུན་སུམ་ཇེ་ཚོགས་སུ་གཏོང་བའི་ཐབས་གཙོ་བོ་ཞིག་ཏུ་གྱུར་འདུག དཔེར་ན། ལྷུང་བཟེད་ཅེས་པ་ལེགས་སྦྱར་ལ་pātraདང་། རྒྱ་སྐད་དུ“钵,钵盂”ཟེར། བོད་སྐད་ཀྱི་ལྷུང་དང་བཟེད་ཅེས་པས་དགེ་སློང་གི་ཟས་སློང་བྱེད་ཀྱི་ཡོ་བྱད་མཚོན། རྒྱ་སྐད་ཀྱི་钵ལེགས་སྦྱར་སྐད་pāཞེས་པ་སྒྲ་སྒྱུར་བྱས་པ་རེད།ཡང་དཔེར་ན།རྒྱལ་རིགས་ཞེས་པ་ལེགས་སྦྱར་སྐད་ལ་ksatriyaདང་། རྒྱ་སྐད་དུ“刹帝利”ཟེར། བོད་སྐད་ཀྱི་ཡིག་ངོས་ཀྱི་དོན་ནི་རྗེ་བོ་འམ་རིགས་རུས་ལ་གོ་དོན་སྒྱུར་གྱི་ཐ་སྙད་ཁྱད་མང་ཆེ་ཤོས་ནི་ཟླ་སྦྱོར་གྱི་མིང་（合成词）ཡིན། ཟླ་སྦྱོར་གྱི་མིང་འདིའི་སྐོར་ཡང་རིགས་གཉིས་སུ་བཀར་ཆོག་སྟེ། མིང་གཞིའི་མིང་རྒྱུ་（词根词素）གཉིས་སམ་དུ་མས་གྲུབ་པའི་མིང་ལ་མཉམ་འདུས་ཀྱི་མིང་（复合词）ཟེར། མཉམ་འདུས་ཀྱི་ཐབས་ནི་རྣམ་པ་སྣ་ཚོགས་ཤིག་ཡིན། མིང་གཞི་གཅིག་དང་མིང་མཐའ་གཅིག་གིས་གྲུབ་པ་ལ་ཟུར་སྣོན་ཅན་ཟེར། དེའི་ནང་མཉམ་འདུས་ཀྱི་ཐབས་ལས་གྲུབ་པའི་མིང་ཙུང་ཟད་མང་ངོ་། །རྒྱུན་དུ་མཐོང་བའི་མཉམ་འདུས་ཀྱི་རྣམ་པ་ལ་རིགས་བཞི་སྟེ། དཔེར་ན་གཤམ་གསལ་ལྟར།

དང་པོ་འདུས་པ་ཅན（联合式མཉམ་འབྲེལ་གྱི་རྣམ་པ་）། ནང་དོན་འདྲ་བའམ་འབྲེལ་བ། ཡང་ན་ཟློག་ཟླའི་མིང་རྒྱུ་གཉིས་ལྷན་དུ་སྦྱར་བ་ལས་གྲུབ་པ་དང་། ཀུན་པོ་དངོས་པོའི་མིང་དུ་ངེས་སོ། །དཔེར་ན། བརྩོན་འགྲུས་ཞེས་པ་ལེགས་སྦྱར་སྐད་དུ་viryaདང་། རྒྱ་སྐད་དུ་སྒྲ་སྒྱུར་ལ“毗离耶”དང་། དོན་སྒྱུར་ལ་“精进”“勤奋不逸”ཟེར། བོད་སྐད་དུ་བརྩོན་པ་དང་འགྲུས་པ་ཞེས་དོན་འདྲ་བའི་མིང་གཉིས་མཉམ་དུ་སྦྱར་བ་ལས་གྲུབ་པ། དགེ་བའི་སེམས་བྱུང་བཅུ་གཅིག་གི་ཡ་གྲལ་ཞིག་ཡིན། ཡང་དཔེར་ན། ངུ་འབོད་ཅེས་པ་ལེགས་སྦྱར་སྐད་དུ་rauravaདང་། རྒྱ་སྐད་དུ་སྒྲ་སྒྱུར་ལ་“噜罗婆”དང་། དོན་སྒྱུར་ལ་“号叫”བོད་སྐད་དུ་ངུ་པ་དང་འབོད་པ་ཅེས་མཉམ་དུ་སྦྱར་བ་ལས་གྲུབ་པ། ནང་བསྟན་ཆོས་གཞུང་དུ་ཚ་དམྱལ་བརྒྱད་ཀྱི་ནང་གསེས་ཤིག་ཡིན།

དེ་ལས་གཞན་ད་དུང་དམིགས་བསལ་གྱི་འདུས་པ་ཅན་ཞིག་ཡོད་དེ། འབྲེལ་བའམ་ཟློག་ཟླར་གྱུར་བའི་མིང་རྒྱུ་གཉིས་ཀྱི་བར་ལ་མ་ཞེས་པ་བསྣན་

ཏེ་དངོས་པོ་ཅན་གྱི་མཉམ་འདུས་ཀྱི་མིང་དུ་གྲུབ་པ་སྟེ། དཔེར་ན། ལྷ་མ་སྲིན་ཞེས་པ་ལེགས་སྦྱར་དུ། bhūtaདང་། རྒྱ་སྐད་དུ་སྒྲ་སྒྱུར་ལ་“部多”དང་། དོན་སྒྱུར་ལ་“非人”ཟེར། ནང་བསྟན་ཆོས་གཞུང་དུ་འབྱུང་པོ་མི་མིན་གྱི་རིགས་ཤིག་ཡིན། གནའ་རབས་ཀྱི་བོད་སྐད་དུ་འདུས་པ་ཅན་གྱི་མཉམ་འདུས་ཀྱི་མིང་གི་རིགས་འདི་མང་པོ་མཐོང་རྒྱུ་མེད་མོད། དེང་གི་བོད་སྐད་ཁྲོད་རྒྱུན་འབྱམས་སུ་མཐོང་ཐུབ། རྩད་བཅད་ནས་ཁུངས་གཏུགས་ན་ང་ཆོས་གནའ་ཡི་ནང་བསྟན་ཆོས་གཞུང་གི་ལོ་ཙཱའི་ཁྲོད་ཐབས་འདི་སྤྱད་དེ་ཐ་སྙད་གསར་པ་གསར་བཟོ་བྱས་པ་རྫོགས་ནུས་སོ།།

གཉིས་པ། བྱ་བྱེད་ཅན（主谓式གཙོ་བརྗོད་ཀྱི་རྣམ་པ་）། ཚ་ཤས་སྔ་མས་བརྗོད་བྱའི་ཡུལ་མཚོན་པ་སྟེ་མང་ཆེ་ཤོས་ནི་དངོས་པོའི་རང་བཞིན་གྱི་གྲུབ་ཆ་དང་། ཚ་ཤས་ཕྱི་མ་ནི་ཚ་ཤས་སྔ་མ་བརྗོད་པ་ཡིན་ཞིང་མང་ཆེ་ཤོས་ནི་བྱ་བ་འམ་ཁྱད་ཆོས་རང་བཞིན་གྱི་གྲུབ་ཆ་ཡིན། ཚ་ཤས་གཉིས་ཀྱི་བར་དུ་བརྗོད་བྱ་དང་རྗོད་བྱེད་དེ་བྱ་བྱེད་ཀྱི་འབྲེལ་བ་ལྡན་ནོ། །དཔེར་ན། བླ་ན་མེད་པ་ཞེས་པ་ལེགས་སྦྱར་སྐད་དུ་anuttaraདང་། རྒྱ་སྐད་དུ་སྒྲ་སྒྱུར་ལ་“阿耨多罗”དང་། དོན་སྒྱུར་ལ་“无上,最高”ཟེར། བོད་སྐད་དུ་བླ་ན་དང་མེད་པ་ཡིས་མཉམ་འདུས་ཀྱི་མིང་ཞིག་གྲུབ་པའོ། །ཡང་དཔེར་ན། ཆུ་བུར་རྡོལ་བ་ཞེས་པ་ལེགས་སྦྱར་སྐད་དུ་nirarbuduདང་། རྒྱ་སྐད་དུ་སྒྲ་སྒྱུར་ལ་“泥罗浮陀”དང་། དོན་སྒྱུར་ལ་“疱破”ཟེར། བོད་སྐད་དུ་ཆུ་བུར་དང་རྡོལ་བ་ཞེས་མཉམ་དུ་སྦྱར་བ་ལས་གྲུབ་པ་ནང་བསྟན་ཆོས་གཞུང་དུ་གྲང་དམྱལ་བརྒྱད་ཀྱི་ནང་གསེས་གཉིས་པ་ཡིན།

གསུམ་པ། ལས་ལ་འཇུག་པ་ཅན（支配式བྱ་ལས་ཀྱི་རྣམ་པ་）། མིང་རྐྱང་སྔ་མས་བྱ་བའམ་སྤྱོད་པ་དང་འབྲེལ་བའི་ཡུལ་ཏེ་ལས་མཚོན་པ་དང་། མང་ཆེ་ཤོས་ནི་དངོས་པོ་ཅན་ཡིན། མིང་རྐྱང་ཕྱི་མས་བྱ་བའམ་སྤྱོད་པ་མཚོན་པ་དང་། མིང་རྐྱང་གཉིས་བར་ལ་ལས་སམ་ཡུལ་དང་བྱ་བའི་འབྲེལ་བ་གྲུབ་པ་རེད། དཔེར་ན། དགེ་སློང་ཞེས་པ་ལེགས་སྦྱར་སྐད་དུ་bhiksuདང་། རྒྱ་སྐད་དུ་སྒྲ་སྒྱུར་ལ་“比丘”དང་། དོན་སྒྱུར་ལ་“乞士,乞善”ཟེར། བོད་སྐད་དུ་དགེ་དང་སློང་མཉམ་དུ་སྦྱར་བ་ལས་གྲུབ་པ། ནང་བསྟན་ཆོས་གཞུང་དུ་སོ་ཐར་རིས་བདུན་

ཀྱི་ནང་གསེས་ཤིག་ཡིན། ཡང་དཔེར་ན། གནོད་སྦྱིན་ཞེས་པ་ལེགས་སྦྱར་སྐད་དུ་yāksaདང་། རྒྱ་སྐད་དུ་སྒྲ་སྒྱུར་ལ་"夜叉"དང་། དོན་སྒྱུར་ལ་"能噉鬼，捷疾鬼"ཟེར། བོད་སྐད་དུ་གནོད་དང་སྦྱིན་མཉམ་དུ་སྦྱར་བ་ལས་གྲུབ་པ། ནང་བསྟན་ཆོས་གཞུང་དུ་མི་མིན་ལྷ་འདྲེའི་རིགས་ཤིག་ཡིན།

བཞི་པ། གཙོ་ཕལ་ཅན（偏正式）། མིང་རྒྱུ་གཉིས་བར་གཙོ་ཕལ་གྱི་འབྲེལ་བ་མཚོན་ཏེ། མིང་གི་གྲུབ་ཐབས་རིགས་འདི་ནང་བསྟན་ཐ་སྙད་ལས་མཉམ་འདུས་ཀྱི་མིང་ཁྲོད་དུ་རྒྱུན་འབྱམས་སུ་མཐོང་ཞིང་མང་ཆེ་ཤོས་དངོས་པོའི་མིང་དུ་གྲུབ་པ་རེད། འདིར་ཡང་རིགས་གཉིས་སུ་དབྱེ་ཆོག་སྟེ། 1. ཕྲ་མ་ཕལ་བ་དང་། ཕྱི་མ་གཙོ་བོ།（1）དངོས་པོའི་རང་བཞིན་གྱི་མིང་རྒྱུ་ཕྲ་མས་གྲུབ་ཆ་གཙོ་བོ་ཕྱི་མ་བརྒྱན་པའམ་ཚོད་འཛིན་པ་དང་། མིང་རྒྱུ་ཕྱི་མ་མང་ཆེ་ཤོས་ནི་དངོས་པོའི་རང་བཞིན་ཅན་ཡིན་ཏེ། དཔེར་ན། གཤིན་རྗེ་ཞེས་པ་ལེགས་སྦྱར་སྐད་དུ་yamarajaདང་། རྒྱ་སྐད་དུ་སྒྲ་སྒྱུར་ལ"阎罗"དང་། དོན་སྒྱུར་ལ"死者之王，地狱主宰"ཟེར། བོད་སྐད་དུ་གཤིན་དང་རྗེ（གཤིན་པོ་ཀུན་གྱི་རྗེ་བོ）ཞེས་པ་མཉམ་དུ་སྦྱར་བ་ལས་གྲུབ་པའོ། །ཡང་དཔེར་ན། ཁམ་གྱི་ཟས་ཞེས་པ་ལེགས་སྦྱར་སྐད་དུ་pindapādaདང་། རྒྱ་སྐད་དུ་སྒྲ་སྒྱུར་ལ"宾茶波多"དང་། དོན་སྒྱུར་ལ་"团食，段食"ཟེར། བོད་སྐད་དུ་ཁམ་དང་ཟས་ཀྱི་བར་གྱི་ཞེས་པའི་འབྲེལ་སྒྲའི་ཕྲད་སྦྱར་ཏེ་གྲུབ་པའོ། །（2）བསྟན་ཚིག་གི་རང་བཞིན་ལྡན་པའི་མིང་རྒྱུ（副词性词素）ཕྲ་མའི་གྲུབ་ཆ་གཙོ་བོ་ཕྱི་མའི་བརྒྱན་པ་དང་། མིང་རྒྱུ་ཕྱི་མ་མང་ཆེ་ཤོས་ནི་བྱ་བའི་རང་བཞིན་ཅན་ཡིན་ཏེ། དཔེར་ན། དུད་འགྲོ་ཞེས་པ་ལེགས་སྦྱར་སྐད་དུ་tiryagyoniདང་། རྒྱ་སྐད་དུ་སྒྲ་སྒྱུར་ལ"底栗车"དང་། དོན་སྒྱུར་ལ་"畜生"ཟེར། བོད་སྐད་དུ་དུད་དང་འགྲོ་ཞེས་པ་ནི་མགོ་སྒུར་ནས་འགྲོ་བའི་དུད་འགྲོའི་སྤྱི་མིང་ཡིན། ཡང་དཔེར་ན། དངོས་གྲུབ་ཅེས་པ་ལེགས་སྦྱར་སྐད་དུ་siddhiདང་། རྒྱ་སྐད་དུ་སྒྲ་སྒྱུར་ལ་"悉底"དང་། དོན་སྒྱུར་ལ་"成就"ཟེར། བོད་སྐད་དུ་དངོས་དང་གྲུབ་མཉམ་དུ་སྦྱར་བ་ལས་གྲུབ་པ། ནང་བསྟན་ཆོས་གཞུང་དུ་མན་ངག་བསྒྲུབས་ནས་གྲུབ་པའི་དགོས་འདོད་ཀྱི་ལེགས་འབྲས་ཡིན་ནོ། །2. ཕྲ་མ་གཙོ་བོ་དང་། ཕྱི་

ས་ཕལ་པ་སྟེ། ཁྱད་ཆོས་རང་བཞིན་གྱི་མིང་རྒྱ་ཕྱི་མས་དངོས་པོའི་རང་བཞིན་གྱི་མིང་རྒྱུ་རྟ་མ་བརྒྱན་པ་སྟེ། དཔེར་ན། ཤེས་རབ་ཅེས་པ་ལེགས་སྦྱར་སྐད་དུ prajnaདང་། རྒྱ་སྐད་དུ་སྒྲ་སྒྱུར་ལ"般若"དང་། དོན་སྒྱུར་ལ"智，观慧"ཟེར། བོད་སྐད་དུ་ཤེས་པ་དང་རབ་མཉམ་དུ་སྦྱར་བ་ལས་གྲུབ་པ། ཡང་དཔེར་ན། རྡུལ་ཕྲན་ཞེས་པ་ལེགས་སྦྱར་སྐད་དུ anuདང་། རྒྱ་སྐད་དུ་སྒྲ་སྒྱུར་ལ"阿拏"དང་། དོན་སྒྱུར་ལ"微尘"ཟེར། བོད་སྐད་དུ་རྡུལ་དང་ཕྲན་མཉམ་དུ་སྦྱར་བ་ལས་གྲུབ་པའོ།།

དོན་སྒྱུར་ཁྲོད་དུ་ད་དུང་ཟུར་སྣོན་གྱི་རྣམ་པ（附加式）ཞིག་མཆིས་ཏེ། མིང་དོན་ངོ་མ་ཇི་བཞིན་མཚོན་པའི་མིང་རྒྱ་ཞིག་དང་ཁ་སྣོན་གྱི་དོན་མཚོན་པའི་མིང་མཐའ་ཞིག་གིས་གྲུབ་པ་དེའོ། །བོད་སྐད་དུ་ཟུར་དུ་བསྣན་པའི་མིང་གི་འདུ་བ（词缀）ཐམས་ཅད་མིང་མཐའ་ཡིན་ལ། པ་བ་ཅན་ལྡན་པོ་བོ་མ་མོ་མཁན་སོགས་ཡིན། དེ་གནའ་རབས་ལོ་ཙཱ་བ་རྣམས་ཀྱིས་གསར་བཟོ་བྱས་པའི་ནང་བསྟན་ཐ་སྙད་དུ་མང་པོ་མཐོང་ཐུབ་པ་དཔེར་ན། རྣལ་འབྱོར་པ་ཞེས་པ་ལེགས་སྦྱར་སྐད་དུ yoginདང་། རྒྱ་སྐད་དུ་སྒྲ་སྒྱུར་ལ"瑜伽祇"ཟེར། ཡང་ན་བོད་སྐད་དུ་སྒྲ་སྒྱུར་ལ་ཡོ་ག་པའང་ཟེར། ཡང་དཔེར་ན་དགྲ་བཅོམ་པ་ཞེས་པ་ལེགས་སྦྱར་སྐད་དུ arhat（arhan）དང་། རྒྱ་སྐད་དུ་སྒྲ་སྒྱུར་ལ"阿罗汉"ཟེར། མིང་མཐའ་པོ་སྦྱར་བ། དཔེར་ན། སྲིན་པོ་ཞེས་པ་ལེགས་སྦྱར་སྐད་དུ rā ksasaདང་། རྒྱ་སྐད་དུ་སྒྲ་སྒྱུར་ལ"罗刹娑"ཟེར། ཡང་དཔེར་ན། གཡུང་པོ་ཞེས་པ་ལེགས་སྦྱར་སྐད་དུ candalaདང་། རྒྱ་སྐད་དུ་སྒྲ་སྒྱུར་ལ"旃陀罗"དང་། དོན་སྒྱུར་ལ"屠家，恶人"ཟེར། མིང་མཐའ་ཅན་སྦྱར་བ་ལ་དཔེར་ན། སེམས་ཅན་ཞེས་པ་ལེགས་སྦྱར་སྐད་དུ sattvaདང་། རྒྱ་སྐད་དུ་སྒྲ་སྒྱུར་ལ"萨埵"དང་། དོན་སྒྱུར་ལ"众生，有情"ཟེར། མིང་མཐའ་ཅན་མ་ཞེས་པ་སྦྱར་ན་མོ་རིགས་མཚོན་པ་སྟེ་དཔེར་ན། དགེ་ཚུལ་མ་ཞེས་པ་ལེགས་སྦྱར་སྐད་དུ śrā manerikaདང་། རྒྱ་སྐད་དུ་སྒྲ་སྒྱུར་ལ"沙弥尼"དང་། དོན་སྒྱུར་ལ"勤策女"ཟེར། མིང་མཐའ་མོ་སྦྱར་བ་དཔེར་ན། སྲིན་མོ་ཞེས་པ་ལེགས་སྦྱར་སྐད་དུ rā kasasiདང་། སཾ་རྒྱ་ལྡན་དུ་སྦྱར་ཏེ"罗刹女"དང་། སྒྲ་སྒྱུར་ལ"罗刹

斯"ཟེར།

གཞན་ད་དུང་མིང་གཞི་（词根）བརྩེགས་མའི་སྟེང་མིང་མཐའ་པོ་སྦྱར་བ་སྟེ་དཔེར་ན། ནུར་ནུར་པོ་ཞེས་པ་ལེགས་སྦྱར་སྐད་དུ་kalalamདང་། རྒྱ་སྐད་དུ་སྒྲ་སྒྱུར་ལ་"羯罗蓝"དང་། དོན་སྒྱུར་ལ་" 凝酪位"ཟེར། བོད་སྐད་དུ་ནུར་གཉིས་བརྩེགས་གཞུག་ལ་པོ་སྦྱར་བ། ནང་བསྟན་ཆོས་གཞུང་དུ་མངལ་གྱི་གནས་སྐབས་ལྔའི་དང་པོའམ། མི་ལུས་མངལ་དུ་ཆགས་པའི་བདུན་ཕྲག་དང་པོ་ཡིན། ཡང་དཔེར་ན། ནར་ནར་པོ་ཞེས་པ་ལེགས་སྦྱར་སྐད་དུ་pesiདང་། རྒྱ་སྐད་དུ་སྒྲ་སྒྱུར་ལ་ "闭尸" དང་། དོན་སྒྱུར་ལ་"血肉位"ཟེར། ནང་བསྟན་ཆོས་གཞུང་དུ་མངལ་གྱི་གནས་སྐབས་ལྔའི་གསུམ་པའམ། མི་ལུས་མངལ་དུ་ཆགས་པའི་བདུན་ཕྲག་གསུམ་པ་ཡིན།

ལྔ། སྒྲ་མཚོན་ཅན།

ཕྱི་རོལ་ཡུལ་གྱི་དངོས་པོའམ་བྱ་འགུལ་ཁྲོད་གྲགས་པའི་སྒྲས་མིང་གྲུབ་པ་སྟེ། དཔེར་ན། ཨ་ཆུ་ཟེར་བ་ཞེས་པ་ལེགས་སྦྱར་སྐད་དུ་huhuvaདང་ཡང་ན་hahadhavaདང་། རྒྱ་སྐད་དུ་སྒྲ་སྒྱུར་ལ་"虎虎婆"སྟེ་ནང་བསྟན་ཆོས་གཞུང་དུ་གྲང་དམྱལ་བརྒྱད་ཀྱི་ཡ་གྱལ་ཏེ་རིམ་པ་ལྔ་པར་གོ །བོད་སྐད་དུ་ཨ་ཆུ་（འཁྱགས་ནས་སྐད་འདོན་པའི་སྒྲ་）དང་ཟེར་བ་གཉིས་སྦྱར་ཏེ་གྲུབ་པ། ཡང་དཔེར་ན། ཀྱི་ཧུད་ཟེར་བ་ཞེས་པ་ལེགས་སྦྱར་སྐད་དུ་hahavaདང་། རྒྱ་སྐད་དུ་སྒྲ་སྒྱུར་ལ་"霍霍婆" སྟེ། ནང་བསྟན་ཆོས་གཞུང་དུ་གྲང་དམྱལ་བརྒྱད་ཀྱི་ཡ་གྱལ་ཏེ་རིམ་པ་བཞི་པར་གོ

དྲུག བསྡུས་མིང་（简称）།

འདི་ནི་དངོས་པོའི་མིང་ངམ་གཏན་ཆགས་ཀྱི་མིང་གི་ཚོགས་པ་（固定词组）བསྡུས་པར་འཇུག་སྟེ། བརྗོད་བདེ་བའི་ཆེད་དུ་ལེགས་སྦྱར་སྐད་བོད་སྐད་དུ་བསྒྱུར་རྗེས་རིམ་བཞིན་བསྡུས་ཤིང་བཀོལ་སྤྱོད་བྱས་ཏེ་ཁྱབ་གདལ་དུ་སོང་བ་རེད། དཔེར་ན། ཤེས་རབ་ཅེས་པ་ཤེར་དང་། ལེགས་སྦྱར་སྐད་དུ་

prajnā དང་། རྒྱ་སྐད་དུ་ "智慧" ཟེར། ཕ་རོལ་ཏུ་ཕྱིན་པ་ལ་ཕར་ཕྱིན་དང་། ལེགས་སྦྱར་སྐད་དུ་pāramita དང་། རྒྱ་སྐད་དུ་"度，到彼岸"ཟེར། ཀུན་ཏུ་བཟང་པོ་ཞེས་པ་ཀུན་བཟང་དང་། ལེགས་སྦྱར་སྐད་དུ་visvabhadra རྒྱ་སྐད་ལ་"普贤"ཟེར། མྱ་ངན་ལས་འདས་པ་ཞེས་པ་མྱང་འདས་དང་། ལེགས་སྦྱར་སྐད་དུ་nirvāna དང་། རྒྱ་སྐད་དུ་"涅槃"ཟེར། བསྡུས་པའི་ཁྱད་ཆོས་ནི་སྤྱིར་བཏང་གི་སྟེང་ཡོད་ཀྱི་སྒྲ་གཉིས་ཅན་ཡན་ཆད་སྒྲ་གཉིས་ཅན་དུ་བསྡུ་བ་དང་། སྒྲ་གཉིས་ཅན་བསྡུ་སྐབས་སུ་རྒྱུན་མཐོང་ལ་སྒྲ་ཚིགས་(ཚིག་བར音节)སྔོན་མའི་གསལ་བྱེད་དང་ཇ་བའི་དབྱངས་སོར་བཞག་བྱས་ཏེ་སྒྲ་ཚིགས་ཕྱི་མའི་གསལ་བྱེད་སྒྲ་ཚིགས་སྟེ་མ་དང་སྦྱར་ནས་ཡུན་མུའུ་ཡི་མཇུག་མ(韵尾)བྱེད་པ་དཔེར་ན། ཤེས་རབ། ཤེར་དང་། ཕ་རོལ། ཕར། མྱ་ངན། མྱང་ལྟ་བུ་སོགས་སོ། །སྒྲ་ཚིགས་གསུམ་ཡན་ཆད་ཀྱི་ཐ་སྙད་ཡིན་ཚེ་གཙོ་ཆེར་ཚིག་ཕྲད་རྣམས་བསྡུས་ཏེ་ཚིག་དངོས་(实词)ཀྱི་ཆ་ཤུལ་དུ་བཞག་པ་རེད།

བདུན། གྲངས་ཀའི་བསྡུས་མིང་（数词缩语）།

ངོ་བོ་མཚུངས་པའི་དངོས་པོའམ་བྱ་སྤྱོད་དུ་མ་གྲངས་ཀས་ཕྱོགས་བསྡུས་བྱེད་པ་ལ་གོ །ཐབས་འདིས་གྲུབ་པའི་བསྡུས་མིང་ནང་བསྟན་ཆོས་གཞུང་གི་ཐ་སྙད་ཁྲོད་རྒྱུན་དུ་མཐོང་ཐུབ་སྟེ། དཔེར་ན་ངན་འགྲོ་གསུམ་ཞེས་པ་ལེགས་སྦྱར་སྐད་དུ་aparagati དང་། རྒྱ་སྐད་དུ་"三恶趣"ཟེར། སྐྱེ་གནས་བཞི་ཞེས་པ་ལེགས་སྦྱར་སྐད་དུ་caturyoni དང་། རྒྱ་སྐད་དུ་"四生"ཟེར། མངོན་ཤེས་ལྔ་ཞེས་པ་ལེགས་སྦྱར་སྐད་དུ་pancabhijnana དང་། རྒྱ་སྐད་དུ་"五神通"ཟེར།ཕ་རོལ་ཏུ་ཕྱིན་པ་དྲུག་ཅེས་པ་ལེགས་སྦྱར་སྐད་དུ་dānapāramita དང་། རྒྱ་སྐད་དུ་"六度"ཟེར། བྱང་ཆུབ་ཡན་ལག་བདུན་ཞེས་པ་ལེགས་སྦྱར་སྐད་དུ་saptabodhyaṅga དང་། རྒྱ་སྐད་དུ་"七觉支"ཟེར། འཕགས་ལམ་ཡན་ལག་བརྒྱད་ཅེས་པ་ལེགས་སྦྱར་སྐད་དུ་Ãryamārga དང་། རྒྱ་སྐད་ལ་"八正道"ཟེར། གཟའ་དགུ་ཞེས་པ་ལེགས་སྦྱར་སྐད་དུ་navagraha དང་། རྒྱ་སྐད་དུ་ "九曜" ཟེར། ཕ་རོལ་ཏུ་ཕྱིན་པ་བཅུ་ཞེས་པ་ལེགས་སྦྱར་སྐད་དུ་

prajñāparamitā དང་། རྒྱ་སྐད་དུ་"十波罗蜜多"ཟེར་བ་ལྟ་བུ་སོགས་སོ།།

མཇུག་བསྡུ་བའི་གཏམ།

གནའ་ནས་བཟུང་བོད་དང་མཐའ་སྐོར་མི་རིགས་བར་གྱི་འབྲེལ་འདྲིས་ནི་ནམ་ཡིན་ཡང་ཟམ་མ་ཆད་པ་དང་། ལོ་རྒྱུས་ཀྱི་དུས་སྐབས་སོ་སོའི་ནང་བོད་སྐད་ཀྱིས་ཚད་མི་འདྲ་བའི་ངང་མི་རིགས་གཞན་གྱི་ཐ་སྙད་ཚུར་གཡོར་དང་ཕར་གཡོར་བྱེད་ཀྱིན་ཡོད་ལ། འདི་ནི་སྐད་རིགས་གང་ཡིན་རུང་དེ་ཉིད་འཕེལ་རྒྱས་ཁྲིད་ངེས་པར་འབྱུང་བའི་སྣང་ཚུལ་ཞིག་རེད། གནའ་རབས་ནང་བསྟན་ཆོས་གཞུང་བོད་དུ་འདྲེན་སྐབས་སུ་ནང་བསྟན་རིག་གནས་སྐོར་གྱི་ཐ་སྙད་གསར་པ་མང་པོ་བསྒྱུར་བཟོ་བྱས་པ་དེ་ལས་ང་ཚོས་བོད་རིག་གནས་ཀྱི་དགོངས་ཡངས་པའི་རང་བཞིན་དང་། སྙིགས་དོར་བཅུད་ལེན་གྱི་ནུས་པ་མཐོང་ཐུབ་པར་མ་ཟད། ཕྱིའི་རིག་གནས་དང་ཕྱིའི་ཐ་སྙད་ནང་འདྲེན་བྱེད་པའི་ཐབས་བཀོད་ཀྱང་མཐོང་ཐུབ། ལོ་རྒྱུས་ཀྱི་ཆུ་རྒྱུན་དལ་འབབ་རིང་མོ་ལས། བོད་སྐད་ནི་རང་སྙིང་གི་འགྱུར་ལྡོག་ཆོས་ཉིད་ལ་བརྟེན་ནས་རིམ་བཞིན་འཕེལ་རྒྱས་དང་ཕུན་སུམ་ཚོགས་སུ་སོང་ནས་མིའི་ཕན་ཚུན་བར་གྱི་བརྗེ་རེས་དང་བརྡ་འཕྲིན་བརྒྱུད་བསྒྲགས་ཀྱི་དགོས་མཁོ་རྣམས་བསྐངས་པ་རེད།

ད་ལྟ་ང་ཚོ་གནས་པའི་དུས་སྐབས་འདི་སྔོན་ཆད་དང་གཏན་ནས་མི་འདྲ་སྟེ། སྤྱི་ཚོགས་ལ་འགྱུར་ལྡོག་ཆེན་པོ་བྱུང་བ་དང་། འབྲེལ་འདྲིས་ནི་ཉིན་རེ་བཞིན་ཇེ་མང་དུ་འགྲོ་བ། ཤེས་བྱ་ནི་སྔར་ལས་སྣ་མང་ཕུན་སུམ་ཚོགས་པར་འགྱུར་བ། ཚོང་ར་ཕྱོགས་བཞི་མཚམས་བརྒྱུད་དུ་ཁྱབ་པ། ཚན་རིག་ལག་རྩལ་དབྱར་མཚོ་བཞིན་རྒྱས་པ་བཅས་ཀྱི་སྐབས་འདིར་རིག་གནས་ཀྱི་སྤྱིལ་རེས་དང་ཐ་སྙད་གསར་པ་ཇེ་ཕྱུག་ཏུ་གཏོང་རྒྱུ་ནི་ངེས་པར་མཁོ་བ་ཞིག་རེད། ཕྱིའི་སྔོན་ཐོན་རིག་གནས་ནང་འདྲེན་དང་ཐ་སྙད་གསར་པ་སྒྱུར་སྒྲུབ་བྱེད་པའི་སྐབས་སུ་བོད་སྐད་ཡིག་རང་སྙིང་གི་འཕེལ་རྒྱས་ཀྱི་གནས་ལུགས་ལ་ཞིབ་འཇུག་བྱས་ཐོག ལོ་རྒྱུས་སྙིང་གི་ཉམས་མྱོང་བཟང་ཉེས་སྤྱི་བསྡོམས་དང་མིག་དཔེར་འཛིན་པ་དང་། མཁོ་ཞིང་གསོན་ཤུགས་ལྡན་པའི་ཐབས་བཟང་རྒྱུན་འཛིན་བྱས་ནས་

ཉུ་མཐུད་དུ་བཀོལ་སྤྱོད་དང་། འཐུས་ཚང་། འཕེལ་རྒྱས་སུ་གཏོང་དགོས་སོ།།

དཔྱད་གཞིའི་ཡིག་ཆ།

1. 《བོད་རྒྱ་ཚིག་མཛོད་ཆེན་མོ》 ཀྲང་དབྱི་སུན་གྱིས་གཙོ་འགན་བཞེས་ནས་རྩོམ་སྒྲིག་བྱས་པ། 1985ལོར་མི་རིགས་དཔེ་སྐྲུན་ཁང་གིས་བསྐྲུན་པ།

2. 《བོད་རྒྱ་ཤན་སྦྱར་ཚིག་མཛོད》 1991ལོར་མི་རིགས་དཔེ་སྐྲུན་ཁང་གིས་བསྐྲུན་ཞིང་འགྲེམ་སྤེལ་བྱས་པ།

3. 《བསྟན་འགྱུར་ལས་སྒྲ་བྱེ་བྲག་རྟོགས་བྱེད་ཆེན་མོ་བོད་རྒྱ་ཤན་སྦྱར་མ》 1992ལོར་མི་རིགས་དཔེ་སྐྲུན་ཁང་གིས་བསྐྲུན་ཞིང་འགྲེམ་སྤེལ་བྱས་པ།

4. 《རྒྱ་བོད་སངས་རྒྱས་ཆོས་གཞུང་གི་ཚིག་མཛོད》 རྩོམ་པ་པོ་གཙོ་བོ་ཡང་དབྱི་ནོན་དང་། རྩོམ་པ་པོ་གཞོན་པ་འཇམ་དཔལ་ཕུན་ཚོགས། 1986ལོར་མཚོ་སྔོན་མི་རིགས་དཔེ་སྐྲུན་ཁང་གིས་པར་དུ་བསྐྲུན།

5. 《སངས་རྒྱས་ཆོས་གཞུང་གི་ཚིག་མཛོད》 ཡང་དབྱི་ནོན་གྱིས་གཙོ་འགན་བཞེས་ནས་རྩོམ་སྒྲིག་བྱས། 1992ལོར་མཚོ་སྔོན་མི་རིགས་དཔེ་སྐྲུན་ཁང་གིས་པར་དུ་བསྐྲུན།

6. 丁福保编纂 . 佛学大词典 . 北京 ：文物出版社，1984.

7. 刘正埮，高名凯编 . 汉语外来词词典 . 上海辞书出版社，1984.

8. [美] 劳费尔著，赵衍荪译，藏语中的借词 . 北京 ：中国社科院少数民族语言研究室，1981.

（原载于《中国藏学》藏文版 2002 年第 2 期，与看本加合作）

༄༅། །བོད་ཀྱི་མིང་མཛོད་ཤན་སྦྱར་མའི་བྱུང་འཕེལ་ལ་རགས་ཙམ་དཔྱད་པ།

སྤྱིར་མིང་མཛོད་ལ་རིགས་སྣ་ཚོགས་པ་ཞིག་ཡོད་ཀྱང་། འདིར་དཔྱད་པར་བྱ་བའི་མིང་མཛོད་ནི། བོད་ཀྱི་མིང་མཛོད་སྐད་གཉིས་ཤན་སྦྱར་མ་དང་། སྐད་འགའ་སྦྱར་མ་གཉིས་སོ། །སྐད་གཉིས་ཤན་སྦྱར་མ་ལའང་གཞི་བོད་སྐད་ལ་འགྱུར་སྐད་རིགས་གཞན་པ་ཅན་དང་། གཞི་སྐད་རིགས་གཞན་ལ་འགྱུར་བོད་སྐད་ཅན་གྱི་རིགས་ཆེན་པོ་གཉིས། སྔ་མ་ནི། བོད་རྒྱ་ཚིག་མཛོད་ཆེན་མོ་དང་། ཕྱི་མ་ནི། རྒྱ་བོད་ཤན་སྦྱར་ཚིག་མཛོད་ཅེས་པ་ལྟ་བུའོ། །

དེ་ཡང་རང་རེ་གངས་ཅན་གྱི་ལྗོངས་འདིར་མིང་མཛོད་བྱུང་བ་ཆེས་སྔ་ཞིང་། ཐོག་མར་བྱུང་བ་ནི། མིང་མཛོད་སྐད་གཉིས་ཤན་སྦྱར་མ་ཡིན་ངེས། འདིར་བོད་ཀྱི་མིང་མཛོད་སྐད་གཉིས་ཤན་སྦྱར་མའི་བྱུང་འཕེལ་གྱི་ལོ་རྒྱུས་དུས་སྐབས་གསུམ་དུ་བཅད་ནས་དཔྱད་ན་ནི་འདི་ལྟ་སྟེ། དུས་རབས་བཅུ་པ་ཡན་ཆད་དུས་སྐབས་དང་པོ། དུས་རབས་བཅུ་གཅིག་པ་ནས་བཅུ་དགུ་པའི་བར་དུས་སྐབས་གཉིས་པ། དུས་རབས་ཉི་ཤུ་པ་དུས་སྐབས་གསུམ་པར་བྱས་ཏེ་དཔྱད་པར་བྱའོ། །

བོད་ཀྱི་མིང་མཛོད་སྐད་གཉིས་མའམ་སྐད་གཉིས་ཤན་སྦྱར་མ་ནི། ད་ལམ་དུས་རབས་བརྒྱད་པའམ་དགུ་པ་ཙམ་དུ་བྱུང་ཞིང་། སྐབས་དེར་ཕྱི་ནང་གི་རྒྱུ་རྐྱེན་སྣ་ཚོགས་ཀྱི་དབང་གིས་དམ་པའི་ཆོས་གཙོགས་སུ་བཟུང་ནས། མི་མང་པོ་ནང་ས་དང་རྒྱ་གར་ཁ་ཆེ་སོགས་སུ་ཆོས་དང་སྐད། ཡིག་རིགས་བཅས་སློབ་པར་བཏང་། ཡུལ་དེ་དག་སོགས་ནས་སློབ་དཔོན་མང་པོ་གདན་དྲངས་ཤིང་། དམ་པའི་ཆོས་ཀྱང་མང་དུ་སྤྱན་དྲངས། བསམ་ཡས་སོགས་སུ་སྒྱུར་གྲྭ་མང་དུ་བཙུགས་ནས་མདོ་རྒྱུད་བསྟན་བཅོས་མང་པོ་བསྒྱུར། ཡིན་ནའང་

ཕྱོགས་སོ་སོའི་ལོ་ཙྪ་བ་དང་བསྒྱུར་བའི་གཞུང་མང་བ། འགྱུར་སྔ་ཕྱིའི་བར་དུ་དུས་ཡུན་རིང་པོས་ཆོད་པ། བོད་རང་གི་སྐད་ལའང་ཡུལ་སྐད་ཀྱི་བྱེ་བྲག་མང་བ་བཅས་རྐྱེན་དུ་མའི་དབང་གིས་ལོ་ཙྪ་བ་དག་གི་འགྱུར་ཡང་ཐ་དད་དུ་སོང་བ་དེ་ལོ་པཎ་རྣམས་ཀྱིས་གཅིག་གྱུར་བྱས་ཐོག་རྒྱལ་པོས་བཀས་བཅད་དེ་གཏན་ལ་ཕབ་པ་ཕྱོགས་གཅིག་ཏུ་བསྒྲིགས་པ་ལ་སཾ་བོད་ཤན་སྦྱར་གྱི་སྒྲ་སྦྱོར་བམ་གཉིས་ (སཾ་ཡིག་བོད་ཡིག་གི་གཟུགས་དོད་ཀྱིས་བྲིས་པ) བྱུང་།

དུས་སྐབས་དང་པོའི་ནང་དུ་མིང་མཛོད་སྐད་གཉིས་མ་དང་འབྲེལ་ཡོད་ཀྱི་དཔེ་ཆ་བཞི་མཐོང་བ་ནི། སྒྲ་སྦྱོར་བམ་གཉིས་དང་། བྱེ་བྲག་རྟོགས་བྱེད་ཆེན་མོ། ཏུན་ཧོང་ནས་བྱུང་བ་གཉིས་བཅས་ཡིན།

1. སྒྲ་སྦྱོར་བམ་གཉིས་ནི། ཧ་ལམ་སྤྱི་ལོ་814ཙམ་ན་བྱུང་ཞིང་། དོན་གྱི་ཆ་ནས་ཁག་ཆེན་པོ་གཉིས་ཏེ། ཁག་དང་པོ་ནི། སངས་རྒྱས་བྱང་སེམས་ཀྱི་མཚན་དང་ལྷའི་མིང་གི་སྐོར་དང་། ཁག་གཉིས་པ་ནི། ནང་པའི་ཆོས་ཀྱི་བརྡ་ཐ་སྙད་ཀྱི་སྐོར་རོ།། ཕྱིས་ཀྱི་བྱེ་བྲག་རྟོགས་བྱེད་ཆེན་མོའང་སྒྲ་སྦྱུར་བམ་གཉིས་གཞི་བྱས་ནས་བསྒྲིགས་ཤིང་། སྒྲ་སྦྱོར་བམ་གཉིས་ཀྱིས་བོད་ཀྱི་མིང་མཛོད་སྐད་གཉིས་མའི་སྲོལ་ཐོག་མར་ཕྱེས་པར་སེམས་སོ།།

2. བྱེ་བྲག་རྟོགས་བྱེད་ཆེན་མོ་ནི། སཾ་བོད་ཤན་སྦྱར་ (སཾ་ཡིག་བོད་ཡིག་གི་གཟུགས་དོད་ཀྱིས་བྲིས་པ) གྱི་མིང་མཛོད་ཅིག་ཏུ་བཤད་ཆོག་མོད། དོན་དངོས་སུ་ཐ་སྙད་ཕྱོགས་བསྒྲིགས་ཀྱི་ལག་དེབ་ཅུང་རྒྱས་པ་ཞིག་ཏུ་འདུག་འདིར་མིང་དང་མིང་གི་ཚོགས་པ་རང་དབང་ཅན་དང་གཞན་དབང་ཅན་བཅས་ཀྱང་འདུས། དོན་གྱི་ཆ་ནས་ཆོས་ཀྱི་མིང་བརྡ་གཙོ་ཆེ་ལ། སྤྱིར་བཏང་གི་མིང་ཡང་མི་ཉུང་བ་ཙམ་བསྡུས། མིང་མཛོད་འདི་ཉིད་དུས་རབས་14པར་བསྟན་འགྱུར་དུ་བསྡུས་ནས་དཔར་དུ་བཏབ་འདུག་གོ།

ཉེ་རབས་སུ་ཏུན་ཧོང་ནས་བྱུང་བའི་བོད་ཀྱི་མིང་མཛོད་གཉིས་ནི། 1. བོད་རྒྱ་ཤན་སྦྱར་གྱི་མིང་བརྡའི་ཤོག་དྲིལ་ཨང་རྟགས་S.2736ཅན་དང་། S.1000ཅན་གཉིས་འདིར་གཅིག་ཏུ་བསྒྲངས་པ་དང་། 2. བྱང་སའི་མིང་བརྡ་རྒྱ་བོད་ཤན་སྦྱར་མ་ཨང་རྟགས་P.T.3301ཅན་དེ་གཉིས་བྱུང་བའི་དང་པོ་ནི། རྒྱ་སྐད་ཀྱི་གདངས་བོད་ཡིག་གིས་བྲིས་པའི་བོད་རྒྱ་ཤན་སྦྱར་མ (རྒྱ་

ཡིག་མེད）སྟེ། བོད་ཡིག་སྔོན་དང་། དེའི་རྗེས་སུ་རྒྱ་སྐད་ཀྱི་གདངས་བོད་ཡིག་གིས་བྲིས་འདུག ཤོག་དྲིལ་འདི་གཉིས་སུ་ཡི་གེ་རལ་ནས་མི་གསལ་བ་དང་། མིང་སྔ་ཕྱི་ཟློས་པ་རྣམས་མ་བརྩིས་ན། བསྡོམས་པའི་མིང་175ཙམ་མཆིས་ཤིང་། རིགས་པས་དེད་ན། ད་ལམ་དུས་རབས་དགུ་པའི་དུས་འགོ་ཙམ་ན་བྱུང་བ་ཞིག་ཏུ་ངེས། གཉིས་པ། བྱང་སའི་མིང་བརྡ་རྒྱ་བོད་ཤན་སྦྱར་མ་དེ་ནི། ཆེད་རྩོམ་གྱི་མིང་བརྡ་ཕྱོགས་བསྒྲིགས་སུ་གཏོགས། བསྡོམས་པའི་ཐིག་ཕྲེང་145ཡོད་པ་མང་ཆེ་བ་ནང་ཆོས་ཀྱི་བརྡ་ཤ་སྟག་ཏུ་འདུག ནང་དོན་ལ་གཞིགས་ན་ལུང་ཡིའུ（陇右）བོད་ཀྱིས་དབང་བསྒྱུར་བའི་སྐབས（763—851）སུ་ཆོས་གཞུང་སློབ་སྒྱུར་གྱི་ཆེད་དུ་བསྒྲིགས་པ་གསལ། གོང་གི་འདི་གཉིས་ནི། དུས་རབས་བརྒྱད་པ་དང་དགུ་པར་ཤ་ཙུ་སྟེ་དེང་སང་ཏུན་ཧོང་ཞེས་འབོད་པ་འདི་བོད་བཙན་པོས་དབང་བསྒྱུར་ནས། ནང་པའི་གཞུང་སྒྱུར་སྤེལ་གྱི་གནས་གཞི་གལ་ཆེན་ཞིག་ཏུ་གྱུར་པས། སྐབས་དེའི་ཡིག་ཆ་གནས་དེར་ལུས་པ་ཤིན་ཏུ་མང་བ་དེའི་གྲས་སུ་གཏོགས་སོ།།

དུས་ཀྱི་ཆ་རྐྱེན་གྱི་དབང་གིས་མིང་བརྡ་ཤན་སྦྱར་རྣམས་སྐབས་དེར་ཕྱོགས་གཅིག་ཏུ་བསྒྲིགས་པའི་དཔར་མ་བྱུང་ལ། དུས་དེ་ནི་བོད་ཀྱི་མིང་མཛོད་གསར་དུ་ཆགས་བཞིན་པའི་སྐབས་ཡིན་པས་ན། ད་ལྟར་བཤད་པའི་མིང་མཛོད་ཀྱི་ཚད་དང་མི་འགྲོར་ནའང་། དུས་རབས་བཅུ་པ་ཡན་གྱི་མིང་མཛོད་སྐད་གཉིས་མ་དེ་དག་ནི། གནའ་བོའི་མིང་མཛོད་དམ་ཐོག་མའི་མིང་མཛོད་ཀྱི་ཚུགས་ཀ་ཡིན་ཙ་ན། ཕྱི་རབས་རྣམས་ལ་དཔེ་བཟང་པོ་བསྟན་ནོ།།

དུས་སྐབས་དང་པོའི་མིང་མཛོད་ཀྱི་གནས་ཚུལ་མདོར་དྲིལ་ན། བསྒྲིགས་པའི་དམིགས་ཡུལ་དང་། སྒྲིག་པ་པོ་རྟེན་གྱི་གང་ཟག བསྡུས་པའི་མིང་གི་ཚུལ། ཚུལ་ཇི་ལྟར་བསྒྲིགས་པ་དང་བཞི། 1. དེ་ཡང་དམིགས་ཡུལ་ནི། ཕྱོགས་སོ་སོ་ནས་གདན་དྲངས་པའི་ལོ་པཎ་རྣམས་ལ་ཆོས་གཞུང་བསྒྱུར་སྐབས་ཀྱི་གཞི་འཛིན་ས་སྟེ། མིང་བརྡ་རྣམས་རང་རང་གིས་གང་འདོད་དུ་མི་བསྒྱུར་པར་འགྱུར་གཅིག་གྱུར་ཡོང་བའི་ཆེད་དུའོ།། 2. སྒྲིག་པ་པོ་རྟེན་གྱི་གང་ཟག་ནི། སཾ་བོད་དམ་བོད་སྐད་གཉིས་བྱང་ཆུབ་པ་ཤ་སྟག་ཡིན་པས། ནང་པའི་གཞུང་སྒྱུར་བཤད་དང་། རིག་གནས་བརྗེ་རེས་ཀྱི་འཕྲིན་ལས་ལྷ་ན་མ་མཆིས་པ་སྤེལ། 3. མིང་མཛོད་དེ་དག་ཏུ་བསྡུས་པའི་མིང་གི་གྲངས་མང་པོ་མེད་ལ། གང་བསྡུས་པ་རྣམས་ཀྱང་གཞི་སྐད་ལ་སྐད་གཞན་གྱི་སྐད་དོད་རེ་ཐད་ཀར་ཐོད་

གཏུགས་པ་ཙམ་དང་། མང་ཆེ་བ་ཆོས་ཀྱི་བརྡ་འབའ་ཞིག་གོ །མིང་བརྡ་ཤན་སྦྱར་ཚུལ་ལ་སཾ་བོད་དང་། བོད་རྒྱ། ཡང་ན་རྒྱ་བོད་བཅས་ཅི་རིགས་ཤིག་བྱུང་། 4. སྐབས་དེའི་མིང་མཛོད་སྒྲིག་སྟངས་ནི། དེང་སང་ལྟར་ཀ་ཕྲེང་གི་གོ་རིམ་གཞིར་བཟུང་ནས་བསྒྲིགས་པ་མིན་པར། དོན་ཕྱོགས་མཐུན་པའི་མིང་རྣམས་ཕྱོགས་གཅིག་ཏུ་བསྒྲིགས་འདུག དཔེར་ན། བྱེ་བྲག་རྟོགས་བྱེད་ཆེན་མོ་ཞེས་ཕྱིས་ཀྱི་མིང་མཛོད་དག་གི་མ་གདན་དུ་གྱུར་བ་ལྟ་བུ་ལ། ཁྱོན་བསྡོམས་མིང་ཚན་9000ལྷག་བསྡུས་པ་རྣམས་རིགས་285རུ་བཀར། རིགས་ལ་ལར་མིང་ཚན་རེ་གཉིས་ཙམ་རེ་ལས་མེད་ལ། ལ་ལ་ཚིག་དུམ་དང་། ལ་ལ་ནི་མིང་གི་ཚོགས་པ་རང་དབང་ཅན། ལ་ལ་ནི་མིང་གི་ཚོགས་པ་གཞན་དབང་ཅན་དུ་གཏོགས། སྤྱི་ཕྱིའི་མིང་རྣམས་བཀོས་པ་དང་། རིགས་དགར་སྟངས་དང་ས་བཅད་སྒྲིག་སྟངས་ལའང་མི་འཚམ་པ་འགའ་རེ་མཆིས།

མདོར་ན། སྐབས་དེ་ནས་བོད་ཡིག་གི་མིང་མཛོད་འགོ་ཚུགས་ཤིང་། བོད་ཀྱི་མིང་མཛོད་ལོ་རྒྱུས་ཀྱི་ཞལ་ལེགས་པར་ཕྱེས། མིང་མཛོད་དེ་དག་ཏུ་བསྡུས་པའི་མིང་ཚན་དག་གི་དོན་ལ་གཞིགས་ན། སྐབས་དེའི་སྤྱི་ཚོགས་དང་། དཔལ་འབྱོར། དམངས་སྲོལ། མི་རིགས་ཕན་ཚུན་གྱི་འགྲོ་འོང་། སྐད་ཆའི་ཤན་ཞུགས་བཅས་ཀྱང་མངོན་ནས་འདུག་པས། ཕྱི་རབས་རྣམས་ལ་ཕྱོགས་མང་པོ་ཞིག་གི་དཔྱད་གཞི་ཁུངས་བཙུན་པ་ཞིག་བཞག་པ་དང་། མིང་བརྡ་སྐོར་ཞིག་གི་དོན་ད་ལྟ་མི་གསལ་ནའང་། གནའ་དེང་གི་མིང་བརྡའི་དོན་གྱི་ཁྱད་པར་དང་། མིང་སྦྱོར་ཐབས། མིང་གི་བྱུང་འཕེལ་བཅས་དཔྱད་བསྡུར་ཞིབ་འཇུག་གི་ལས་ལ་ཕན་པ་ཆེ་བས། གཞུང་ལུགས་ལག་ལེན་གཉིས་ཆར་རིན་ཐང་ཆེ་བ་འདི་སྔ་རབས་ལོ་པཎ་དག་གི་སྐུ་དྲིན་དུ་ཤེས་པར་གྱིས།

དུས་སྐབས་གཉིས་པ་དུས་རབས་བཅུ་པའི་སྨད་ཙམ་ནས་དུས་རབས་བཅུ་དགུ་པའི་བར་གྱི་གནས་ཚུལ་ནི། དུས་རབས་བཅུ་པའི་སྨད་ནས་དུས་ཡུན་རིང་པོ་ཞིག་ལ། བོད་ནི་གྲུབ་མཐའི་འཐེན་འཁྱེར་དང་། ཡུལ་རིས་བཅད་བཟུང་གི་དབང་གིས་སྤྱི་ཚོགས་ཁ་འཐོར་དུ་གནས་ལ། སྐབས་དེར་མདོ་སྔགས་ཀྱི་གཞུང་རྣམས་ཀྱང་ཕལ་ཆེ་བ་བོད་དུ་འགྱུར་ཟིན་པས། སྔར་འགྱུར་དག་

སྒྲིག་ཅམ་ལས་གཞུང་གསར་དུ་འགྱུར་བ་ནི་ཏ་ལམ་དཀོན་པའི་ཚོད་དུ་གདའ། མཁས་པ་སྐོར་ཞིག་ནི། ཆོས་གཞུང་དང་ལོ་རྒྱུས། རྩོམ་རིག སྐད་རིགས་ཀྱི་གཞུང་བཅས་རྩོམ་འགྲེལ་ཁྲིད་གསུམ་གྱི་ལས་ལ་གཞོལ་ཞིང་། བོད་ཡིག་གི་མིང་མཛོད་རང་སྐད་མ་དང་། བརྡ་དག་ཀྱང་སྣ་ཚོགས་ཤིག་བརྩམས་མོད། འདིར་བཤད་པའི་སྐབས་མིན་པས་མི་སྤྲོ། དུས་སྐབས་གཉིས་པ་འདིར་གླེང་དགོས་པའི་མིང་མཛོད་ལ་ནི། བོད་སོག་ཤན་སྦྱར་གཉིས་དང་། ཆིང་རྒྱལ་རབས་སུ་བྱུང་བའི་རྒྱ་ཡས་ཤན་སྦྱར་（华夷译语）གཉིས། སཾ་བོད་ཤན་སྦྱར་གཅིག སྐད་ལྔ་ཤན་སྦྱར་གཅིག་བཅས་དྲུག་བྱུང་བ་གོ་རིམ་བཞིན་བཤད་པར་བྱའོ། །

1. ཡོན་རྒྱལ་རབས་（1271—1368）སྐབས་སུ་སོག་པོས་བོད་བརྒྱུད་ནང་བསྟན་དང་དུ་བླངས་པ་ནས། བོད་ཀྱི་དགེ་བཤེས་དང་བླ་སྤྲུལ་མང་པོ་སོག་ཡུལ་དུ་གདན་དྲངས་ཏེ། བོད་ཀྱི་ཆོས་གཞུང་དང་གསུང་རྩོམ་མང་པོ་སོག་ཡིག་ཏུ་བསྒྱུར་འགོ་ཚུགས་ཤིང་། བསྟན་འགྱུར་སོག་ཡིག་ཏུ་བསྒྱུར་བའི་དགོས་མཁོར་དམིགས་ཏེ། སོག་པོའི་མཁས་པ་མགོན་པོ་སྐྱབས་ཀྱིས་1741—1742ལོའི་བར་དུ་དག་ཡིག་མཁས་པའི་འབྱུང་གནས་ཞེས་པའི་བོད་སོག་ཤན་སྦྱར་གྱི་མིང་མཛོད་ཐོག་མ་བསྒྲིགས། མིང་མཛོད་འདིར་བོད་སྐད་ཀྱི་ཆོས་ཀྱི་བརྡ་ཆད་རེ་རེ་ལ་སོག་པོའི་སྐད་དོད་སྦྱར་ཞིང་། མཚན་འགྲེལ་ཡང་ཞིབ་མོ་བཏབ་པས། མིང་བརྡ་གསར་སྒྱུར་གྱི་ཚུལ་ལ་ལམ་སྟོན་བཟང་པོ་བཏོད།

2. སྤྱི་ལོ་1836ལ་སོག་པོའི་མཁས་པ་ངག་དབང་བསྟན་དར་གྱིས། སྔར་གྱི་མགོན་པོ་སྐྱབས་ཀྱི་མིང་མཛོད་ཀྱི་ཁ་བསྐངས་ནས། བོད་སོག་ཤན་སྦྱར་གྱི་མིང་མཛོད་བརྡ་ཡིག་མིང་དོན་གསལ་བར་བྱེད་པའི་ཟླ་བའི་འོད་སྣང་ཞེས་པ་མཛད། འདི་གཉིས་ནི་བོད་སོག་མིང་མཛོད་ལ་སྔ་བའི་གྲས་སུ་སེམས།

3. མིང་རྒྱལ་རབས་（1368—1644）སྐབས་སུ། མཐའི་རྒྱལ་ཕྲན་རྣམས་དང་འབྲེལ་བ་བྱེད་བདེ་བ་དང་། རྒྱལ་ནང་གི་རིགས་སོ་སོ་མི་དམངས་རྣམས་འབྲེལ་འདྲིས་བདེ་བའི་ཆེད་དུ། གོང་མ་ཡུང་ལོ་ཁྲི་ལོ་ལྔ་པ་སྟེ། སྤྱི་ལོ་1407ལ་ཀྲུང་དབྱང་དུ་སྐད་བཞི་གླིང་（四夷馆）ཞེས་པའི་ཡིག་སྒྱུར་ཁང་

ཞིག་བཙུགས། འདི་ནི་ཡིག་སྒྱུར་གྱི་ལས་ཀ་སྤེལ་ས་དང་ཡིག་སྒྱུར་བ་གསོ་སྐྱོང་བྱེད་སའི་ཡིག་སྒྱུར་ལས་ཁུངས་ཤིག་རེད། ལས་ཁུངས་འདིས་སྔ་གཞུག་ཏུ་རྒྱ་སྐད་དང་སྐད་གཞན་སྣ་ཚོགས་ཤན་སྦྱར་གྱི་མིང་མཛོད་སྐོར་ཞིག་བསྒྲིགས་པ་ཕྱོགས་གཅིག་ཏུ་བྱས་པ་ལ་རྒྱ་ཡས་ཤན་སྦྱར་ཞེས་སུ་བཏགས། ལས་ཁུངས་དེའི་ནང་ཚན་བོད་སྒྱུར་གླིང་གིས་བོད་སྒྱུར་གླིང་གི་ཤན་སྦྱར་མ་ཞེས་པ་ཞིག་བསྒྲིགས་པ་དེ་ནི་བོད་རྒྱ་ཤན་སྦྱར་གྱི་མིང་བརྡ་ཕྱོགས་བསྒྲིགས་ཤིག་རེད། བོད་ཡིག་སྦྱོང་བདེ་བའི་ཆེད་དུ་བོད་སྐད་ཀྱི་གདངས་རྒྱ་ཡིག་གིས་བྲིས་འདུག རྒྱ་ཡས་ཤན་སྦྱར་གྱི་ནང་ཚན་རེ་རེ་ལ་འང་ཙ་ཙུ་（杂字）ཞེས་པ་སྤྱིར་བཏང་གི་མིང་བརྡ་དང་། ལའི་ལྷུན་（来文）ཞེས་པ་གཞུང་ཡིག་གི་བཤད་ལུགས་གཉིས་རེ་གཉིས་རེ་འདུག་པ་ཀུན་ཀྱང་སྐད་གཉིས་ཤན་སྦྱར་དུ་བྱས་འདུག ཙ་ཙུ་སྐོར་འདིར་དོན་གཞིར་བཟུང་ནས་རིགས་དུ་མར་ཕྱེས་པ་དང་། བསྡོམས་པའི་མིང་740ལྷག་བསྡུས་འདུག འདི་དག་ཕལ་ཆེ་བ་བཤུས་མ་ཡིན་ལ། ཡིག་སྒྱུར་ཁང་སོ་སོའི་རང་རང་གི་སློབ་མའི་བསླབ་དེབ་ཏུ་བྱས་སམ་སྙམ་མོ།།

4. གོང་མ་ཆན་ལུང་ཁྲི་ལོ་བཅུ་གསུམ་པ་སྟེ། སྤྱི་ལོ1748ལ་ཧུའི་ཐུང་ཀོན་（会同馆）ཞེས་པའི་ཡིག་སྒྱུར་ཁང་ཞིག་བཙུགས་ནས། སླར་ཡང་རྒྱ་ཡས་ཤན་སྦྱར་ཞེས་པ་ཞིག་བསྒྲིགས་པ་ལ་ཙ་ཙུ་སྟེ་སྤྱིར་བཏང་གི་བརྡ་ལས་ལའི་ལྷུན་བསྡུས་མེད་དོ།།

5. དུས་རབས་18པར་མདོ་མཁར་ཞབས་དྲུང་ཚེ་རིང་དབང་རྒྱལ་（1697—1763）གྱིས་ཕལ་ཆེར་1733ལོར། ཉེ་བར་མཁོ་བའི་ལེགས་སྦྱར་གྱི་སྐད་བོད་ཀྱི་བརྡ་ཀཱ་ལིའི་འཕྲེང་བསྒྲིགས་ངོ་མཚར་ནོར་བུའི་དོ་ཤལ་ཞེས་བྱ་བ་བོད་སཾ་ཤན་སྦྱར་མ་མཛད། འདི་ནི་བོད་ཡིག་གི་ཀ་ཕྲེང་ལྟར་བསྒྲིགས་པས། མིང་མཛོད་སྔ་མ་དག་ལས་འཚོལ་བདེ་ཞིང་། སྔ་མ་གང་ལས་ཀྱང་དགེ་མཚན་ཆེ་བ་ཞིག་ཏུ་སྣང་།

6. དུས་རབས་18པའི་སྨད་ཙམ་དུ་ཆིང་རྒྱལ་རབས་སྲིད་གཞུང་གིས་སྐད་ལྔ་ཤན་སྦྱར་གསལ་བའི་མེ་ལོང་ཞེས་པ་བསྒྲིགས། འདི་ནི་སྔར་གྱི་བོད་མན་སོག་རྒྱ་བཅས་ཡིག་རིགས་བཞི་ཤན་སྦྱར་གྱི་སྐད་བཞི་ཤན་སྦྱར་མ་ཞེས་

པའི་སྙིང་དུ་ཡུ་གུར་སྐད་བསྣན་ནས་གྲུབ་ཅིང་། སྐད་མང་ཤན་སྦྱར་གྱི་མིང་མཛོད་གྲགས་ཅན་ཞིག་རེད། འདི་ལ་གཞུང་དངོས་དང་ཁ་སྐོང་གི་ཆ་གཉིས་སུ་ཕྱེས་པ་དང་། གཞུང་དངོས་ལ་ལེའུ་32དང་། ཁག་36། མིང་གི་རིགས་292། བསྡོམས་པས་མིང་17052བསྡུས། ཁ་སྐོང་ལའང་། ལེའུ་4། མིང་གི་རིགས་26། བསྡོམས་པས་མིང་1619ཡོད། མིང་གི་སྒྲིག་རིམ་ནི་སྔ་སྲོལ་ལྟར་དོན་ཕྱོགས་གཅིག་པ་རྣམས་ལྷན་དུ་བྱས་པ་ལས། ཀ་ཁྲིད་ལྟར་བསྒྲིགས་མེད། སྐད་ལྔའི་གོ་རིམ་ཡང་མན་བོད་སོག་ཡུར་རྒྱ་བཅས་ཀྱི་རིམ་པ་ལྟར་བྱས། བོད་སྐད་ཀྱི་མིང་རྣམས་ལྷག་པར་གལ་ཆེན་དུ་བྱས་པ་གསལ་ཏེ། བོད་སྐད་ཀྱི་མིང་རེ་རེའི་འོག་ཏུ་མན་ཡིག་གིས་སྒྲ་གདངས་གཉིས་རེ་གཉིས་རེ་སྦྲིས་པའི་གཅིག་ནི་ཁྲལ་འབྲི་（切音）སྟེ། བོད་ཡིག་གི་འབྲུ་རེ་རེ་ལ་མན་ཡིག་གི་གཟུགས་དོན་བྱིན་པ་དང་། གཅིག་ནི་སྟུད་འབྲི་（对音）སྟེ། བོད་སྐད་ཀྱི་མིང་གི་ཚིག་ཁྲིམ་རེ་རེའི་གདངས་མན་ཡིག་གིས་སྦྲིས་འདུག སྐད་མང་ཤན་སྦྱར་གྱི་མིང་མཛོད་ཆེན་མོ་འདིས་ནི། དུས་རབས་18པའི་སྐབས་སུ་མན་བོད་སོག་ཡུར་རྒྱ་བཅས་སྐད་ལྔའི་མིང་བརྡའི་ཚུལ་ལུགས་ཇི་ལྟར་ཡིན་ལེགས་པར་མཚོན་པས། དཔྱད་འཇུག་ལ་ཤིན་ཏུ་ནས་ཀྱང་གལ་ཆེ་གཤིས། 1957ལོར་མི་རིགས་དཔེ་སྐྲུན་ཁང་གིས་པེ་ཅིན་གྱི་གོང་མའི་ཕོ་བྲང་གི་དངོས་མང་བཤམས་སྟོན་ཁང་གི་དཔེ་བཤུས་མ་གཞིར་བཟུང་ནས། དེབ་ཕྱུས་ལེགས་སྟོད་སྨད་བར་གསུམ་གྱི་བདག་ཉིད་ཅན་དུ་དཔེ་སྐྲུན་བྱས་པས། སྤྱི་ཚོགས་ལ་ཕན་རྒྱ་ཆེར་ཐོགས་ཤིང་། ཀུན་གྱི་བསྔགས་པ་ཐོབ་བོ། །མདོར་ན། དུས་རབས་11—19པའི་བར་སྐབས་འདིར་སྤྱི་ཚོགས་གོང་དུ་འཕེལ་ཞིང་དུས་རབས་མདུན་དུ་བསྐྱོད་པ་དང་། ལྷག་པར་དུ་སྐབས་འདིར་སོག་མན་མི་རིགས་གཉིས་ཀྱིས་ཀྲུང་གོའི་ལོ་རྒྱུས་གར་སྟེགས་སུ་སྣ་ཚོགས་སྲིད་ཀྱི་ཟློས་གར་བསྒྱུར་ཅིང་། ཡོན་ཆེང་རྒྱལ་རབས་འདི་གཉིས་ཀྱི་དབང་འཛིན་པ་ཚོ་བོད་དང་འགྲོ་འོང་འབྲེལ་འདྲིས་ཆེ་བས། བོད་བརྒྱུད་ནང་བསྟན་བླ་ནས་བླར་བཀུར། སྲིད་གཞུང་དུ་ཆོས་བྱེད་པ་དང་ཆོས་གཞུང་བསྒྱུར་བའི་ལས་ལ་ཞུགས་པའི་བོད་པའང་མང་དུ་བྱུང་བ་སོགས། སྤྱི་ཚོགས་ཀྱི་ཁོར་ཡུག་ཆེན་པོ་དེ་དང་བསྟུན་ནས། མིང་མཛོད་སྒྲིག་སྦྱོར་གྱི་ལས་ཀྱང་སྤར་བས་

ཇེ་བཟང་དུ་སོང་བ་དང་། མིང་མཛོད་ཀྱི་རིགས་ཀྱང་། བོད་སོག་སྐད་གཉིས་མ་ཙམ་དུ་མ་ཟད། མན་སོག་བོད་ཡུར་རྒྱ་བཅས་སྐད་འགའ་ཤན་སྦྱར་གྱི་མིང་མཛོད་ཆེན་མོའང་བྱུང་། བསྒྲིགས་པའི་དམིགས་ཡུལ་ཡང་། ནང་ཆོས་སྦྱར་སྦྱིལ་གྱི་དགོས་མཁོ་ཙམ་དུ་མ་ཟད། སྐད་ཡིག་ཕན་ཚུན་སློབ་སྦྱོང་། ལོ་ཙཱ་བ་སྐྱེད་སྲིང་། ད་དུང་སྤྱི་ཚོགས་བདེ་སྲུང་། མི་རིགས་མཐུན་སྒྲིལ། རིག་གནས་བརྗེ་རེས་བཅས་ཕྱོགས་ཀུན་ལ་ཁྱབ་པས། མི་རིགས་ཀྱི་སྐད་ཡིག་སློབ་སྦྱོང་དང་ཞིབ་འཇུག་བཅས་ལ་འང་ཕན་ནུས་བཟང་པོ་ཐོན་པའོ། །རྒྱ་ཡས་ཤན་སྦྱར་མ་དང་། སྐད་བཞི་ཤན་སྦྱར་གསལ་བའི་མེ་ལོང་། སྐད་ལྔ་ཤན་སྦྱར་གསལ་བའི་མེ་ལོང་བཅས་སྐད་འགའ་ཤན་སྦྱར་མིང་མཛོད་དག་ནི། སྐབས་དེའི་མི་རིགས་ཀྱི་སྐད་ཡིག་གི་གནས་ཚུལ་སྤྱི་དང་། ལྷག་ཏུ་མིང་བརྡ་དང་སྐད་གདངས་ཞིབ་འཇུག་ལ་མེད་དུ་མི་རུང་བའི་དཔྱད་ཡིག་རྩ་ཆེན་ཤ་སྟག་ཡིན་མོད། །འོན་ཀྱང་། མིང་མཛོད་དེ་དག་གི་སྒྲིག་ལུགས་ནི་སྔ་སྲོལ་རྒྱུན་འཛིན་ཙམ་སྟེ། གཞི་སྐད་ལ་འགྱུར་སྐད་ཀྱི་སྐད་དོད་རེ་སྦྱར་བ་ཙམ་ལས། མིང་འགྲེལ་དང་དཔེར་བརྗོད་ཕལ་ཆེར་དགོན། ཀ་འཕྲེང་ལྟར་བསྒྲིགས་པའང་མདོ་མཁར་པས་བྱས་པ་ཞིག་བྱུང་བ་སྔར་བཤད་ཟིན་ཏོ། །

བོད་ཡིག་མིང་མཛོད་བྱུང་འཕེལ་གྱི་དུས་སྐབས་གསུམ་པ་སྟེ། དུས་རབས་20དང་། ལྷག་པར་དུ་ཀྲུང་གོ་གསར་བ་དབུ་བརྙེས་ནས་དུས་རབས་ཕྱེད་ཙམ་སོང་བ་འདིའི་རིང་དུ་བོད་ཡིག་གི་མིང་མཛོད་སྒྲིག་དཔར་གྱི་ལས་ཀའང་དར་བའི་རྩེར་སོན་པ་ནི་མིག་ལྡན་སྐྱེ་བོ་ཀུན་གྱི་མཐོང་སྣང་དུ་ཡོད་པ་འདི་ལགས་ལ། 1. མིང་མཛོད་ལས་བོད་རྒྱ་ཅན་（བོད་ཕྱི་ཅན་ཡང་འདུས）དང་། 2. རྒྱ་བོད་ཅན་（ཕྱི་བོད་ཅན་ཡང་འདུས）། 3. ཆེད་ཚན་མིང་མཛོད་བཅས་ལ་སྒྲིག་དཔར་དུས་ཀྱི་སྔ་གཞུག་ལྟར་དཔྱད་ན་ནི་གཤམ་ལྟར་རོ། །

1. བོད་རྒྱ་ཤན་སྦྱར་མའི་སྐོར། （1）དུས་རབས་ཉི་ཤུ་བའི་སྟོད་ཙམ་ན་གཞི་བོད་སྐད་ལ་འགྱུར་སྐད་རིགས་གཞན་ཅན་གྱི་མིང་མཛོད་དཀོན་མོད། གཅིག་བྱུང་བ་ནི། ལོ་རབས་སུམ་ཅུ་བཞི་ཅུ་བར་མཚོ་སྔོན་ནས་དཔར་བའི་བོད་རྒྱ་མིང་མཛོད་དབྱང་གྲི་ཧྥུ（杨质夫）ཡིས་བསྒྲིགས་པ་དེའོ། །འདིར་

མིང་ཚན་ཁྲི་ཙམ་བསྡུས་པ་དང་། མིང་ཚན་རྣམས་བོད་ཡིག་གི་ཀ་ཁྲིང་ལྟར་བསྒྲིགས། འདི་ཉིད་ཁ་གསལ་ལ་གོ་ཆོད་པ་ཞིག་ཡིན་སྟབས། བཅིངས་འགྲོལ་རྗེས་ཀྱི་ལོ་རབས་ལྔ་བཅུ་བའི་སྐབས་སུ་བོད་རྒྱ་སྐད་གཉིས་སློབ་པ་རྣམས་ལ་ཉེ་བར་མཁོ་བའི་ལག་ཆ་ཞིག་ཏུ་འདུག

（2）དགེ་བཤེས་ཆོས་ཀྱི་གྲགས་པས་བརྩམས་པའི་བརྡ་དག་མིང་ཚིག་གསར་པ་ནི། བཅིངས་འགྲོལ་བྱུས་མ་ཐག་ཏུ་དཔར་བའི་མིང་མཛོད་གལ་འགངས་ཆེ་བ་ཞིག་ཏུ་བགྲང་བར་འོས་ཤིང་། 1946ལོར་བསྒྲིགས། 1949ལོར་ལྷ་ས་ནས་ཤིང་དཔར་དུ་བཏབ་ནས་དཔར། དང་ཐོག་བོད་སྐད་རྐྱང་བའི་མིང་མཛོད་ཙམ་ཡིན་མོད། 1957ལོར་མི་རིགས་དཔེ་སྐྲུན་ཁང་གིས་དཔར་རྒྱུ་བྱས་པའི་སྐབས་སུ་རྒྱའི་མཁས་པ་བློ་བཟང་ཆོས་འཕགས་（法尊）དང་། ཀྲང་ཁེ་ཆང་（张克强）རྣམ་གཉིས་ཀྱིས་མིང་མཛོད་ཀྱི་ལུས་ཀྱི་སྒྲིག་ལུགས་གསར་དུ་བཅོས་ཤིང་། མིང་ཚན་ཚང་མ་རྒྱ་ཡིག་ཏུ་བསྒྱུར། མིང་དང་འགྲེལ་སྐོར་ཞིག་ཏྭ་སིས་བརྩམས་པའི་བོད་དབྱིན་མིང་མཛོད་ནས་བླངས་ཏེ་ཁ་བསྐངས་པའི་རྟགས་སུ་（达）ཞེས་པའི་རྟགས་བཏབས་ཤིང་། བོད་རྒྱ་མཚན་གཉིས་མིང་མཛོད་དུ་བྱས། འཚོལ་བདེ་ཕྱིར་མིང་རྣམས་ཀ་ཁྲིང་ལྟར་བསྒྲིགས། མིང་ཚན་རེ་རེས་ཐིག་མགོ་བཟུང་བ་དང་། དཔེ་སྐྲུན་ཁང་ནས་བརྗོད་པའི་གཏམ། བརྗོད་བྱའི་སྟོན་འགྲོ་དགོས་པ་བསྟན་པ། རྩོམ་པ་པོའི་རྣམ་ཐར། ལུས་ཀྱི་གསལ་བཤད་བཅས་ཀྱང་ཚང་བར་བྱས་པས། དེང་རབས་མིང་མཛོད་ཀྱི་ཁྱད་ཆོས་ངང་གིས་ཐོན་ཞིང་། མིང་མཛོད་ལུས་ཀྱི་དཔེ་གསར་པ་བསྟན། མིང་མཛོད་འདི་ནི། མིང་གི་བསྡུ་ཁོངས་རྒྱ་ཆེ་བ། འགྲེལ་གསལ་ལ་གནད་འདྲིལ་བ། ནང་དོན་ཡང་ཕུན་སུམ་ཚོགས་པ། གསར་ཆོས་ཀྱང་མང་དུ་འདུག་པ་དཔེར་ན། མིང་མཛོད་ཀྱི་ལུས་གསར་པ་ཞིག་གི་སྲོལ་བཏོད་པ་སྟེ། མིང་རེ་རེ་རིགས་གང་དུ་གཏོགས་པའི་རིགས་གསལ་པོར་སྟོན་པའི་སླད་དུ། ཆོས་ནས་བྱུང་བའི་བརྡ་ལ་（法）དང་། མངོན་བརྗོད་ནས་བྱུང་བ་ལ་（藻）། ཞེ་ཚིག་ལ་（敬）། སྐད་གཞན་ནས་དྲངས་པ་ལ་（梵）(蒙)(汉)ཞེས་པ་ལྟ་བུ་རྟགས་ཁ་གསལ་བཏབ་པ་དང་། མིང་ཚན་རེ་རེའི་དོན་གྱི་རྣམ་གྲངས། 1.…2.…3.…ཞེས་

དོན་ཚན་དུ་ཡོད་ཞིབ་ཏུ་བཀར། རྒྱུན་བཀོལ་གྱི་མིང་དང་ཆོས་ཀྱི་བརྡ་ཆད། མངོན་བརྗོད། བརྡ་རྙིང་སོགས་བསྡོམས་པའི་མིང་ཚན་26000ལྷག་བསྡུས་པས། འདིའི་སྔ་རོལ་དུ་བོད་རྒྱ་སྐད་གཉིས་མིང་མཛོད་ལ་འདི་ལས་ཆེ་བ་མ་བྱུང་། འོན་ཀྱང་། མིང་མཛོད་འདིའི་དཔེ་སྐྲུན་ཁང་ནས་བརྗོད་པའི་གཏམ་དུ་བཤད་པ་ལྟར་སྤྱོད་པ་པོ་མི་མགུ་སའང་འདུག་པ་དཔེར་ན། མཆན་འགྲེལ་ལ་ལར་ཞིབ་ཆ་མ་ཐོན་པ་དང་། མིང་གཅིག་ལ་ཡིག་གཟུགས་མི་འདྲ་བ་ཁྲུམ་ཁྲུམས་འཁྲུམ་འཁྲུམས་ལྟ་བུ་གོ་བ་མེད་པ་སྣ་ཚོགས་བྲིས་ནས། དག་མི་དག་གི་རྣམ་དབྱེ་མ་ཕྱེད་པ། བྱ་ཚིག་དང་སྐུལ་ཚིག་གི་གཟུགས་འགྱུར་མ་ལག་མཐར་ཆགས་པ་ཞིག་མེད་ལ། ནང་འགལ་བའང་འདུག་པ་ལྟ་བུ་ཡོད་མོད། སྤྱིའི་འཕྲིན་ལས་ལ་ནི་གནོད་པ་མེད་པར་བཀོལ་རིན་ཧ་ཅང་ཆེ་བས། 1985ལོར་དཔེ་ཚད་32ཅན་དུ་བྱས་ཤིང་། 95ལོའི་ཚུན་དུ་ཐེངས་ལྔར་དཔར་ནས་བཀྲམ།

（3）1955དང་1957ལོར་མཁས་པའི་དབང་པོ་ཚེ་ཏན་ཞབས་དྲུང་གིས་བསྒྲིགས་པའི་དག་ཡིག་ཐོན་མིའི་དགོངས་རྒྱན་ཞེས་པ་བོད་རྒྱ་མཆན་གཉིས་མ་སྟོད་སྨད་ཆ་གཉིས་ཀ་སྔ་གཞུག་ཏུ་དཔར། དེ་ཡང་། རྩོམ་པ་པོའི་གསལ་བཤད་དུ་བཤད་པ་ལྟར། སུམ་རྟགས་ཀྱི་དགོངས་པ་དང་མི་འགལ་བ། བཀས་བཅད་དང་བརྡ་དག་གི་གཞུང་ཚད་མ་རྣམས་གཞིར་བཟུང་བ། གོ་དཀའ་བ་མཆན་གྱིས་གསལ་བར་ཕྱེ་བ། མིང་དེ་དག་གང་ནས་བྱུང་བའི་ཁུངས་སྨོས་ཤིང་། དབང་པོ་དམན་པའི་བློ་ཁ་དང་མཐུན་པའི་འགྲེལ་བྱས་པ་བཅས་ནི་མིང་མཛོད་འདིའི་ཁྱད་ཆོས་བླ་ན་མ་མཆིས་པར་ངེས་ཤིང་། ཁྱད་ཆོས་གཞན་ཡང་། དེར་བསྡུས་པའི་མིང་ཚན་མི་མང་ནའང་། ལེགས་སྦྱར་ནས་དྲངས་པའི་མིང་བོད་ཡིག་གི་གཟུགས་དོད་ཀྱི་བྲིས་ནས་མཆན་གྱི་ཚུལ་དུ་བཀོད། འབྲི་ཚུལ་གཞན་ཡོད་པ་དག་ཀྱང་རེ་རེ་བཞིན་བཀོད། ཞེ་ཚིག་ལ་尊称词ཆོས་ཀྱི་བརྡ་ཆད་ལ་佛经术语སྨན་གྱི་མིང་ལ་药名གསོ་རིག་གི་བརྡ་ལ་医ཞེས་མཆན་ཡང་བསྟན་པས། བལྟས་ཙམ་ཉིད་ནས་དོན་གསལ་ཞིང་ངེས་བདེ་བ་ཞིག་ཏུ་འདུག གོང་དུ་བཤད་མ་ཐག་པའི་མིང་མཛོད་འདི་གཉིས་ཀྱིས་ཀྲུང་གོ་གསར་པ་དབུ་བརྙེས་པའི་ཐོག་མའི་སྐབས་སུ། དེང་རབས་མིང་མཛོད་སྒྲིག

སྤྱོལ་ཚན་རིག་དང་མཐུན་པ་ཞིག་གི་དཔེ་གསར་དུ་བཏོད་པས། བོད་ཡིག་སློབ་སྦྱོང་དང་བོད་རྒྱ་ཡིག་སྒྱུར་བཅས་ལ་ཕྱུས་རྗེས་ཆེ་ཞིང་། བོད་ཀྱི་མིང་མཛོད་སྐད་གཉིས་མ་བྱུང་འཕེལ་གྱི་ལོ་རྒྱུས་སུ་གོ་གནས་འབུར་དུ་ཐོན་པ་བཟུང་བ་དང་། ཕྱི་རབས་རྣམས་ལ་དཔེ་ལམ་བཟང་པོ་བསྟན་ནོ།།

（4）1963ལོར་ནུབ་བྱང་མི་རིགས་སློབ་གླིང་སྐད་ཡིག་ཚན་ཁག་གིས། རྒྱ་བོད་མིང་མཛོད་ཅེས་པ་ཞིག་བསྒྲིགས་པ་ནི། གོང་དུ་བཤད་པའི་དབྱངས་གྲི་ཀྲུ་ཡི་བོད་རྒྱ་མིང་མཛོད་གཞི་བྱས། དེ་ལ་ཁ་སྣོན་གང་ཐུབ་བྱས་ཏེ་བསྒྲིགས་ཤིང་། རྒྱུན་བཀོལ་གཙོ་བོར་བྱས་པའི་མིང་བརྗ་16300ལྷག་བསྡུས། མིང་ཚང་རེ་རེ་ལ་རྒྱ་ཡིག་གི་སྐད་དོད་སྦྱར་ཞིང་། བོད་འགྲེལ་མེད་པས་རྒྱ་འགྲེལ་མ་ཙམ་མོ། །མིང་གཅིག་གི་དོན་གྱི་རྣམ་གྲངས་རྣམས། 1.…2.…3.…ཞེས་རེ་རེ་བཞིན་བཀྲལ། བྱ་ཚིག་གི་དུས་གསུམ་སྐུལ་ཚིག་ཀྱང་གསལ་པོར་ཕྱེས། བརྗ་རྙིང་དང་། ཕྱི་ནས་དྲངས་པའི་མིང་། སྨན་རྫས་ཀྱི་མིང་། ནད་མིང་། ཞེ་ཚིག ནང་ཆོས་ཀྱི་བརྗ་ཆད་བཅས་ལ།（古）（汉）（藏）（梵）（药）（病）（敬）（佛）ཞེས་པའི་བསྡུས་མིང་རེ་རེ་བཀོད། མིང་གི་རིགས་བཅུ་གཅིག་ཏུ་བཀར་ནས། མིང་ཚང་རེ་རེ་རིགས་གང་དུ་གཏོགས་པའང་གསལ་པོར་ཕྱེས་པ་འདིའི་ཁྱད་ཆོས་ཡིན་མོད། འདི་ནི་ཚོད་ལྟ་ཙམ་ལས། དོན་དམ་དུ་བོད་ཀྱི་མིང་བརྗ་རྣམས་རིགས་ཅི་ཙམ་དུ་དབྱེ་བ་དང་ཚུལ་ཇི་ལྟར་དབྱེ་བ། མིང་གི་རིགས་ནང་ཕན་ཚུན་དུ་འགྱུར་ཚུལ་ཇི་ལྟར་ཡིན་མིན། མཚན་ཉིད་ཇི་ལྟར་འཛོག་པ་བཅས་ལ་བོད་ཀྱི་བརྗ་སྤྲོད་མཁན་པོ་དག་ཀྱང་ཞལ་མི་མཐུན་པས་གཏན་འཁེལ་དཀའ་བ་འདི། མིང་མཛོད་ཚད་ལྡན་དུ་བྱེད་པའི་འགལ་རྐྱེན་དུ་མཐོང་བས་དཔྱད་འཇུག་གི་གནས་ལགས་སོ།།

（5）ལོ་རབས་60པའི་དཀྱིལ་ནས་70པའི་དཀྱིལ་གྱི་"རིག་གསར་ལོ་བཅུ"ལ་བོད་རྒྱ་སྐད་གཉིས་མིང་མཛོད་ནི་སྟོང་ཆ་ཁོ་ནར་གནས། དེའི་རྗེས་སུ་སླར་ཡང་བོད་ཡིག་སློབ་སྦྱུར་དང་། ཞིབ་འཇུག་ལ་མཐོང་ཆེན་པོ་བྱས་ཤིང་། མིང་མཛོད་མཁོ་ཆེ་བའི་དགོས་མཁོ་སྐོང་ཆེད་དུ། 1997ལོར་ཀན་སུའུ་མི་རིགས་དཔེ་སྐྲུན་ཁང་གིས་བོད་རྒྱ་མིང་མཛོད་ཅེས་པ་པར་དུ་བསྐྲུན། འདི་ནི་ནུབ་

བྱང་མི་རིགས་སློབ་གླིང་གིས་1963ལོར་བསྒྲིགས་པ་དེར་ཁ་བསྐངས་ནས་བསྒྲིགས་པ་དང་། བསྡོམས་པའི་མིང་བཙ་25400ལྷག་བསྡུས།

（6）1980ལོར་སི་ཁྲོན་མི་རིགས་དཔེ་སྐྲུན་ཁང་གིས་པར་དུ་བསྐྲུན་པའི་བོད་རྒྱ་ཤན་སྦྱར་རྒྱུན་མཁོའི་ཚིག་མཛོད་ཅེས་པ་དེ་ནི། བོད་ལྗོངས་མི་རིགས་སློབ་གླིང་གྲ་སྒྲིག་ཚན་ཁག་གི་བོད་ཡིག་སློབ་དཔྱོད་ཚན་པས་དཀའ་ལས་མང་དུ་བཤྲིས་ཏེ། སྔར་གྱི་སྟུམ་དཔར་མ་གཞི་བྱས་ནས་བསྒྲིགས་པ་དང་། རྒྱུན་མཁོའི་མིང་བཙ་25000ལྷག་བསྡུས་པ་དེའི་ནང་དུ་མིང་འདུས་མ་ཤིན་ཏུ་མང་། བྱ་ཚིག་གི་གཟུགས་འགྱུར་ཡིག་གཟུགས་མི་འདྲ་ནའང་། སྒྲ་གདངས་འདྲ་ན་གཅིག་ཏུ་བྱས་ཏེ་བྲིས་པ་དང་། འགོ་ན་བོད་ཡིག་གི་མིང་བཙ་འཚོལ་ཐབས་རེའུ་མིག་ཅིག་ཀྱང་འདུག

（7）དུས་སྐབས་འདིར་གལ་ཆེན་དུ་གླེང་དགོས་པ་ཞིག་ནི། 1985ལོར་མི་རིགས་དཔེ་སྐྲུན་ཁང་གིས་ཀྲང་དབྱི་སུན་གྱིས་གཙོར་བྱས་ནས་བསྒྲིགས་པའི་བོད་རྒྱ་ཚིག་མཛོད་ཆེན་མོ་ཞེས་པ་སྟོད་སྨད་བར་གསུམ་གྱི་བདག་ཉིད་ཅན་དཔེ་ཚད་16ཅན་ཞིག་དཔར་བ་དེ་ཡིན་ལ། དགེ་བཤེས་ཆོས་གྲགས་ཀྱི་མིང་མཛོད་ཀྱི་འཕྲོ་ནས། མིང་མཛོད་སྣ་འཛོམས་བོད་རྒྱ་མཆན་གཉིས་མ་འདི་ནི། མིང་གི་ཁྱབ་ཁོངས་ཆེས་ཆེ་བ་དང་། མིང་བཙ་བསྡུས་པ་ཆེས་མང་བ་ཞིག་ཏུ་འདུག རྒྱུན་བཀོལ་མིང་བཙ་གཙོ་བོར་བྱས་པའི་སྟེང་དུ། ཡི་གེ་དང་། བཙ་སྦྱོད། ལོ་རྒྱུས། ས་རྒྱུས། ཚིག་རྒྱན། སྙན་ངག མངོན་བརྗོད། ནང་དོན་རིག་པ། ཚད་མ་རིག་པ། གསོ་བ་རིག་པ། སྐར་རྩིས་བཅས་རིག་ཚན་ཁག་དང་། ཐ་ན་གཞུང་ཡིག་རྙིང་མ། ཁྲིམས་ཡིག ཁྲལ་ཨུ་ལག སྡོད་ཆ་གོས་རྒྱན་བཅས་ཀྱི་བཙའང་མང་དུ་འདུས་པ། མིང་དང་མིང་གི་ཚོགས་པ་བསྡོམས་པས་53000ལྷག་བསྡུས། མིང་གཅིག་གི་དོན་གྱི་རྣམ་གྲངས་རྣམས་རིམ་པར་བཀྲལ་ཞིང་། འགྲེལ་དང་དཔེར་བརྗོད་ཀྱང་སྐད་གཉིས་སྦྱར་ནས་བཀོད། དཔེར་བརྗོད་འགའ་ཞིག་ལ་གཏམ་དཔེ་དཔེ་ཆོས་ཅི་རིགས་དྲངས་པས། དཔེའི་སྒོ་ནས་དོན་ལ་གོ་བ་སྟེར་ཚབས་ཆེ་བས། མི་རིགས་ཤིག་གི་རིག་པའི་བཅུད་སྒྲོང་བ་དང་། སྐད་ཡིག་གི་རྩལ་ལ་མཁས་པ་ལའང་ཕན་ཆེ་བ་ནི་སྨོས་མ་དགོས་སོ།།

འདི་ནི་སྐད་ཡིག་བཤད་འགྲེལ་གྱི་མིང་མཛོད་ཙམ་ཞིག་མིན་པར། བོད་རིག་པའི་མིང་མཛོད་ཤེས་བྱ་ཀུན་ཁྱབ་ལྟ་བུར་གྱུར་འདུག སྤྱིའི་ཆ་ནས། འདིར་བསྡུས་པའི་མིང་བརྡ་ལ་རྙིང་པའི་དྲི་དང་འབྲུག་ནའང་། བོད་ཀྱི་གསུང་རབ་ཀློག་པ་དང་། བོད་རིག་པར་དཔྱད་པས་འཇུག་པ། བོད་ཡིག་ཚུ་ཚད་མཐོ་རུ་གཏོང་བ་བཅས་ཀྱི་རིན་ཐང་གཞལ་དུ་མ་མཆིས་ཤིང་། ལྷག་ཏུ་མིང་མཛོད་སྒྲིག་རྩལ་ཇེ་མཐོར་གཏོང་བའི་ཐད་ལ་བྱས་རྗེས་གཞན་གང་ལས་ཀྱང་ལྷག་པ་ཞིག་ཏུ་འདུག ཁྱད་ཆོས་གཞན་ཡང་། སྤྱི་ལོ་དང་རབ་བྱུང་བསྡུར་བའི་རེའུ་མིག བོད་ཀྱི་ལོ་རྒྱུས་འདས་པའི་ལོ་ཚིགས་དང་སྦྱར་ཏེ་བསྒྲིགས་པའི་རེའུ་མིག བྱ་ཚིག་གི་དུས་གསུམ་སྐུལ་ཚིག་བཅས་ཀྱི་རེའུ་མིག（མིང་བརྡ་1200ཙམ）བཅས་རེའུ་མིག་ཁག་གསུམ་དང་། པ་ཏ་ལ། དགོན་ཞང་རྡོ་རིང་། གཙུག་ལག་ཁང་། ཀུ་གེའི་མཁར་ཤུལ། དགོན་པ་གྲགས་ཆེན། རི་མོ་ཁྱད་པར་བ། སྣོད་དང་གོས་རྒྱན། བོད་ཀྱི་ཐོན་སྐྱེད་ལག་ཆ་ཁག་ཅིག་དང་བཅས་བོད་རིག་པ་དང་འབྲེལ་བའི་ཚོན་རིས་150ཟུར་དུ་བཀོད་པ་བཅས་ནི། དེང་རབས་བོད་ཀྱི་མིང་མཛོད་ཀྱི་གསར་གཏོད་དུ་འཁྱུམས།

བོད་རྒྱ་མིང་མཛོད་ཆེན་མོ་འདི་ནི། བོད་རྒྱའི་མཁས་པ་བཅུ་ཕྲག་ལྷག་གིས་དུས་རབས་ཕྱེད་ཀྱི་རིང་ལ་བོད་ཡུལ་ཀུན་ཞབས་ཀྱིས་བཅགས་ཏེ་ངལ་བ་བརྒྱ་ཕྲག་བསྟེན་པའི་གྲུབ་འབྲས་ཡིན་ལ། བོད་ཀྱི་སྐད་གཉིས་མིང་མཛོད་བྱུང་འཕེལ་གྱི་ལོ་རྒྱུས་སུ་གོ་གནས་གཞན་ཀུན་ལས་ཀྱང་ཆེ་ཞིང་། འདིའི་གོང་དུ1902ལོར་རྒྱ་གར་ནས་དཔར་བའི་ཧྲ་སིས་བརྩམས་པའི་བོད་དབྱིན་སྐད་གཉིས་ཤན་སྦྱར་གྱི་ཚིག་གི་གཏེར་མཛོད་ཅེས་པ་དེ་མིང་ཚན་ཆེས་མང་བའི་མིང་མཛོད་དུ་བགྲངས་ཀྱང་། བོད་རྒྱ་ཚིག་མཛོད་ཆེན་མོ་འདི་བྱུང་ནས། གཟི་འོད་རྣམ་པར་འཕྲོ་བའི་བོད་ཀྱི་རིག་གནས་ཀྱི་ངོ་མཚར་བའི་ཕྱོགས་རེ་རེ་བཞིན་སྐྱེ་བོའི་མིག་གི་དགའ་སྟོན་དུ་བཀྲམ་པ་ན། སྔར་གྱི་མིང་མཛོད་དག་གི་གྲགས་པའང་ཉི་འོད་ནང་གི་མེ་འཁྱེར་ཇི་བཞིན་ཡལ་བར་གྱུར་ཏོ། །མིང་མཛོད་འདི་ལ་སྔ་གཞུག་ཏུ། སི་ཁྲིན་ཞིང་ཆེན་ཚན་རིག་ཞིབ་འཇུག་གི་གྲུབ་འབྲས་ཨང་དང་པོའི་བྱ་དགའ་དང་། ཝུའུ་ཡུས་ཀྲང（吴玉章）གི་ཚན་རིག

ཞིབ་འཇུག་ཐེབས་རྩའི་བྱ་དགའ་ཨང་དང་པོ་སོགས་ཀྱི་མཚན་སྙན་གྲགས་པའང་མང་དུ་ཐོབ། 1993ལོར་ཡིག་ནོར་དང་མིང་ཚན་འགའ་ཞིག་བཅོས་ནས། བསྡུས་དེབ་དཔེ་ཚད་32ཅན་དུ་དཔར་བའོ།།

（8）མིང་མཛོད་སྐད་གཉིས་མ་གཞན་ཡང་། དཔེར་ན། ཧའོ་ཝུན་ཞོན་（贺文宣）དང་ཏོའུ་ཙུན་ཆི་（窦存琦）གཉིས་ཀྱིས་བསྒྲིགས་པའི་བོད་རྒྱ་ཤན་སྦྱར་ཤེས་བྱའི་རྣམ་གྲངས་ཀུན་འདུས་ཚིག་མཛོད་ཅེས་པ་དེ་1987ལོར། མཚོ་སྔོན་མི་རིགས་དཔེ་སྐྲུན་ཁང་གིས་པར་དུ་བསྐྲུན། འདི་ནི་བོད་ཀྱི་མདོ་རྒྱུད་བསྟན་བཅོས་སོགས་ནས་བྱུང་བའི་སྲིད་འཛུར་རིག་གསུམ་དང་། སློབ་གསོ། རྩོམ་རིག སྒྱུ་རྩལ། སྐད་ཡིག ལོ་རྒྱུས། ཆོས་ལུགས། གསོ་རིག སྐར་རྩིས་སོགས་ཀྱི་མིང་ཚན་2113བསྡུས་པའི་མིང་མཛོད་བོད་རྒྱ་ཤན་འགྲེལ་མ་ཞིག་གོ །འདིར་བསྡུས་པ་ལ་ཆོས་ཕྱོགས་ཀྱི་མིང་ཤས་ཆེ་ཞིང་། སྒྲིག་ཚུལ་ནི། གཅིག་ཚན། གཉིས་ཚན། གསུམ་ཚན་སོགས་སུ་བྱས། གཅིག་ཚན་དཔེར་ན། བསྐལ་ཆེན་གཅིག་ལྟ་བུ་དང་། གཉིས་ཚན་དཔེར་ན་ཀུན་ཏུ་རྒྱུ་བའི་ཡི་གེ་གཉིས་ལྟ་བུའོ། །མིང་མཛོད་འདི་གཉིས་གནའ་དཔེ་ཀློག་པ་ལ་ཕན་ཆེ་བར་མ་ཟད། མི་རིགས་གཞན་པས་བོད་ཡིག་སྦྱོང་བའི་ཚེ་ན་རྣམ་གྲངས་བསྡུས་པའི་མིང་ཐེ་ལྟར་ཡིན་ཚུལ་ངེས་པ་འཛིན་པ་ལའང་དགེ་མཚན་ལྷག་པར་ཆེའོ།།

（9）1988ལོར་མི་རིགས་དཔེ་སྐྲུན་ཁང་གིས་བོད་རྒྱ་ཚིག་མཛོད་ཆེན་མོ་ཞེས་པའི་ནང་གི་བྱ་ཚིག་གཙོ་བོར་བྱས་པའི་བྱ་ཚིག་2730ཕྱོགས་གཅིག་ཏུ་བྱས་ཏེ་བྱ་ཚིག་ཚིག་མཛོད་ཅེས་པ་པར་དུ་བསྐྲུན། དཔེ་བརྗོད་ཀྱང་བསྡུས་པ་རེ་བཞག་ནས། བྱ་ཚིག་རེ་རེའི་དུས་གསུམ་སྐུལ་ཚིག་བཅས་རེ་རེ་བཞིན་ཞིབ་ཏུ་བཀོད་པ་དང་། བྱ་བྱེད་ཐ་དད་མི་དད་ཀྱི་ཁྱད་པར་ཡང་ཡོངས་གྲགས་ལྟར་གསལ་པོར་ཕྱེས། བྱ་བའི་མིང་འདི་ཉིད་བོད་སྐད་ཀྱི་སྲོག་ལྟར་གཙོ་བ། མིང་གཞན་གང་ལས་ཀྱང་གལ་ཆེ་བས་ན། བྱ་ཚིག་མིང་མཛོད་འདི་ཉིད་བསྒྲིགས་པའི་བཀོལ་དཔྱད་གཉི་གའི་རིན་ཐང་ཡང་ངང་གིས་རྟོགས་ཤིང་། ད་ལྟའི་བར་དུ་ཐེངས་བཞི་ལ་དཔར་བ་འདིས་ཀྱང་དེའི་རིན་ཐང་མཚོན་པར་བྱས་སོ།།

（10）1993ལོར་མི་རིགས་དཔེ་སྐྲུན་ཁང་གིས་བློ་བསྟན་དང་བསོད་

ནམས་རྡོ་རྗེ། དཔལ་ལྡན་གཡང་འཇོམས། འཕྲིན་ལས་བཅས་ཀྱིས་བསྒྱུར་ཅིང་བསྒྲིགས་པའི་ཞེ་སའི་ཚིག་མཛོད་རབ་གསལ་མེ་ལོང་ཞེས་པ་པར་དུ་བསྐྲུན། ཞེ་ཚིག་ནི་བོད་སྐད་ཀྱི་མིང་གི་མ་ལག་ནང་གི་ཁྱད་ཆོས་མངོན་པར་གསལ་བའི་གྲུབ་ཆ་གལ་ཆེན་ཞིག་ཡིན་པས། ངག་ཡིག་ཐོག་ཀུན་ཏུ་ཁྱབ་ཅིང་། ལྷག་པར་དུ་དབུས་ཀྱི་སྐད་ལ་རྒྱུགས་ཆེ་བས་ན། མིང་མཛོད་འདིའི་རིན་ཐང་ཡང་དེ་ལས་ཤེས་སོ། །འདིའི་མིང་ཚན་སྒྲིག་རིམ་ནི། དང་པོ་སྒྱུར་བཏང་གི་མིང་དང་། དེའི་རྗེས་སུ་མིང་སྒྱུར་བཏང་བ་དེའི་ཞེ་ཚིག་རྒྱ་འགྲེལ་དང་བཅས་པ་བཀོད་པའོ། །འདིར་ཞེ་ཚིག་ཏུ་མ་ཟད། གཞན་གྱི་ཆེ་བ་བསྟོད་ཆེད་རང་ཉིད་དམན་པར་ལྟ་བའི་དམན་ཚིག་ཀྱང་བསྡུས་ཙ་ན། བོད་ཀྱི་ཞེ་ཚིག་དམན་ཚིག་གི་ངག་ཡིག་ཐོག་གི་ཁྱད་པར་དང་། ནང་སེམས་ཀྱི་ཁྱད་པར་ཕྲ་ཞིང་ཕྲ་བའི་ཞིབ་ཆ་ངེས་པར་ཕན་པ་དང་། བོད་ཀྱི་མིང་གི་མ་ལག་གི་གྲུབ་ཆ་སྤྱི་དང་། ཕྱི་བྲག་ཞེ་ཚིག་གི་གྲུབ་ལུགས་དཔྱོད་པ་ལའང་རིན་ཐང་ཆེན་པོ་ལྡན་ནོ། །

(11) 1994ལོར་སི་ཁྲོན་མི་རིགས་དཔེ་སྐྲུན་ཁང་གིས་རྣམ་རྒྱལ་ཚེ་རིང་གིས་བསྒྲིགས་པའི་བོད་ཀྱི་སྙན་ཡིག་ཕྱོགས་བསྒྲིགས་ཞེས་པའི་མིང་མཛོད་ཅིག་པར་དུ་བསྐྲུན། མིང་ཚན་2000ལྷག་བསྡུས། གཞུང་དངོས་ནི་བོད་ཡིག་གི་ཀ་ཕྲེང་ལྟར་བསྒྲིགས། གོ་རིམ་ནི། སྙན་ཡིག་སྔོན་དང་། དེའི་འགྲེར་ཡིག་དཀར། དེའི་རྗེས་སུ་རྒྱ་འགྲེལ་བཅས་རིམ་པར་བཀོད་ཅིང་། མིང་རྣམས་ཆོས་དང་མངོན་བརྗོད་ཞེ་ཚིག་སོགས་གང་ནས་བསྡུས་པའི་རྟགས་ཀྱང་བཏབ། བོད་ཀྱི་སྙན་ཡིག་ནི་ད་ལྟའི་ཆར་དེ་འདྲ་རྒྱུག་མི་ཆེ་ནའང་ཅུང་ཟད་ངེས་དཀའ་བ་དང་། སྔོན་གྱི་བྲིས་མ་སྒྲིག་གློག་གི་སྐབས་སུ་ཤིན་ཏུ་ནས་ཀྱང་གལ་ཆེ་བས། མིང་མཛོད་འདིས་སྙན་ཡིག་ངོས་འཛིན་དང་། སྙན་ཡིག་གི་གཟུགས་གྲུབ་ལུགས་ལའང་དཔྱད་གཞིའི་རྒྱུ་ཆ་ཕུན་སུམ་ཚོགས་པ་ཞིག་བཞག་པའི་རིན་ཐང་ནི་ནམ་ཡང་བསུབ་ཏུ་མེད་དོ། །

(12) 1994ལོར་མི་རིགས་དཔེ་སྐྲུན་ཁང་གི་བྲག་གདོང་བཀྲས་གླིང་དབང་རྡོར་གྱིས་བསྒྲིགས་པའི་བོད་དབྱིན་རྒྱ་གསུམ་ཤན་སྦྱར་མིང་མཛོད་(Cllection of Tibetan English Chinese Words)ཅེས་པ་པར་དུ་བསྐྲུན། མིང་

ཚན་2000ལྷག་བསྡུས། འདི་ལ་བསྡུས་པའི་མིང་གི་ཁྱད་ཆོས་དང་སྒྲིག་ལུགས་ཀྱི་ཁྱད་ཆོས་གཉིས་ཡོད་པའི་དང་པོ་ནི། དེར་བསྡུས་པའི་མིང་ཕལ་ཆེ་བོ་རྒྱུས། ཆོས་ལུགས། རིག་གནས། སྒྱུ་རྩལ་བཅས་ཀྱི་ཕྱོགས་ཆེ། གཉིས་པ་སྒྲིག་ལུགས་ནི། དབྱིན་སྐད་ནང་གི་ལེགས་སྦྱར་ལས་དྲངས་པའི་བརྡ་རྣམས་འཁྱོག་གཟུགས་སུ་དཔར་བ་དང་། རྒྱ་ཡིག་ཏུ་（梵）ཞེས་པའི་རྟགས་བཏབ། བཙན་པོ་རིམ་བྱོན་གྱི་མཚན་བྱང་དང་། ཏཱ་ལའི་བླ་མ་སྐུ་ཕྲེང་རིམ་བྱོན་གྱི་མཚན་བྱང་། པཎ་ཆེན་སྐུ་ཕྲེང་རིམ་བྱོན་གྱི་མཚན་བྱང་བཅས་རེའུ་མིག་གསུམ་ཡང་བོད་དབྱིན་རྒྱ་གསུམ་ཤན་སྦྱར་ནས་སྟབས་བདེར་བཀོད་པས། གོ་ཆོད་ཅིང་མི་རིགས་ཀྱི་ཁྱད་ཆོས་ཀུན་ནས་མངོན་པའི་མིང་མཛོད་ཅིག་གོ།

（13）2001ལོར་ཀྲུང་གོའི་བོད་ཀྱི་ཤེས་རིག་དཔེ་སྐྲུན་ཁང་གིས་རྣམ་རྒྱལ་ཚེ་རིང་གིས་བསྒྲིགས་པའི་བོད་ཡིག་བརྡ་རྙིང་ཚིག་མཛོད་ཅེས་པ་བོད་རྒྱ་ཉིས་འགྲེལ་མ་ཞིག་པར་དུ་བསྐྲུན། མིང་ཚན་10000ལྷག་བསྡུས་པ་ཐམས་ཅད་སྐད་གསར་བཅད་མ་བྱུས་གོང་གི་བརྡ་ཤ་སྟག་ཏུ་འདུག གནའ་གནའི་བརྡ་སྐོར་ཞིག་ཀྱང་བསྡུས། དེ་ཡང་སྒྲིག་པ་པོས་འགོ་བརྗོད་དུ་བཤད་པ་ལྟར། འདི་ནི་ཕ་རི་སི་（巴黎）ན་ཡོད་པའི་ཧྥ་རན་སིའི་རྒྱལ་ཁབ་དཔེ་མཛོད་དུ་བཞུགས་པའི་ཏུན་ཧོང་ཤོག་དྲིལ་དཔར་མ་བོད་ཡིག་གི་བརྡ་རྙིང་ཞེས་པའི་དུམ་པ་དང་པོ་དང་གཉིས་པ། ཞིན་ཅང་མས་ལན་（米兰）གྱི་ས་འོག་ནས་ཐོན་པའི་ཁྲམ་ཤིང་། ཡུལ་གྲུ་ཁག་ཅིག་གི་རྡོ་རིང་ཡི་གེ་བཅས་ནས་བཤུས་པ་གཞི་བྱས་ཏེ་བསྒྲིགས་པའོ། །མིང་ཚན་བོད་ཡིག་གི་ཀ་ཕྲེང་ལྟར་དང་། མིང་ཚན་མང་ཆེ་བ་སྔར་གྱི་གཟུགས་ཇི་ལྟ་བ་མ་བཅོས་པར་བཞག་ཡོད། གི་གུ་ཕྱིར་ལོག་ད་ལྟ་བཞིན་དྲང་པོར་བཅོས་འདུག ཡིག་གཟུགས་ཕྱོགས་ཙམ་བཅོས་པ་འདི་མིང་མཛོད་འདིའི་འཕྲིན་ལས་རྒྱས་པ་ལ་ནི་གནོད་པ་མེད་མོད། ཆ་ཐམས་ཅད་ནས་སྔར་གྱི་གཟུགས་ཇི་བཞིན་མ་བཅོས་པར་བཞག་ན་ནི། ཞིབ་འཇུག་ཞིབ་བསྡུར་ལ་ཕན་པ་རྒྱ་ཆེར་བསྐྲུན་པར་ནུས། མདོར་ན། འདི་ནི་བཙན་པོའི་སྐབས་ཀྱི་ཡིག་ཆ་ཀློག་པ་དང་། བོད་ཀྱི་སྐད་ཡིག་གི་འཕེལ་འགྱུར་ལ་དཔྱད་པར་ཕན་ཐོགས་ཆེ་ཞིང་། མིང་བརྡ་འཚོལ་ཐབས། འགོ་བརྗོད། སྒྲིག་སྟངས

བཅས་ཀྱང་ལེགས་པར་ཚང་བས་རིན་ཐང་ཆེ་བར་མཐོང་ངོ་།།

（14）2002ལོར་སི་ཁྲོན་མི་རིགས་དཔེ་སྐྲུན་ཁང་གིས་ཧུའུ་ཧྲུའུ་ཅིན（胡书津）གྱིས་བསྒྲིགས་པའི་བྱ་ཚིག་དཀའ་གནད་གསལ་འགྲེལ་ཞེས་པ་བོད་རྒྱ་དབྱིན་གསུམ་ཤན་སྦྱར་མ་ཞིག་པར་དུ་བསྐྲུན། ཁྱོན་བསྡོམས་བྱ་བའི་མིང་1242བསྡུས། གཞུང་དངོས་ཀྱི་སྒྲིག་ལུགས་ནི། བྱ་བའི་མིང་རེ་རེ་ལའང་། ཨང་གྲངས། དཔེ་བརྗོད། ད་ལྟ་བ། འདས་པ། མ་འོངས་པ། སྐུལ་ཚིག བྱ་བའི་མིང་གི་རིགས། རྒྱ་འགྲེལ། དབྱིན་འགྲེལ། མཚན་བཅས་ཀྱི་གོ་རིམ་ལྟར་རེའུ་མིག་གི་ཚུལ་དུ་བསྒྲིགས་པས། ལྷག་པར་གསལ་ཞིང་། གཞུང་དངོས་ཀྱི་སྔོན་དུ་རྒྱ་དབྱིན་གཉིས་ཀྱི་སྔོན་འགྲོའི་གཏམ་ཡང་ཞིབ་ཚགས་རེ་བཀོད་པ་དང་། བྱ་བའི་མིང་གི་གཟུགས་འགྱུར་དང་དབྱེ་བསྡུ་ལའང་དཔྱད་པ་ཞིབ་ཚགས་རེ་བཏང་འདུག དེ་ཡང་བྱ་བའི་མིང་ནི། བོད་སྐད་ཀྱི་གཞི་དང་རྐང་ཡིན་ཙ་ན། མིང་སྦྱོར་དང་ཚིག་སྦྱོར་གང་ལ་དཔྱད་ཀྱང་གནད་གཙོ་བོ་ཡིན་པས། བྱ་བའི་མིང་གི་དུས་གསུམ་སྐུལ་ཚིག་བཅས་ཀྱི་གཟུགས་འགྱུར་དང་། བྱ་བྱེད་ཐ་དད་མིན། བྱེད་པོའི་རྩོལ་བ། རང་གིས་བྱུང་བ། ལས་ཀྱི་འགྱུར་བ་སོགས་ཀྱང་བྱ་ཚིག་རང་སྟེང་གི་རྣམ་འགྱུར་གྱིས་མཚོན་པ་ཞིག་ཡིན་ན། བྱ་ཚིག་གནད་དུ་བཟུང་ནས་དཔྱད་པ་ཞིབ་མོས་མིང་མཛོད་བསྒྲིགས་པ་ནི་བསྔགས་པར་འོས་པའི་གནས་དམ་པའོ།།

（15）ད་ལྟའི་དུས་འདིར་རྒྱལ་ཁབ་དང་མི་རིགས་ཁག་གི་བར་འགྲོ་འོང་ལྷག་པར་ཆེ་ཞིང་། འགྲོ་འོང་འབྲེལ་འདྲིས་ཀུན་གྱི་རྩ་བ་སྐད་དང་ཡི་གེ་གཉིས་ལ་རག་ལས། ལྷག་པར་དུ་ཁ་སྐད་འདི་ཉིད་གལ་ཆེ་བས། དེང་རབས་ཀྱི་སྐད་བརྡ་རིག་པའང་གཙོ་བོ་ཁ་སྐད་ཀྱི་ཕྱོགས་ལ་འཁོར། རང་རེའི་བོད་དུའང་ཁ་སྐད་མཐོང་ཆེན་པོར་བརྩིས་པས་སྤྱི་ཕྱིར་ཁ་སྐད་མིང་མཛོད་གཉིས་བྱུང་བའི་གཅིག་ནི། ཡུས་ཏའོ་ཆོན（于道泉）གྱིས་གཙོ་བོར་བསྒྲིགས་པའི་བོད་རྒྱ་ཤན་སྦྱར་གྱི་ལྷ་སའི་ཁ་སྐད་ཚིག་མཛོད་ཅེས་པ་1983ལོར་མི་རིགས་དཔེ་སྐྲུན་ཁང་གིས་པར་དུ་བསྐྲུན་པ་དེ་དང་། གཅིག་ནི། དཔའ་མཁར་དང་སྐྱ་འབུམ་རྒྱལ་གཉིས་ཀྱིས་བསྒྲིགས་པའི་བོད་རྒྱ་ཤན་སྦྱར་གྱི་ཨ་མདོ་ཁ་སྐད་ཚིག་མཛོད་ཅེས་

པ་1993ལོར་ཀན་སུའུ་མི་རིགས་དཔེ་སྐྲུན་ཁང་གིས་པར་དུ་བསྐྲུན་པ་དེའོ། །

དེ་གཉིས་ལས་སྔ་མར་མིང་ཚན་29000ལྷག་བསྡུས་ཀྱང་དཔེ་བརྗོད་མེད། སྔ་ཕྱིར་ཐེངས་གསུམ་དུ་བཅོས་ཤིང་། ཐེངས་མང་པོར་སྤྲུམ་དཔར་དུ་བཏབ། དག་ཆ་དང་མཐུན་པའི་མིང་མིང་ཀ་ཁ་དུ་བྱས་ཤིང་། མིང་ཀ་ཁ་རེ་རེའི་རྗེས་སུ་ལ་ཏིང་གིས་བོད་སྐད་ཀྱི་གདངས་བྲིས་པ་དང་། ཚིག་གདངས་（声调）ཀྱི་རྟགས་ཀྱང་ཡོད། གློག་སྟངས་དུ་མ་ཅན་ལ་རྒྱུན་གྱི་གློག་སྟངས་གཙོར་བྱས་ཤིང་། གློག་སྟངས་ཕལ་བ་རྣམས་རྟགས་སུ་བྲིས། དེབ་འདིར་བཀོད་པའི་ལ་ཏིང་སྒྲ་རྟགས་མ་ལག་འདི་སྐུ་ཞབས་ཡུས་ཏའོ་ཆོན་ཁོང་རང་གིས་རྒྱ་ཡིག་གི་སྒྲ་སྦྱོར་དང་སྦྲ་བསྡུན་ཏེ་གསར་དུ་བྱས་པ་ཞིག་ཡིན་པས། ཆེད་དུ་མ་སྦྱངས་ན་སྒྲ་སྦྱོར་མ་ལག་འདི་ཅུང་ཟད་ཤེས་དཀའ། ཤེས་དཀའ་བའི་རྒྱུ་འདི་ལ་བསམ་ནས། སྒྲིག་སྟངས་སྔོར་གྱི་གཞུང་དུ་སྒྲ་རྟགས་འདིའི་སྦྱོར་ལུགས་སྒྲ་སྦྱོར་མ་ལག་གི་རེའུ་མིག་ཞིབ་ཚགས་ཤིག་དང་། བོད་ཡིག་དབྱངས་གསལ་（声母、韵母声调）བཅས་ལ་ཏིང་སྒྲ་སྦྱོར་འདི་དང་སྦྱོར་ཚུལ། རྒྱལ་སྤྱིའི་སྒྲ་རྟགས་འདི་དང་སྦྱོར་ཚུལ་བཅས་ཀྱང་བཀོད་ནས་འདུག བྱ་ཚིག་གི་མིང་ཀ་ཁ་རེ་རེའི་དུས་གསུམ་སྐུལ་ཚིག་བཅས་གསལ་པོར་བཀོད་ཅིང་། གཞན་ནས་དྲངས་པའི་བརྡ་རྣམས་ལ།（汉）（蒙）（满）（梵）（印）（英）སོགས་ཀྱི་བསྡུས་མིང་ཡང་ཉེ་ཤུ་ཙམ་བཀོད་འདུག མིང་གི་རིགས་ལ་མིང་ཚིག བྱ་ཚིག རྒྱན་ཚིག བསྣན་ཚིག འཛལ་བྱེད་ཀྱི་ཚིག གྲངས་ཀའི་མིང་ཞེས་དྲུག་ཏུ་ཕྱེས་ནས་རྒྱ་ཡིག་གི་བསྡུས་མིང་རེ་བྱིན་འདུག འདི་ནི་གཙོ་བོ་འབྲེལ་འདྲིས་ཀྱི་ཕྱིར་དུ་སྐད་ཡིག་སློབ་པ་དང་། ཞིབ་འཇུག་ཞིབ་བསྡུར་བཅས་ལ་དམིགས་ནས་བསྒྲིགས་པ་ཞིག་གོ །

ཨམ་སྐད་ཚིག་མཛོད་ཅེས་པར་མིང་ཚན་11000ལྷག་བསྡུས། གཙོ་བོ་ བླ་བྲང་ཕྱོགས་ཀྱི་ཁ་སྐད་གཞི་བྱས་པའི་ཁར་ཨམ་སྐད་གཞན་གྱི་བརྡ་ཐུན་མོང་མ་ཡིན་པ་སྙོར་ཞིག་ཀྱང་བསྡུས། མིང་ཀ་ཁ་རྣམ་དག་སྙེབ་དང་གང་མཐུན་མཐུན་བྱས་ཤིང་། བླ་བྲང་སྐད་ལྟར་གདངས་རྒྱལ་སྤྱིའི་སྒྲ་རྟགས་ཀྱིས་བྲིས། མིང་ཚན་སྙོར་ཞིག་ལ་དཔེ་བརྗོད་དང་འགྲེལ་ཡང་ཡོད། སྔོན་འགྲོའི་གཏམ་གྱི་སྐབས་སུ་ཨམ་སྐད་ཀྱི་སྒྲ་གདངས་མ་ལག་དང་། སྒྲིག་གཞིའི་ཁྱད་ཆོས་བཅས་ཀྱི་གསལ་

བཤད་ཀྱང་ཅུང་རྒྱས་པ་ཞིག་བྲིས་ནས་ཡོད་དོ།།

སྐད་ཡིག་རིགས་གང་ཞིག་སྦྱང་ནའང་དང་པོ་ཁ་སྐད་ནས་འགོ་རྩོམ་ཞིང་། ཁ་སྐད་དེའང་སྐད་ཀྱི་གདངས་ལ་རག་ལས་པས། མིང་མཛོད་འདི་གཉིས་ནི། བོད་ཡིག་བོད་སྐད་སྦྱང་བའི་ལས་དང་པོ་བ་ལ་འགོ་སྒྲ་གདངས་ཀྱི་དག་ཆ་ནས་བཙམས་ཏེ་བསྒྲིགས་པ་ཡིན་མོད། བོད་འདིར་མིང་མཛོད་འདི་ལྟ་བུ་བསྒྲིགས་པ་ནི་ཐོག་མར་ཡིན་ཙ་ན། མི་འདང་བའི་ཆའང་མེད་པ་མིན་ཏེ། མིང་སྐོར་ཞིག་ལ་དག་སྦྱོར་ཀྱི་འབྲི་ཚུལ་ཡོད་ཀྱང་ཡིག་ནོར་བྲིས་པ་དང་། ཨམ་སྐད་མིང་མཛོད་ལ་བརྗ་ཐུན་མིན་འགའ་ཞིག་གིས་ཁ་སྐོང་དགོས་པའང་འདུག་གོ།

2. གཞི་རྒྱ་སྐད་དམ་སྐད་གཞན་ལ་འགྱུར་བོད་སྐད་ཅན་ཏེ་རྒྱ་བོད་ཤན་སྦྱར་མའི་སྐོར།

（1）དུས་རབས་20པའི་སྟོད་ཙམ་ན་འབའ་ཐང་ཡིག་སྐྱུར་ཁང་གི་ཨུའུ་ཧྲུའུ་ཡིའུ་（吴树猷）སོགས་ཀྱིས་རྒྱ་བོད་ཤན་སྦྱར་ཞིག་བསྒྲིགས་མོད། ཡིག་ཕྲེང་ཐུར་དུ་བསྒྲིགས་ནས་ཐོག་ཏུ་རྒྱ་ཡིག་དང་། འོག་ཏུ་བོད་འགྲེལ་བཞག་པ་འཚོལ་མི་བདེ་ཞིང་མིང་ཚང་འགའ་ཞིག་ལ་བོད་ཀྱི་སྐད་དོད་དམ་བོད་འགྱུར་ཡང་ཆད་འདུག

ལོ་རབས་30པར་ཀའོ་ཧྥེང་ཞི་（高凤西）སྐྱེ་བོད་མིང་མཁྱེན་རབ་རྒྱ་མཚོ་འབོད་པ་ཞིག་གིས་ལོ་བཅུ་ཕྲག་ལྷག་སྐྱིད་དེ་བསྒྲིགས་པའི་རྒྱ་བོད་མིང་མཛོད་ཅེས་པ་ཞིག་དཔར་བ་དེར་མིང་ཚན་15000ལྷག་བསྡུས། སྣག་ཤོག་དང་རྗོ་དཔར་གྱི་དཔར་ཆས་ཀྱི་འགྲོ་སོང་ཡང་ཚང་མ་རང་གིས་བཏང་ཞིང་། དཀའ་བ་ཚང་མ་རང་གིས་སྐྱིད་པ་ལས། 1941ལོར་གཞི་ནས་ཚར་100དཔར་ཐུབ་པ་བྱུང་། འདི་གཉིས་ནི་ཉེ་རབས་སུ་བསྒྲིགས་པའི་རྒྱ་བོད་ཤན་སྦྱར་མིང་མཛོད་ཁྲོད་སྟོ་བའི་གྲས་སུ་གཏོགས་ལ། དཔར་གྲངས་ཉུང་ཡང་སྤྱི་ཚོགས་ལ་ཕན་པའི་འཕྲིན་ལས་མི་ཆུང་། དུས་དེ་ཙམ་ནས་བཟུང་མི་རྣམས་ཀྱིས་སྐད་གཉིས་སྦྱོང་རེས་དང་། རིག་གནས་བརྗེ་རེས་གལ་ཆེན་དུ་ངོས་ཟིན་པ་ནི་མིང་མཛོད་འདི་གཉིས་ཀྱིས་མཚོན་ཐུབ་པ་ནི་བསྙོན་མེད་ཡིན་ནོ།།

（2）བཅིངས་འགྲོལ་རྗེས་སུ། ཆབ་སྲིད་གཞུང་ལུགས་དང་། སྲིད་ཇུས་བྱེད་ཕྱོགས། ཡིག་ཆ་སྣ་ཚོགས། གསར་འགྱུར་སྒྲོག་སྤེལ་བཅས་ཀྱི་ཡིག་སྒྱུར་དགོས་མཁོ་དང་བསྟུན་ནས། མི་རིགས་དཔེ་སྐྲུན་ཁང་གིས་རྒྱ་བོད་སྐད་གཉིས་མིང་མཛོད་ཅེས་པའི་དེབ་མང་པོ་བརྒྱུད་མར་དཔར་བ་ལས། སྔ་ཤོས་ནི།རྒྱ་བོད་མིང་བརྡ་གསར་པ་ཞེས་པའི་དེབ་དང་པོ་（1954）ཡིན། དེའི་འཕྲོར་དེབ་གཉིས་པ་（1955）དཔར། དེབ་གསུམ་པ་དང་བཞི་པ་（1957）བཅས་ཀྱང་འཕྲོ་རིམ་འཕྲོར་དཔར། རྗེས་སུ་པར་གཞི་གསར་བ་འདིར་མིང་གསར་མང་པོས་རིམ་གྱིས་ཁ་བསྐངས། ནང་དོན་ཡང་རྒྱ་བསྐྱེད་པ་ལས། 1964ལོའི་དཔར་མ་དང་1976ལོའི་དཔར་མཐང་བྱུང་། 1976ལོར་སྔོན་གྱི་ལོ་བཅུ་དང་རྗེས་ཀྱི་ལོ་གསུམ་སྟེ། ལོ་བཅུ་གསུམ་པོ་འདིའི་རིང་གི་མིང་བརྡ་རྣམས་ལ"རིག་གསར་"གྱི་རྗེས་ཤུལ་ཆེ་ལ། མིང་བརྡ་སྐོར་ཞིག་ནི་སྐད་མདའ་ཇི་བཞིན་ཡུད་ཙམ་ཞིག་མ་གཏོགས་རྒྱུན་མ་གནས་པར་ཡལ་བར་གྱུར་ཏོ།།

（3）ཉེ་ལམ་མཐོང་བའི་རྒྱ་བོད་ཤན་སྦྱར་ཚིག་མཛོད་ཅེས་པ་འདི་ནི། 1991ལོར་དཔར་ཞིང་། མིང་ཚན་80000ལྷག་བསྡུས་པ་སྤྱི་ཚོགས་ཚན་རིག་གི་མིང་བརྡ་གཙོ་བོར་བྱས་པའི་ཁར་བཟོ་ཞིང་ཐོན་སྐྱེད་དང་། རྒྱུན་བཀོལ་ཚན་རྩལ་བརྡ་ཆད། དཔེ་ཚོས་གཏམ་དཔེ། འཚོ་བའི་སྐད་ཆ་བཅས་ཀྱང་མི་ཉུང་བ་ཞིག་བསྡུས། མིང་གཅིག་དོན་དུ་མ་ཅན་གྱི་རྒྱ་སྐད་ལ་དོན་རེ་རེ་དང་མཐུན་པའི་བོད་སྐད་དོད་སྦྱར། རྒྱ་ཡིག་གི་འབྲི་རིམ་ལྟར་གྱི་འཚོལ་ཐབས་རེའུ་མིག་དང་། རང་རྒྱལ་ལོ་རྒྱུས་གསལ་བའི་རེའུ་མིག་མདོར་བསྡུས། རང་རྒྱལ་མི་རིགས་ཀྱི་རེའུ་མིག་མདོར་བསྡུས། དུས་ཚིགས་ཀྱི་རེའུ་མིག ལོ་ཁམས་དང་ལོ་རྟགས་ཀྱི་རེའུ་མིག འཛམ་གླིང་གི་རྒྱལ་ཁབ་（ས་ཁུལ）ཁག་གི་རྒྱ་ཁྱོན་དང་། མི་གྲངས། རྒྱལ་ས་（ལྟེ་གནས）། རང་རྒྱལ་དང་འབྲེལ་བ་བཙུགས་པའི་དུས་སྐབས་སྐོར་གྱི་རེའུ་མིག་མདོར་བསྡུས། རྒྱ་བོད་སྒྲ་སྦྱོར། ཤན་སྦྱར་རེའུ་མིག་བཅས་ཀྱང་ཟུར་དུ་བཀོད་པ་འདིས་ནི། དེང་རབས་མིང་མཛོད་ཀྱི་དགེ་མཚན་ལྷག་པར་མངོན་པར་བྱས་སོ།།

མིང་མཛོད་འདི་ནི། མི་རིགས་དཔེ་སྐྲུན་ཁང་གི་བོད་ཡིག་ཡིག་སྒྱུར་པ་

དག་གིས་ཡུན་རིང་གི་ཉམས་མྱོང་ལག་ལེན་ལས་བསགས་པ་གཞིར་བྱས། དེའི་ཁར་པེ་ཅིན་དང་ཞིང་ལྫོངས་ལྷའི་ལོ་ཙཱ་བ་ཚོ་རྩ་འཛུགས་ཀྱིས་འབད་པ་མཉམ་དུ་བསྐྲུན་པའི་གྲུབ་འབྲས་ཡིན་ལ། རྒྱ་བོད་ལོ་ཙཱ་སྤྱི་དང་། ལྷག་པར་སྤྱི་ཚོགས་ཚན་རིག་ཕྱོགས་ལ་ཐོན་པའི་ནུས་པ་དང་རིན་ཐང་ནི་བསྡུབ་ཏུ་མེད་པ་ཞིག་ཡིན། འོན་ཀྱང་། འགྱུར་འགག་ཞིག་ཡུལ་སྐད་ཀྱི་དབང་དུ་ཤོར་བ་དང་། ལོ་ཙཱ་བ་དག་གི་ཆུ་ཚད་མི་མཉམ་པས། གཞི་སྐད་མ་གོ་བར་འགྱུར་ལོག་པ། གོ་ཡང་འགྱུར་གྱིས་མ་ཐོན་པ་བཅས་རྐྱེན་དུ་མའི་དབང་གིས། འགྱུར་གཅིག་གྱུར་མེད་པ་དང་ཚད་ལྡན་མ་ཡོང་བ་ནི་གནད་དོན་གཙོ་བོ་ཞིག་ཡིན་ལ། དེར་མ་ཟད། མིང་དང་བརྡ་ནི་སྤྱི་ཚོགས་ཀྱི་འགྱུར་བ་མྱུར་མོ་དང་བསྟུན་ཏེ་སྔ་མོ་ནས་འགྱུར་ཟིན་ནའང་། རང་རེའི་མིང་མཛོད་ཀྱིས་ནི་སྐད་ཀྱི་འཕེལ་འགྱུར་གྱི་རྗེས་མ་ཆོད་པར་སྔར་བཞིན་གནས་པ་ནི་མི་ལེགས་ཏེ། འགྱུར་ཚད་ལྡན་དང་གཅིག་གྱུར་ཡོང་བ། དུས་ཀྱི་འཕེལ་འགྲོས་ཀྱི་རྗེས་ཆོད་པ་འདི་གཉིས་ནི་ཁ་ཚ་དགོས་གཏུག་གི་ལས་སུ་མཆིའོ། །

(4) ཉེ་བའི་ལོ་20རིང་ལ་སྐད་འགའ་ཤན་སྦྱར་རིགས་མི་འདྲ་བ་ཁག་ཅིག་ཀྱང་རིམ་པར་བྱུང་བ་ལས། གཅིག་ནི། ཀྲང་ལེན་ཧྲེང་（张连生）གིས་བསྒྱུར་ཅིང་བསྒྲིགས་པའི་རྒྱ་བོད་དབྱིན་གསུམ་ཤན་སྦྱར་གྱི་རྒྱུན་བཀོལ་ཐ་སྙད (A Hand Book Of Chinese Tibetanand English Words) ཅེས་པ། 1981ལོར་ཀྲུང་གོའི་སྤྱི་ཚོགས་ཚན་རིག་དཔེ་སྐྲུན་ཁང་གིས་པར་དུ་བསྐྲུན་པ་དེ་ཡིན་ལ། བསྡོམས་པས་མིང་ཚན་3684བསྡུས། འདི་ནི་རྒྱའི་རྒྱུན་བཀོལ་སྤྱི་སྐད་ཀྱི་ཐ་སྙད་སུམ་སྟོང་བ་ (1959) ཞེས་པ་གཞི་བྱས། དེའི་ཁར་བོད་སྐད་ཀྱི་རྒྱུན་བཀོལ་མིང་བརྡ་འགའ་བསྣན་ནས་གྲུབ་པ་ཞིག་གོ །མིང་ཚན་རེ་ལ་ཨང་གྲངས་དང་། རྒྱ་ཡིག རྒྱ་ཡིག་གི་སྒྲ་སྦྱོར། བོད་ཡིག དབྱིན་ཡིག་བཅས་ཀྱི་རིམ་པ་ལྟར་བསྒྲིགས་འདུག རྒྱ་ཡིག་གི་མིང་ཐང་རྣམས། དངོས་པོའི་མིང་།（ནང་གསེས་ཀྱི་དབྱེ་བ་གནམ་གཤིས། ས་ཁམས། དུས་ཚོད་སོགས་སུ་ཕྱེས）། བྱ་བའི་མིང་（ནང་གསེས་ཀྱི་དབྱེ་བ་དབང་ལྷའི་བྱ་བ། དཔྱད་ལག་གི་བྱ་བ་སོགས་སུ་ཕྱེས）། ཁྱད་ཆོས་ཀྱི་མིང་（ནང་གསེས་ཀྱི་དབྱེ་བ་དབྱིབས་མཐོང་དུ་ཡོད་པ་དང་མེད་པ་

སོགས་སུ་ཕྱེས）། གྲངས་ཀྱི་མིང་། འཇལ་བྱེད་ཀྱི་མིང་སོགས་རིགས་བཅུ་གཉིས་སུ་ཕྱེས། གཞུང་དངོས་ཀྱི་གཞུག་ཏུ་རྒྱ་ཡིག་གི་འབྲི་རིམ་ལྟར་གྱི་འཚོལ་ཆག（索引）དང་རྒྱ་ཡིག་སྒྲ་སྦྱོར་གྱི་འཚོལ་ཆག་ཟུར་བཀོད་གཉིས་ཀྱང་འདུག འདི་ནི་མིང་བརྡ་ལག་ལ་གང་ཡོང་ཡོང་ཞིག་བསྒྲིགས་པ་མིན་པར། གཙོ་བོ་སྐད་གསུམ་སློབ་པའི་ལས་དང་པོ་བ་ལ་ཆེས་རྒྱུན་མཐོའི་མིང་བརྡ་ནས་བརྩམས་ཏེ་བསྒྲིགས་པས། གསར་སློབ་པ་རྣམས་ལ་གོ་ཆེན་པོ་ཆོད་པ་ཞིག་ཏུ་ངེས་སོ། །

（5）སྐད་འགའ་ཤན་སྦྱར་གཞན་པ་ཞིག་ནི། བཀྲ་ཤིས་ཚེ་རིང་དང་ལིའུ་ཏེ་ཅུན་（刘德军）གཉིས་ཀྱིས་བསྒྲིགས་པའི་དབྱིན་བོད་རྒྱ་གསུམ་ཤན་སྦྱར་གྱི་ཚིག་མཛོད་（English Tibetan ChineseDictionary）ཅེས་པ། 1988ལོར་མི་རིགས་དཔེ་སྐྲུན་ཁང་གིས་པར་དུ་བསྐྲུན་པ་དེའོ། །མིང་ཚན་15000ལྷག་ཡོད་ལ། རྗེས་གྲུབ་ཀྱི་མིང་（派生词）དང་མིང་འདུས་མ་（复合词）བསྡེས་ན་50000ཙམ་ཞིག་འདུག མིང་ཚང་དབྱིན་ཡིག་གི་ཀ་ཕྲེང་ལྟར་བསྒྲིགས་ཤིང་། མིང་ཚང་རེ་རེའི་རྗེས་སུ་རྒྱལ་སྤྱིའི་སྒྲ་རྟགས། མིང་གི་རིགས། བོད་ཀྱི་སྐད་དོད། རྒྱའི་སྐད་དོད་བཅས་ཀྱི་རིམ་པ་ཚང་བར་བསྒྲིགས། ཚན་རྩལ་བརྡ་ཆད་གསར་བ་བོད་སྐད་དུ་མེད་པ་རྣམས་མཆན་གྱིས་གསལ་བར་བྱས། འདི་ནི་དེང་རབས་མིང་མཛོད་སྒྲིག་ཐབས་བླངས་ནས་བསྒྲིགས་པའི་སྐད་འགའ་ཤན་མིང་མཛོད་ཆེན་མོ་ཞིག་ཡིན་ལ། ཚན་རིག་དང་མཐུན་ཞིང་། གོ་རིམ་གྲལ་དག་པ། ནང་དོན་དང་རྒྱུ་ སྤུས་གང་གི་ཐད་ནས་ཀྱང་རིགས་མཐུན་གཞན་ལས་ཁྱད་ཆོས་ལྡན་པས་ན། 1997ལོའི་ཡན་ཆད་དུ་ཐེངས་གསུམ་དཔར་བའོ། །

（6）ལོ་རབས་90པར་གཞི་སྐད་ལེགས་སྦྱར་གྱི་མིང་མཛོད་གཉིས་བྱུང་བའི་གཅིག་ནི། རྣམ་རྒྱལ་ཚེ་རིང་གིས་བསྒྲིགས་པའི་སཾ་བོད་རྒྱ་སྐད་ཀྱི་ཤན་སྦྱར་ཞེས་པ་1993ལོར་མི་རིགས་དཔེ་སྐྲུན་ཁང་གིས་པར་དུ་བསྐྲུན་པ་དེ་ཡིན་ལ། གཅིག་ནི་བསམ་གཏན་གྱིས་གཙོ་བོར་བསྒྲིགས་པའི་སཾ་བོད་སྐད་གཉིས་ཀྱི་ཤན་སྦྱར་ཞེས་པ་1996ལོར་ཀན་སུའུ་མི་རིགས་དཔེ་སྐྲུན་ཁང་གིས་པར་དུ་བསྐྲུན་པ་དེའོ། །རྩ་མར་མིང་ཚན་25000ལྷག་དང་། ཕྱི་མར་མིང་ཚན་4000ལྷག་བསྡུས། གཉིས་གའང་བྱེ་བྲག་རྟོགས་བྱེད་ཆེན་མོ་དང་། སྒྲ་སྦྱོར་བམ་

གཉིས་སོགས་གཞི་བྱས་ནས་བསྒྲིགས་ལ། གནའ་དཔེ་ཀློག་པ་དང་སཾ་བོད་ལོ་ཙཱ་བྱེད་པ་སོགས་ཞིབ་འཇུག་སློབ་གསོ་གཉིས་ཆར་སྨན་ནོ།།

(7) ལོ་རབས་80དང་90པར་ཞིབ་འཇུག་ལ་མཁོ་བའི་སྐད་འགའི་(ཡུལ་སྐད་འགའ)མིང་བརྡ་ཕྱོགས་བསྡུས་འགའ་ཞིག་བྱུང་བ་རིམ་པར་བཤད་ན།

① ཆུས་ཨའི་ཐང་(瞿霭堂)དང་ཐན་ཁེ་རང་(谭克让)གཉིས་ཀྱིས་བསྒྲིགས་ཤིང་བརྩམས་པའི་མངའ་རིས་བོད་སྐད་(སྤྱི་ཚོགས་ཚན་རིག་དཔེ་སྐྲུན་ཁང་། 1983)ཅེས་པར་མངའ་རིས་ས་ཁུལ་གྱི་རྫོང་བདུན་གྱི་སྐད་དང་ལྷ་སའི་སྐད་ཤན་སྦྱར་བའི་མིང་ཚན་1638བསྡུས།

② སྤྱི་ཚོགས་ཚན་རིག་ཁང་མི་རིགས་ཞིབ་འཇུག་སོའི་ཡིས་བསྒྲིགས་པའི་བོད་འབར་སྐད་གདངས་དང་མིང་བརྡ་(སྤྱི་ཚོགས་ཚན་རིག་དཔེ་སྐྲུན་ཁང་། 1991)ཞེས་པ་ལྷ་ས་དང་། སྡེ་དགེ་བླ་བྲང་། རྒྱ་ཁོག་བཅས་ཀྱི་སྐད་དང་། སྐད་སྡེ་གཅིག་པ་གཞན་དག་ཤན་སྦྱར་བའི་མིང་ཚན་1004བསྡུས།

③ ཧོང་པུའུ་ཧྥན་(黄布凡)གྱིས་བསྒྲིགས་པའི་བོད་འབར་སྐད་བརྡའི་མིང་བརྡ་(ཀྲུང་དབྱང་མི་རིགས་སློབ་གླིང་དཔེ་སྐྲུན་ཁང་། 1992)ཞེས་པར་ལྷ་ས་དང་། འབའ་ཐང་། བླ་བྲང་། ཨ་རིག་བཅས་ཀྱི་སྐད་དང་། སྐད་སྡེ་གཅིག་པ་གཞན་པའང་ཤན་སྦྱར་བའི་མིང་ཚན་1822བསྡུས།

④ དཔའ་མཁར་གྱིས་གཙོར་བསྒྲིགས་པའི་ཨ་མདོ་ཡུལ་གྱི་མིང་བརྡ་(ཀན་སུའུ་མི་རིགས་དཔེ་སྐྲུན་ཁང་། 2002)ཞེས་པར་ལྷ་ས་དང་། བླ་བྲང་། རེབ་གོང་། རྫོ་སྡིས། དཔའ་ལུང་། རྨེ་བ(དམར་ཐང་རྫོང་)། ཐེམ་རྫོང་(ཐེམ་ཆེན)བཅས་ས་ཆ་དྲུག་གི་སྐད་ཤན་སྦྱར་བའི་མིང་ཚན་2121བསྡུས།

མིང་བརྡ་ཕྱོགས་བསྒྲིགས་འདི་དག་གི་ཁྱད་ཆོས་ནི་སྐད་ཆའམ་ཡུལ་སྐད་རེ་རེའི་སྒྲ་ཚན་མ་ལག་(音位系统)གཏན་ལ་ཕབ་ནས་རེའུ་མིག་གི་ཚུལ་དུ་བཀོད་ཅིང་། མིང་ཚན་རེ་རེ་ལ་རྒྱལ་སྤྱིའི་སྒྲ་རྟགས་དང་། རྒྱའི་སྐད་དོན་སྦྱར། ཕྱི་མ་གཉིས་ལ་དབྱིན་ཇིའི་སྐད་དོན་ཀྱང་ཚང་བར་འདུག འདི་བཞི་ནི་སྐད་བརྡ་རིག་པའི་ལམ་ནས་རིགས་སྡུད་ཕྱོགས་བསྡུས་བྱས་ནས། གཙོ་བོ་སྐད་ཡིག་སློབ་ཁྲིད་དང་། ཞིབ་འཇུག་ལ་དམིགས་ཀྱང་། མི་རིགས་རིག་པ་སོགས་རིག་

ཚན་གཞན་ལ་ཞིབ་ཏུ་འཇུག་འདོད་པ་རྣམས་ལའང་མཁོ་ཆེ་བའི་དཔྱད་གཞི་རིན་ཐང་བྲལ་བ་ཞིག་ལགས་སོ།།

3. ཆེད་ཚན་མིང་མཛོད་བཤད་པ་ལ་བོད་རྒྱ་ཅན་དང་རྒྱ་བོད་ཅན་རིགས་གཉིས། དང་པོ་ལའང་དུ་མ་ཞིག་བྱུང་བ་རིམ་པར་བཤད་པར་བྱའོ།།

（1）སྐད་ཡིག་གི་སྐོར་ནི། དཔའ་རིས་སངས་རྒྱས་ཀྱིས་གཙོ་བོར་བསྒྲིགས་པའི་བོད་ཀྱི་དཔེ་ཆོས་རྣ་བའི་བདུད་རྩི（མཚོ་སྔོན་མི་རིགས་དཔེ་སྐྲུན་ཁང་། 1985）ཞེས་པ་བོད་རྒྱ་ཤན་སྦྱར་ཞིག་བྱུང་བ་དེར་གཏམ་དཔེ་དང་། དཔེ་ཆོས་བསྡོམས་པའི་ཉིས་སྟོང་ལ་ཉེ་བ་བསྡུས་ལ། བོད་འགྲེལ་གསལ་པོར་བཀོད་ཅིང་། མིང་ཚང་སྐོར་ཞིག་ལ་གཞུང་དང་དཔེ་ཆ་གང་ནས་བྱུང་བའི་ཁུངས་ཀྱང་གསལ་པོར་བསྟན་ནོ།།

（2）ནང་ཆོས་ཀྱི་སྐོར་ལ་ནི། ཝང་དབྱི་ནོན་（王沂暖）དང་འཇམ་དཔལ་ཕུན་ཚོགས་གཉིས་ཀྱིས་བསྒྲིགས་པའི་བོད་རྒྱ་སངས་རྒྱས་ཆོས་གཞུང་གི་ཚིག་མཛོད་（མཚོ་སྔོན་མི་རིགས་དཔེ་སྐྲུན་ཁང་། 1986）ཅེས་པ་བྱུང་། མིང་ཚན་3781བསྡུས། བོད་ཀྱི་མིང་ཚན་རེ་རེར་དེ་མཐུན་རྒྱའི་སྐད་དོད་སྦྱར་ནས་འགྲེལ་ཡང་བསྡུས་པ་རེ་བརྒྱབ་འདུག

དེའི་རྗེས་སུ་ཝང་དབྱི་ནོན་གྱིས་86ལོའི་དཔར་མ་གཞི་བྱས་ནས། སྔར་གྱི་ནོར་བ་བཅོས། མི་ཚང་བའི་ཆའང་གཞུང་མང་པོ་ནས་ཁ་བསྐངས། འགྲེལ་ཡང་སྔར་བས་རྒྱས་པར་བྱས་ཏེ། མིང་ཚན་12000འདུས་པའི་སངས་རྒྱས་ཆོས་གཞུང་གི་ཚིག་མཛོད་（མཚོ་སྔོན་མི་རིགས་དཔེ་སྐྲུན་ཁང་། 1992）ཅེས་པ་བསྐྱར་དུ་བསྒྲིགས་སོ།།

ཉེ་ལམ་ཡང་མ་ཤེས་རབ་ཀྱིས་གཙོ་བོར་བསྒྲིགས་པའི་བོད་རྒྱ་ཤན་སྦྱར་སངས་རྒྱས་ཆོས་གཞུང་ཚིག་མཛོད་（ཀན་སུའུ་མི་རིགས་དཔེ་སྐྲུན་ཁང་། 2000）ཅེས་པ་པར་དུ་བསྐྲུན། འདི་ནི་གཞི་རྒྱ་སྐད་ལ་འགྱུར་བོད་སྐད་ཀྱི་སྐད་གཉིས་ཤན་སྦྱར་མིང་མཛོད་ཅིག་ཡིན་ལ། ནང་དོན་ལ་ཆོས་གཞུང་དང་གྲུབ་མཐའ། འདུལ་ཁྲིམས། ཆོས་དོན། སངས་རྒྱས་བྱང་སེམས། ཡུལ་ལྷ་གཞི་བདག སྐྱེས་ཆེན་དམ་པ། ཚོ་ག་བཅའ་ཡིག དགོན་པ་དུས་ཆེན། ཤུལ་རྙིང་བཅས་ཆོས་

དང་འབྲེལ་བའི་མིང་དང་བརྡ་ཆད་23000ལྷག་ཡོད་ཅིང་། འགྲེལ་དང་དཔེར་བརྗོད་མེད། མིང་ཚང་རྣམས་རྒྱ་ཡིག་གི་འབྲི་རིམ་ལྟར་བསྒྲིགས་པའོ།།

ཆེད་ཚན་མིང་མཛོད་ཀྱི་རིགས་གཞན་པའང་སྣ་ཚོགས་ཤིག་བྱུང་ལ། མང་ཆེ་བ་དེང་སང་གི་གསར་གཏོད་ཤ་སྟག་ཏུ་འདུག དཔེར་ན། མཚོ་སྔོན་ལུས་རྩལ་ཚན་རིག་ཞིབ་འཇུག་ཁང་གི་འཕྲིན་ལས་འོད་ཟེར་གྱིས་བསྒྱུར་ཅིང་བསྒྲིགས་པའི་བོད་རྒྱ་ཤན་སྦྱར་ལུས་རྩལ་མིང་ཚིག་ཕྱོགས་བསྒྲིགས་（ནང་དེབ་ཞན་དཔར་མ། 1986）ལྟ་བུ་ནི། བོད་ཁུལ་གྱི་ལུས་རྩལ་ལས་དོན་གོང་དུ་སྤེལ་བའི་དགོས་མཁོར་དམིགས་ནས་བྱས་པ་ཞིག་རེད་དོ།།

（4） 1979ལོར་རྒྱལ་ཁབ་ཐིག་རིས་ཅུས་དང་མཚོ་སྔོན་ཐིག་རིས་ཅུས་མཉམ་འབྲེལ་གྱིས། མཚོ་སྔོན་ཞིང་ཆེན་ས་མིང་ཟིན་ཐོ（ནང་དེབ་ཞན་དཔར་མ）ཞེས་པ་རྒྱ་ཡིག་དང་ཤན་སྦྱར་བ་ཞིག་བོད། སོག་ཏ་སག ཡུ་གུར་བཅས་ཀྱི་ཡི་གེར་ཁུངས་གཏུགས་ནས་དཔར། དེབ་འདིར་ཅུ་ཆེན་ཡན་གྱི་སྲིད་འཛིན་སྡེ་ཁག་དང་། དེ་དག་ཆགས་ས་ཚོ་བ་གཙོ་བོ། འབྲོག་ས། ལམ། མི་མང་པོ་གཞི་ཆགས་པའི་བཟོ་གྲྭ་དང་། གཏེར་ཁ། ཁེ་ལས་བཅས་ཀྱི་མིང་དང་། རི་དང་ཆུ། མཚོ་དང་མཚེའུ། ཆུ་མིག ཐང་། རྫ་ས་སོགས་ཀྱི་རང་བྱུང་ཁོར་ཡུག་གི་མིང་8200ལྷག་བསྡུས། འདི་ལ་འགོ་བརྗོད། སྒྲིག་སྟངས། འཚོལ་ཆག་བཅས་ཀྱང་ཚང་།

（5） བསོད་ནམས་རྡོ་རྗེ་དང་ཉི་མ་བསྟན་འཛིན་གཉིས་ཀྱིས་བསྒྱུར་ནས་བསྒྲིགས་པའི་གནམ་གཤིས་རིག་པའི་ཚིག་འགྲེལ་ཞེས་པ། 1989ལོར་བོད་ལྗོངས་མི་རིགས་དཔེ་སྐྲུན་ཁང་གིས་པར་དུ་བསྐྲུན། འདིར་གནམ་གཤིས་རིག་པའི་བརྡ་ཆད་200ལྷག་བསྡུས་པ་ཀུན་བོད་རྒྱ་ཤན་སྦྱར་བ་དང་། བརྡ་ཆད་རེ་རེར་བོད་ཡིག་གི་འགྲེལ་དང་མཚན་ཉིད་ཀྱང་ཡོད་དོ།།

（6） ཆུང་ཚེ་རིང་དང་ནོར་བུ་གཉིས་ཀྱིས་བསྒྱུར་ནས་བསྒྲིགས་པའི་རྒྱ་བོད་ཁྲིམས་ལུགས་མིང་མཛོད་ཅེས་པ། 1990ལོར་མཚོ་སྔོན་ཞིང་ཆེན་ཡིག་སྒྱུར་ལས་ཀའི་མཐུན་ཚོགས་གྲངས་ཉུང་མི་རིགས་སྐད་ཡིག་ཆེད་ལས་ཞུ་ཡོན་ལྷན་ཁང་གིས་ནང་ཚགས་སུ་ཞན་དཔར་དུ་བཏབ། བསྡོམས་པའི་ཤོག་གྲངས་265དང་མིང་ཚན་17000ལྷག་ཡོད། འདིའི་ནང་དུ་ཁྲིམས་བཏང་གི་ཆབ་སྲིད་

སྐད་ཆའང་སྐོར་ཞིག་བསྡུས་ལ། མིང་གཅིག་ལ་འགྱུར་དུ་མ་བྱུང་བའང་མ་བཅོས་པར་རང་སོར་བཞག་ནས། འགྱུར་དུ་ཡོད་ཀྱི་གྲངས་ལ་ ①② ཞེས་རྟགས་བརྒྱབ། གཟུགས་གཅིག་པོ་མིང་གི་རིགས་དུ་མར་འགྲོ་བ་དག་ལ། མཚན་རྟགས་ཀྱིས་རིགས་གང་ཡིན་གསལ་པོར་ཕྱེས། འདི་ནི་བོད་རྒྱའི་ཁྲིམས་ལུགས་ལས་ཀ་བ་དང་ཡིག་སྒྱུར་བ་ལ་བཀོལ་སྤྱོད་རིན་ཐང་ཆེ་བར་མཐོང་།

（7）1992ལོར། བོད་ལྗོངས་མི་དམངས་དཔེ་སྐྲུན་ཁང་གིས་སྐྲི་དངོས་རིག་པའི་མིང་མཛོད་རྒྱ་བོད་ཤན་སྦྱར་མ་ཞེས་པ་དཔར།

（8）དེའི་རྗེས་སུ་འཕྲིན་ལས་ཀྱིས་བསྒྲིགས་པའི་དངོས་ལུགས་དང་རྫས་འགྱུར། རྩིས་རིག་གསུམ་གྱི་མིང་མཛོད་བོད་རྒྱ་དབྱིན་གསུམ་ཤན་སྦྱར་བ་གསུམ། 1994ལོར་ཀན་སུའུ་མི་རིགས་དཔེ་སྐྲུན་ཁང་གིས་རིམ་པར་དཔར། འདི་གསུམ་དུ་མིང་ཚན་6000ཡས་མས་རེ་བསྡུས་པ་དག་ནི་ཐད་ཀར་སྐད་གསུམ་ཤན་སྦྱར་བ་ཙམ་ལས། བརྡ་ཆད་དག་ལ་དོན་འགྲེལ་དང་མཚན་ཉིད་མེད། རྫས་འགྱུར་མིང་མཛོད་ལ་དབྱིན་ཡིག་གི་འཚོལ་ཆག་དང་། དངོས་ལུགས་ཀྱི་དེ་ལ་རྒྱ་ཡིག་གི་སྒྲ་སྦྱོར་གྱི་འཚོལ་ཆག རྩོམ་རིག་གི་དེ་ལ་རྒྱ་ཡིག་འབྲི་རིམ་གྱི་འཚོལ་ཆག་བཅས་ཀྱང་ཟུར་དུ་བཀོད་པ་དང་། མིང་མཛོད་འདི་དག་ནི། གཙོ་བོ་བོད་རྒྱ་སྐད་གཉིས་སློབ་གསོ་དང་བསླབ་དེབ་སྒྱུར་སྒྲིག་གི་ཆེད་དུ་བྱས་པ་སྣང་ངོ་།།

གོང་དུ་བོད་ཀྱི་སྐད་གཉིས་མིང་མཛོད་བྱུང་ནས་ལོ་ངོ་སྟོང་ཕྲག་ལྷག་གི་འཕེལ་རིམ་ཁྲིད། མེད་པ་ནས་ཡོད་པ། ཉུང་བ་ནས་མང་བ། ཆུང་བ་ནས་ཆེ་བ། སྤྱོད་སྒོ་ཆིག་རྐྱང་ཅན་ནས་སྤྱོད་སྒོ་མང་བ་ཅན། སྒྲིག་ལུས་ཐབས་ཆག་ནས་ཚད་ལྡན་དུ་གྱུར་ཅིང་། མིང་ཚན་ཡང་རྒྱ་ཇེ་ཆེར་དོན་ཇེ་མང་དུ་སོང་བ་སྐད་གསུམ་དུ་བཅད་ནས་དཔྱད་པ་ཡིན་ལ། འཕེལ་རིམ་སྤྱི་ལ་བལྟས་ན། དུས་སྐབས་རེ་རེར་བྱུང་བའི་མིང་མཛོད་རྣམས་ཀྱི་ཆེད་དུ་བྱ་བའི་ལྟ་མཁན་དང་། བསྒྲིགས་པའི་དམིགས་ཡུལ་མི་འདྲ་ནའང་། སྤྱིའི་ཆ་ནས་སྤྱི་ཚོགས་ལོ་རྒྱུས་འཕེལ་རྒྱས་ཀྱི་འགྲོས་དང་བསྟུན་ནས་གོང་དུ་འཕེལ་བ་དང་། མིང་མཛོད་ཀྱི་འཕེལ་རྒྱས་འདི་ལས་བོད་ཀྱི་སྲིད་འབྱོར་རིག་གསུམ་ཡང་གོང་དུ་འཕེལ་བ་མཚོན་ནུས་ཤིང་། མཐར་གཏུགས་ན། འདི་དག་ཀུན་ཀྱང་མེས་

རྒྱལ་གྱི་མི་རིགས་ཁག་གི་འབྲེལ་འདྲིས་དང་མཉམ་ལས་ལས་བྱུང་བ་ཡིན། ལ་ལ་ནི་གཞུང་དང་། ལ་ལ་ནི་སྒེར། ལ་ལ་ནི་དམངས་ཀྱིས་བྱས་ཤིང་། ཚ་ཚད་མཐོ་བའི་གྲུབ་འབྲས་ཐུལ་དུ་བྱུང་བ་སྐོར་ཞིག་ཀྱང་འཛིག་རྟེན་འདིར་སྐྱེས་སུ་བཞག་པ་ནི་བོད་རིག་པའི་ལོ་རྒྱུས་སུ་སྣེང་རིན་ཆེ་བ་ཞིག་ཏུ་འདུག དུས་སྐབས་གསུམ་གྱི་ལོ་50ཙམ་གྱི་རིང་དུ། བོད་ཀྱི་སྐད་གཉིས་མིང་མཛོད་འཕེལ་རྒྱས་ཧ་ཅང་མགྱོགས་པ་འདི་ལྟ་བུ་ཀྱང་ཕྱི་གང་གི་ལོ་རྒྱུས་སུའང་བྱུང་བ་དཀོན་པ་ནི་རང་རྒྱལ་མི་རིགས་ཁག་གི་མཐུན་སྒྲིལ་ཆེན་མོ་དང་། ཆབ་སྲིད་འདྲ་མཉམ། དཔའ་འགྱོར་དར་རྒྱས་བཅས་ཀྱི་ཁོར་ཡུག་ཆེན་པོ་འདི་ལས་བྱུང་བའི་གྲུབ་འབྲས་རེད།

དཔྱད་གཞིའི་ཡིག་ཆ།

1. 罗秉芬，周季文 .藏文翻译史上的重要文献［J］.中央民族学院学报，1987，（5）：50–53.

2. 黄布凡.敦煌〈藏汉对照词语〉残卷考辨订误［J］.民族语文，1984，（5）：36–48.

3. 王尧，陈践.敦煌本〈瑜伽师地论．萨地〉藏汉对照词汇考诠校录［J］.青海民族学院学报，1986，（2）：49–62.

4.（法）石泰安著，耿昇译.敦煌写本中的印—藏和汉—藏两种辞汇［A］//国外藏学研究译文集［C］.西藏：西藏人民出版社，1992.

5. 王远新 .中国民族语言学史［M］.北京：中央民族学院出版社，1993：15–33.

6. 冯蒸 .国外西藏研究概况.［M］.北京：中国社会科学出版社，1979：135–136.

（原载于《中国藏学》2005 年第四期，与达美合作）

附录

华侃著述目录

（本文存收录论文未列入）

著作（以出版先后顺序为序）：

1. 王沂暖主编．健白平措副主编．唐景福，华侃等参与编写．藏汉佛学词典［M］．西宁：青海民族出版社，1986（8）．

2. 王沂暖主编．唐景福，华侃等参与编写．佛学词典（藏汉对照）［M］．西宁：青海民族出版社，1992（7）．

3. 华侃，龙博甲编著．安多藏语口语词典［M］．兰州：甘肃民族出版社，1993（3）．

4. 樊保良，水天长主编．包寿南，华侃，梁新民撰稿并任编委．阔端与萨班凉州会谈［M］．兰州：甘肃人民出版社，1997（10）．

5. 华侃，索南才让编译．语言学概论（藏文）［M］．北京：中央民族大学出版社，1998（2）．

6. 华侃主编．华文静，爱国，多杰东智编写．藏语安多方言词汇［M］．兰州：甘肃民族出版社，2002（6）．

7. 华侃，桑吉苏奴，贡保杰，贡去乎加措著．藏语语言学史稿［M］．北京：民族出版社，2017（12）．

论文（以发表先后顺序为序）：

1. 关于汉语成语的藏译［J］．民族语文，1979（1）．

2. 迭部藏语的一些语音语法现象［J］．（甘肃）民族研究，1982（4）．

3. 藏语中反义词使用情况的初步考察［J］．西北民族学院学报，1983（2）．

4. 甘肃省少数民族的语言文字[J].(甘肃)社会科学, 1986(1).

5. 吐蕃时期 *phj a及 Br a * 的读音考[J]. 西北民族学院学报, 1986(4).

6. 甘肃夏河地区藏族的丧葬习俗. 藏学研究论丛(第一辑), 1989.

7. 藏语语义关系简述(华侃,诺日加措合作)[J]. 青海教育(藏文), 1990(4).

8. 少数民族语言学[J]// 甘肃社会科学概观. 兰州: 甘肃人民出版社, 1992(2).

9. 保安语中的藏语借词[J]. 西北民族学院学报, 1992(5).

10. 甘肃藏族地区中学语言教学问题[J]// 中国少数民族语言文字使用和发展问题论文集[A]. 北京: 中国藏学出版社, 1993.

11. 土族语中的藏语借词[J]. 西北民族研究, 1994(1).

12. 西北民族学院民族语文教学科研机构简介[J]. 民族语文, 1994(5).

13. 藏语安多方言内部词汇的差异[J].(四川)藏语文研究, 1994(12).

14. 甘青地区藏语语音与英语语音辨析(华侃, 邓光瑜合作)[J]. 西北民族学院学报, 1995(2).

15. 甘肃临夏汉语方言语法中的安多藏语现象(谢晓安,华侃合作)[J]. 中国语文, 1996(4).

16. 散论成语和谚语在汉藏英语中的趋同现象(华侃,邓光瑜合作)[J]. 西北民族学院学报, 1997(1).

17. 颜色词“白黑红”在汉藏英语中词义的文化分析[J]. 西北民族学院学报, 1999(1).

18. *The Amdo Dialect of Labrang*（Charlene-Makley Keith Dede, Hua Kan, Wang Qingshan 合作）[J]. 藏缅区域语言学, 1999 春季号.

19.《回顾五十年　迎接新世纪》——西北民院 50 年的民族语文教学[J]. 西北民族研究, 2000（2）.

20.《藏汉互译教程》读后感（藏文）（桑盖, 多吉东智合作）[J]. 西北民族学院学报（藏文版）, 2001（1）.

21.《藏语双语辞书发展史略》[J] // 双语词典研究论文集[A]. 上海辞书出版社, 2003（11）.

22. 论藏语和汉语在历史音变中的一些相似现象[J]. 西北民族大学学报, 2005（3）.

23. 对两部数学辞典翻译及专科辞典编纂的几点看法[J]. 西北民族大学学报, 2006（4）.

24. 藏语词汇与畜牧业文化刍议[J]. 安多研究（第二辑）, 2006（5）.

25. 再论汉语语法的神摄（张建民, 华侃合作）[J]. 西北民族大学学报, 2009（5）.

《陇上学人文存》已出版书目

第一辑

《马　通卷》马亚萍编选　《支克坚卷》刘春生编选
《王沂暖卷》张广裕编选　《刘文英卷》孔　敏编选
《吴文翰卷》杨文德编选　《段文杰卷》杜琪　赵声良编选
《赵俪生卷》王玉祥编选　《赵逵夫卷》韩高年编选
《洪毅然卷》李　骅编选　《颜廷亮卷》巨　虹编选

第二辑

《史苇湘卷》马　德编选　《齐陈骏卷》买小英编选
《李秉德卷》李瑾瑜编选　《杨建新卷》杨文炯编选
《金宝祥卷》杨秀清编选　《郑　文卷》尹占华编选
《黄伯荣卷》马小萍编选　《郭晋稀卷》赵逵夫编选
《喻博文卷》颜华东编选　《穆纪光卷》孔　敏编选

第三辑

《刘让言卷》王尚寿编选　《刘家声卷》何　苑编选
《刘瑞明卷》马步升编选　《匡　扶卷》张　堡编选
《李鼎文卷》伏俊琏编选　《林径一卷》颜华东编选
《胡德海卷》张永祥编选　《彭　铎卷》韩高年编选
《樊锦诗卷》赵声良编选　《郝苏民卷》马东平编选

第四辑

《刘天怡卷》赵　伟编选　《韩学本卷》孔　敏编选
《吴小美卷》魏韶华编选　《初世宾卷》李勇锋编选
《张鸿勋卷》伏俊琏编选　《陈　涌卷》郭国昌编选
《柯　杨卷》马步升编选　《赵荫棠卷》周玉秀编选
《多识·洛桑图丹琼排卷》杨士宏编选
《才旦夏茸卷》杨士宏编选

第五辑

《丁汉儒卷》虎有泽编选　《王步贵卷》孔　敏编选
《杨子明卷》史玉成编选　《尤炳圻卷》李晓卫编选
《张文熊卷》李敬国编选　《李　恭卷》莫　超编选
《郑汝中卷》马　德编选　《陶景侃卷》颜华东　闫晓勇编选
《张学军卷》李朝东编选　《刘光华卷》郝树声　侯宗辉编选

第六辑

《胡大浚卷》王志鹏编选　《李国香卷》艾买提编选
《孙克恒卷》孙　强编选　《范汉森卷》李君才　刘银军编选
《唐　祈卷》郭国昌编选　《林家英卷》杨许波　庆振轩编选
《霍旭东卷》丁宏武编选　《张孟伦卷》汪受宽　赵梅春编选
《李定仁卷》李瑾瑜编选　《赛仓·罗桑华丹卷》丹　曲编选

第七辑

《常书鸿卷》杜　琪编选　　《李焰平卷》杨光祖编选
《华　侃卷》看本加编选　　《刘延寿卷》郝　军编选
《南国农卷》俞树煜编选　　《王尚寿卷》杨小兰编选
《叶　萌卷》李敬国编选　　《侯丕勋卷》黄正林　周　松编选
《周述实卷》常红军编选　　《毕可生卷》沈冯娟　易　林编选